문장완성 심화편 1회

건국대 2014년도

1. Sociologists and psychologists have argued for centuries about how a person's character is formed. The argument has long been known as "_____." for the two main opposing theories. The first theory says that character is formed genetically before birth. According to this theory, innateness - through genetics - determines what a person will be like. The other theory says, on the contrary, that a person's character is formed after birth. According to this theory, the most important factors are cultural and environmental.
① Nature versus Nurture
② Genetics versus Hereditism
③ Stimulus versus Response
④ Rationalism versus Empiricism
⑤ Competence versus Performance

2. The opening of Central Asia between 1991 and 2001 is beginning to _____. Tens of thousands of the region's students have gone to study at the best universities abroad. In an act of enlightenment worthy of their predecessors a millennium ago, the governments of Kazakhstan and Uzbekistan have paid for these young people to acquire for reconnecting their region with the global world of ideas. Within the next decade, these young men and women will assume leadership roles in their societies and in the region as a whole. It is hard to imagine that they will consider the prevailing corruption to be normal, or accept Soviet-style controls over their ideas.
① industrialize many countries
② transform the region intellectually
③ corrupt young people in the region
④ cause conflicts with other countries
⑤ facilitate the investment from foreign countries

3. A 2-year-old may point to someone who shares his table or plays with him at school and exclaim, "That's my friend!" The designation reflects the pleasure and comfort of emerging social routines. For 3- and 3-year-olds, friendship takes on a more intentional aspect. Preschoolers and kindergarteners confer and withdraw the status of "friend" at will according to a number of criteria, including general compatibility, variable moods and the nature of the present activity. At this stage, comments such as "Will you be my friend?" "You're not my friend!" or even "I hate you!" are not literal expressions of emotion but rather perceptions of the momentary prospects for play. Although children may experience disappointment and even anger at a refusal during playtime, _____.
① they will try to make another friend next time
② experience of those feelings is not harmful at all
③ they are reluctant to express such feelings to friends
④ such feelings generally reverse at the next positive encounter
⑤ older children usually conceal those feelings from their parents

4. Imagine you went to an Italian restaurant, and it had no tomatoes available. Would the restaurant have anything you could eat that would be Italian? Yet, just a few centuries ago, tomatoes were totally unknown outside Central and South America. The list certainly does not stop there. _____, Indian and Pakistani cooking are known to the rest of the world as very spicy, yet the spicy part comes mostly from different varieties of peppers, all of

which come from the New World. _____, almost all the cuisines of the world would be far different and far poorer without the food stuffs that originated in the Americas.
① In other words - Thus
② For example - Indeed
③ As a result - In sum
④ In fact - On the contrary
⑤ However - In the mean time

경희대 2014년도

[5-7] 다음 빈칸에 가장 알맞은 어구는?

5. The scenic railway at Coney Island, for example, had a wooden beam that looked as if it was about to decapitate the riders but just missed - that beam seemed to have stuck in many minds for years after. Designers of park rides still play heavily on this appeal. _____, it is a sense of danger which is ingeniously built into them.
① Despite the total effect tending to excite trepidation
② With the prospective rider's apprehensions diminished
③ Since they seem to elicit some deep psychological response in everyone
④ Although the actual risk is statistically minimal

6. The Hammurabi code neither bolsters the king nor grants him omnipotence. Nor does it intend to protect the privileged ruling class. _____.
① It is concerned with lifting up the oppressed
② It stands up for the patricians
③ It manifests an allegiance to the nobility
④ It is imbued with an ideology for the governing class

7. Opponents of stem cell research feel that life begins at conception. They consider abortion as a means of collecting stem cells from human embryos unethical. They oppose it on moral grounds. On the contrary, advocates think the potential discovery of cures for life-threatening diseases outweighs any objection to the research. For the two groups, there is a sharp disagreement over _____.
① what is more lucrative
② what constitutes life
③ how to prolong life expectancy
④ how to upgrade biotechnology

[8-10] 빈칸 Ⓐ와 Ⓑ에 들어갈 가장 적절한 단어는?

8. He projects steely confidence and strength. He makes no effort to be Ⓐ_____. One senses that he pays constant obeisance to a Ⓑ_____ inner discipline. He gives an impression of contained power.
① ingratiating - determined
② antagonistic - feeble
③ demanding - unavailing
④ conciliatory - ineffectual

9. Although Duchamp could not be classified as belonging to any particular movement, he did, for a time, have close links to the anarchist revolt known as Dada; the frenzied rebellion

against the Ⓐ_____ of war, Ⓑ_____, instrumental logic and national policy.
① moderation — atonement   ② magnitude — bliss
③ gravity — pacifism   ④ insanity — genocide

10. The revenge pattern of injury and retribution creates a narrative in which the unity of justice and order Ⓐ_____ : the guilty suffer and are punished, and the crimes committed against the Ⓑ_____ are visited upon those who have committed those crimes.
① triumphs — perverted   ② surrenders — sinless
③ prevails — innocent   ④ persists — depraved

명지대 오전 2014년도

11. Scientists studying stroke patients reported that an injury to a specific part of the brain, near the ear, can instantly and permanently break a smoking habit. Injured people who stopped smoking found that their bodies forgot the urge to smoke. While no one is suggesting brain injury as a solution for addiction, the finding suggests that therapies might focus on the insula, a region under the frontal lobes. The insula is thought to register gut feelings and is apparently a critical part of the network that sustains _____.
① analytical thinking   ② addictive behavior
③ thrill seeking   ④ emotional stability

12. In Paris one can recognize Americans from two-hundred yards away simply by ____. A French student told me that when he returned home after three months at the Harvard Business School, his father was shocked when he saw his son walk from the plane. "You've become an American," were his first words of greeting. "You bounce when you walk!" An American often walks with swinging arms and a rolling pelvis as though moving through a space unlimited by human or physical obstacles.
① the way they walk
② the way they greet
③ how they utilize surrounding space
④ how they express happiness

13. Tulip mania or tulipomania was a period in the Dutch Golden Age during which contract prices for bulbs of the recently introduced tulip reached extraordinarily high levels and then suddenly collapsed. At the peak of tulip mania, in February 1637, some single tulip bulbs sold for more than 10 times the annual income of a skilled craftsman. it is generally considered the first recorded economic bubble. The term "tulip mania" is now often used metaphorically to refer to _____.
① an excessive zeal for a specific object
② an irrational indulgence in flowers
③ any deviation from social norms
④ an abnormal deviation of asset prices from intrinsic values

14. Owners who do not train their dogs in the basics of good behavior are irresponsible: badly behaved dogs should not be blamed for any mayhem that they may cause — it is the fault of their owners. British legislation reflects this, and dog-owners are obliged to _____. The 1991 Dangerous Dogs Act states that it is a criminal offense to allow your dog to be out

of control in a public place, including your automobile and if anyone feels threatened by your dog, they are within their rights to report you, as its owner, to the police. If you are found guilty under this act, your dog could be destroyed, and you could receive a prison sentence.
① control their pets wherever they are
② adopt well-behaved dogs in the first place
③ defend their dogs from violence in public places
④ prevent any form of domestic danger caused by their dogs

15. Much of the craving for meat and the excitement it generates reflects the unique nutritional benefits that preindustrial populations derive from consuming a food that often contains both high-quality protein and lots of fat in one concentrated package. The first priority of a hungry person's body is to convert whatever food it consumes into energy. Supplied with nothing but lean meat, the body uses the protein in it for energy rather than for body-building and body-regulating functions. One way to "spare" the protein in meat is _, a practice followed around the world, as in "steak and potatoes," "spaghetti and meat balls," "pork and dumplings" and "chicken and rice."
① to eat it uncooked
② to supplement it with high-quality fat
③ to eat it along with calorie-rich starchy foods
④ to cook it with a variety of fruits and vegetables

서강대 2014년도

16. We are living in the middle of a revolution in _____. Over the past few years, geneticists, neuroscientists, psychologists, sociologists, economists, anthropologists, and others have made great strides in understanding the building blocks of human flourishing. And a core finding of their work is that we are not primarily the products of our conscious thinking. We are primarily the products of thinking that happens below the level of awareness.
    (A) intelligence   (B) cognizance
    (C) emotion   (D) consciousness

17. If the study of the conscious mind highlights the importance of _____ and analysis, study of the unconscious mind highlights the importance of _____ and perception. If the outer mind highlights the power of the individual, the inner mind highlights the power of relationships and the invisible bonds between people.
    (A) reason — passions   (B) penchant — sensitivity
    (C) veracity — connection   (D) expediency — compassion

18. One of the sadder truths of childhood is that children, lacking the necessary experience by which to gauge, are unlikely to know if something is abnormal or unnatural _____ an adult tells them. Worse, once anything of the sort has been established as normal, it will likely be perceived as such well into adulthood, and this particularly true for the only child, who has no one to compare notes with.
    (A) unless   (B) without
    (C) lest   (D) although

19. There are two approaches when getting to know the work of a great artist like Toni Morrison. The first I call the Cannonball: take that artist's most _____, often challenging work and plunge in as deeply and as quickly as you can. The second is the Doggy Paddle, where you begin with the artist's most _____, often most popular volumes and work your way toward the opuses. Which approach you prefer is a question of style. I get intimidated and scared off easily. I Doggy Paddle.
    (A) compelling — recondite (B) acclaimed — accessible
    (C) interesting — abstruse (D) pliant — arduous

서울여대 2014년도

20. Photographing strangers as they go about their lives can seem daunting, but it's a great way for amateurs to get started. The first good pictures that people take tend to be accidents. I was once photographing kids outside a punk concert and someone walked in front of my camera. It was a mistake, but there was something really nice about that blurry figure. We hear about all sorts of rules that scare us: never chop off someone's feet, don't miss off a person's head, and so on. Yet for every example I can show you a street photographer that _____.
    ① avoids such mistakes   ② makes nice pictures
    ③ breaks those rules   ④ uses a single-lens camera

21. There was a time when the only kitchen appliances we kept on our counter tops were kettles and microwaves. But these days most of us probably have a whole plethora of appliances on view: stand mixers, coffee makers, grinders, toasters, popcorn makers, slow cookers ... the list goes on. Where on earth are we going to put them all? According to a recent customer survey by Currys & PC World, instead of hiding all our newly purchased kitchen kit away in a cupboard, we're increasingly making space on our work surfaces to show our appliances off. Obviously not everyone has a vast kitchen, so for some people, that means _____.
    ① buying machines of the right colour to match their decor
    ② making a trade to prioritise the machines that matter most
    ③ putting all the appliances in a storage room instead of a cupboard
    ④ starting to dispose of all the appliances except kettles and microwaves

22. England's plan to establish colonies in North America, starting in the late sixteenth century, _____. It was generally assumed that the region of the North American continent to which England laid claim would have the same climate as the Mediterranean region of Europe, since it lay at similar latitudes. As a result, the English hoped that the American colonies, once established, would be able to supply Mediterranean goods such as olives and fruit and reduce England's dependence on imports from continental Europe. America, in short, was expected to be a land of plenty that would quickly turn a profit. The reality turned out to be very different. The harsher-than-expected North American climate meant that Mediterranean crops, and other imports such as sugar and bananas, would not grow.
    ① was founded on a fallacy
    ② was made to honor Queen Elizabeth I
    ③ was challenged by other European nations
    ④ was driven by the desire to circumvent the Mediterranean

23. The dominant drink of the Age of Reason was coffee, a mysterious and fashionable beverage introduced to Europe from the Middle East. The establishments that sprung up to serve coffee had a markedly different character from taverns that sold alcoholic drinks, and became centers of commercial, political, and intellectual exchange. Coffee _____, making it the ideal drink for scientists, businessmen, and philosophers. Coffeehouse discussions led to the establishment of scientific societies, the founding of newspapers, the establishment of financial institutions, and provided fertile ground for revolutionary thought, particularly in France.
① promoted clarity of thought
② helped to open trade routes to the Middle East
③ won the competition with tea imported from China
④ became an emblem of the vibrant consumer capitalism

24. Freedom, in education as in other things, _____. I met a lady once who maintained that no child should ever be forbidden to do anything, because a child ought to develop its nature from within. "How if its nature leads it to swallow pins?" I asked; but I regret to say the answer was mere vituperation. And yet every child, left to itself, will sooner or later swallow pins, or drink poison out of medicine bottles, or fall out of an upper window, or otherwise bring itself to a bad end. Therefore one who advocates freedom in education cannot mean that children should do exactly as they please all day long.
① should be defended by all means
② must be a matter of degree
③ is harmful for children, if not for adults
④ should in no case overrule discipline and authority

25. Modem scientists argue about how much salt an adult needs to be healthy. Estimates range from two-thirds of a pound to more than sixteen pounds each year. People who live in hot weather need more salt because they must replace the salt that is lost in sweating. People who eat red meat appear to derive from it all the salt they need. The Masai, nomadic cattle herders in East Africa, meet their salt needs by bleeding livestock and drinking the blood. But vegetable diets, rich in potassium, offer little sodium chloride. Wherever records exist of humans in different stages of development, it is generally found that hunter tribes neither made nor traded for salt but agricultural tribes did. On every continent, once human beings began cultivating crops, they _____.
① started to associate salt with fertility
② chose to eat more salt than they needed
③ began looking for salt to add to their diet
④ came to lose more salt in sweating

성균관대 2014년도

26. These are _____ times for government in America, with budgets shrinking for everything from the army to the National Zoo. Republicans in Congress have taken every opportunity to enact new cuts, threatening shutdown and default if Democrats do not go along. Many have also resisted the proposed immigration reforms working their way through the Senate, in part on the grounds that they would add to the government's burdens by allowing newly admitted legions to sponge off Uncle Sam.

(A) auspicious   (B) austere
(C) authoritarian   (D) ironical
(E) exciting

27. The philosophy, globally accepted for 60 years, for minimizing the risk of nuclear war has been mutually assured destruction. By this rationale, all Arab countries and Iran are justified in acquiring nuclear weapons to balance the perceived risk from Israel. I don't think anyone thinks this would improve tensions in the Middle East. Thus the only feasible solution is a nuclear-arms _____ throughout all countries in the areas, supervised by the UN with regular inspections. The consideration applies to chemical weapons too.
    (A) embargo   (B) challenge
    (C) armament   (D) exportation
    (E) tradeoff

[28~32] Choose one that is most appropriate for the blank.

28. China remained _____ ahead of an important Communist Party meeting. Several small bombs placed outside an office of the ruling Communist Party in the northern city of Taiyuan killed at least one person. No group claimed responsibility. A week earlier a car crashed into a crowd in Beijing's Tiananmen Square, killing two bystanders.
    (A) uncertain   (B) on high alert
    (C) controversial   (D) in close touch with its people
    (E) optimistic

29. On just about every reliable measure, Britain is exceedingly tolerant on race, and _____. In a large survey in 1986, 28% of respondents reckoned that most white people would mind "a lot" if a qualified black person was made their boss. Two decades later the proportion had fallen to 9%. Government surveys find that 87% of whites, and 91% of ethnic minorities, say people from different backgrounds get on well together in their neighbourhood — up substantially from ten years ago.
    (A) becoming ever more so
    (B) becoming less so
    (C) not any more
    (D) suffering from the side effect
    (E) having nightmares about it

30. _____. Hatreds within countries often run far deeper than between them. The fighting rarely sticks to battlefields, as it can do between states. Civilians are rarely spared. And there are no borders to fall back behind. A war between two states can end much where it began without the adversaries feeling in mortal danger. With nowhere safe to go home to, both sides in a civil war often feel they must carry on fighting if they are to escape slaughter.
    (A) Civil wars are inevitable
    (B) Civil wars end quickly
    (C) Ending civil wars is hard
    (D) Civilians participate in civil wars
    (E) There are many borders in civil wars

31. The food industry's effort to offer healthier products is constrained by the following main factor. That is, _____. A carrot is clearly healthy and a sweet fizzy drink is not, but the distinction is not always

as obvious as that. A company may reduce the sugar content of a biscuit, but that does not make it healthy. A hamburger may be "energy dense", as nutritionists put it, with a lot of calories packed in, but it has some nutritional value. Even a deep-fried Oreo, a cannonball of fat and sugar, will not doom the consumer to obesity if eaten only occasionally.
(A) food companies do not advertize food responsibly
(B) it's always obvious to identify junky foods
(C) there is little agreement on how to define healthy and junky foods respectively
(D) food companies keep marketing junky foods until consumers stop buying them
(E) unhealthy products are more profitable than healthy ones

32. The signs _____. On November 4th, six weeks after BlackBerry said that its biggest shareholder, Fairfax Financial, wanted to take the ailing Canadian smartphone-maker private for $4.7 billion in cash, the sale was called off. BlackBerry instead declared that it would raise $1 billion in debt, convertible into 16% of its shares. Fairfax, a Toronto holding company that focuses on insurance but owns 10% of BlackBerry, is taking a quarter of the issue. Barbara Steiner, who chairs BlackBerry's board, called this "a significant vote of confidence in BlackBerry and its future." The stockmarket called it a flop: the share price, already a fraction of what it once was, fell by 16%.
(A) do not show anything
(B) do not look good
(C) begin to appear slowly
(D) look promising
(E) do not move at all

숙명여대 2014년도

33. Think of the influence of a fertilizer, say nitrate, on the growth of wheat. Everybody knows that wheat plants grow bigger in the presence of nitrate than in its absence. But nobody would be so _____ as to claim that, on its own, nitrate can make a wheat plant. Seed, soil, sun, water, and various minerals are obviously all necessary as well. But if all these other factors are held _____, and even if they are allowed to vary within limits, addition of nitrate will make the wheat plants grow bigger.
① optimistic - invariant
② confident - stable
③ daring - good
④ sagacious - regular
⑤ foolish - constant

이화여대 2014년도

34. The symbolic nature of the arts in communication is related to what is undoubtedly their most important function — that of _____. Through the arts, the beliefs, values, ethics, knowledge, emotions, and ideology and world view of a culture are expressed and communicated. The art forms of a society do not merely reflect culture and society. Participation in cultural performances fosters the unity and harmony of a society in a way that is intensely felt by its members.
(A) disjunction
(B) variation
(C) interpretation
(D) segregation
(E) integration

35. Franklin D. Roosevelt, who _____ New Deal programs in the 1930s and helped to lift the country out of the Great Depression, is considered one of the greatest political leaders in the U.S. history. This biography, however, isn't merely a(n) _____ to him, it examines his weakness as well as the qualities that made him a great president.
    (A) sponsored — elegy
    (B) hindered — epic
    (C) funded — fable
    (D) invented — chronicle
    (E) implemented — eulogy

36. In _____ societies, no individual or group has more access to resources, power, or prestige than any other. This does not mean that in such societies all members have equal prestige. In addition to age and sex differences, individual differences in skill at a variety of tasks will always be _____.
    (A) egalitarian — recognized
    (B) equal — overlooked
    (C) functional — connived
    (D) rank — acknowledged
    (E) stratified — approved

37. Traditions, i.e. collections of objects and ideas endowed by people with special meaning because of their origins in the past, are themselves subject to _____. They appear at certain moments, when people define certain fragments of the past heritage as tradition; they are modified when people select certain fragments of tradition for special emphasis and ignore others; they endure for some time and they may disappear when objects are abandoned and ideas rejected or forgotten. Traditions may also be _____ and reappear after long periods of decay.
    (A) change — revitalized
    (B) contrivance — restored
    (C) criticism — resumed
    (D) discovery — remembered
    (E) modification — recriminated

38. Some critics noted that a pause in global warming in the period since 1998 is downplayed in the IPCC (Intergovernmental Panel on Climate Change) report. However, this phenomenon has not gone on long enough to reflect long-term trends and can hardly be a _____ for slackening efforts to contain climate change. We should not let our descendants suffer the _____ consequences of our negligence.
    (A) motivation — combined
    (B) pretext — colossal
    (C) reason — scanty
    (D) reference — vying
    (E) threshold — sketchy

중앙대 오전 2014년도

[39~43] 다음 빈칸에 가장 적합한 단어 또는 어구를 고르시오. (각 2.5점)

39. In his classic work *Memory*, Hermann Ebbinghaus systematically examined how memory for encoded stimuli and events changes as the retention interval - the time between encoding and retrieval - increases. He observed that his memory for meaningless, nonsense syllables declined as the retention interval increased. It is now believed that forgetting follows a *power law*, that is, the rate of forgetting slows with the passage of time: initially very rapid, it then settles into _____ as the retention interval increases.
① a brief, dawdling increase
② a prolonged, swift increment
③ an extended, slow decline
④ a short-lived, accelerated diminishment

40. During the years following the end of World War II, public education in the United States came under intense scrutiny. Popular critics lambasted the schools for _____ and for failing to identify and nurture high levels of intellectual talent. If modifying school curricula to appeal to student interest had been the rallying cry before the war, now the call was for rigor and excellence. The topic of note now was the education of the most able.
① neglecting students' interest
② allowing the parochialism
③ pursuing radical curriculum reforms
④ tolerating mediocrity in education

41. When Nancy Wexler received an unexpected call from her father in 1968 asking her to fly Los Angeles to meet him, she had a _____ that something was wrong. Her fears were justified. He had not wanted to tell her over the telephone that her mother was suffering from Huntington's disease, an illness first identified in 1872. The _____ news came as a triple blow. Her mother would be subjected to devastating mental and physical deterioration before death mercifully ended her suffering.
① resentment- doleful
② foreboding-exiguous
③ diagnosis- evanescent
④ presentiment- dolorous

42. Although several studies have indicated that groups are more likely to trigger antisocial action, there is some evidence that these effects do not simply represent _____. For instance, some researchers reported that dressing participants in medical gowns decreased aggression, whereas having them wear terrorist-like outfits increased it. Other researchers found that anonymity decreased the aggressiveness of males but increased that of females. These outcomes suggest that situation-specific or gender standards may be affecting behavior.
① social alienation
② radical anarchism
③ underdog effect
④ norm-free behavior

43. People become what they do. This explanation of how people acquire attitudes and traits was formalized by the social psychologist Daryl Bem in his self-perception theory. People draw inferences about who they are, Bem suggests, by observing their own behavior. Self-perception theory turns common wisdom _____. People act the way they do because of their personality traits and attitudes, right? They return a lost wallet because they're honest, and recycle their trash because they care about the environment. It's evident that behavior emanates from our inner dispositions, but Bem's insight was to suggest that _____. If we return a lost wallet, there's an upward tick on our honesty meter. After we drag the

recycling bin to the curb, we infer that we really care about the environment.
① on its head - the reverse also holds
② into question - the same also applies
③ to good accounts - the theory also prevails
④ into reality - the opposite is not borne out

중앙대 오후 2014년도

[44~48] 다음 빈 칸에 가장 적합한 단어 또는 어구를 고르시오. (각 2.5점)

44. Many people today _____ the killing of whales under any circumstances, but this was not always the case. Throughout much of the nineteenth century and well into the twentieth, commercial whalers hunted most species to the point of extinction in their quest for whale oil, which was used for lighting lamps. With the development of electricity, however, _____ oil was no longer necessary.
  (A) adulterate — aqueous
  (B) decry — cetacean
  (C) rhapsodize — volatile
  (D) abrogate — caster

45. One of the key questions during the mediaeval period was the relationship between the Church and the state — between heaven and earth. St. Augustine made the clear distinction between the worldly city (the City of Man) and the heavenly _____ of the faithful (the City of God). His argument was that people live in two worlds, with two sets of commitments, but that the earthly ones were of little value when compared to the heavenly. Therefore, the devout should not _____ politics, and the only function they required of the state was that of protection — although even that was doomed to failure, because sinful human nature always led to strife.
  (A) abode — set great store by
  (B) locus — put the mockers on
  (C) spirit — lay the blame on
  (D) shrine — show indifference to

46. Theories of deductive reasoning propose that humans naturally possess a logical system that enables us to make deductions. In this view, we evaluate deductive syllogisms by constructing and verifying a "mental proof" in our brain. In other words, we attempt to solve deductive reasoning problems by generating sentences that link the premises to the conclusion and then determine whether the conclusion _____ the premises. That is, we assess the validity of the premises and conclusion by linking their representations in our brain with the logical rules we naturally possess.
  (A) inescapably results in
  (B) necessarily follows from
  (C) luminously sheds light on
  (D) cursorily makes use of

47. Animals are at risk at night. Birds seek safety by roosting on ledges, or in trees, reeds or bushes. Always alert for nocturnal predators such as owls, they do not sleep continuously,

but occasionally open one eye and peek. The more birds roosting together, _____ an individual needs to peek. In one study on the banks of the River Thames near Oxford, a group of roosting ducks was observed each night sleeping on an old jetty. The ducks closer to the shore, and to danger, peeked much more than those at the end of the jetty. With several birds between them and a predator approaching from land, the chances are that birds at the end of the jetty _____.
(A) the more shrewdly — could be detected first
(B) the less often — would be caught last
(C) the more frequently — should be snatched last
(D) the less prominently — might be cornered first

48. Philosophy is never isolated or immune from its time and place, no matter how abstract it may be or however "eternal" or "untimely" it may declare itself. Philosophy can be prophetic, it can be nostalgic, it may simply act as a mirror, a reflection of a culture. But more often than not, it expresses _____. Plato's republic was a societal model the people of Athens craved for according to a certain controversial political and philosophical vision. Most of medieval philosophy, no matter how "schoolish" or scholastic, was an unabashed expression of the faith of the era.
(A) the imperishable truth of the universe
(B) social classifications in abstract terms
(C) the ideals and aspirations of society
(D) propaganda for an unconventional ideology

한양대 2014년도

49. Art critic Walter Benjamin defined Modernism as "a movement that constructed itself in opposition to the home." It is no wonder, then, that many modern art museums adopt an angular, bare, or industrial design. They are not attempting to create a neutral space for art; they provide the distinctively un-cozy, anti-domestic space modern art requires. These spaces allow the artists to discuss aesthetic ideas, but, more importantly, they create a proper setting for _____, socially-deconstructing art. [3점]
(A) exotic   (B) temporal
(C) affable   (D) subversive

50. When people move from one city or country to another, the spread of diseases may result. People often bring in germs that may not have been present there before. These new germs can spread quickly and cause previously unknown diseases. If a germ is completely new to a region, people who already live there have no natural protection against it. As a result, they become ill more easily and die more often. _____, newcomers may catch diseases that were not present where they came from. If they go back, they may carry the disease with them and bring about an epidemic there, too.
(A) Instead
(B) In turn
(C) In conclusion
(D) In this case

51. If you want your career to positively influence your life expectancy, you have to be made of money.

That's right! Rich people in wealthy areas of England and France live 10 years longer than people in poorer areas. But having a successful career has its _____, if the result of hard work is stress. Workplace stress is caused when a person has too much responsibility or too many tasks to perform in a day. Stress can lead to a number of psychological disorders such as depression, anxiety, fatigue, tension and aggression, which seriously affect life expectancy. These days, one in three people reports high levels of stress associated with his or her career.
(A) withdrawals (B) backlashes
(C) drawbacks (D) repercussions

52. As Harvard University economist Dani Rodrik has demonstrated through his own research, it "is not whether you globalize that matters, it is how you globalize." Countries that have built up sophisticated, honest and credible financial and legal infrastructures are much better positioned to fend off speculative attacks on their currencies, are much better able to withstand sudden outflows of capital by the herd, and are much faster at taking steps to minimize their impact. Yes, there are some exceptions. Even a country with a sound operating system and software can _____ — witness Sweden in 1992 or America and its savings and loan debacle. But Sweden and the United States also bounced back quickly because of the underlying quality of their operating systems and software.
(A) run into trouble
(B) discourage speculative attacks
(C) withstand large and rapid capital outflows
(D) minimize the impact of sudden outflows of capital

53. Gene therapy is defined as a way of curing or preventing disease by changing the behavior of a person's genes. Currently, gene therapy is still in its early stages, with most of it still experimental. There are actually two types of gene therapy: somatic and germline. Somatic gene therapy targets genes in the soma, or body cells. In this way, the genome of the recipient is changed, but this change is not passed onto the next generation. For example, experimental trials in treating cystic fibrosis (a genetic lung disease) treat the genes only in the cells of the lungs, and, consequently, _____.
(A) the patient's life could be risked by the gene therapy
(B) the patient's children would still be at risk for the disease
(C) the genetic changes would lead to the death of reproductive cells
(D) the genetic changes would be copied into every cell of the patients' children

54. The philosopher Karl Popper held that _____ a scientific hypothesis. His argument is founded on the basic flow underlying all inductive reasoning from which scientific principles are derived: in Popper's words, "The logical situation is extremely simple. No number of white swans can establish the theory that all swans are white: the first observation of a black swan can refute it." [3점]
(A) it is not possible to conclusively prove and that it is not possible to conclusively disprove
(B) it is possible to conclusively prove and that it is also possible to conclusively disprove
(C) it is not possible to conclusively prove but that it is possible to conclusively disprove
(D) it is possible to conclusively prove but that it is not possible to conclusively disprove

55. In the space of thirty years the circumstances of Australian nationhood changed irrevocably. The country's strategic dependence on Britain drew it into two world wars. Both wars originated in European rivalry and together they _____. The first sapped the political stability of the European countries and cut the flows of trade and investment that sustained their prosperity. The second

destroyed their empires, leaving an impoverished rump of a continent divided and bound by the two super-powers to its east and west. Britain, a victor in both wars, was perhaps the most diminished by their cumulative effects. Australia, as the largest British outpost in the Pacific, also incurred heavy war losses. The fading of imperial certainties created doubt and division. The nation-building project faltered under the weight of debt and increased dependence. The second war spread to the Pacific, and Australia found itself isolated and in danger of invasion. [3점]
(A) exhausted European supremacy
(B) miserably alarmed the entire world
(C) proved that Europe is a civilized world
(D) regenerated Australia completely into a new nation

56. During the influx of immigration into the United States throughout the nineteenth and early twentieth centuries, some fretful commentators thought the new residents would develop various dialects, or even separate languages. These commentators seriously believed that the progeny of the Irish, German, Italian, and other European immigrants eventually would be unable to communicate with each other. This situation never came to pass. Especially in cities, these new arrivals mingled with each other as well as with native speakers of English. Perhaps more importantly, there was a powerful impulse at that time to forge a common identity as Americans, and speaking English was a significant part of that national identity. These factors _____ the effects of a predilection among many immigrants to create a familiar social environment in a new place by settling near those from the same country.
(A) fueled
(B) illustrated
(C) mitigated
(D) determined

57. Meaning is elaborated in terms of spiritual power. Religious images and designs, when applied to any surface, whether the body of a participant in ritual or the surface of a shield or a carrying bag, have the power to transform the nature of the thing from a _____ state to an extraordinary one, from the _____ to the sacred. In ceremony, people's bodies and objects are taken from a dull state to one of brilliance by the application of paint and designs.
(A) queer — holy
(B) brilliant — ordinary
(C) mundane — profane
(D) staggering — secular

58. Posttraumatic stress disorder has probably been with us since the first club hit the first skull. It used to be called shell shock, but it has become more _____ as medical sophistication has grown and as more severely wounded troops survive the horrors of battle. It may affect as many as 40% of the veterans returning from Iraq and Afghanistan. Still, it is _____ and sometimes maddeningly difficult to detect because there are no obvious physical manifestations; when it is paired with traumatic brain injury, it can be entirely debilitating. [3점]
(A) predictable — porous
(B) identifiable — amorphous
(C) measurable — ponderous
(D) knowledgeable — preposterous

59. In early 1942, the Japanese sought to complete their outer perimeter in the southern Pacific by seizing the remainder of southern New Guinea. A large Japanese naval force set out in May 1942, but at the Battle of the Coral Sea the Americans turned them back with large losses. A far more

significant _____ came at the Battle of Midway in early June. The Japanese admiral Yamamoto intended to surprise the US fleet at the American-held Midway Islands. However, US intelligence had cracked the Japanese message codes, and the US Navy was well prepared for their arrival. Yamamoto, moreover, had wrongly calculated that the two US aircraft carriers would not be present at Midway. In the ensuing battle, Japan lost four aircraft carriers and hundreds of pilots (some 70 percent of its total). At the end of 1942, Japanese success on land also _____ as US naval superiority pushed Japan out of Guadalcanal in Solomon Islands by February 1943.   [3점]
(A) setback — petered out
(B) victory — carried on
(C) maneuver — put off
(D) instruction — got smooth

60. Psychological research has maintained that both men and women have the same "_____" reaction to stress. In other words, individuals either react with aggressive behavior, such as verbal or physical conflict, or they react by withdrawing from the stressful situation. This is a survival mechanism that humans learned when living in the wild with dangerous animals. However, according to the principal investigator in the new research, Shelley E. Taylor, the research team found that men and women have quite different biological and behavioral responses to stress. While men often react to stress in the above-mentioned response, women often have another kind of reaction. Their response, which is similar in other species as well, could be called "_____." That is, they often react to stressful conditions by protecting and nurturing their young, and by looking for social contact and support from others—especially other females.
(A) fight-or-flight — care and cater
(B) endure-or-evade — care and cater
(C) fight-or-flight — tend and befriend
(D) endure-or-evade — tend and befriend

61. Darwin did not come to his conception of natural selection in a flash that yielded a fully formed theory. What appears as the _____ clarity of his device is, I believe, quite deceptive. I have tried to show that his notions about the parameters of natural selection gradually took shape in Darwin's mind, and hardly came to final form even with the publication of the first edition of the *Origin of Species*. In the evolution of a set of concepts, Darwin characterized selection as a moral and intelligent agent. Most contemporary scholars have described Darwinian nature as mechanical, even amoral in its ruthlessness. But Darwin recognized, if dimly, that his original formulation of the device and the cognitively laden language of his writing carried certain consequences with which he did not wish to dispense and, indeed, could not dispense with without altering his deeper conception of the character and goal of evolution. Darwin's language and metaphorical mode of thought gave his theory a meaning resistant to any _____ interpretation. [3점]
(A) ruthless — deceptive
(B) intuitive — mechanistic
(C) intelligent — deterministic
(D) inspirational — evolutionary

62. The brief respite between World War I and World War II, while an extremely turbulent time for Germany both politically and socially, was also a period of burgeoning artistic creativity, especially in the recently invented medium of film. Because they had witnessed the promise of the industrial revolution turn to the mechanized carnage of World War I and the subsequent economic depression

that ravaged their country, artists of Weimar Republic-era Germany generally held a deep suspicion towards technology. Fritz Lang's *Metropolis*, a masterpiece of Weimar film that is still renowned by critics nearly a century later, exhibits a deeply _____ attitude towards technology. On the one hand, Fritz Lang presents the technological wonders that the futuristic city provides to the ruling elite, while on the other hand he portrays the miserable lives of the factory workers who actually keep the city running. _____, he uses the newly invented technology of film and its attendant special effects to convey his message.

(A) dubious — Similarly
(B) sanguine — Absurdly
(C) pessimistic — Haphazardly
(D) ambiguous — Ironically

한양대에리카 2014년도

63. Concentrated visual work slows down the rate of blinking, the process that washes the eyeball with tears and keeps it lubricated. At least 15 percent of people now suffer habitually from dry eyes, says Dr. Bonnet. Office workers are vulnerable because central heating and air conditioning _____ the tissues further, as does smoking. Keeping the eye moist has psychological benefits, as dry eyes can make you feel tired.
① dehydrate   ② inflame
③ stiffen   ④ strain

64. Biometrics technology has recently become much more accessible, mainly due to the fact that the costs associated with implementing the technology are _____. Many companies have begun to adopt biometrics identification systems, which often employ scanners and embedded cameras, to give their large computer networks stronger security than a mere password-only protection system could ever provide.
① increasing   ② plummeting
③ degenerating   ④ exhausting

65. Anorexia nervosa is a weight disorder in which people, particularly women, develop inaccurate views of their body appearance, become obsessed with their weight, and refuse to eat, sometimes starving in the process. This disorder occurs only in cultures which believe that slender female bodies are most desirable. In countries where such a standard does not exist, anorexia nervosa does not occur. Interestingly, it is a fairly recent disorder. In the 1600s and 1700s, it did not occur in western society because _____. 3점
① the ideal beauty at that time was a slim one
② the ideal female body at that time was a plump one
③ standards for women's beauty existed
④ standards for women's beauty were rather strict

66. The subject of manners is complex; if it were not, there would not be so many injured feelings and so much misunderstanding in international circles everywhere. In any society the code of manners tends to sum up the culture — to be a frame of reference for all behavior. Unfortunately many of the most important standards of acceptable behavior in different cultures are _____: they are intangible, undefined and unwritten.
① elusive   ② various

③ discernable   ④ paradoxical

67. Ethnocentrism is the view that one's own culture is better than all others: it is the way all people feel about themselves as compared to outsiders. There is no one in our society who is not ethnocentric to some degree, no matter how liberal and open-minded he or she might claim to be. People will always find some aspect of another culture _____, be it sexual practices, a way of treating friends or relatives, or simply a food that they cannot manage to get down with a smile. 3점
① distasteful   ② worthy
③ palatable   ④ sympathetic

68. _____ are powerful. They resolve conflicts without violence, repair schisms between nations, allow governments to acknowledge the suffering of their citizens, and restore equilibrium to personal relationships. They are an effective way to restore trust and gain respect. They can be a sign of strength: proof that the one who admits a mistake has the self-confidence to recognize it. 3점
① Collaborations   ② Regrets
③ Diversities   ④ Apologies

69. There are two methods of communication for scholars, writing and speaking. The scholar publishes his discoveries in books and articles and he teaches them in the classroom. Sometimes one or the other method will satisfy him, but most of us feel the need for ____. The scholar who merely writes books falls into the habit of speaking only to the experts. If he works at his subject long enough, he reaches the position where there is no one else quite expert enough to understand him, and he winds up writing to himself. On the other hand, if he writes not at all, he may become so enamored of his own voice that he ceases to be a scholar and becomes a mere showman.
① writing   ② speaking
③ both   ④ neither

70. The earth is a dynamic place and as such, elements tend to shift throughout the global ecosystem. _____ is the cycling of carbon, which is the sixth most common element in the universe. Like other natural cycles, carbon is used by various processes as it flows from one form to another. Carbon is a key part of all organic material. Without carbon cycling from the atmosphere to plants to the soil and back, life on earth _____.
① One of the particulars — would survive
② For particular reasons — should live out
③ Of particular importance — would not exist
④ Of more importance — should not endure

71. Most people I've talked with say that they find social lying acceptable and necessary. They think it's the civilized way for folks to behave. Without these little white lies, they say, our relationships would be short and brutish and nasty. It's arrogant, they say, to insist on being so _____ and so brave that you cause other people unnecessary embarrassment or pain by compulsively assailing them with your _____. I basically agree. What about you? 3점
① corruptible — dishonesty
② corruptible — honesty
③ incorruptible — dishonesty

④ incorruptible — honesty

72. There are three possible positions one can take about male and female creativity. The first is that males are inherently more creative in all fields. The second is that if it were not for the greater appeal of creating and cherishing young human beings, females would be as creative as males. If this were the case, then if men were permitted the enjoyment women have always had in rearing young children, male creativity might be _____. The third possible position is that certain forms of creativity are more _____ to one sex than to the other and that the great creative acts will therefore come from only one sex in a given field. 3점
① reduced — congenial
② increased — favorable
③ unaffected — hostile
④ doubled — agreeable

73. Despite overwhelming evidence to the contrary, many people think that flying is more dangerous than driving. Different standards of media coverage account for this _____ belief. Although extremely rare, aircraft accidents receive a lot of media attention because they are very _____. Hundreds of people have been killed in extreme cases. Automobile accidents, on the other hand, occur with alarming frequency, but attract little media coverage because few, if any, people are killed or seriously injured in any particular mishap.
① legitimate — evasive
② legitimate — destructive
③ erroneous — evasive
④ erroneous — destructive

74. In low-power distance index (low-PDI) countries, power is something of which power holders are almost ashamed and they will try to underplay. I once heard a Swedish (low-PDI) university official state that in order to exercise power he _____ look powerful. Leaders may enhance their informal status by renouncing formal symbols. In (low-PDI) Austria, Prime Minster Bruno Kreisky was known to sometimes take the streetcar to work. In 1974, I actually saw the Dutch (low-PDI) prime minister, Joop den Uyl, on vacation with his motor home at a camping site in Portugal. Such behavior of the powerful would be very _____ in high-PDI Belgium or France.
① tried to — likely
② tried to — unlikely
③ tried not to — to likely
④ tried not to — unlikely

75. For thousands of years, Samis hunted reindeer, which were central to their economy and culture. The animals provided meat, bone for jewelry, and skin for boots, hats, and other clothing. The Samis had everything they needed and didn't have to exchange goods with the outside world. In the 16th century, they _____ the reindeer — trained them to live with humans. Today, they herd the reindeer from one area to another in northern Scandinavia. They sell reindeer meat and buy items such as snowmobiles. However, today the regional governments are trying to _____ the reindeer industry, and the Samis aren't happy about this because the price they receive for the meat is now lower than before the government intervention into the market.
① domesticated — regulate
② hunted — raise

③ preserved — promote
④ fondled — neglect

항공대 A형 2014년도

76. One characteristic of good writing is _____. Each paragraph you write, whether it stands alone or is part of a longer essay, should have_____. When a paragraph has ____, all of the sentences in it relate to the topic and develop the controlling idea. 2.5점
① unity
② coherence
③ cohesion
④ isomerism

77. Physicists at the European Particle Physics laboratory in Geneva have created anti-atoms, shadowy _____ of hydrogen, the stuff of which the universe is mostly made. These fugitive anti-atoms lasted the barest millionths of a second, and could only be detected by the process of smashing them to pieces once more and observing the wreckage. 2.5점
① quantum
② doppelgangers
③ positrons
④ pseudo-electrons

78. It is so familiar that its attributes seem beyond question, but they have perplexed scientists of the calibre of Einstein and Richard Feynman. If an object is at rest, or moving at constant velocity, its _____ remains hidden, but try to accelerate it and suddenly rears its head, fighting against the change in velocity. 3점
① buoyancy
② centrifugal force
③ inertia
④ gravity

79. Environmentalists in New York where their city's neon lights are visible from space to devise energy-saving strategies for Africa when New York uses more electricity than the entire 'dark continent' from the Sahara to the Limpopo. The average American twenty times more to the greenhouse effect than the average Indian. Logically, America ought to seek out India's green ways of living, not vise versa. 3점
① criticize - owes
② have - consumes
③ ought - assumes
④ presume - contributes

80. The Universe could be more than twice as old as most astronomers believe and be destined to collapse in a big crunch 79 billion years. This is the implication of a radical new model for the Universe being proposed by an American _____. He says that all the present observations tally with it. 2점
① astrologist
② cosmologist
③ physician
④ physicist

항공대 B형 2014년도

[81-85] Choose the best for the blank.

81. Some patients with brain damage to the parietal section of the dorsal stream have difficulty using vision to guide their reaching and grasping movements, a condition termed *optic*

ataxia. However, these patients' ventral streams are intact, meaning they recognize what objects are. We can conclude from this pattern of impairment that _____. (2.5)
① we cannot figure out how ventral and dorsal streams interact
② the two streams must work together for visual perception
③ ventral and dorsal visual streams are functionally distinct
④ it is impossible to damage one stream while leaving the other intact

82. In everyday life, we correctly combine features into unified objects so automatically and effortlessly that it may be difficult to appreciate that _____ is ever a problem at all. However, researchers have discovered errors in _____ that reveal important clues about how the process works. One such error is known as an illusory conjunction, a perceptual mistakes where features from multiple objects are incorrectly combined. (2.5)
① conjunction - disintegration
② combination - disjunction
③ binding - binding
④ conjunction - secession

83. Each criterion has _____. A focus on utilitarianism promotes efficiency and productivity, but it can sideline the rights of some individuals, particularly those with minority representation. The use of rights protects individuals from injury and is consistent with freedom and privacy, but it can create a legalistic environments that hinders productivity and efficiency. A focus on justice protects the interests of the underrepresented and less powerful, but it can encourage a sense of entitlement that reduces risk taking, innovation, and productivity. (2.5)
① adequacy and appropriateness
② advantage and liabilities
③ appropriateness and inscrutability
④ proprieties and harmony

84. Work groups have no need or opportunity engage in work that _____. So their performance is merely the summation of each group member's individual contribution. There is no positive synergy that would create an overall level of performance greater than the sum of the inputs. A work team, on the other hand, generates positives synergy through coordinated effort. The individual efforts result in a level of performance greater than the sum of those individual inputs. (2.5)
① requires joint effort
② creates positive attitude
③ provokes higher productivity
④ encourage creative minds

85. It is entirely appropriate to say there has been arguments over the role of conflict in groups. One school of thought has argued that conflict must be _____ - that it indicates a malfunctioning within the group. We call this the traditional view. Another perspective propose not only that conflict can be a positive force in a group but that some conflict is _____ for a group to perform effectively. We label this the interactionist view. (2.5)
① avoided - absolutely necessary
② evaluated - temporarily necessary
③ dodged - conditionally essential
④ translated - selectively essential

문장완성 심화편 2회

가천대 오전 15학년도

1. Regardless of definition, all religions have certain elements in common: rituals to perform, prayers to recite, places to frequent or avoid, holy days to keep, means _____ to predict the future, a body of literature to read and study, truths to affirm, charismatic leaders to follow, and ordinances to obey.
   ① of that
   ② by which
   ③ for what
   ④ in which

2. It may be cheaper to produce, say, coal or iron ore at A than at B, but the cost of transporting it from A to B may outweigh the difference in production costs, so that it is produced for _____ consumption at B, and B does not normally form a part of the market output of A.
   ① excessive
   ② compulsive
   ③ illegal
   ④ local

가천대 오후 15학년도

3. Many of the national parks were originally established to preserve landscape, but it is now recognized as more crucial to preserve whole ecosystems because each is important on the global scale. Although this has been recognized, it is _____ being achieved. More than half of tropical countries whose biomes are under greatest threat, have no systematic approach to conservation.
   ① apart from
   ② far from
   ③ at any cost
   ④ by any means

4. Harriet drew up a paper on the subject of liberty. For her liberty was not a question of how far the State ought or ought not to interfere with the activities of citizens. It was a question of tolerance in society itself, of some people being impinged upon by other people. The problem of liberty for her was not one of political liberty _____ social liberty.
   ① rather
   ② less than
   ③ much as
   ④ so much as

5. Owing to genetic discoveries, newer tests can help people from cancer-prone families determine whether they've _____ the culpable mutation. "My mother died of colon cancer at age 47," says Dr. Bert Vogelstein. "If we had known she was genetically at risk, we could have screened for the disease and caught it early."
   ① transformed
   ② inherited
   ③ prohibited
   ④ imposed

6. In 1962, Rachel Carson's book *Silent Spring* brought America to the tipping point, the moment when a long-accepted set of values undergoes rapid change. Thanks to her work, the modern environmental protection movement was born. Today, the movement she began has thousands of _____ all over the world.
   ① transporters
   ② discriminators

③ opponents   ④ counterparts

7. Bloch, a longtime advocate for safer air bags, believes carmakers should disclose the air-bag supplier for each model. Some inflate in a basketball shape, while others are pillow shaped, which is better. Some have _____ that limit the distance they can travel, which is potentially less damaging.
   ① tethers   ② vehicles
   ③ surfaces   ④ pressures

8. A consequence of our acceptance of causality is the assumption that we study nature as it "really is." We imagine a world which exists in space and time and follows its natural laws, _____ of any observing subject. When we produce new phenomena by means of our experimental equipment, we are convinced that we do not really produce new phenomena.
   ① because   ② independent
   ③ inclusive   ④ a part

9. Thinking about the kids in the computer center in Chandauli, I realized I would have had a hard time delivering my speech about the evils of techno-colonialism to them. The kids at those laptops didn't look like zombies; they looked focused and _____.
   ① diverted   ② distracted
   ③ deactivated   ④ determined

10. Barbara Ehrenreich, a writer and social activist, went _____ for three months and lived in three different American cities to find out what it's like to be earning a minimum wage. At first, she found a job as a waitress at an inexpensive family restaurant and then took two jobs to make ends meet - a weekend job in a nursing home and a full-time job in a house-cleaning service.
    ① insane   ② erroneous
    ③ stranded   ④ undercover

11. Democratic countries take it for granted that peace is normal, and that war means something has gone wrong. But it is hard to say just where peace ends and war begins. Nations may be on unfriendly terms for years building up their armies and navies, falling father and farther under the sway of militarism, seeking allies and trying _____ each other's markets, without any actual clash of armed forces.
    ① not to interfere with   ② to win control of
    ③ to be merely observing   ④ to help develop

가톨릭대 15학년도

[12-19] 빈칸에 들어갈 가장 적합한 표현을 고르시오.

12. Alfred North Whitehead's classic *Science and the Modern World* makes it clear that although some of the most important human values are at present outside the scope of scientific investigation, this fact does not imply a schism between science and the humanities. The book instead claims that science and humanities provide materials for an enriching _____.

① complementarity   ② replacement
③ explanation   ④ stimulation

13. At NASA, when a launch goes awry and a rocket has to be destroyed, they create a committee to assess what went wrong with the mission. People are not penalized for coming forward and explaining what they did, a deviation from accepted norms and procedures, because the assessment is meant to ensure that the next mission will eliminate the problems that caused the previous mission to fail. The same rule applies at "mortality and morbidity" conferences, which all hospitals hold whenever there is an unexpected patient death. The goal of these conferences is that _____ .
① doctors learn from the mistakes how to prevent possible accidents
② participants identify the person responsible for the patient's death
③ patients are informed how to avoid medical malpractice
④ hospital managers learn how to cooperate with doctors and nurses

14. What should we do when our computer files have been deleted accidentally? First, stop everything you're doing, including checking e-mails. "When you delete a file, the information isn't immediately erased, even if you've emptied your trash," says a computer specialist. "Your computer simply marks that file's spot on the hard drive as available to store other data." That means the more you use your computer, the more likely your hard drive will _____. Next, turn to recovery software like iSKYsoft Data Recovery for Mac or Windows, which thoroughly scans your hard drive to retrieve deleted files.

① overwrite your deleted file with newer information
② begin to update the current files automatically
③ start to delete stored information selectively
④ sort out usable files and store them in a different place

15. It is important to keep things in your refrigerator fresh. What about butter? First of all, you'd better freeze bars you don't plan to use quickly. This will prevent spoilage and the scent absorption of, say, Chinese leftovers. In the refrigerator, unopened butter should last about four months. It can stay in the freezer for about a year. Leave wrapped sticks in the original carton, then enclose in double plastic freezer bags. One sign you need to freeze butter: _____, which means you're not using yours fast enough. Butter that is lighter on the inside than on the outside is no longer fresh, thanks to oxidation.
① oily wrap paper   ② weird scent
③ inconsistent color   ④ uneven surface

16. The issue of not assisting someone in distress is by no means a modern phenomenon; it was a matter of concern even in biblical times. Social psychologists have carried out many experiments in both field and laboratory to determine the factors influencing bystanders' responses to people who appear to be in distress. these studies reveal that if there are many bystanders, if someone else is perceived as an expert or as having more responsibility, if the situation is ambiguous, or if the person in distress is considered responsible for his or her own plight, then the observer is less likely to intervene. _____.
① People are basically so self-centered that they hate to be intruded by others
② The number of bystanders can vary according to a given situation
③ All of these conditions diminish the observer's responsibility

④ The task of helping someone in distress is not meaningful to all people

17. After more than a year and a half of investigative work, the Chicago's police and district attorney's office began moving last spring to break up a vast network of corrupt activity in the prison system. The web of graft they have uncovered is staggering in size and complexity. Within the city's jails, right and wrong were turned upside down in a bizarre parody of law and order. Inmates locked up to prevent further wrongdoing continued to commit exactly the same crimes they had committed on the outside. And correctional personnel sworn to guard the prisoners instead, _____.
① assisted them to clean their dirty hands
② abetted their criminal acts
③ showed indifference to basic duties
④ kept a wary eye on what was going on inside

18. In understanding the cause-and-effect relationships between two variables, the effect of one variable on another can be hidden by other variables for which no data have been obtained. For instance, a study of ticket price and attendance at a sporting event might show that higher ticket prices and higher attendance are related, since events with higher ticket prices seem to have greater attendance. One might be led to conclude that if you want to increase attendance at an event, _____. what is missing from this analysis is the variable of 'event popularity.' A Super Bowl football game is so special that people are willing to pay higher prices just to be there. A preseason football game, however, does not have the drawing power and may need lower ticket prices to ensure a reasonable crowd at the game.
① you should follow the market trend
② you should raise the price of the tickets
③ you should collect required data as a prerequisite
④ you should analyze variables attentively

19. Perhaps the one certainty we can hold about democracy is that _____. We may believe, as we do, that a democratic society is a precondition, though certainly not a guarantee, of human progress. But we must also acknowledge that democracy is a political system always in danger of decay from within and assault from without. Of all known arrangements for political rule, democracy makes the greatest demands upon human intelligence, activity, cooperation, and restraint. It depends on a high level of civilization and probably a certain degree of well-being. Only in a few Western countries has the historical experience of modern democracy, as it began with the French and American revolutions, been sustained for any length of time or with any notable success. And even in these countries - as the ghastly surrender of German society to Nazi totalitarianism showed - there can never be an easy assurance that democracy will be preserved.
① it is founded upon invisible rules
② it is inherently precarious
③ it promotes moral values
④ it presides over contemporary societies

건국대 15학년도

[20-34] Choose the one most suitable to fill in the blank.

20. The families of kibbutz and of an Amish community share several characteristics in common. The most obvious _____ that these two groups share is their underlying religious heritage. Each community is quite homogeneous in its religious views and has succeeded in preserving and handling these views down to the following generation.
① similarity ② diversity ③ development
④ background ⑤ nonsense

21. _____ in traditional pre-revolutionary China occurred in three different ways: by mutual consent, by initiative of the husband (rarely the wife), and under compulsion by the authorities. The interests of the family and clan were considered first and more important that those of the individuals concerned. _____ by mutual consent was hardly the no-fault _____ common in the United State today. Rather, in traditional China, marriages were dissolved through the mutual agreement of patriarchs or family heads and not by the couples themselves.
① Marriage ② Divorce ③ Adoption
④ Contract ⑤ Cohabitation

22. Volcanic eruptions brought about by groundwater coming in contact with volcanic heat are called phreatic eruptions. Such an eruption can happen in several ways. The most common occurrence is when magma that is working its way upwards encounters water in the rocks. Similarly, water can enter hot conduits of a volcano through cracks in the rocks. In both cases, the result _____ - a volcanic eruption.
① contradicts itself
② varies
③ is the same
④ is distinguished
⑤ is reversible

23. The cost of solar power is commensurate with that of wind energy. It is also nonpolluting. It needs no fuel and can be set up easily with the use of large flat panels made up of individual solar cells. These cells collect sunlight and convert it into electricity. _____, like wind power, solar power is very expensive. Some solar cells cost a great deal compared to the amount of electricity they will produce in their lifetime. _____, solar power can be close to useless in climates that are not sunny.
① But - Nevertheless
② In other words - Furthermore
③ In addition - Conversely
④ However - Moreover
⑤ Therefore - Yet

24. Bob was going to retire from teaching in June and the foreign language department was planning on presenting him with some luggage at his retirement dinner. He wasn't supposed to know about it, but someone _____. At the dinner Bob acted surprised, even though someone had told him what he was getting before the official presentation.
① horsed around
② jumped down his throat

③ played it by ear
④ pulled his leg
⑤ let the cat out of the bag

25. With most men the knowledge that they must ultimately die does not weaken the pleasure being at present alive. To the poet the world appears still more beautiful as he gazes at flowers that are doomed to wither, at springs that come to too speedy an end. It is not that the thought of universal _____ gives him pleasure, but that he embraces the pleasure all the more closely because he knows it cannot be his for long.
① eternity ② variation ③ mortality
④ periodicity ⑤ nullification

26. When you stop and think about your high school or college alma mater, do you think your experiences were more positive or negative? Do your feelings of success or failure in that school have anything to do with whether your school was _____ or coed? More and more Americans are electing to send their children to _____ schools because they feel that both boys and girls blossom when they study in the company of students of the same sex. They tend to achieve more.
① private ② public ③ military
④ competitive ⑤ single-sex

27. The most disastrous activities of humans included hunting with firearms, ranching activities, and the building of beach resorts. There is little doubt that the Nene's near extinction was hastened after shotguns were brought to Hawaii. It seems reasonable to assume that many more Nenes were killed when guns became common. _____, as people moved further inland on the islands they began to open more and more land for the development of ranches and beach resorts. These developments forced the geese out of their natural nesting and breeding ranges. As these ranches and resorts became more plentiful, the Nene population accordingly decreased.
① On the contrary
② Nevertheless
③ As a result
④ In a similar fashion
⑤ Under certain circumstances

28. Until 1964 most forms of gambling were illegal in the United States. Since then, however, more and more states have legalized gambling in order to raise revenue. The U.S. gambling industry has gone from an attitude of "_____" to one of "_____", as all but two states now have legalized gambling as a solution to their depressed economies.
① prohibition - promotion
② lavishness - frugality
③ prosperity - hardship
④ obsession - addiction
⑤ destruction - construction

29. In general, one's memories of any period must necessarily weaken as one moves away from it. One is constantly learning new facts, and old ones have to drop out to make way for them. At twenty I could have written the history of my schooldays with an accuracy which

would be quite impossible now. But it can also happen that one's memories grow sharper after a long lapse of time, _____ one is looking at the past with fresh eyes and can isolate and, as it were, notice facts which previously existed undistinguished among a mass of others.

① whereas   ② although   ③ yet
④ because   ⑤ whether

30. The writer uses no more words than are needed to express his thought and feeling adequately. This does not mean, of course, that the student should be stingy with details, forsaking all adjectives, illustrations, and effective repetition and cutting down his style to the barest bones. Wordiness and length are not synonymous: a one-page memo may be wordier than a detailed report of twenty. Though brevity may be the soul of wit, it may also be the product of laziness or busyness. But as a general rule, a writer should not use three words when one will serve. In sum, good writing is _____.

① accurate   ② detailed   ③ realistic
④ economical ⑤ consistent

31. Life moves on, whether we act as cowards or as heroes. Life has no other discipline to impose, if we would but realize it, than to accept life unquestioningly. Everything we shut our eyes to, everything we run away from, everything we deny or despise, serves to defeat us in the end. What seems nasty, painful, evil, can become a source of beauty, joy and strength, if faced with open mind. Every moment is a golden one for him who _____.

① has the vision to recognize it as such
② tries to hide all unpleasant things in his life
③ has multiple disciplines to impose in his life
④ is absolutely indifferent to all evils of our time
⑤ abandons his attempts only in special circumstances

32. Ms. White was appointed head librarian because of her organizational abilities and her plans for improving the library's services. At first, the other staff members appreciated her ideas and enthusiasm. But after several weeks of working with her, they began to resent her frequent memos and meetings. The more they learned about her management style, the less they liked it. As one librarian said to another, "_____" The library staff welcomed Ms. White and her ideas at first, but after they got to know her better their respect for her changed to dislike and scorn.

① No pain, no gain
② Familiarity breeds contempt
③ The first step is always the hardest
④ The pen is mightier than the sword
⑤ The squeaking wheel gets the oil

33. Every day laws are broken, but authorities turn a blind eye to those who break them. For example, pedestrians cross the street when the light is red, but a jaywalker is rarely issued a fine. Traffic laws are perhaps the most ignored and unenforced laws on the books. Every we see more cars speeding down highways than cars driving the speed limit. Although the law stipulates that cars must pass in the left lane, drivers often pass on the right. We see more and more hurried drivers running red lights in spite of the fact that this is a serious traffic violation. What is less common to see is cops pulling these drivers over. Police

officers could be detaining many drivers who break the law. One wonders _____.
① how human rights are protected and shielded by the law
② when traffic laws are established and executed
③ whether drunken drivers are authorized to drive within the speed limit
④ when violating the law is immune from incarceration
⑤ why laws that could help save lives are not more strictly enforced

34. My husband and I have been married for 61 years. We had a good marriage - not without problems, but it was solid, and there were more good times than bad. Two months ago John suffered a massive heart attack. For several days he hovered between life and death. The priest was called in to give the last rites. That same night John said he had something he wanted to tell me. He confessed an affair he had during World War II. He was 23 years old at the time, and we had been married only 15 months. Although he saw the girl only twice, hearing about it broke my heart. John made a miraculous recovery and is gardening as I write this. Whenever I look at him I think of his unfaithfulness, and it makes me sad. Perhaps people should not _____.
① speak ill of others
② neglect medical treatment
③ make death-bed confessions
④ be over-confident about their health
⑤ be dishonest if they are dying

국민대 15학년도

[35~37] Choose the one that best fits into the blank. [2.5 points each]

35. The point of open information is not merely to expose the world but to change it. In recent years moves toward more ____ ____ in government have become one of the most vibrant and promising areas of public policy. Sometimes information disclosure can achieve policy aims more effectively and at far lower cost than traditional regulation.
① opaqueness   ② administration
③ transparency   ④ bureaucratism

36. With its economy in tatters, Italy was unable to preserve its cultural heritage. Cultural budget cuts may do to Pompeii what the Vesuvius volcano failed to do: _____.
① modernize it chicly
② destroy it for good
③ preserve it well enough
④ restore it to its original state

37. Life at the bottom is nasty, brutish and short. For this reason, heartless folk might assume that people in the lower social classes will be more self-interested and less inclined to consider the welfare of others than upper-class individuals, who can afford a certain noblesse oblige. A recent study, however, challenges this idea. _____.
① It is the poor, not the rich, who are inclined to charity.
② Poor people's lives are not so nasty as usually assumed.

③ The expected life spans of the rich and the poor are not so different.
④ The welfare of others is the least important issue to both the rich and the poor.

서강대 15학년도

[38-45] Complete each sentence or passage with the best word(s) or phrase(s).

38. The reindeer live free apart until they are Ⓐ_____ from the tundra into a huge enclosure. The herders and other owners stand watching them for hours, occasionally pulling one out with a lasso. Reindeer are marked by patterns of notches cut into their ears, unique to every owner: herders have a(n) Ⓑ_____ ability to see a mark from a distance on a fast-moving creature. I stand in the fence, mesmerized by the thousands of beasts circling the muddy enclosure, a blur of antlers, mud and hooves.
① Ⓐ wrangled— Ⓑ uncanny
② Ⓐ gathered —Ⓑ chauvinist
③ Ⓐ adumbrated — Ⓑ preternatural
④ Ⓐ culled — Ⓑ desultory

39. The recent decline is largely due to oil. Considering the havoc the price drop has Ⓐ_____, most notably on Russia, Ms. Yellen was remarkably Ⓑ_____. It would, she was confident, be a net positive for growth since America is a net oil importer. Russia's trade and financial linkages to America were minimal. Experience, she noted, suggests the impact on inflation will be Ⓒ_____.
① Ⓐ produced — Ⓑ optimistic — Ⓒ unremitting
② Ⓐ wrought — Ⓑ sanguine — Ⓒ transitory
③ Ⓐ inflicted — Ⓑ upbeat — Ⓒ sardonic
④ Ⓐ created — Ⓑ sallow — Ⓒ unpredictable

40. Peering into the Escort and puzzling over a man awkwardly Ⓐ_____ out in the back seat, Mr. Darisse secured Mr. Heien's assent to search the car. Mr. Darisse then found a stash of cocaine in a duffle bag and arrested Mr. Heien on attempted drug trafficking charges. But as it happens, North Carolina law requires cars to have only one working brake light, so Mr. Darisse's original decision to stop the suspiciously steered Escort was based on a legal misapprehension. The issue is wether this mistake makes the stop "unreasonable" and therefore tosses out the evidence seized on the Ⓑ_____ of interstate 77.
① Ⓐ spread — Ⓑ panacea   ② Ⓐ left — Ⓑ augury
③ Ⓐ passed — Ⓑ accretion   ④ Ⓐ splayed — Ⓑ shoulder

41. David Keith, a professor at Harvard University, has been studying how to reflect sunlight back from an artificial layer of haze in the stratosphere similar to that created by the sulfur thrown up by large volcanic eruptions, which are known to cool the Earth. One of the risks would be that such particles can encourage chemical reaction which Ⓐ_____ the ozone layer. Dr. Keith and his colleagues want to study how the rates of such reaction depend on the sizes of the particles and background levels of water vapour; that would help to assess the risks and perhaps find ways to limit them. They have designed a system which would hang below a large balloon 20 km up in the sky. It would create a small Ⓑ_____ of sulfate particles and then measure the physical and chemical changes.

① Ⓐ deplete — Ⓑ plume　　② Ⓐ decrease — Ⓑ abattoir
③ Ⓐ diminish — Ⓑ cambric　　④ Ⓐ query — Ⓑ shower

42. Rooted in romanticism and derived from the idea of natural human rights, European laws have mostly sought to protect creators. America's notion of copyright, Ⓐ _____, sees culture more as a commodity. The constitution of the United States frames copyright as a reward that is granted to authors for a limited time to encourage them to be creative. Ⓑ ___ recently America has followed Europe's lead in extending the term of copyright to 70 years after a creator's death — not so much in belated recognition of authors' right as in a concession to Hollywood and other important rights-holders, which had lobbied for the changes. In 1998 Disney and other studios even pushed through legislation that extended the copyright on films to 95 years; it became known as the "Mickey Mouse Bill"
① Ⓐ however — Ⓑ Consequently
② Ⓐ similarly — Ⓑ Nevertheless
③ Ⓐ on the other hand — Ⓑ Yet
④ Ⓐ therefore — Ⓑ As a result

43. Marcus Eriksen, of the Five Gyres Institute in Los Angeles, worked with an international team of colleagues to build an oceanographic model of floating debris to estimate the amount of plastic in the sea. The results, published this week in *PLOS ONE*, found that just over 75% of the 268,940 tons of plastic is accounted for by items measuring more than 200mm. As for the number of items in the sea, the researchers calculated this to be 5.25 trillion bits of plastic of all sizes. The vast majority, some 4.8 trillion, are microplastics and these were spread across the world. Ⓐ_____ the number of microplastics appears huge, it was much lower than the researchers expected. The smallest microplastics ought to be more abundant than larger ones, because the tiny ones are continually being degraded into fragments thanks to the effects of sunlight and other weathering processes. Ⓑ_____, suggesting that some other mechanisms are removing the smallest particles from oceans' surface.
① Ⓐ Even though — Ⓑ Additional research confirmed this idea
② Ⓐ Although — Ⓑ In fact the opposite was true
③ Ⓐ Because —Ⓑ However, research proved the contrary
④ Ⓐ In fact — Ⓑ But results contradicted this notion

44. What does it mean to be English? There was a time when one of the perks of Englishness was that you did not have to think too hard about such a question. That time has long gone. The recent _____ on Scottish independence inevitably raised the question of English as well as Scottish identity (and, to a lesser degree, Welsh and Irish). The huge immigration of the past two decades raises the same question in all sorts of complicated ways: about one in nine Britons and one in three Londoners was born overseas. The UK Independence Party, which is really an English national party, will most likely set the tone of politics in the run-up to next year's general election.
① defenestration　　② epilation
③ referendum　　④ gloaming

45. _____. In the past few years a new generation of artists, graphic designers and other accustomed to digital life has rediscovered a process barely changed since its invention by Johannes Gutenberg over 500 years ago. Letterpress is "so old it's new", writes David Jury,

whose book on the topic is subtitled "The allure of the handmade". Even MOO, an online maker of business cards, has just unveiled eight letterpress designs.
① Printing has undergone radical innovations in recent years
② The printing press completely transformed the landscape of modern European history
③ Traditional hand printing is set to overtake laser printing in the next decade
④ For all the fetishizing, this turn back towards hand printing is real and widespread

서울여대 15학년도

[46-51] Choose the one that best completes the sentence.

46. Happiness is not, except in very rare cases, something that drops into the mouth, like a ripe fruit, by the mere operation of fortunate circumstances. In a world so full of avoidable and unavoidable misfortunes, of illness and psychological tangles, of struggle and poverty and ill-will, the man or woman who is to be happy must find ways of coping with the multitudinous causes of unhappiness by which each individual is assailed. In this sense, happiness must be, for most men and women, _____.
① a desire for something unattainable
② linked to competition and resignation
③ gained through submission to one's fate
④ an achievement rather than a gift of the gods

47. According to a recent Gallup Poll, 1.1 billion people, or one-quarter of the earth's adults, want to move temporarily to another country in the hope of finding more profitable work. An additional 630 million people would like to move abroad permanently. The global desire to leave home arises from poverty and necessity, but it also grows out of a conviction that _____. People who embrace this cosmopolitan outlook assume that individuals can and should be at home anywhere in the world and that they need not be tied to any particular place. This outlook, now accepted as central to a globalized economy, leads to opportunity and profits.
① such mobility is possible
② migration is an emotional burden
③ our ties to home are strong and enduring
④ homesickness is an impediment to prosperity

48. As Steven Pinker writes in his new book, "The Better Angels of Our Nature," we are living in the middle of an "empathy craze." There are shelfloads of books about it: "The Age of Empathy," "The Empathy Gap," "Teaching Empathy." There is even a brain theory that we have mirror neurons in our brains that enable us to _____ and that these neurons lead to sympathetic care and moral action.
① have a balanced life
② turn our feeling into action
③ find what we are gifted for
④ feel what's in other people's heads

49. _____ is out of fashion. Our companies, our schools, and our culture are in thrall to a new idea, which holds that creativity and achievement come from an oddly gregarious

place. Most of us now work in teams, in offices without walls, for managers who prize people skills above all. Lone geniuses are out. Collaboration is in.
① Self-esteem ② Ingenuity
③ Solitude ④ Autonomy

50. Stealing someone's identity is not all that difficult. Thieves just need to get their hands on an individual's name, social security number, and date of birth — the required information for getting credit. While the assumption is that criminals find this information on the Internet, _____. The trash, for example, is a gold mine for documents containing personal information, so many identity thieves go dumpster-diving in search of discarded tax forms, legal documents, and hospital records.
① they actually rely more on low-tech methods
② identity theft is a growing problem with serious consequences
③ organizations are blamed for not safeguarding the information they collect
④ government agencies have tried to combat this problem in a number of ways

51. The evolution of man, in fact, is the history of his never-ceasing struggle with nature. At first, natural forces dominated him entirely. Now, though still dependent to a large extent on nature, he has bit by bit wrested the power from her hands, put a harness on ger neck, and made her do his bidding. Still, she is a changeable and capricious servant, and _____ even modern man stands baffled and humbled.
① when she stays in peace
② when she reveals her secrets
③ when she rises in her wrath
④ when she changes the seasons

성균관대 15학년도

[52-57] Choose one that is most appropriate for the blank.

52. It's no secret that Twitter can be a tremendous time-suck. But imagine _____ for wasting those precious minutes of your day. With companies desperate to reach consumers in the social-media crowd, it's now possible to make a buck or two - or much more - on Twitter. A company called Izea, which made its name connecting bloggers with firms willing to compensate them for plugs on their blogs, has set up a similar service for the Twittersphere.
① many hours ② your future ③ getting paid
④ virtual reality ⑤ being fined

53. Some Chinese euphemisms also stem from squeamishness. Rather than inquire about a patient's sex life, doctors may ask if you have much time for *fang shi* (room business). Online sites sell *qingqu yongpin*, literally "interesting love products." But Chinese circumlocution is often a form of polite opacity. Chinese people don't like being too direct in turning down invitations or (as many journalists find) requests for interviews. So they will frequently reply that something is *bu fangbian* (not convenient). This does not mean reapply in a few weeks' time. It means _____.
① they do not want to do it, ever

② they will do it as soon as possible
③ they are not sure
④ they expect you to be more respectful
⑤ they want you to be less ambiguous

54. Often at night I dream that I've found some dangerous object lying on the floor and swallowed it. I sit up, coughing violently, trying to force it back out. I turn to my wife and tell her that I've ingested something potentially fatal, and what should I do? If she wakes up grouchy, she snaps, "Be quiet! I'm trying to sleep!" Startled, I recover myself, realize it's just the same _____ I always have, and feel embarrassed, hoping my wife won't remember the interruption the next morning.
① spasm   ② memory   ③ illustration
④ fantasy   ⑤ nightmare

55. For some types of public figures walking away from the source of their fame, the question of what comes next may be treated lightly. A retired athlete can become a sportscaster or investor; the TV actor whose hit show comes to an end can mull over movie scripts. But when a writer retires, it feels, somehow, different: writing novels is less a job one can leave than proof that one _____. There's something that seems illogical about a writer declaring he or she is done. Where, then, do all of the observations channeled into metaphor go?
① is sensitive and sympathetic
② is not interested in making money
③ behaves in mysterious ways
④ spends the most time on reading
⑤ sees the world in a certain way

56. Bird flu has killed more than 330 people since 2003. That may not sound many, but it amounts to 60% of the 570 known cases of the disease. The only reason the death toll is not higher is that those who succumbed caught the virus directly from a bird. Fortunately for everyone else, it does not pass easily from person to person. _____. That is the burden of research carried out last year by two teams of scientists. They tweaked the bird-flu virus's genes to produce a version which can travel through the air from ferret to ferret. And ferrets are good proxies for people.
① of course not   ② But it might   ③ That's it
④ It doesn't matter ⑤ Or nothing else

57. GM has apologized but has done little to address perceptions of company negligence or propose a solution so it doesn't happen again, says USC marketing professor Ira Kalb. After Toyota recalled millions of vehicles because of "unintended acceleration," Kalb estimates, the company lost $9 billion in sales. Since then, Toyota has recovered enough to be the best-selling automaker globally for the past two years. Because Americans typically buy cars every six years or so, GM may benefit from _____.
① inflation   ② consumer report   ③ global marketing
④ consumer amnesia   ⑤ recession

문장완성 심화편 3회

2017년도 가천대 C형

1. South Korea was one of the first countries in Asia to bestow legal rights to migrant workers with the Employment Permit System(EPS) that was enacted in August 2004. Under the country's law, migrant workers were granted equal rights as national workers in terms of pay and benefits. However, many migrant workers are still _____ to human rights violations in Korea even now, ten years after the EPS plan was ratified.
   ① obtuse
   ② extrinsic
   ③ susceptible
   ④ resistant

2. How much easier, how much more satisfying it is for you who acne see to grasp quickly the essential qualities of another person by watching the subtleties of expression and the quiver of a muscle. But does it ever occur to you to use your sight to see into the inner nature of a friend? Do not most of you grasp casually the _____ features of a face and let it go at that?
   ① elusive
   ② peculiar
   ③ unnoticed
   ④ outward

2017년도 가톨릭대

[3-12] 빈칸에 들어갈 가장 적절한 표현을 고르시오.

3. While the frontier idealized the rugged and tough individuals as the great American hero, the need for self-reliance on the frontier encouraged _____. Frontier men and women not only had to provide most of their daily life essentials, but they were also constantly facing new problems and situations that demanded creative solutions. Observers from other countries were very impressed by the frontiersman's ability to make up new useful farm tools. They were equally impressed by the pioneer woman's ability to make unique clothing, candles, soap, and many other items needed for their daily life of her family.
   ① an adventurous lifestyle
   ② a spirit of inventiveness
   ③ the concept of gender equality
   ④ a strong sense of individualism

4. The Japanese are fanatics for fresh food. As a result, Japanese food-processing companies enjoy local monopolies. A milk producer in northern Japan cannot hope to compete in southern Japan, because transporting milk there would take an extra day or two, a fatal disadvantage in the eyes of consumers. These local monopolies are reinforced by the Japanese government, which obstructs the import of foreign processed food by imposing a 10-day quarantine, among other restrictions. Hence Japanese food-producing companies _____.
   ① are compelled to rely heavily on imported food
   ② strategically optimize their operations on a global level
   ③ are preoccupied with ways to prolong the shelf life of food
   ④ are not exposed to either domestic or foreign competition

5. Is there a way to tackle low entrepreneurship rates and high unemployment rates by using a

policy that addresses both challenges? The answer may lie in _____. A case supporting this idea is found in a large-scale reform implemented in France is 2002. The reform allowed self-employed individuals who started their own businesses to keep their access to unemployment benefits program for three years in case their business venture failed. The program was successful. The overall positive benefits included shorter unemployment spells and the reallocation of labor to more productive and higher-paying jobs.
① introducing tax exemption schemes for new startup companies
② adjusting unemployment insurance to encourage entrepreneurial ventures
③ providing skill training programs to stimulate productive entrepreneurship
④ offering government funding in the early stage of venture startup development

6. Discussions between the United States and the Soviet Union concerning a ban on nuclear testing began in the mid-1950s. Officials from both nations came to believe that the nuclear arms race was reaching a dangerous level. In addition, public protest against the atmospheric testing of nuclear weapons was gaining strength. Nevertheless, talks between the two nations dragged on for years, usually collapsing when _____. The Americans wanted on-site inspections, something the Soviets vehemently opposed. In 1960, the two sides seemed close to an agreement, but the downing of an American spy plane over the Soviet Union in May of that year brought negotiations to an end.
① the effects of radioactive fallout were questioned
② hard-liners set high demands in negotiation
③ the Soviets insisted on underground testing
④ the issue of verification was raised

7. In love with whole numbers, the Pythagoreans believed that all things could be derived from them, certainly all other numbers. _____ when they discovered that the square root of two (the ratio of the diagonal to the side of a square) was irrational, that cannot be expressed accurately as the ratio of any two whole numbers. Ironically this discovery was made with the Pythagorean theorem as a tool. "Irrational" originally meant only that a number could not be expressed as a ratio. But for the Pythagoreans it came to mean something threatening, a hint that their world view might not make sense, which is today the other meaning of "irrational."

① The public were dubious
② A crisis in doctrine arose
③ They became even more convinced
④ The uncertainties finally cleared up

8. People use the phrase "Middle Ages" to describe Europe between the fall of Rome in 476 CE and the beginning of the Renaissance in the 14th century. The phrase "Middle Ages" tells us more about the Renaissance that followed it than it does about the era itself. Starting around the 14th century, European thinkers, writers and artists began to look back and celebrate the art and culture of ancient Greece and Rome. Accordingly, they dismissed the period after the fall of Rome as a "Middle" or even "Dark" age in which no scientific accomplishments had been made, no great art produced, no great leaders born. This way of thinking about the era prevailed until relatively recently. However, today's scholars note that _____. In fact, great intellectual and artistic development in the Renaissance had its roots in the Middle Ages.

① the starting point for the era needs to be revised
② the era was as complex and vibrant as any other
③ the Renaissance was the cultural bridge leading to modern history
④ the term for the era helps us understand European history as a whole

9. The cliche outfit may in some cases become so standardized that it is spoken of as a "uniform": the pin-striped suit, bowler and black umbrella of the London City man, for instance, or the blue jeans and T-shirts of highschool students. Usually, however, these costumes only look like uniforms to outsiders; _____. The London businessman's tie will tell his associates where he went to school and the cut and fabric of his suit will allow them to guess at his income. Highschool students, in a single glance, can distinguish new jeans from those that are fashionably worn, functionally or decoratively patched or carelessly ragged; they grasp the fine distinctions of meaning conveyed by straight-leg, flared, boot-cut and peg-tip.
① we all desperately strive to fit in
② their range of expression is fairly limited
③ peers will be aware of significant differences
④ such outfits are not uncommon in major cities

10. In the spring of 1918, a deadly flu virus attacked the world. The virus infected as much as 40 percent of the global population. The pandemic became commonly known as the "Spanish Flu" or the "Spanish Lady" in the United States and Europe. Many assumed this was because the sickness had originated from the Iberian Peninsula, but the nickname was actually the result of a widespread misunderstanding. Spain was one of only a few major European countries to remain neutral during World War I. Unlike in the Allied and Central Powers nations, where wartime censors suppressed news of the flu to avoid affecting morale, the Spanish media was free to report on it in gory detail. Since nations undergoing a media blackout could only read in depth accounts from Spanish news sources, they naturally assumed that _____.
① the country was the pandemic's ground zero
② Spain would stay neutral until the end of the war
③ Spain's media enjoyed more freedom than any other country
④ The country was falsely branded as the major disseminator of the flu

11. Consider the tragic tampering case in which eight people died from swallowing cyanide-laced capsules of Tylenol. Although Johnson & Johnson believed that the pills had been altered in only a few stores, not in the factory, it quickly recalled all of its product. The recall cost the company $240 million in earnings. In the long run, however, the company's swift recall of Tylenol strengthened consumer confidence and loyalty, and Tylenol remains as the nation's leading brand of pain reliever. Johnson & Johnson management found that _____.
① the costs of attracting new customers are fast rising
② satisfying customer needs is the top priority in marketing
③ it is crucial to create profitable relationships with customers
④ doing what's right benefits both customers and the company

12. We live in a sea of images conveying the culture and learning of modern civilization. Fostered by an unprecedented media expansion, this visual background noise has become so much a part of our daily lives that we take it for granted. In the precess, we _____.

Anyone can buy cheap paintings and reproductions to decorate a room, where they often hang virtually unnoticed, perhaps deservedly so. It is small wonder that we also look at the art in museums with equal casualness. We pass rapidly from one object to another, sampling them like a smorgasbord. We may pause briefly before the famous masterpiece we are supposed to admire, then ignore the galleryful of equally beautiful and important works around it.
① have become desensitized to art
② have responded to art on many levels
③ become to appreciate the true meaning of art
④ learn how to make a meaningful individual choice

<u>2017년도 건국대</u>

13. When you start a job, you can leave a bad impression on your new coworkers very quickly without even realizing it. Because the workplace can be fast-paced and stressful, it can be easy to forget the people around you. One sure way to _____ your coworkers is to speak loudly on your phone. Speaking loudly on the phone can make it difficult for your coworkers to focus on what they are doing or to have phone conversations of their own.
① amuse   ② persuade
③ train   ④ annoy
⑤ encourage

14. Without some system of worldwide food sharing, the proportion of people in the rich and poor nations might eventually stabilize. The over-populated poor countries would decrease in numbers, while the rich countries that had room for more people would increase. But with a well-meaning system of sharing, such as a world food bank, the growth differential between the rich and the poor countries will not only persist, but it will increase. Because of the higher rate of population growth in the poor countries of the world, 88 percent of today's children are born poor, and only 12 percent rich. year by year the ratio becomes worse, as the fast-reproducing poor outnumber the slow-reproducing rich. A world food bank is thus a commons in disguise. People will have more motivation to draw from it than to add to any common store. The less provident and less able will multiply at the expense of the abler and more provident, bringing _____.
① eventual ruin upon all who share in the commons
② more and more population growth in rich countries
③ a balanced nutrition to people in the poor countries
④ decrease in the number of the over-populated countries
⑤ a better worldwide food-sharing system for poor countries

15. A dance therapy session consists of a small group, observed by a therapist. Sometimes, patients sit on the floor at the start, and as appropriate music plays, they keep time by striking beaters against the floor. This is to help release _____. or daily routines are acted out to the music. Finally the group begins to move around the room by walking, running, hopping, jumping, skipping, sliding, and leaping. The purpose of all the various dance rituals and movements is to help the participants gain new insight into themselves. The session usually ends with a group hug, to create an atmosphere of love and acceptance.
① adoration   ② gratitude

③ intuition ④ hostility
⑤ hospitality

16. The human sensory system is constantly being stimulated by an enormous amount of information, some of which is important, some trivial, and some worthless. If we processed all stimuli _____, it would not only be a wasteful allocation of energy but would overload a limited processing system. In order to make sense of our world, visual information must be processed _____ and accurately. The human system is truly remarkable in the performance of this task.
   ① significantly - gradually
   ② equally - rapidly
   ③ regularly - independently
   ④ harmoniously - frequently
   ⑤ separately - securely

17. In richer countries, water is made safe to drink by filtration, chlorination, boiling, and/or treatment with ultraviolet light. In poorer countries, these methods may be out of reach based on the price. _____, boiling requires fuel, and families may have only enough fuel to cook their food. Cheap filters for home use are probably the best solution. _____, filters get clogged with bacteria. Carbon-based filters, like those you buy in the supermarket, remove some chemicals. But these filters do not capture germs. So what materials could do the job? Scientists and engineers are teaming up to find affordable solutions.
   ① For example - However
   ② However - By contrast
   ③ Likewise - After all
   ④ Therefore - Otherwise
   ⑤ However - In conclusion

2017년도 광운대

18. Often we say that animals are smart because they seem to understand what their trainers or owners are trying to say to them, and behave accordingly. Psychological experiments report that animals are not smart, but they are in fact just extremely sensitive to changes taking place in immediate circumstances including sounds and motions. So the fact is that animals can _____ understand human language.
   ① at no time   ② all the time
   ③ for a time   ④ in no time
   ⑤ of all time

2017년도 산기대

[19-26] Choose the one that most logically fits the sentence.

19. The number that seems to be almost universally considered unlucky is 13. No other number has had such a bad reputation for so long. The ancient Romans regarded it as a symbol of death, destruction, and misfortune. One of the earliest written stories about the number 13

appears in Norwegian mythology. This story tells about a feast at Valhalla to which _____ gods were invited. Loki, the god of evil, came uninvited, raising the number to 13. In the struggle to throw out Loki, Balder, the favorite of the gods, was killed.
① 11
② 12
③ 13
④ 14

20. An intimate relationship does not banish loneliness. Only when we are comfortable with who we are and can function independently in a healthy way, can we truly function within a relationship. Two halves do not make a whole when it comes to a healthy relationship: It takes two _____ .
① parts
② twins
③ halves
④ wholes

21. In the forests of West Virginia, USA, digging for wild ginseng has been a tradition for generations. There's even been a nickname for these diggers: sengers. However, there are laws for _____ the plants can be picked. The picking season only runs from September to November and only mature plants can be picked by hand.
① when and why
② where and why
③ when and how
④ where and how

22. Coober Pedy, a dusty town in South Australia, sits atop the world's greatest known deposits of opal - a milky white gem with stripes and flecks of color. In hopes of getting rich, gemstone miners endure the harsh outback environment. They suffer through dust storms, flies, and midsummer temperatures higher than 120° Fahrenheit (about 50° Celsius) To escape the heat and the files, the people of Coober Pedy _____. They carve homes - called "dug-outs"- into the hills overlooking the town.
① go underwater
② go underground
③ ascend the hills
④ climb up the trees

23. Imagine coming home to a smart home after a grueling day at work. Doors and windows automatically open and close, your favorite music plays throughout the house, and dinner cooks itself. This sound like science fiction, but more and more homes are _____ with these capabilities. Smart homes can be controlled remotely through smartphones or portable computers.
① treated
② relocated
③ outfitted
④ malfunctioned

24. I am a feminist by my own interpretation: I believe men and women are equal physically and intellectually. They are entitled to equal rights, treatment, and respect. I _____, and I immediately assume people are wrong for thinking otherwise.
① put up with this
② take this for granted
③ make away with this
④ jump to this conclusion

25. Japan has many earthquakes because four different tectonic plates _____ below the country's surface. The treat of earthquakes has turned Japan into a world leader in earthquake-proof construction. Strong building codes are in place for structures of every size.
① divert
② diverge
③ convert
④ converge

26. She was to spend the morning at the Luxembourg and would I give her a little luncheon at Foyot's afterwards? Foyot's is a restaurant at which the French senators eat an it was so far beyond my _____ that I had never thought of going there. But I was flattered and I was too young to have learned to say no a woman.
    ① means
    ② feast
    ③ ordinance
    ④ prerequisite

<u>2017년도 상명대</u>

[27-32] 아래의 문장들에서 Ⓐ, Ⓑ 또는 Ⓒ의 각각 빈칸에 들어갈 단어 또는 단어의 짝으로 가장 적절한 것을 고르시오.

27. Their mutual Ⓐ_____ seemed clear, but in fact they had a long-standing Ⓑ_____ toward each other. 3.3점
    ① admiration - respect
    ② attraction - animosity
    ③ dislike - hatred
    ④ affection - love
    ⑤ aptitude - enchantment

28. The unmitigated truth is that the author of the essays was Ⓐ_____ in his writing; their publication Ⓑ_____ the teacher's chance for a promotion. 3.8점
    ① abusive - enhanced
    ② laconic - obliterated
    ③ obtuse - obviated
    ④ profound - diminished
    ⑤ prolific - necessitated

29. Modern Indians are Ⓐ_____ by using internet matchmaking web sites in search of eligible marriage partners. This is chiefly because in this complex, Ⓑ _____ country with so many different religions and languages, one needs special help to Ⓒ_____ a good husband or wife. 3.8점
    ① turning points - multicultural - speculate
    ② playing on - cyberworld - erudite
    ③ incriminate - infirmity - conjecture
    ④ festering - bicultural - flaunt
    ⑤ breaking with tradition - multicultural - locate

30. Political analysts in Western countries have held a long-standing assumption that economic Ⓐ_____ will be followed by democratic political reforms, but China is proving the Ⓑ_____ wrong. Even though China boasts a robust, capitalistic economy, it remains under the tight rein of an Ⓒ_____ government. 3.8점
    ① liberalization - analysts - authoritarian
    ② organization - specialists - modularization
    ③ formula - analysts - correlation
    ④ cooperation - negotiators - figurative

⑤ association - negotiators - matured

31. Video games have evolved from novelty experiments to a commercially Ⓐ_____ industry since their introduction in the 1950s. In this relatively short period, making video games has changed a one-person design team to a Ⓑ_____ process involving hundreds of people. As Ⓒ_____ increases, artists are out-numbering programmers on game design teams. 3.8점
① trial — well-fed — redemption
② heroin — natural — resurrection
③ fundamental — evoked — compassion
④ viable — collaborative - innovation
⑤ involving - cooperative - technique

32. The shaman Ⓐ_____ to new ideas. Mark directs a non-profit group called the Amazon Conservation Team, which sets up shamans' apprentice clinics next to clinics run by Ⓑ_____. 3.3점
① criticized - doctors
② conjectured - profits
③ opened his mind - missionaries
④ diminished - headwaters
⑤ presented - mentors

2017년도 서울여대

[33-38] Choose the one that best completes the sentence.

33. A recent study conducted by the National Institute for Health Care Management indicates that heavy advertising of prescription medicines causes consumers to spend billions more dollars on those drugs. Such advertising is obviously unethical. The Food and Drug Administration must revise the laws that allow big drug companies to take advantage of people in this way. Drug companies want us to believe that they are doing us all a favor by turning heavily promoted drugs like Celebrex and Zocor into household words. Honestly, though, the companies know that this advertising significantly increases their sales. That's the only reason they spend more on advertisements that PepsiCo spends to advertise Pepsi. As a result, _____. Some patients visit their doctors mainly to request a certain medication by name.
① tests are conducted for the safety and effectiveness of new drugs
② consumers demand the prices of best-selling drugs be marked down
③ the drug companies' advertisements encourage consumers to self-diagnose
④ drug companies try to inform consumers of potential side effects of the drugs

34. _____ is a tricky business, yet there are performers who have built a career on a special gift for shedding tears - with or without the help of eyedrops. Darci Picoult is a New York University acting teacher and writer who regularly helps actors meet this challenge; her advice in such instances is to "particularise the moment or text with something specific and personal to the performer, so that it becomes less about what is demanded of them and more about an inner secret, desire, or fear."
① Teaching actors

    ② Crying on demand
    ③ Expressing inner emotions
    ④ Reducing an audience to tears

35. Look closely at what many journalists write about artificial intelligence - from Alphago's triumph at the ancient Chinese board game Go to Microsoft's Twitterbot - and you might detect some smugness. Research by Oxford University has predicted that journalism is among the jobs least likely to _____ in the near future. And yet, as Columbia University prepares to celebrate 100 years of the Pulitzer prize, intelligent robots will publish financial reports, sports commentaries, and myriad other articles, formerly the preserve of trained journalists.
    ① be replaced by a machine
    ② put human nature in danger
    ③ contribute to technological advances
    ④ be interested in artificial intelligence

36. Health is probably the most significant cause of the Chinese taboo on raw food, as suggested by the fact that even water is never consumed raw; it is always boiled before drinking. Drinking boiled water presumably helped protect China from some of the water-transmitted epidemics suffered by the West. Americans and Europeans traditionally drank water raw, and partly as a consequence suffered epidemics of diseases like cholera until the nineteenth century when municipal water supplies began to be treated. The Chinese cultural constraint against raw water _____. Despite the fact that the municipal water in modern Hong Kong or Taipei is treated and perfectly safe and drinkable, people who grew up in those sophisticated cities still boil all their water, even keeping pitchers of preboiled water in the fridge.
    ① runs very deep
    ② violates cultural norms
    ③ is associated with domestic politics
    ④ has influenced neighboring cultures

37. For more than 30 years now, researchers have been studying the split brain, witnessing what happens when the left and the right hemispheres are unable to communicate with each other. The studies show that the two hemispheres control _____. Each half has its own specialization and thus its own limitations and advantages. The left brain is dominant for language and speech. The right excels at visual-motor tasks. The language of these findings has become part of our culture: writers refer to themselves as left-brained, visual artists as right-brained.
    ① all parts of the brain
    ② the body in coordination
    ③ thought and action respectively
    ④ different aspects of thought and action

38. People see what they call a crime wave sweeping the new South Africa, and shake their heads. What is the country coming to, they say. But the wave _____. When they installed themselves on the land three centuries ago, settlers from north-western Europe adopted the practice of raiding (raiding of livestock, raiding of women) that marked relations between bands or tribes already resident there. Raiding, in southern Africa of early colonial times, had a peculiar conceptual status. Since there was no body of law governing relations between

groups, it could not be called an offence at law. At the same time it was not quite warfare. It was more like a sport, a cultural activity with serious undertones.

① has a bright side
② has never existed
③ is anything but new
④ is a European invention

2017년도 성균관대

[39-48] Choose one that is most appropriate for the blank.

39. A dog bone found at an Irish Stone Age tomb in the Boyne Valley has helped to shed new light on _____ of pet dogs. The dog bone, believed to date back almost 5,000 years, was unearthed at Newgrange in Country Meath - an ancient monument built by Stone Age farmers. Scientists at Trinity College Dublin used it to sequence the dog's genome. The research suggests that modern dogs may have emerged from two separate domestications of wolves, on opposite ends of the Eurasian continent. It challenges previous theories that man's best friend originated from a single domestication of wolves in Asia.

① the imaginary pedigree myth
② the possible dual origins
③ the hereditary consistency
④ the genetic substance
⑤ the diverse geographical distribution

40. In the drudgery of the everyday, it can be easy to become lost in boredom and self-pity. Yet some people seem remarkably resilient to life's blows: exuding the cheeriness of Mary Poppins on even the gloomiest day. How do they manage it? While some people may blessed with a sunny temperament, there are some tried and tested ways that should help anyone to _____. Often the techniques take just minutes to practise, yet can have lasting benefits for your general life satisfaction and well-being.

① beat the blues
② suppress the desire
③ dwell on the pains
④ train a good skill
⑤ break through the difficulties

41. There's a common notion that losing your temper must be bad for your heart. In a study carried out at the University of North Carolina in 2000, 13,000 patients were given questionnaires in which they rated their own tendency to get angry, and were followed up a few years later. Although their blood pressure was apparently normal, those who had said they frequently get angry were three times more likely to have had heart attacks in the intervening years than the others, even when factors like smoking, diabetes and weight had been taken into account. _____, Mark McDermott form the University of East London found that people who expressed their anger suffered more from heart disease than those who held back from shouting.

① On the other hand
② By the way
③ Instead
④ In short

⑤ Likewise

42. Modern animal psychiatrists argue that there is no evidence of an animal knowingly attempting suicide in the wild. Researchers now know that the mass deaths of lemmings are an unfortunate consequence of a dense population of creatures emigrating together at the same time. In cases where a pet dies following its master's death, this can be explained by the disruption of a social tie. The animal does not _____ to die; instead, the animal was so used to its master that it no longer accepts food from another individual. "To think it died from suicide like a person after the death of a spouse is just a projection of a style of romantic human interpretation."

   ① follow a bad arrangement
   ② make a conscious decision
   ③ have a clear preference
   ④ agree easily
   ⑤ reveal a hidden desire

43. The ancient Romans had a saying: "_____." Every time you learn a new, useful word or phrase - be it while speaking with someone, watching a movie, or reading a book - make sure that you store the information on your phone or a notebook you keep in your pocket. This way you can review your recorded information whenever you have a free moment.

   ① Spoken words fly away, but written words stay
   ② There is something to learn from poverty
   ③ A fish on the hook is better than ten in the brook
   ④ Great barkers are no biters
   ⑤ A tale grows better in the telling

44. This book is not destined for scholars or philosophers alone. The fundamental problems of human culture have a general human interest, and they should be made accessible to the general public. I have tried, _____, to avoid all technicalities and to express my thoughts as clearly and simply as possible. My critics should, however, be warned that what I could give here is more an explanation and illustration than a demonstration of my theory.

   ① therefore   ② however
   ③ moreover   ④ nevertheless
   ⑤ otherwise

45. In the drama playing out across North Africa and the Middle East, Morocco is going somewhat off script. While tens of thousands marched nationwide, denouncing corruption and demanding democratic reform, few called for the ousting of the nation's ruler, King Mohammad VI. The monarch is a(n) _____ figure, credited with bringing stability and prosperity to the country.

   ① incompetent   ② irresponsible
   ③ popular   ④ indifferent
   ⑤ tyrannical

46. In 1985 and 1986 an epidemic of asthma hit Barcelona. The city's researchers first turned to the usual suspects, such as air pollution, pollen and mould. But a series of telephone

interviews with the sufferers pointed to a much more precise cause. All the attacks had occurred by the harbor, and at times when ships were unloading soya beans. The cause was clear: soya-bean dust. So was the solution: the installation of filters on the harbor's silos. Asthma is one of the world's most common chronic diseases. It affects about 300 million people. Yet what triggers any given asthma attack is unclear and, as a consequence, most asthmatics are not properly treated. Stories of _____, like that of Barcelona, are rare.

① total failure
② tragedy
③ global scale
④ success
⑤ fatal attack

47. Old workers have traditionally earned more, reflecting the weight of seniority in pay scales, so the cost of providing final-salary pension benefits for them has been higher. In America, where employers are expected to provide health care, older workers are also more expensive to insure. On the other hand, such workers may be more flexible on pay, particularly if employers are willing to offer part-time work, which many older people prefer. That might make them _____.

① more difficult to work
② less eligible to apply
③ more likely to get fired
④ less amenable to get a job
⑤ more attractive to hire

48. In the 1991 Gulf war Iraq's armed force used American-made color photocopiers to produce their battle plans. _____. The circuitry in some of them contained concealed transmitters that revealed their position to American electronic-warfare aircraft, making bomb and missile strikes more precise. The operation highlights a secret front in high-tech warfare: turning enemy assets into liabilities.

① The machine didn't work well
② That was a mistake
③ The story cannot be true
④ That's not the way it goes
⑤ That was all right anyway

2017년도 숙명여대

49. Susan's bags are almost ready for her trip. She _____ for Korea later this evening. We'll say good-bye to her before she _____.
① has left — will go
② is leaving — goes
③ left — went
④ will leave — will go
⑤ leaves — will go

50. I think that we're all mentally _____; those of us outside _____ only hide it a little better — and maybe not all that much better, after all. We've all known people who talk to themselves and people who have some hysterical fear.
① strong — the institutions

② obnoxious — the schools
③ ambivalent — everyday life
④ good — the normal
⑤ ill — the asylums

51. Younghee drove three hundred kilometers to see the circus in Seoul. When she got there, she could not find the circus. It _____ the city. She _____ all the way to Seoul for nothing.
① was leaving — were driving
② was leaving — had driven
③ had left — had driven
④ had left — were driving
⑤ left — were driving

52. In mountainous areas, melting snow in the spring runs downhill into streams and rivers. The water carries with it sediment, that is, small particles of soil and rock. In the spring, mountain rivers become cloudy rather than clear because _____.
① ice is the frozen water
② mountain tops are covered with sediment
③ the water is contaminated with dirt
④ the water from melting snow brings sediment to the rivers
⑤ water springs converge to the rivers

53. Despite his international celebrity, John never let any of it go to his head. He dined with kings, counseled presidents and signed autographs for athletes and movie stars. But _____, rarely raised his voice and remained unfailingly polite and conscious of his responsibilities.
① he never pulled rank
② he hardly realized his faults
③ he didn't stop at anything
④ he never missed the point
⑤ he always knew his position

54. The academy is accustomed to unconventional behavior from Nobel laureates, who do not always exhibit unalloyed joy when they get the notifying telephone call. Some are scared; some seem almost irritated; some instruct their spouses to say they cannot come to the phone; some _____.
① are so thankful that they would scream
② want to display their other talents
③ affect an air of carefree indifference
④ display strong sense of approval
⑤ express their gratitudes with silence

55. In comparison to the national economy's size, South Korea's ranking on Transparency International's Corruption Perceptions Index is poor, coming in at only 37 (in a ranking with 1 as least corrupt). This is a country where inviting people for meals, giving gifts and attending (and making cash offerings at) funerals and weddings have been used as forms of soft bribery for so long that the government had to pass a law last year aimed at _____ these practices.
① curbing
② acknowledging
③ inhabiting
④ encouraging

⑤ reinvestigating

56. If you have a bucket-list destination, but the timing isn't right to leave directly after the wedding, wait. Your honeymoon isn't just like any other getaway, and it's a good idea to defer it to when you _____ to the place you're dreaming about.
① can reconsider the facts
② can decide how to go
③ can get more informations
④ can take the time to travel
⑤ can be sure that you want to go

2017년도 숭실대

57. "Promise - large promise - is the soul of advertising," wrote Dr. Samuel Johnson in the eighteenth century. His dictum has remained remarkably accurate during the last two hundred and fifty years. Advertisements tell the viewer much more than the merits of a particular _____ . From the glossy and colorful pages of magazines, catalogues, and newspaper supplements, the reader can extract _____ of how to live the perfect life.
① society - ways
② company - styles
③ promise - pictures
④ product - images

2017년도 이화여대

[58-65] Fill in the blanks with the best-fitting expressions.

58. According to one survey, about one-third of all teens send more than 100 text massages a day. Some worry that teens could become addicted to this way of communication. For one teen, texting is as automatic as breathing. Doctors say that the instant _____ of getting a text message stimulates the brain's pleasure center. Neurological research has shown that texting teens have brain scans similar to those of heroine addicts.
① specification ② apparition ③ gratification ④ verification ⑤ specification

59. In our computer-dominated world, it can make us nervous to consider our own clumsy capabilities. Is there anything we're good at that computers aren't better at? Are machines making us _____? Are our hard drives secretly laughing at us up their electronic sleeves? According to researchers, there still are a few skills in which humans _____ superiority over computers. We're better at pattern recognition. We are capable of emotional connections. We're more innovative.
① obsolete - retain
② subversive - plummet
③ rampant - invigorate
④ dogmatic -acknowledge
⑤ nebulous -emphasize

60. The impressionists painted everyday scenes from the world we know rather than following

traditional religious, historical, or mythological subjects. They painted real life landscapes as they saw them and without idealization. They were not concerned with a(n) _____ finish and applied their paint with quick, spontaneous brushstrokes. In their attempts to capture the _____ moment and the ways in which objects reflect or absorb light, Monet, Renoir, Manet, Pissarro, and others have created a new and brilliantly vivacious world on canvas; they have also influenced the work of their friends, most notably Cézanne, Degas, and Van Gogh.
① unsullied - immutable
② sloppy - temporary
③ meticulous -fleeting
④ unwilling - exciting
⑤ succinct -unforgettable

61. What creates tension in a piece of fiction is partly the way the concrete words are linked together to make up the visible action of the story. But it's also the things that are _____, that are implied, the landscape just _____ the smooth surface of things.
① illuminated -on
② curtailed -across
③ marked down -at
④ left out - under
⑤ included -beside

62. The origins of the magnetic compass are _____ in mystery. No one knows who discovered the magnetic property of the lodestone. Nor does anyone know who discovered that the stone's attractive power could be _____ to steel or hardened iron, or that the magnet could be used in determining geographic directions. The Chinese may have been the first, as early as the eleventh century, to use a magnetic needle for indicating direction.
① integrated - impelled
② shrouded -imparted
③ hidden - bogged
④ wreathed - marred
⑤ expounded - lured

63. Diversity is often _____ as highly desirable. Indeed, in professional contexts, we know that more diverse teams often outperform _____ teams.
① touted -homogeneous
② extolled -idiosyncratic
③ elevated -heterogeneous
④ lauded -divisive
⑤ adulated -miscellaneous

64. Giant pandas used to live in large areas of China, but they are now close to _____. In the past, they were spread throughout the forests of southern and eastern China. Each panda needed a large area of forest — and large amounts of bamboo — but there was enough forest and bamboo for tens of thousands of giant pandas. However, in the twentieth century, people moved into the forests and cut down the bamboo. By the 1990s, scientists estimated that there were only about 1,000 wild pandas left. Fortunately, the Chinese government decided to try to save them. It created several panda _____, where the pandas and their forests were protected.

① exile - infringements
② undertaking - edifices
③ collapse - inklings
④ evaporation - manipulations
⑤ extinction - reserves

65. Nikolai Gogol was writing stories that maintained subjective experiences and points of view, often mingling reality with a dream-like, fantastical world. Limited points of view - as opposed to _____, omniscient third-person - allowed the reader to see the world of the story through a(n) _____ perspective.
① multiplied -slanted
② singular -egalitarian
③ objective -skewed
④ indifferent -impartial
⑤ transcendent -sublime

2017년도 중앙대

[66-70] 다음 빈칸에 가장 적합한 것을 고르시오. 각 2.5점

66. Although there are differences among individual tribes, distinct motifs are clearly discernible in the sculptures of the Pacific Northwest tribes. Symbolizing cultural and religious beliefs, tribal sculpture focuses primarily on human and animal figures. But more significantly, the art is highly _____. Sculptors utilize certain culturally recognized features to identify the subject. To portray a beaver, the artist may carve two elongated front teeth and a tail clearly marked with scales. To create a hawk, the artist may sculpt a long curving beak reaching back to touch the hawk's face. These stylized features may then be arranged by the artist according to the aesthetic needs of the sculpture to depict the ideas or impressions the artist wishes to convey.
① impressionistic   ② caricatural
③ extemporaneous   ④ iconographic

67. Beginning in the 1780s, novelist Charlotte Smith's explicit and implicit criticism of English life and laws earned her a reputation as a "_____." Her novels contain some of the earliest literary attacks on the English legal system. In comparison to later exposes by nineteenth-century novelists such as Charles Dickens, Charlotte Smith's attacks appear somewhat timorous. However, it cannot be denied that it was Smith who introduced such a target for later novelists and that when she did, her action was considered so audacious that it laid her open to the charge of being a "_____."
① mediator - tyrant   ② reformer - conformer
③ subversive - menace   ④ cleric - forerunner

68. A legend can endure forever in the collective imagination, and can have amazing _____ in spite of repeated attempts to disprove it. The tale of Atlantis is such a survivor. Thousands of books have been written speculating where Atlantis was located. All of this is in spite of a legion of failed efforts to find evidence that the land ever existed. The failure to find Atlantis is not for a lack of effort on anyone's part. Archeologists, geophysicists, and

seafaring explorers have all tried to find some trace of the lost city. One author who has written extensively on the subject has said that the reason the belief in Atlantis still persists is that it is difficult to prove _____. One can't produce evidence that something never existed.

① longevity - a negative
② popularity - an axiom
③ expansion - a principle
④ authority - a syllogism

69. People become what they do. This explanation of how people acquire attitude and traits dates back to the late British philosopher Gilbert Ryle but was formalized by the social psychologist Daryl Bem in his self-perception theory. People draw inferences about who they are, Bem suggests, by observing their own behavior. Self-perception theory turns common wisdom on its head. People act the way they do because of their personality traits and attitudes, right? They return a lost wallet because they're honest, and recycle their trash because they care about environment. It's evident that _____, but Bem's insight was to suggest that the reverse also holds. If we return a lost wallet, there's an upward tick on our honesty meter. After we drag the recycling bin to the curb, we infer that we really care about the environment.

① character archives our most cherished ideas
② behavior emanates from our inner dispositions
③ perspectives fuel the development of our perception
④ self-motivation relies on external factors

70. Other comparisons carried out in the study suggest that even when Lucy walked upright, she may have done so less efficiently than modern humans, _____ her ability to walk long distances on the ground. In addition, all of her limb bones were found to be very strong relative to her body size, indicating that she had exceptionally strong muscles, more like those of modern chimpanzees than modern humans. _____ in muscle power later in human evolution may be linked to better technology that reduced the need for physical exertions and the increased metabolic demands of a larger brain.

① enhancing - An increase
② reflecting - A deterioration
③ limiting - A reduction
④ attenuating - A boost

2017년도 한양대

[71-75] 빈칸에 들어갈 가장 알맞은 어휘를 고르시오.

71. As in other artistic domains, there were those quick to recognize and _____ sculptures' commercial possibilities. While the magnificent cathedrals of the Middle Ages contained works by the sculptors of the time, it was the combined skills of the stonemason and the architect which were responsible for the structures themselves. In a sense, the reverse has been true in the digital world. The development of hardware and software needed to create and manipulate objects in three-dimensional space has been driven by the world of commerce.

① extort
② extol
③ exploit
④ extricate

72. Martin Luther King, Jr. was one of the greatest speechmakers, and at first it might seem obvious why. As well as being educated and prodigiously talented, the young reverend left nothing to _____. Every syllable of his oratory was meticulously prepared. By contrast, consider the fate of those who do not seem to have prepared. Rick Perry, then the governor of Texas, was once the favorite to be the Republican presidential nominee for the 2012 election. His chances ebbed because his performance in debates was _____. During one debate, a journalist tweeted, "I think Rick Perry just had a stroke." 3점
   ① risk - raging
   ② chance - excruciating
   ③ speculation - disappointing
   ④ coincidence - impassioned

73. The tasks involving modern architecture and the problems it must solve are not purely connected with new additions to ancient buildings. One of the most important problems is that of modernization, and this operation logically means the use of modern architecture. The question is, exactly how far, where alterations in the internal structure of ancient buildings are required in order to ensure their survival without _____ those very qualities which make them worth preserving, is it necessary and permissible to make use of modern architectural devices?
   ① destroying   ② accusing
   ③ connecting   ④ sustaining

74. Networks are open structures that develop through the addition of new nodes. They tend to have a more informal nature in comparison with the hierarchical and ordered nature of traditional forms of social relations. Networks are horizontal and reciprocal, more open and flexible, although ultimately they form some more or less stable pattern of social relations. Some of the more postmodern theorists of networks are inclined to make more explicitly anti-realist claims that conflate the existence of networks with epistemological issues, arguing that networks are not epistemological centers and peripheries but a _____ network of nodes in and through which theorists, theories, and multiple users move and meet.
   ① decentralized   ② incorporated
   ③ functionalized   ④ institutionalized

75. Disgust is a universal human emotion, signaled with its own facial expression and codified everywhere in food taboos. Like all the emotions, disgust has profound effects on human affairs. During World War II, American pilots in the Pacific went hungry rather than eat the toads and bugs that they had been taught were perfectly safe. Food aversions are _____ ethnic markers, persisting long after other traditions have been abandoned.
   ① tenacious   ② ephemeral
   ③ restrained   ④ uncommon

[76-80] 빈칸에 들어갈 가장 알맞은 것을 고르시오.

76. _____, splendid in itself, cannot be fully reconciled with the need for planning, organization, careful and responsible calculation. The pursuit of truth - the noblest of aims - cannot be fully reconciled with the happiness that men desire, for even if I know that I have some incurable disease of pursuing truth, this will not make me happier or freer. I must always choose: between peace and excitement, or knowledge and blissful ignorance. 3점

① Mercy
② Justice
③ Spontaneity
④ Voluntary action

77. The results of life are uncalculated and uncalculable. The years teach much which the days never know. The persons who compose our company converse, and come and go, and design and execute many things, and somewhat comes of it all, but an unlooked-for result. The individual designed many things, and drew in other persons as coadjutors, quarrelled with some or all, blundered much, and something is done; all are a little advanced, but the individual is always _____. It turns out somewhat new and very unlike what he promised himself.
    ① creative
    ② mistaken
    ③ pedantic
    ④ understood

78. It's hard to be a good liar, even when it comes to your own intentions, which only you can verify. Intentions come from emotions, and emotions have evolved displays on the face and body. Unless you are a master of the Stanislavsky method, you will have trouble faking them; in fact, they probably evolved because they were hard to fake. Worse, lying is stressful, and anxiety has its own telltale markers. They are the rationale for polygraphs, the so-called lie detectors, and humans evolved to be lie detectors, too. Then there is the annoying fact that some propositions logically entail others. Since some of the things you say will be true, you are always in danger of exposing your own lies. As the Yiddish saying goes, a liar must have a good _____. 3점
    ① memory
    ② emotion
    ③ intention
    ④ attitude

79. Passion and desire, their prolongation and exhaustion, may actually be Aciman's great authorial preoccupation. Life is lived at the edge of desire, in the thrill of the chase. In the essays the desire is disembodied, which in many ways makes it that much more intense. The thing about Aciman's ruminations on loss is that he does not strive to regain anything. He does not want to. It's often too obvious to be noted, but _____ of desire is its death. As Aciman says, "When you have total plenitude, you don't know what to do with yourself. I would love to have a beach. That's the dream of my life, to open the door and I have a beach. But when I go to the beach, I'm always disappointed because it's boring. What do you do at a beach? There's nothing to do. But to think about going to the beach feeds me." 3점
    ① failure
    ② reproduction
    ③ displacement
    ④ consummation

80. In English, the meaning of the word "tickle" is, so to speak, almost antithetical, employing, as Freud said of the dreamwork, "the same means of representation for expressing contraries." The Oxford English Dictionary cites, among nineteen definitions of the word, the following: "In _____, easily upset or overthrown, insecure, tottering, crazy ... nicely poised." Other definitions describe a range of experience from excessive credulity to incontinence. The word speaks of the precarious, and so of the erotic. To tickle is, above all, to seduce, often by amusement.
    ① unstable equilibrium
    ② irresistible temptation
    ③ inevitable confrontation
    ④ unequivocal tranquility

81. At the end of 1993 there were about 300 million users of personal computers and in 1997 their number was estimated at almost two billion. The mass diffusion of the PC since the middle of the 1970s has increased the need for computer _____, supermarkets list computers as ordinary commodities, and nowadays everyone is expected to be able to choose and work with a computer without having any special competence. 2점
   ① literal
   ② literacy
   ③ literary
   ④ literature

82. Many linguistics researchers are excited about the possibility of humans using language to communicate with chimpanzees, our close cousins in the animal world. Some scientists believe that chimpanzees, and in particular Bonobo chimpanzees, may have the comprehension skills of two-and-a-half-year-old children. With dedicated training, the scientists claim, these chimpanzees are able to understand complicated sentences and to communicate on an advanced level with human beings. In a recent and rather astonishing episode, _____ , a Bonobo chimpanzee pressed symbols on a special keyboard in order to tell her trainers about a fight between two chimpanzees in a separate facility. 2점
   ① for example
   ② additionally
   ③ nevertheless
   ④ on the other hand

83. The human brain contains approximately one trillion nerve cells and so it might seem that trying to understand the neural machinery of our own behavior is a task that is beyond our abilities. Fortunately nerve cells are all remarkably similar to one another in terms of their mode of operation across the whole of the animal kingdom. This means that the neurobiological and technical breakthroughs that are currently being made in this exciting and fast moving area of animal behavior _____ a real impact upon our understanding of our own machinery for behavior. 3점
   ① did have
   ② does not have
   ③ could have
   ④ could not have

84. The mola sunfish uses its fins to steer its rather awkwardly-shaped body through the water. Its body has a very narrow cross-section - it is basically a flattened oval with a head at the front, and very high top and bottom fins at the back. In fact, the mola's height is often equal to its length, which is unusual in fish, which are typically _____ . 3점
   ① buoyant
   ② elongated
   ③ hydraulic
   ④ rectangular

85. This should have been a happy century for Detroit, given the U.S. auto industry's past record sales and profits. But "_____ ," and this is a sad reality for me: Although the industry is still thriving, more and more American cars are built outside of the country. 2점
   ① every rose has its thorn
   ② strike while the iron is hot
   ③ even Homer sometimes nods
   ④ the grass is greener on the other side of the fence.

86. Heidegger is a notoriously difficult philosopher to understand. The way he wrote was, in part, a result of the fact that he was deliberately trying to break with the philosophical tradition.

One way of breaking with the tradition is to coin neologisms, that is, to invent words which will, by virtue of their _____, be free of any philosophical baggage. This is a method that Heidegger frequently employed, but at the cost of considerable _____. In addition, Heidegger believed his task was to provoke his readers to thoughtfulness rather than provide them with a facile answer to a well defined problem. 3점
① originality - originality
② originality - intelligibility
③ intelligibility - intelligibility
④ intelligibility - originality

87. A myth about sign languages is that they are the same language as spoken by their broader community, just done on the hands and face. This is not true. Actual sign languages have grammars that differ markedly from spoken languages in contact with them. _____, countries which use essentially the same spoken language do not necessarily have mutually intelligible sign languages. The sign languages used in the United States, England, and Ireland, for example, are quite different from each other. Sign languages do not develop according to the grammatical rules of the spoken languages of their communities. _____, they have their own complex morphology, phonology, syntax, and semantic rules. 3점
① Instead - Nevertheless
② Instead - In fact
③ In fact - Nevertheless
④ In fact - Instead

88. This year, the Arctic sea ice cover experienced relatively slow rates of melt in June, which is the month the Arctic receives the most solar energy. _____, the rate of ice loss picked up during July, when the sun is still strong. Faster than normal ice loss rates continued through August, a transition month when ice loss typically begins to slow. A big "hole" appeared in August in the ice pack in the north of Alaska, when thinner seasonal ice surrounded by thicker, older ice _____ . The huge opening allowed for the ocean to absorb more solar energy, accelerating the process. 3점
① However - melted
② However - froze
③ Consequently - melted
④ Consequently - froze

89. For most of China's modern history, its people have concentrated on building a materially comfortable existence. Since 1978 more than 700 million people have been lifted out of poverty. For the past four decades almost everyone could be confident that their children's lives would be better than their own. But the future looks _____, particularly for the group that appears to be China's greatest success: the middle class. Millions of middle-income Chinese families are well fed, well housed, and well educated. They have good jobs and plenty of choices in life. But they are now confronting the dark side of China's 35 years of dazzling growth. This special report will lay out the desires and aspirations of this fast-expanding group. Many Chinese today are _____, empowered and keen to shape society around them. Through social media, they are changing China's intellectual landscape. They are investing in new experiences of all kinds. But discontent over corruption, inequality, tainted food, and a foul environment is sharp and deep; many worry that their hard-fought gains are ill-protected.
① almost certain - affluent
② less promising - individualistic
③ more equitable - distrustful

④ quite doubtful - overconfident

2017년도 항공대

[90-94] Choose the one that best completes the sentence. 각 2.1점

90. Much of Mendel's success can be attributed to the several characteristics that he chose for study. He _____ characteristics that display a range of variation; instead, he focused his attention on those that exist in two easily differentiated forms, such as white versus gray seed coats, round versus wrinkled seeds, and inflated versus constricted pods.
① searched   ② followed
③ avoided   ④ interpreted

91. It is generally considered un professional for economists to base their analyses on stories. On the contrary, they are supposed to stick to the _____ facts and theory - a theory that is based on optimization, especially optimization of economic variables.
① legendary   ② narrative
③ quantitative   ④ imaginary

92. A male fruit fly has a single thought - to win the heart of a female fly. On spotting a female, he performs a carefully choreographed dance, orienting toward the female, following her, and tapping on her with his legs. He sings a courtship song by vibrating one wing. _____ his execution is proper and the female is aroused, she accepts his advances and a successful copulation ensues.
① However   ② Without
③ If   ④ Nor

93. A high consumption of tuna accounts for more than 40 percent of mercury concentrations in humans, more than any other source. Blue-fin tuna, which often wind up as sushi, tend to have the highest levels of mercury of any type of tuna. Yellow-fin tuna tend to have more moderate levels, and skipjack tuna's mercury levels are relatively low. Since tuna are _____ predator, near the top of the marine food chain, mercury in the fish they eat accumulates in their bodies.
① an apex   ② a floor
③ an intermediate   ④ a bottom

94. _____ the structure of our social networks and our limited attention, it is inevitable that some memes will go viral, irrespective of their quality. Even if individuals tend to share information of higher quality, the network as a whole is not effective at discriminating between reliable and fabricated information. This helps explain all the viral hoaxes we observe in the wild.
① Whether   ② Given
③ Unlike   ④ Besides

문장완성 심화편 4회

1. Unusual patterns of financial transactions can clue in investigators about a terror suspect. However, there are always exceptions to these patterns, and potential terrorists might do something unusual just to avoid looking suspicious. _____, the profile of your "average" terrorist might not always be accurate. Although the poor and uneducated are considered the most likely to become terrorists, the would-be terrorist on Christmas Day in the U.S was the son of a distinguished Nigerian family.
   ① Instead
   ② On the other hand
   ③ By the way
   ④ Likewise

2. In public, my parents spoke a hesitant, accented, and not always grammatical English. They would have to strain, their bodies tense, to catch the sense of what was rapidly said by the Americans. At home, they returned to Spanish. The words would come quickly, with ease. Conveyed through those sounds was the pleasing, soothing, consoling _____ that one was at home.
   ① foreboding
   ② reminder
   ③ expectation
   ④ imagination

3. Starbucks and Subway share a lot in common. They are two of the best-known and most successful businesses in the food and beverage industry. However, each company also represents a different business model from the other. Of course one sells coffee and the other sells sandwiches as its core product. But beyond that, their road to success _____ at one key point. While Starbucks has kept its now more than 8,000 chain stores corporate-owned, Subway has built its empire through franchised stores.
   ① dilutes
   ② diminishes
   ③ diverges
   ④ diffuses

4. No poet, no artist of any art, has his complete meaning alone. His significance, his appreciation is the appreciation of his relation to the dead poets and artists. You cannot value him alone; you must set him, for contrast and comparison, among the dead. I mean this as a principle of aesthetic, not merely historical, criticism. What happens when a new work art is created is something that happens _____ to all the works of art which preceded it.
   ① alternatively
   ② individually
   ③ simultaneously
   ④ intermittently

5. Published in 1958, The Affluent Society criticized the _____ and waste of a society obsessed with inceasing productivity managed by industries bent on making profits. The author said Americans had not developed an adequate system of managing affluence, hence the government should moderate the excesses of people's spending on themselves by devoting more resources to public education.
   ① liberalism
   ② consumerism
   ③ modernism
   ④ industrialism

6. Avant-garde film-makers are mainly preoccupied with aesthetic and artistic concerns, much like modernists in other artistic fields. However, avant-garde films differ from other forms of modernist art in that they are actually designed for a mass audience. Modernist writers,

musicians and painters generally _____ popular appeal, and their primary concern is that their work is appreciated within elite circles.
① disdain   ② dazzle
③ depict   ④ devise

7. Provocative nationalism in Japan is on the move again. Its media reports that the government instructed new textbooks to describe Dokto as its own territory. This is no longer just a matter of a distorted view of history. This sounds like an attempt by the Japanese state _____ its people to rally around the wrong-headed cause of taking its so-called lost territory back.
① instigating   ② impeaching
③ perplexing   ④ suppressing

8. In post-colonial homes with large parlors, women frequently gathered in quilting bees and helped neighbors and friends finish their needlepoint work, taking turns working on one of the four corners of the quilt frame. These weekly or monthly events constituted women's primary means of _____ in an otherwise isolated rural American environment. Expert quilters would work together sometimes teaching novice girls, and carefully piece together a full blanket while singing, telling stories, and sharing ideas about everyday life.
① competing   ② donating
③ socializing   ④ commemorating

2018년도 가천대 A형

9. In sharp contrast to the present day, ancient Greek and Roman actors rarely wore any make-up at all - despite the fact that they were often required to perform the roles of several different characters in the same play. _____ applying new make-up constantly, actors found it much easier to wear oversized masks in order to signal the many character changes in each play.
① With   ② With a view to
③ For the sake of   ④ Rather than

10. Recently, there has been a heated global debate about the use of "pro-life" and "pro-choice" in reference to one's position on abortion. Those who are pro-life say the reason why they do not say they are "against abortion" is because the word "abortion" itself is an expression that conceals the criminallty of "murdering a fetus." Strictly speaking, they are "against murdering fetuses," but they choose to say they are "pro-life," because to do _____ would make people uncomfortable.
① it   ② thus
③ in that way   ④ otherwise

11. Tiny animals about 1 centimeter long, brine shrimp are adapted to life in the extremely salty waters of Utah's Great Salt Lake, where the salt content, or salinity, would kill almost anything else. The shrimp feed on algae and produce huge quantities of eggs, which are some of _____ eggs in the world. They can be kept in dried form on a shelf for years and then hatched by a brief soaking in salt water.
① the most fragile   ② the tiniest

③ the toughest   ④ the most common

12. My great-aunt is dead, and all her generation are dead. The new generations of the family have long ago left the town behind and have turned into something quite different. They were already headed for the cities by the middle of the last century, as can be seen by the rapid _____ of great-grandfather Baker's daughters.
① decree   ② dedication
③ disclaimer   ④ dispersal

13. In the early 1940s, one of the forces that kept us on the frontline was the conviction that this battle was of immense historical import, and that those of us who survived it would be forever cherished in the hearts of Americans. It was rather _____ to discover that your own parents couldn't even pronounce the names of the islands you had conquered.
① disheartening   ② redundant
③ inevitable   ④ worthwhile

14. The very nature of the advertising medium itself necessitates the use of symbols and character types that could be understood at a glance. If the advertisement was to be effective, its message had to be quickly absorbed and understood. Thus, in their depiction of ethnic groups, advertisers often used commonly held _____ images.
① stock   ② evasive
③ exquisite   ④ inscrutable

15. A new kind of literature appeared in the United States around the middle of the nineteenth century. Known as the story paper, a serial publication printed in the form of an eight-page newspaper. It cost a nickel, and contained various short stories, articles, and other informative or entertaining material. The introduction of cheap printing methods, improvements in shipping, and a growing _____ rate all contributed to the sudden obsession with the story paper.
① poverty   ② literacy
③ migration   ④ birth

16. People usually lose their jobs when a company decides to shut down a business division. Today, however, companies also lay off people when they are actually making a lot of money. Why so? The answer lies in so called global _____. A lot of businesses send certain functions of their operations to countries such as India and China, where the companies can find a cheaper but still well-educated labor force.
① joint venture   ② partnership
③ franchise   ④ outsourcing

17. No matter how democratic and transparent a society might be, there remain unfair situations. Among things unfair, the most serious and hard to solve problem might be the distribution of information. In real life there are many problems due to incomplete and unfair distribution of information, which is also known as information _____. A classic example is when buying a used car.
① exactness   ② asymmetry
③ competition   ④ industry

2018년도 가톨릭대

[18-27] 빈칸에 들어갈 가장 적절한 표현을 고르시오.

18. It is possible that science may in principle describe the structure and actions of man as a part of physical nature. It is clear, however, that man is not thus completely accounted for. From the scientific perspective, _____ is the realm of ideas and aspirations, of emotions and feelings, that gives life its human significance.
① what has been emphasized
② the only thing that matters
③ along with the theoretical basis
④ left wholly out of consideration

19. Those who are regarded as inferior members of society may play an important role in the shaping of history. Their importance lies in the readiness with which they are collectively swayed in any direction; they can be easily persuaded to take risks and _____.
① abandon their privileges
② plunge into some united action
③ step toward the mainstream current of politics
④ disregard the consequences of their mobilization

20. Our modern culture is like a person suffering from amnesia. Something happened to cause a significant loss of memory. Imagine that person, aware of having had a former life, but now cut off from it by a broken bridge of memory. Odd, isolated images can still be recalled. And scraps of writings and occasional visits from acquaintances relating to that former life give fragmentary information about how it was. But, unable to make the _____, the amnesiac sets about making a new life, the former one gradually slipping away until it becomes like a hazy myth, no longer of any validity. Likewise, our modern culture, cut off from the past, seems to pronounce its own solitary existence.
① explanations   ② distinctions
③ connections   ④ predictions

21. Our understanding of the physical universe has deepened profoundly during the past century. The theoretical tools of quantum mechanics and general relativity allow us to understand the physical happenings from the atomic and subatomic realms all the way through phenomena occurring on the scales of galaxies and beyond to the structure of the whole universe itself. This is a monumental achievement. It is truly inspiring that beings confined to a small planet in the far edges of a galaxy have been able to ascertain and comprehend some of the most mysterious characteristics of the physical universe. _____, physicists by their nature will not be satisfied until they feel that the deepest and the most fundamental understanding of the universe has been unveiled. This is what Stephen Hawking has alluded to as a first step toward knowing "the mind of God."
① By the same token ② Nevertheless
③ To sum up   ④ As a result

22. As of all other things, _____. Indulged in to excess, reading becomes a vice - a vice all the more dangerous, for not being generally recognized as such. Yet excessive reading is the only form of self-indulgence which fails to get the blame it deserves. The fact

is surprising; for it is obvious to anyone who candidly observes himself and other people that excessive reading can devour a man's time, dissipate his energies, vitiate his thinking, and distract his attention from reality.
① one can have too much even of reading
② one should consider directions and purposes of reading
③ one can be immersed in reading in any circumstances
④ one should be concerned with quality rather than quantity of reading

23. Perhaps the saddest dilemma facing South Florida is the plight of the refugees from Haiti. Law enforcement officials pick up about 500 Haitians a month on Floridian beaches, but probably just as many slip in without getting caught. The 600-mile journey from Haiti is often arduous, a measure how desperately they want to leave their country. Many sell all their possessions and hire professional smugglers, who often starve them, beat them, or even dump them overboard. Others pull their money to buy a makeshift boat and then hire a local fisherman, who may know little about navigation, to bring them to America. _____, as happened when a rickety sailboat carrying 63 Haitians was swamped in Florida surf last month, claiming the lives of 33.
① Their dreams die hard
② The situation is often repetitive
③ The trip can easily end in tragedy
④ Life is only a matter of perspective

24. For thousands of years nomads, conquerors, traders, and pilgrims have traversed Afghanistan, contributing to its _____ and its wealth of artifacts: From Alexander the Great to Babur of the Moguls, invaders introduced new customs. Caravans imported Roman and Islamic glassware, Indian ivories, and Chinese textiles, while travelers inspired by faith brought Buddhism and Islam.
① eternal progression
② pioneering pathway
③ territorial expansion
④ multicultural heritage

25. The single most common nervous system disorder and the third leading cause of death in the United States are cerebrovascular accidents (CVAs), also called strokes or brain attacks. CVAs occur when blood circulation to a brain area is blocked and brain tissue dies. Those who survive a CVA are often paralyzed and exhibit sensory deficits. Whatever the cause, fewer than 35% of patients who survive a CVA are alive three years later. _____, the picture is not hopeless. Some patients recover at least part of their lost faculties, because undamaged neurons sprout new branches that spread into the injured area and take over some lost functions.
① If not   ② Even so
③ What's more   ④ As a result

26. Like all polar bears, those on Hudson Bay need solid ice as a platform for hunting seals and seal cubs, their main prey. Yet the bay _____, so from June to October bears must live off their fat reserves. For millennia they've coped, but climate change may be tipping the balance: The ice has begun to disappear from Hudson Bay, and if the trend continues, then it's pretty clear that the bears will disappear too.

① is frozen only in winter and spring
② is full of fish for at most six months
③ doesn't provide enough food in summer
④ is visited by many tourists during the winter

27. Weather accompanies air masses as they travel across the earth's surface. A large part of weather forecasting involves locating air masses, determining their characteristics, and plotting their movements on a regular schedule so that predictions of the masses' future movements can be made. To do this, meteorologists _____. Therefore, thousands of individual surface weather stations in the U.S. report their measurements to the National Weather Service (NWS). The NWS also receives many thousands of surface aviation reports from airports, many hundreds of reports from ships at sea, and several thousand aircraft reports.
① should be able to make weather maps easy to read
② need to know the weather over a large area
③ should be able to transmit data to airports
④ need to communicate with ships at sea

2018년도 이화여대

28. Our culture's indifference to the past easily _____ into rejection. Far from regarding it as a useless _____, however, I see the past as a political and psychological treasury from which we draw what is needed to cope with the future.
① retreats - figment
② disappears - fraction
③ escalates - conundrum
④ deteriorates - encumbrance
⑤ flows - trove

29. Among the activities through which men seek _____ from everyday life, games offer in many ways the purest form of escape. Like sex, drugs, and drink, they _____ awareness of everyday reality.
① solace - enervate
② quietness - reinforce
③ release - erase
④ excitement - transform
⑤ vision - stimulate

30. Of all mankind's manifold creations, language must take pride of place. Other inventions - the wheel, agriculture, sliced bread - may have transformed our material existence, but the advent of language is what made us human. Compared to language, all
other inventions pale in significance, since everything we have ever achieved _____ language and originates from it. Without language, we could never have embarked on our _____ to unparalleled power over all other animals, and even over nature itself.
① depends on - ascent
② aims at - testimony
③ zeroes in on - adventure

④ dwindles to - nexus
⑤ dispenses with - caution

31. The temperate climate of most of the USA, Canada, and much of South America presented little disease threat to Europeans, so they _____ in those regions. In contrast, tropical diseases led to high European mortality in the Caribbean and Amazon and _____ the growth of the European population.
① sojourned - controlled
② triumphed - quickened
③ lingered - redoubled
④ flourished - depressed
⑤ transacted - deprecate

32. Some scholars argue that scientific knowledge is highly predisposed to personal bias. They maintain that because the present discipline has been shaped exclusively by men, science is male-oriented or male-biased and that at present the discipline is also _____ European, middle-upper-class, and heterosexual values. It therefore presents a(n) _____ view of the world and represents an excluding knowledge.
① contributed to - detectable
② receptive of - omnipresent
③ imparted to - engaging
④ imbued with - distorted
⑤ combined with - undivided

33. In an indirect way, the press _____ attachment to the status quo by the way in which it tended to depict reality. Its focus on political and state office as the seat of power decentered capital and masked the central influence of business and financial elites. By reporting the news in terms of discrete and disconnected events, it _____ acceptance of the social structure as natural - the way things are.
① recreated - dissuaded
② reinforced - encouraged
③ solidified - displaced
④ extenuated - acknowledged
⑤ predetermined - associated

2018년도 중앙대

[34-39] 다음 빈 칸에 가장 적합한 것을 고르시오. (각2.5점)

34. Primitive man almost certainly took the leaves, stems, roots, barks, and berries of single herbs internally for the relief of various symptoms. Roots and barks might be chewed; leaves would be applied externally, along with animal fats, to help heal wounds and abrasions. Herbs were also probably used for _____, with patients placing them on the fire and breathing the vapours produced. Later, combinations of herbs would be used, and they would have been incorporated into such as fats, oils and honey.
① ingravescence
② inhalation
③ gastrology
④ debilitation

35. The notion of 'diaspora,' used first in the classical world, has acquired renewed importance in the late twentieth century. Once the term applied principally to Jews and less commonly to Greeks, Armenians and Africans. Now at least thirty ethnic groups declare that they are a diaspora, or are so deemed by others. Why these sudden proclamations? Frightened by the extent of international migration and their inability to construct a stable social order, many states have turned away from the idea of assimilating or integrating their ethnic minorities. For their part, minorities no longer desire to _____ their pasts. Many retain or have acquired dual citizenship, while the consequences of globalization have meant that ties with a homeland can be preserved or even reinvented.
    ① redress   ② hold
    ③ extol   ④ abandon

36. English grammar is very difficult and few writers have avoided making mistakes in it. So heedful a writer as Henry James, for instance, on occasion wrote so ungrammatically that a schoolmaster, finding such errors in a schoolboy's essay, would be justly _____. It is necessary to know grammar, and it is better to write grammatically than not, but it is well to remember that grammar is common speech formulated.
    ① indignant   ② placable
    ③ moved   ④ convivial

37. Civilization is a product of adversity. The great civilizations of all time seem to have arisen where nature made production possible only a part of the year, and thus made it necessary for man to work and save up for the time when he could not produce. Man does not naturally like to work steadily, and if nature enables him to avoid it, he usually seems content to _____ rather than labor and progress.
    ① wrench   ② loaf
    ③ capitulate   ④ excruciate

38. It is natural for man to indulge in the illusions of hope. We are apt to shut our eyes against a painful truth, and listen to the song of the Siren till she transforms us into beasts. Is this the part of so-called wise men, engaged in a great and arduous struggle for liberty? Again, are we _____ to be of the number of those who having eyes see not, and having ears hear not the things which so nearly concern their temporal salvation?
    ① inculcated   ② tentative
    ③ declined   ④ disposed

39. The virtue of all-in wrestling is that it is the spectacle of excess. Here we find a _____ which must have been that of ancient theatres. And in fact wrestling is an open-air spectacle, for what makes the circus or the arena what they are is not the sky, it is the drenching and vertical quality of the flood of light. The function of the wrestler is not to win; it is to go exactly through the motions which are expected of him.
    ① brawnness   ② grandiloquence
    ③ burlesque   ④ benison

[40-42] 빈칸에 들어갈 가장 알맞은 어휘를 고르시오.

40. Like animals, fungi are heterotrophs: they cannot make their own food as plants and algae can. But unlike animals, fungi do not ingest their food. Instead, a fungus absorbs nutrients from the environment outside of its body. Many fungi do this by _____ hydrolytic enzymes into their surroundings. These enzymes break down complex molecules to smaller organic compounds that the fungi can absorb into their bodies and use. Other fungi use enzymes to penetrate the walls of cells, enabling the fungi to absorb nutrients from the cells. Collectively, the different enzymes found in various fungal species can digest compounds from a wide range of sources, living or dead. [3점]

① ingesting
② secreting
③ deflecting
④ permeating

41. One cannot either imaginatively or practically pursue "class demands" as if the working class has one set of united and homogeneous material interests. It makes neither political nor theoretical sense to imagine an undifferentiated working class demanding a larger share of the pie, to be divided among them with the same ratios of _____ as currently exist based on racism and sexism. Just as black workers cannot stand in for the whole, neither can skilled white workers. Each group is exploited in a specific manner, and to different degrees.

① impediment
② competition
③ exploitation
④ remuneration

42. The Christian attitude toward commerce held that money was evil, that according to St. Augustine "Business is in itself an evil," that profit beyond a minimum necessary to support the dealer was avarice, that to make money out of money by charging interest on a loan was the sin of _____, that buying goods wholesale and selling them unchanged at a higher retail price was immoral and condemned by cannon law, that, in short, St. Jerome's dictum was final: "A man who is a merchant can seldom if ever please God."

① greed
② usury
③ gluttony
④ indolence

[43-57] 빈칸에 들어갈 가장 알맞은 것을 고르시오.

43. Mandela's awareness of his iconic status can appear cynical, even cunningly postmodern, but at the time, it would most accurately have been described as politic. He saw that it was important to stand as a "symbolic expression of the confused desires of his people": that embattled anti-colonial nationalist movements required compelling unifying images. Mandela in his own autobiography constructs his life on the assumption that the national leader's story is interlocked with the nation's story, specifically for him the story of anti-apartheid resistance. In his view, the leader, the first democratic president-to-be, embodies the nation. Significantly, during his later years in office, Mandela often came across in ways that suggested _____.

① a story of a self-made man
② a self bound up in a public mask
③ a symbolic image associated with postmodernism

④ a commanding way of presenting oneself internationally

44. Primitive man had a repertoire of survival skills that included reading body language. Etiquette and culture have blunted that natural human ability. Add to those factors the complexity of spoken language and modern conventions related to body language and the result is this: few people today can read body language well. Most of the time, we don't even know what our own bodies are doing. Human body language is more closely tied to _____. I don't think about how to pick up my glass when I drink, or how to start my car. Our brains are so complex, with multiple subprograms running at all times, that it is difficult to have complete control over every twitch and tap. It is difficult for us to even remember what we've done if the action has reached the point of habit. [3점]
① habit than inborn talent
② ritual than planned behavior
③ discipline than social control
④ intuition than visual memory

45. Gandhi's attack on poverty as an obstacle to freedom needs highlighting, especially since in his personal life he was given to practicing voluntary poverty. How could one practice voluntary poverty and at the same time be against poverty? The answer to this apparent inconsistency can be found in his religious psychology: his voluntary poverty was an act of penance, even of spiritual protest against the involuntary poverty of the Indian masses. It was not an approval, much less a(n) ___(A)___ of involuntary poverty. However, misunderstandings exist. Even a perceptive observer of India was moved to remark that Gandhi thought of poverty as "a solution to injustice or excess." Gandhi did not think of poverty in this way. He voluntarily accepted the lifestyle of the poor in order to demonstrate his solidarity with them. Poverty was no more ___(B)___ to him than it was to them. It was a product of an unjust social order, removable by human effort. [3점]
① exaltation - meaningless
② eradication - intolerable
③ glorification - natural
④ mortification - spiritual

46. In development economics, the question whether aid contributed to economic growth was hotly debated after Mosley identified this as the "micro-macro" paradox. He could not find any statistically significant ___(A)___ between development aid and the economic growth rate of recipient countries, taking into account other factors that cause growth. Mosley defended aid nonetheless, as benefits at the micro level were often shown to be substantial and essential. Nevertheless, economic growth was supposed to be the engine of future development that would make aid unnecessary, and if aid would not contribute to economic development, it could turn out to be ineffective in the longer run and not have meaning beyond just the benefits of a specific and localized project or intervention. Even if a project has significant short term outcomes, but it does not contribute to economic growth, it could be argued that the ___(B)___ of its benefits is questionable.
① conflict - effect
② balance - intent
③ correlation - sustainability
④ discrepancy - substantiality

47. Do heroes belong in the modern world? Or are they a liability, an anachronism, even an embarrassment? In the hands of the Greeks and Shakespeare, these questions are complex and the answers are various. The leading figures in Sophocles have some things in common. Antigone, Oedipus, Electra: they cling to a high idea of themselves. They are passionate, purposive, resolute, rigorous, indomitable, difficult. They command admiration, in an old sense of the term that connotes but not necessarily approval, moral or otherwise. Or to use an associated word familiar to Shakespeare and his contemporaries, they provide "mirrors" for us to contemplate. They are exemplary, but they are not necessarily examples to follow. They are glamorous, charismatic, spectacular. But in tragedy they become a problem, not least for those around them, sisters like Ismene in Antigone, rulers like Theseus in *Oedipus at Colonus*. [3점]
① pity
② pride
③ wonder
④ humiliation

48. Communities are not natural species, that is, kinds of things that exist independently of human intervention, but are formed by choices persons make to cooperate in various ways. Still, since communities are formed by the common pursuit of purposes, two communities will be essentially distinct if those communities pursue different types of purposes or if they pursue a common purpose in fundamentally different ways. Thus, we can pick out instances of communities and ask what they are. And if we arrive at an answer, we can then ask about the ethical and political implications of such differences. Since the forming of some communities is a way in which human beings are fulfilled, it follows that the way our choices are related to communities, and to the structures required by their purposes, is morally significant. For example, even generic friendship—that is, friendship not between spouses, and not founded on a quite specific connection such as paternity or the teacher-pupil relationship—has a structure _____. [3점]
① that is not defined by individual choices
② definite enough so that some actions develop it and others harm it
③ diverse enough so that common purpose cannot define a distinctive kind of community
④ that is established by what fundamentally distinguishes it from other personal relationships

49. The puzzle in bird movement which is not often explained is _____. When an oarsman propels his boat forwards he beats his oars backwards against the water, and the reaction drives the boat on. A paddle steamer does the same with its paddles, and a duck or swan with its feet. But if we carefully watch any bird such as a rook, peewit, or seagull, whose wings move slowly enough for the nature of their movement to be observed, we cannot detect the slightest backward and forward movement of the wings; it appears to be purely up and down. Such a movement of wings seems appropriate enough for keeping up, if that were all that had to be done. But it is at least equally important to move rapidly forward.
① what methods different types of birds use to quickly move forward
② how the movement of a bird is different from that of a paddle steamer
③ what roles the wings of birds play when they increase their speed forward
④ how the movement of a bird is accomplished without backward beats upon the air

50. History is a social process, in which individuals are engaged as social beings; and the imaginary antithesis between society and the individual results in no more than _____ drawn across our path to confuse our thinking. The reciprocal process of interaction

between the historian and his facts, what I have called the dialogue between present and past, is a dialogue not between abstract and isolated individuals, but between the society of today and the society of yesterday. [3점]
① distraction ② indignation
③ exoneration ④ enlightenment

51. As I had done before I copied passages and then tried to write them out again from memory, I tried altering words or the order in which they were set. I found that the only possible words were those Swift had used and that the order in which he had placed them was the only possible order. It is an impeccable prose. But _____ has one grave defect: it is apt to be dull. Swift's prose is like a French canal, bordered with poplars, that runs through a gracious and undulating country. Its tranquil charm fills you with satisfaction, but it neither excites the emotions nor stimulates the imagination. You go on and on and presently you are a trifle bored. [3점]
① lucidity ② terseness
③ perfection ④ naturalness

52. The architect who proposes to run with technology knows now that he will be _____, and that, in order to keep up, he may have to emulate the Futurists and discard his whole cultural load, including the professional garments by which he is recognized as an architect. If, on the other hand, he decides not to do this, he may find that a technological culture has decided to go on without him. [3점]
① obsolete ② silenced
③ out of fashion ④ in fast company

53. A basic problem with utilitarianism, long sensed, is that one may easily conceive of circumstances in which the oppression of some small class of people would contribute maximally to the aggregate general welfare. For instance, it is relatively easy to think of circumstances in which aggregate welfare would be maximized by enslaving or even killing off a few people. We might find utilitarianism _____ for that reason, but our feelings of moral repugnance are not yet an argument against it.
① obscure ② attractive
③ obnoxious ④ convincing

54. Poets who write in the "wrong language" (even exceedingly populous languages like Chinese) must engage in the peculiar act of imagining a world poetry and placing themselves within it. And, although it is supposedly free of all local history, this "world poetry" turns out, unsurprisingly, to be a version of Anglo-American modernism or French modernism, depending on which wave of colonial culture first washed over the intellectuals of the country in question. This situation is the quintessence of cultural _____, when an essentially local tradition (Anglo-European) is widely taken for granted as universal.
① wisdom ② learning
③ variation ④ hegemony

55. One of the commonest forms of madness is the desire to be noticed, the pleasure derived from being noticed. Perhaps it is not merely common, but universal. In its mildest form it doubtless is universal. Every child is pleased at being noticed; many intolerable children put in their whole time in distressing and idiotic effort to attract the attention of visitors; boys

are always "showing off"; apparently all men and women are glad and grateful when they find that they have done a thing which has lifted them for a moment out of _____ and caused wondering talk. This common madness can develop, by nurture, into a hunger for notoriety in one, for fame in another. [3점]
① obscurity
② stupidity
③ corruption
④ miscalculation

56. Philosophy, which had once summoned all sciences to its aid in making a coherent image of the world and an alluring picture of the good, found its task of _____ too stupendous for its courage, ran away from all these battlefronts of truth, and hid itself in recondite and narrow lanes, timidly secure from the issues and responsibilities of life.
① coordination
② observation
③ humanization
④ reconstruction

57. But how could the brain be shaped by cultural experiences? Here is where the utility of the brain as computer metaphor really starts to break down. Unlike computers, brains continue to change, grow, and rewrite themselves in response to their experiences. Brains are highly _____ throughout our lives, especially when we are young. Our hardware changes in response to what we do.
① rigid
② plastic
③ elusive
④ computational

문장완성 심화편 5회

2019학년도 가천대 인문계 C형

[1-7] Choose the appropriate word or phrase for each blank.

1. Most social sciences and humanities are engaged in the thoughtful study of human affairs, though people in each discipline work from their own particular standpoint. History, however, must be _____ by all other fields. It offers the raw record of what has happened, and it sets the context of unique situations in the stream of time within which the other forms of specialized inquiry must operate.
   ① put aside
   ② drawn upon
   ③ passed over
   ④ set forth

2. This offer of employment is subject to receipt of acceptable references in addition to any other stipulations including satisfactory medical report, registration with a professional organization, and proof of credentials. All new employees have a three-month _____ period, during which the employee's attendance and performance at work will be monitored by the employee's direct manager.
   ① migratory
   ② compensatory
   ③ renewal
   ④ probationary

3. The third industrial revolution is sometimes called an information revolution, but that is a _____ since many of the industries involved in the revolution, such as biotechnology and new designer-made materials, are not information industries.
   ① false alarm
   ② malapropism
   ③ misnomer
   ④ red herring

4. Although Leonardo Da Vinci and Michelangelo are known for being masterful painters, both listed their painting talents as subordinate to their other capabilities. Leonardo, while offering his services to the duke of Milan, gave _____ to his qualifications as a military and hydraulic engineer, architect, and sculptor before painter.
   ① primacy
   ② subsidy
   ③ relevancy
   ④ novelty

5. With whom do you communicate more effectively your spouse or close friend, or a total stranger? Basically, we tend to overestimate the contextual bonds shared with close companions, assuming they are privy to all the essential background details of what we are talking about. We therefore skip over data we would otherwise feel the need to share with strangers, leading to frequent _____.
   ① acquaintances
   ② compromise
   ③ interactions
   ④ miscommunication

6. In most modern instances, interpretation amounts to the philistine _____ to leave the work of art alone. Real art has the capacity to make us nervous. By reducing the work of art to its content and then interpreting that, one tames the work of art. Interpretation makes art manageable, comfortable.
   ① refusal
   ② desire
   ③ habit
   ④ heresy

7. Long before we had sprawling mega malls to find every item we may need or want, there was the bazaar. The word, bazaar, originated in ancient Persia and represented a permanent area to sell merchandise. Characterized by their live atmosphere and _____ of products, today's modern bazaars do not differ that greatly from ancient ones and have flourished globally.
   ① dearth
   ② paucity
   ③ homogeneity
   ④ plethora

2019학년도 건국대

[8-17] 빈칸에 들어갈 말로 가장 적절한 것을 고르시오.

8. Time moves forward, but events don't stay in distant memory; rather, memory can exist unhindered, alive and active no matter how much time passes or how much things change. Even if a person is physically bound to the present, the past can play a vibrant, dynamic role. Emily stays firmly planted in a subjective realm of time, where life moves on with her in it — but she stays _____, regardless, to the past.
   ① committed   ② aloof   ③ abandoned
   ④ changed   ⑤ disinterested

9. It was a time of great intelligence and ignorance, belief and disbelief, good and evil, hope and hopelessness. We had everything to live for, and we had nothing to live for. Basically, it was just like the present, with experts of the time insisting on seeing its events only in terms of _____.
   ① contrasting extremes
   ② striking analogies
   ③ similarities and differences
   ④ basic operations
   ⑤ logical concepts

10. The innovativeness of cities is related directly to the quality of human talent. China's coastal cities have been quicker off the mark because they have been more successful in nurturing quality, retaining the most talented knowledge workers, and _____ the cream of the knowledge workers from other parts of the country.
    ① attracting   ② scattering   ③ dismissing
    ④ isolating   ⑤ releasing

11. Many researchers have found that people who speak Chinese use both sides of their brain to understand the language. This compares to English-language speakers who only need to use one side of their brain. The researchers said the findings could boost understanding of how the brain processes language. This, in turn, could one day make it possible to develop better ways of helping people to learn languages after a _____ or similar damage to the brain.
    ① protrusion   ② stroke   ③ percussion
    ④ detachment   ⑤ convergence

12. According to a new study, laughter truly is _____. We've known for some time that

when we are talking to someone, we often mirror their behavior, copying the words they use and mimicking their gestures. Now we've shown that the same appears to apply to laughter, too. It seems that ifs absolutely true that laugh and the whole world laughs with you.'
① sustainable ② superfluous ③ contagious
④ trifle ⑤ delusive

13. Some cognitive neuroscientists have created neural networks, or computer models, that can acquire some aspects of language. These neural networks are not _____ with any rules. Instead, they are exposed to many examples of a language. Using these examples, the neural networks have been able to learn the language's statistical structure and accurately make the past tense forms of verbs.
① preprogrammed ② troubled ③ rearranged
④ neutralized ⑤ recognized

14. Emotions and emotional sensitivity are important to our effectiveness in problem solving. We would like our actions to be well reasoned and make sense, but each element of a good working relationship depends on emotional input. Our understanding of another persons' perceptions and interests will be _____ unless it is empathetic — unless we know, to some degree at least, what it feels like to be in that situation.
① optimal ② acceptable ③ unique
④ inadequate ⑤ beneficial

15. Science and reasoning know no language barriers: they are a language of their own. And this language is _____, regardless of the tongue in which you normally express yourself. If you are not a native English speaker, you are not a disadvantage relative to those who are. So, get the structure right first. Then, even if you need help later to modify the syntax or a few words, it should be only a minor exercise.
① influential ② universal ③ valuable
④ flawless ⑤ distinctive

16. Sociologist Edwin Sutherland studied deviance from the symbolic interactionist perspective. The basic tenet of his theory is that deviance is a learned behavior — people learn it from the different groups with which they associate. His theory counters arguments that deviant behavior is _____ or due to personality. According to Sutherland, people commit deviant acts because they associate with individuals who act in a deviant manner.
① biological ② psychological ③ cultural
④ structural ⑤ physiological

17. How do banks make money? As financial intermediaries, they earn enough to support their activities by the difference between the interest rate paid to savers and the interest rate charged on loans. When customers make deposits in a savings account, they earn interest on the principal. By charging the borrower a slightly higher interest rate than that which is given to the depositor, a bank is able to cover its expenses.
① Similarly ② After all ③ Moreover
④ Nevertheless ⑤ Most of all

[18-22] 빈칸에 들어가기에 가장 적절한 것은?

18. The global stock markets used to continue the "Santa rally," where stock prices increase at the end and beginning of the year as it is a time where consumption increases and investment psychology improves. This year, _____, witnessed a "black Christmas." Negative economic outlook shrank investor psychology.
   ① therefore   ② likewise   ③ however
   ④ consequently   ⑤ notwithstanding

19. Metaphors need several elements to work. One is _____. If you compared Brexit to a complex contract, with a "break clause" corresponding to the current complicated situation, you would have a more precise metaphor — but this would confuse a lot of people not familiar with such documents.
   ① illusion   ② simplicity   ③ ambiguity
   ④ confusion   ⑤ complexity

20. Imagine that you live on a street where there are broken windows, graffiti painted on buildings, and waste on the ground. Would this environment lead to other acts of property damage or crime? European researchers say the answer is yes. The researchers say they found strong evidence that signs of disorder can lead individuals to carry out criminal acts or bad behavior. They reported their findings in Science magazine recently. Their report is called "_____".
   ① The Influence of Science
   ② The Spreading of Disorder
   ③ Graffiti Painted on Buildings
   ④ Environment and Science
   ⑤ Patterns of Criminals Acts

21. "_____ The two powers believe that whichever leads AI technology rules the world. The 19th century where industrialized countries exploited those who lag behind can repeat itself in the 21st century with the emergence of AI technology," said a lecturer at the Hebrew University of Jerusalem. He also expressed his concerns that the rise of nationalism can pose a threat to humanity.
   ① The U.S.-China competition will eventually resolve humanity conflicts.
   ② The U.S.-China trade war is getting riskier than AI competition.
   ③ The U.S.-China race for AI raises more concerns than that for trade does.
   ④ Individuals should train themselves to revamp their lives in the U.S.-China era.
   ⑤ Neither the U.S. nor China can protect its people without mutual cooperation.

22. When it comes to gift giving, we often forget to think about what comes next after giving. But some presents are more trouble than they're worth. Just ask anyone who has been on the receiving end of an unsolicited puppy. So in the spirit of not burdening your beloveds with unintended consequences about privacy, I'd like to present to you the first-ever Reverse Gift List: commercial DNA kits, smart speakers, and camera drones.

_____ Your beloveds may not thank you now, but privacy-wise they will be better off.
① Don't force your family to spend money for gifts.
② Puppies can be a better present than smart speakers.
③ These will always be wonderful gifts to your friends and family.
④ Give your friends and family the gift of not having these products.
⑤ Your beloveds will have to take unintended consequences for granted.

2019학년도 국민대 오후 A형

[23-25] Choose the one that best completes the sentence.

23. Based on evidence from 22 previous studies, a British review linked continuity of care (repeated contact between a patient and the same doctor) with a modest but significant _____ in the risk of dying. A strong doctor-patient relationship can result in better monitoring, tailored treatment and better adherence to treatment, since the patient is likely to trust the doctor more.
① interest
② reduction
③ confidence
④ development

24. The fountain pen has been mass-produced since the first half of the 19th century. Throughout the 20th century, the design underwent a number of innovations, including the use of replaceable and refillable ink cartridges, while materials used range from plastic, metal and wood. Today, fountain pens have undergone a _____ as people rediscover their classic beauty — with sales increasing, particularly in the prestige category.
① rectitude
② retaliation
③ revelation
④ resurgence

25. For a successful communication to occur, we must have a sense of the ____ of language and an understanding of how to use it. Intricate rules guide the way speakers and listeners position themselves physically from each other, take turns in conversation, and communicate through the face, voice, body, and other nonverbal channels.
① legal context
② social context
③ regional context
④ historical context

2019학년도 덕성여대 오전

26. Our professor's talent with _____ is her subtle way of lightening the mood while still _____ a serious attitude. 4점
① understatement — maintaining
② understatement — provoking
③ irony — exaggerating
④ irony — aggravating

27. The study room can be of almost any size. There are individual preferences; what may be comfortable tor one may be _____ for _____ . 4점
① confining — so me

② confining — another
③ inconvenient — others
④ inconvenient — the others

28. No one can avoid being influenced by advertisements. Much as we may pride ourselves on our _____ we are no longer tree to choose the things we want, for advertising exerts a subtle influence on us. In their efforts to persuade us to buy this or that product, advertisers have made a close study of human nature and have classified all our little weaknesses. Advertisers discovered years ago that all of us love to get something _____. An advertisement which begins with the magic word FREE can rarely go wrong.
4점
① common sense — extraordinary
② common sense — in vain
③ good taste — for nothing
④ judgment — luxurious

2019학년도 가톨릭대

[29-38] 빈칸에 들어갈 가장 적절한 표현을 고르시오.

29. In 1939, when Einstein learned that scientists in Berlin had figured out how to split a uranium atom, he wrote a letter to President Roosevelt urging him to do whatever it took to make sure American scientists were the first to build an atomic bomb. In fact, Einstein was a committed pacifist, but the prospect of nuclear weapons in the hands of the Nazis was so terrifying that he later wrote, " I did not see any other way out." However, because of his left-wing political beliefs, the U.S. Army denied Einstein the security clearances he needed to be a part of the Manhattan Project, and so his role in the development of this deadly technology was _____.
① truly pivotal
② an indirect one
③ significantly expanded
④ kept strictly confidential

30. In 1992, the French Parliament suspended an 1803 law severely limiting naming practices. The new freedom _____ when the parents of a girl in La Rochelle named her Marie Marie Marie. A lower court disallowed the name, which was approved after an appeal. The parents chose the triple name because at birth the girl weighed 3.33 kilos, her head and chest measured 33 centimeters, and her mother was 33 years old.
① was soon tested
② proved unenforcible
③ faced immediate restraint
④ entailed merciless ridicule

31. The Renaissance was not a political or religious movement. It was a(n) _____. The men of the Renaissance continued to be the obedient sons of the mother church. They were subjects of kings and emperors and dukes. But their outlook upon life was altered. They no longer concentrated all their thoughts and their efforts upon the blessed existence

that awaited them in Heaven. They tried to establish their Paradise upon this planet, and, truth to tell, they succeeded to a remarkable degree.
① cultural regression
② attack on antiquity
③ nostalgia for classicism
④ change in state of mind

32. Remember when you could fall asleep as soon as your head hit the pillow and not wake up until the alarm went off? As we get older, it becomes a little harder to fall asleep and stay asleep. But although our sleep patterns change, _____. Just like diet and exercise, a good nighfs sleep is essential for your good health, for keeping you alert and energetic, and for building your body's defenses against infection, chronic illness, and even heart disease.
① our need for sleep doesn't
② the quality of sleep doesn't
③ sleep cycle continues to repeat itself
④ the amount of sleep remains the same

33. "Structured procrastination" is the idea that instead of working on your number one priority, you reorganize your to-do list to tackle easier but less important projects. This counterintuitive approach is about deceiving yourself by _____. This tactic doesn't change anything that has to be done, but ifs one way to make the most important task on your list a little less intimidating to actually start working on. In other words, you're still embracing your love of procrastination, but remaining productive. It's an interesting approach to getting things done.
① continuing to be productive
② benefitting from delayed satisfaction
③ making your task list look less daunting
④ rewarding yourself with the outcome in advance

34. Some well-known attitude researchers have asked the following questions: When is it best to stress factors central to the communication — such as the strength of the arguments — and when is it best to stress factors peripheral to the logic of the arguments, such as the credibility or attractiveness of the person delivering the speech? Findings from a good deal of research illustrate a general rule: When an issue is personally relevant, people pay attention to the arguments in a speech and will be persuaded to the extent that the arguments are sound. When an issue is not personally relevant, people pay less attention to the arguments. Instead, they will take a mental shortcut, following such peripheral rule as "_____."
① Prestigious speakers can be trusted
② Believe only what you see and hear
③ Negative attention is better than no attention at all
④ Don't waste your time on things that don't intrigue you

35. On February 14, 1989, when the Ayatollah Khomeini named Salman Rushdie an enemy of Islam for having written *The Satanic Verses*, he openly commanded that Rushdie be assassinated through a *fatwa*, or religious decree. Khomeini died four months after the event, but rather than improving the situation for Rushdie, who was in hiding under the

protection of the British government, it further complicated matters because of the belief that a *fatwa* is a holy pronouncement that _____.
① must be issued by the proclaimer
② embraces the sinner in spite of his/her faults
③ can be revoked only by the person who issued it
④ is automatically annulled upon the death of its proclaimer

36. By the eighteenth century, the English government was actively promoting gin production to utilize surplus grain and to raise revenue. In 1727, official (declared and taxed) production of gin reached 5 million gallons; six years later, the London area alone produced 11 million gallons. The proliferation of gin _____: Gin's abundance, coupled with the public policy encouraging its consumption during a time when there was little stigma attached to drunkenness and the number of poor people was reaching epidemic numbers, created what is referred to as the Gin Epidemic — a period of extreme drunkeness that provoked moral outrage and government intervention.
① had some unfortunate consequences for English society
② generated an unprecedented level of government revenue
③ ironically triggered reduction of domestic gin consumption
④ provided the growing urban poor with relief from harsh realities

37. A standard motif in science fiction and UFO literature assumes extraterrestrials roughly as capable as we. Perhaps they have a different sort of spaceship or ray gun, but in battle — and science fiction loves to portray battles between civilizations — they and we are rather evenly matched. In fact, there is almost no chance that two galactic civilizations will interact at the same level. In any confrontation, one will always utterly dominate the other. If an advanced civilization were to arrive in our solar system, there would be nothing we could do about it. Their science and technology would be far beyond ours. It is pointless to worry about the possible malevolent intentions of an advanced civilization with whom we might make contact, since the mere fact they have survived so long means _____.
① they have engaged in serious interstellar exploration
② there would be a slim chance we could defeat them
③ they have already achieved enormous progress in science
④ they have learned to live among themselves and with others

38. Throughout their long history the whales evolved their extraordinary audio communication system. The finbacks, for example, emit extremely loud sounds at a frequency of twenty Hertz, down near the lowest octave on the piano keyboard. Such low-frequency sounds are scarcely absorbed in the ocean. The American biologist Roger Payne has calculated that using the deep ocean sound channel, two whales could communicate with each other at twenty Hertz essentially anywhere in the world. One might be off the Ross Ice Shelf in Antarctica and communicate with another in the Aleutians. For most of their history, the whales _____. Perhaps when separated by 15,000 kilometers, their vocalizations are love songs, cast hopefully into the vastness of the deep.
① have evolved into an exceptionally intelligent species
② may have established a global communication network
③ have protected themselves from predators by communicating effectively

④ may have developed the capability to deliver highly detailed information

2019학년도 숙명여대

39. Derived from deep-rooted patriarchal ideologies and practices, gender inequality in South Korea is consistently ranked as one of the highest in the world. From a historical perspective, the gender inequality problem has been improving greatly since the takeoff of the Korean economy in the 1970s. However, Korean women _____ from the various sectors of society.
① still have many hurdles to overcome to get equal treatment
② still have many opportunities to get equal treatment
③ do not perceive that there is any problem to get equal treatment
④ still believe that they see enough positive indicators to show equal treatment
⑤ perceive that they've already achieved equal treatment

40. The aim of intercultural education is to promote relationships, interaction and exchange among people in a global society, where the notions of identity and culture are not considered as a given description but as _____ which are constructed and reconstructed in interaction with the other over the course of our lives.
① common traits
② certain variables
③ dynamic attributes
④ shared determinants
⑤ exciting communications

41. Foreign language education has the potential to make a major contribution if it offers learners experience of _____, a concept invented to emphasize the ways in which learning a foreign language can take learners beyond a focus on their own society. Accordingly, learners can move into experience of otherness, or other cultural beliefs, values and behaviors.
① acculturation
② tertiary socialization
③ language acquisition
④ social misfits
⑤ verbal communication

42. All of us would risk our lives under some circumstances, for example, to save or protect our loved ones and perhaps even strangers. Many of us would behave heroically on behalf of our country, religion, or even abstract principles such as truth or justice. However, we also have a strong sense of self-preservation, otherwise we could not survive so long. In practice, it is impossible to predict how any individual would actually behave in any given circumstance, _____.
① whether we like it or not, we learned to sacrifice ourselves
② whether we like it or not, we are very altruistic
③ whether we like it or not, we are selfish all the time
④ whether we like it or not, we are forced to sacrifice ourselves
⑤ whether we like it or not, we are selectively altruistic

43. Einstein's second great cause was Zionism. Although he was Jewish by descent, Einstein rejected the biblical idea of God. _____, a growing awareness of anti-Semitism, both before and during the First World War, led him gradually to identify with the Jewish community, and later to become an outspoken supporter of Zionism.
    ① However
    ② Thus
    ③ In other words
    ④ In addition

44. After 1681, large numbers of Quakers, Baptists, and Mennonites settled in these regions. _____ it may be argued that Quaker beliefs were a logical outgrowth of the Puritan movement for reforming the Church of England, Puritans despised Quakers because Quakers saw Christ's sacrifice as an act of redemption for all humankind. Quakers, more formally known as the Religious Society of Friends, rejected Calvinist doctrines of election and predestination, and trusted in an inner light, which Puritans saw as merely willful and anti-authoritarian.
    ① For
    ② Although
    ③ When
    ④ Since

45. Any mixture, whether homogeneous or heterogeneous, can be created and then separated by physical means into pure components without changing the identities of the components. Thus, sugar can be _____ from a water solution by heating the solution and evaporating it to dryness. Condensing the water vapor will give us back the water component. To separate the iron-sand mixture, we can use a magnet to remove the iron filings from the sand, since sand is not attracted to the magnet. After separation, the components of the mixture will have the same composition and properties as they did to start with.
    ① arranged
    ② recovered
    ③ decomposed
    ④ dissipated

46. When untouched by outside influences and with abundant land available, foraging systems are _____, which means that crucial resources are regenerated over time, in balance with the demand that the population makes on them. North Sentinel Island, one island in the Andaman Islands, provides a clear case because its inhabitants have long lived in a closed system.
    ① endemic
    ② ephemeral
    ③ sustainable
    ④ inexorable

47. Every time we hard-boil an egg, we bring about a chemical change. When subjected to a temperature of about 100°C, the yolk and the egg white undergo reactions that _____ not only their physical appearance but their chemical makeup as well. When eaten, the egg is changed again, by substances in the body called enzymes. This digestive action is another example of a chemical change. What happens during such a process depends on the chemical properties of the specific enzymes and of the food involved.
    ① deter
    ② expedite
    ③ alter
    ④ emit

48. At first, it seemed that French workers, afraid of seeing their jobs exported, would agree to work longer hours with no extra pay. But surprisingly, the _____ came quickly. Everyone from union activists, small businesspeople, to even politicians began to question whether CEOs of big corporations were receiving too much money for their work.
① consent   ② backlash
③ amendment   ④ reward

정답 및 해설

<정답 및 해설>

<1회>

건국대 2014년도

1. ①

해설 사람의 성격 형성과 관련하여 한 이론은 유전적인 면을, 또 다른 이론은 문화와 환경의 외적인 요소를 중시한다고 주장하므로 그 논쟁은 ① '본성 대 양육' 논쟁으로 오랫동안 알려져 왔다. 첫 번째 이론은 성격이 출생 전에 유전에 의해 형성된다고 한다. 이 이론에 따르면 한 사람이 어떻게 될지는 유전을 통해 선천성이 결정한다. 반면 다른 이론에서는 사람의 성격이 출생 후에 형성된다고 한다. 이 이론에 따르면 가장 중요한 요소들은 문화와 환경이다.
① 본성 대 양육
② 유전학 대 유전설
③ 자극 대 반응
④ 합리주의 대 경험주의
⑤ 능력 대 수행

2. ②

해설 두 번째 문장부터 중앙아시아의 학생들이 외국의 대학에서 공부하기 위해 떠난다고 했고, 나라에서 유학비용을 지원하고 있다는 사실과 함께 그들에게서 기대되는 것에 대하여 설명하고 있다. 따라서 빈칸에는 공부와 관련된 말인 ②가 정답이다.
어휘 opening n. 개방 enlightenment n. 계몽, 계발 in an act of ~의 행동으로 worthy of ~을 받을 가치가 있는; ~할 만한 predecessor n. 선임자, 선배; 조상 millennium n. 천년 assume v. (임무, 책임 등을) 떠맡다, 인수하다 prevailing a. 우세한, 지배적인 corruption n. 부패(행위); 타락
해석 1991년에서 2001년 사이 중앙아시아의 개방은 이제 그 지역을 지적인 면에서 변화시키기 시작하고 있다. 그 지역 수만 명의 학생들이 해외의 최고 대학에서 공부하기 위해 떠났다. 천 년 전에 그들의 선조가 했을 법한 계몽활동에서, 카자흐스탄과 우즈베키스탄 정부는 이런 젊은이들이 최신 지식을 습득하고 그것을 고국으로 가져오도록 하는 데 비용을 대왔다. 이 젊은이들은 그 지역을 전 세계의 사상들과 다시 연결하고자 하는 열정을 갖고 귀국하고 있다. 이후 십 년 이내에 이 젊은이들은 사회와 지역 전반에 걸쳐서 지도자적인 역할을 맡게 될 것이다. 그들이 만연된 부패를 일반적인 것으로 여기거나 혹은 그들의 생각에 대한 소비에트 연방식 통제를 받아들일 것이라고는 상상하기 어렵다.
① 많은 나라들이 산업화된다
② 그 지역을 지적인 면에서 변화시킨다
③ 그 지역의 젊은이들을 부패시킨다
④ 다른 나라와의 충돌을 야기한다
⑤ 외국으로부터 투자를 촉진한다

3. ④

해설 아이들의 감정은 상황에 따라 변한다고 했다. 마지막 문장에서 Although로 연결된 절은 아이들이 거절당해 실망감과 분함을 느낄 수 있다는 내용이다. 그러므로 이와 반대되는 이런 감정이 바뀔 수 있다는 말이 빈칸에 와야 한다.
어휘 exclaim v. 외치다; 큰 소리로 말하다 designation n. 지명, 지정 confer v. 수여하다, 베풀다 withdraw v. 중단[취소, 철회]하다 at will 마음대로 compatibility n. 화합성, 친화성
해석 두 살 된 아이는 학교에서 자신과 식사를 함께하거나 노는 아이를 가리키며 "저 아이가 내 친구야"라고 큰 소리로 말할지도 모른다. 그와 같이 정하는 행동은 사회생활의 틀이 잡혀가기 시작하는 기쁨과 안정을 반영한다. 3세와 4세의 아이들에게 우정은 더욱 의도적인 면을 띤다. 유치원생들은 일반적인 친화성, 변덕스러운 기분과 현재 활동의 본질 등을 포함한 다양한 기준에 따라 마음대로 '친구'라는 지위를 부여하거나 철회한다. 이 시기에 "나의 친구가 될래?" "넌 나의 친구가 아니야!" 또는 심지어 "나는 네가 싫어!"와

같은 말들은 감정의 직접적인 표현이라기보다 바로 그 순간 같이 놀 가능성에 대한 인식이다. 아이들이 놀이시간에 거절을 당해 실망감과 심지어 분노를 느낄 수도 있지만 그러한 감정들은 다음번의 긍정적인 만남에서는 일반적으로 역전된다.
① 그들은 다음에 또 다른 아이와 친구를 맺으려고 할 것이다
② 이러한 느낌을 경험하는 것은 절대 해로운 것이 아니다
③ 그들은 친구에게 그런 감정을 표현하는 것을 주저한다
④ 그런 감정들은 다음번의 긍정적인 만남에서는 일반적으로 역전된다
⑤ 더 나이가 많은 아이들은 일반적으로 그들의 부모에게 감정을 숨긴다

4. ②
해설 첫 번째 빈칸 전 문장의 '목록'은 아메리카 대륙에서 유래한 식품이 특정 지역의 음식을 상징하는 것이 된 경우를 의미한다. 인도와 파키스탄 음식 역시 앞서 언급한 경우의 또 다른 예시로 제시된 것이므로, 빈칸에는 For example이 적절하다. 한편, 매운 맛을 내는 데 쓰이는 고추가 신대륙에서 나온 것이며, 빈칸 다음은 '신대륙 음식 재료가 없다면 세계의 모든 음식이 지금과 아주 다르고 형편없을 것'이라 했으므로, 앞 문장을 강조하는 Indeed가 두 번째 빈칸에 들어가야 한다.
어휘 imagine v. 상상하다 spicy a. 매운, 매콤한, 양념이 들어간 originate v. 시작하다, 생기다, 근원이 되다,
해석 당신이 이탈리아 식당에 갔는데 토마토가 없다고 상상해보아라. 그 식당의 이탈리아 음식 중에서 당신이 먹을 만한 음식이 있을까? 하지만 불과 몇 세기 전만 하더라도 토마토는 중남미 이외의 지역에서는 전혀 알려지지 않았다. 이 목록은 확실히 여기서 끝나지 않는다. 예를 들어보면, 인도와 파키스탄의 음식은 그 외의 나라들에는 아주 매우 음식으로 알려지지만, 매운 요소는 대부분 다양한 종류의 고추에서 나왔으며 이 고추들은 신대륙에서 온 것이다. 사실 아메리카 대륙에서 나온 음식 재료가 없다면 세계의 모든 요리는 지금과 아주 다르고 형편없을 것이다.

<u>경희대 2014년도</u>

5. ④
해설 전체 글을 통해, 기찻길에 있던 기둥은 사람들이 스릴을 느끼도록 의도적으로 설치해 놓은 것임을 알 수 있다. 한편, 빈칸이 들어 있는 문장의 주절은 '위험하다는 느낌을 갖도록 교묘하게 꾸며 놓았다'는 것이므로, 종속절의 내용은 놀이기구에 의도적으로 설치해 놓은 자칫 위험해 보이는 요소들이 '실제로는 위험하지 않다'는 의미가 되어야 한다. 그러므로 정답은 ④가 된다.
어휘 scenic a. 경치가 좋은; 무대의 decapitate v. 참수하다; 해고하다 appeal n. 호소, 매력 ingeniously ad. 교묘하게; 정교하게; 독창적으로; trepidation n. 공포; 전율; 걱정; 불안 prospective a. 예기되는, 가망이 있는; 장래의 apprehension n. 염려, 불안; 체포; 이해 diminish v. 감소하다, 작아지다 elicit v. (사실 따위를) 이끌어 내다; 꾀어내다 statistically ad. 통계상으로 minimal a. 최소의, 최소한도의
해석 예를 들어, 코니아일랜드(Coney Island)의 경치 좋은 기찻길에는 마치 탑승객의 목을 막 베려다가 빗나가 버린 듯 보이는 나무 기둥이 있었다. 그 기둥은 이후 오랜 세월 동안 많은 사람들의 마음속에서 사라지지 않은 것 같았다. 공원에서 타는 놀이기구를 설계하는 사람들은 사람의 마음을 끄는 점을 여전히 크게 이용하고 있다. 비록 실제적인 위험은 통계적으로 매우 작지만, 위험한 것 같은 느낌이 교묘하게 그 안에 심어져 있다.
① 공포감을 자극하는 경향이 있는 전체적인 효과에도 불구하고
② 탈 것으로 예성되는 사람의 불안감을 줄어들기 때문에
③ 모든 사람에서 심오한 심리적 반응을 이끌어내는 듯 보이기 때문에
④ 비록 실제적인 위험은 통계적으로 매우 작지만

6. ①
해설 함무라비 법전이 왕과 특권층을 후원하거나 보호하는 목적을 가지고 있지 않다고 했으므로, 그것은

그와 반대되는 입장에 있는 사람들을 옹호하는 입장에 있을 거라 유추할 수 있다.
어휘 bolster v. 기운이 나게 하다; 지지하다, 후원하다 grant v. 주다, 수여하다 omnipotence n. 전능, 무한한 힘 privileged a. 특전이 있는, 특권이 있는 lift up 정신적으로 고양시키다 oppressed a. 억압당하는, 탄압 받는 stand up for 옹호하다 patrician n. 귀족; 문벌가 manifest v. 명백히 하다, 명시하다; 드러내다 allegiance n. 충성, 충절; 신의 nobility n. 고귀, 숭고; 귀족 imbue v. 불어넣다, 감화시키다,
해석 함무라비 법전은 왕을 후원하지도 않고 그에게 전능한 힘을 부여하지도 않는다. 그것은 특권을 가진 지배층을 보호하고자 하는 의도를 갖고 있지도 않다. 그것은 억압받는 사람들을 정신적으로 고양시키는 데 관심을 두고 있다.
① 그것은 억압받는 사람들을 정신적으로 고양시키는 데 관심을 두고 있다
② 그것은 귀족을 옹호하고 있다
③ 그것은 귀족에 대한 충성을 나타내고 있다
④ 그것은 지배 계층을 지지하는 이념으로 물들어 있다

7. ②
해설 마지막 문장은 전체 내용에 대한 요약이다. 글의 내용은 줄기 세포 연구를 반대하는 사람들은 임신이 되는 순간에 생명이 시작되므로 배아로부터 줄기세포를 모으고자 낙태를 하는 것을 비윤리적으로 보는 반면에, 줄기세포 연구를 옹호하는 사람들은 치료제의 개발에 보다 중요한 의미를 부여하고 있다는 것이다. 연구를 옹호하는 이들이 배아에 대한 낙태를 크게 문제 삼지 않고 있는 것은, 이들이 배아 단계의 태아를 생명으로 간주하고 있지 않다는 것을 의미한다고 볼 수 있다. 따라서 빈칸에는 '어느 단계부터, 즉 어떤 구성 요건이 갖추어졌을 때부터 생명으로 볼 것인가'에 대한 의견차이가 존재한다는 맥락이 되도록 하는 ②가 적절하다.
어휘 opponent n. 적, 상대; 반대자 stem cell 줄기 세포 conception n. 개념, 생각; 임신 abortion n. 유산, 낙태 embryo n. 태아; 싹 unethical a. 비윤리적인, 파렴치한 oppose v. 반대하다; 대항하다 moral a. 도덕의, 윤리의 advocate n. 옹호자, 고취자, 주창자 potential a. 가능한, 잠재적인 cure n. 치료; 치료법 outweigh v. ~보다 중요하다, ~보다 가치 있다 objection n. 반대; 이의, 반론 disagreement n. 불일치; 논쟁, 불화 constitute v. 조직하다, 구성하다, 구성요소가 되다 prolong v. 늘이다, 연장하다; 연기하다 life expectancy 기대수명
해석 줄기세포 연구를 반대하는 사람들은 임신이 되는 순간에 생명이 시작된다고 생각한다. 그들은 인간 배아로부터 줄기세포를 모으는 수단으로서의 낙태를 비윤리적이라고 간주한다. 그들은 도덕적인 근거를 바탕으로 그것에 반대한다. 반면 옹호하는 사람들은 생명을 위협하는 질병에 대한 치료제를 발견할 잠재적 가능성이 그 연구에 대한 그 어떤 반대보다 중요하다고 생각한다. 그 두 집단에게는 생명의 구성요건이 무엇인가에 대해 큰 의견차이가 존재하고 있다.
① 무엇이 더 수익성이 좋은가
② 생명의 구성요건이 무엇인가
③ 기대수명을 연장하는 방법
④ 생물공학을 개선하는 방법

8. ①
해설 대단한 자신감과 정신력을 가진 사람이라면, 남의 환심을 사려거나 적당히 타협하는 행동을 하지 않을 것으로, 첫 번째 빈칸은 ingratiating과 conciliatory가 가능하다. 한편, 이러한 사람은 또한 스스로를 통제하는 내적 규율이 매우 엄격하거나 단호할 것이라고 추론할 수 있으므로, 두 번째 빈칸에는 determined만이 가능하다. 따라서 정답은 ①이 된다.
어휘 steely a. 강철의; 강철로 만든; 완고한, 엄격한 confidence n. 자신, 확신, 신용, 신뢰; constant a. 변치 않는, 일정한, 항구적인 obeisance n. 존경, 경의; 복종 discipline n. 훈련; 규율; 처벌, 징계; 학과 impression n. 인상, 감명; 영향, 효과 contained a. 억제하는; 침착한 ingratiating a. 환심을 사려는; 애교 있는 determined a. 단호한, 결의가 굳은, antagonistic a. 적대의, 반대하는; 모순되는 feeble a. 연약한, 힘없는; 미약한 demanding a. 너무 지나친 요구를 하는; 힘든, 벅찬 unavailing a. 무익한, 무효의, 헛된 conciliatory a. 타협적인, 회유적인, ineffectual a. 효과 없는, 헛된

해석 그는 강철 같은 자신감과 정신력을 내보이고 있다. 그는 환심을 사려는 노력을 전혀 하지 않는다. 그가 단호한 내적 규율에 항상 복종하고 있음을 느낄 수 있다. 그는 힘을 억제하고 있다는 인상을 풍기고 있다.

9. ④
해설 무정부주의는 정치권력이나 공공적 강제가 필요하지 않다는 입장을 취하는데, 빈칸 앞의 전치사 against는 '~에 적대하여', '~에 반대하여'의 의미이므로, 뒤에는 정부가 할 수 있는 나쁜 일 혹은 국민에게 강제할 수 있는 부정적인 것들에 대한 내용이 이어져야 한다. 두 빈칸 모두에 부정적인 의미의 단어가 들어가야 하며, 이를 만족시키는 것은 ④뿐이다.
어휘 classify v. 분류하다, 유별하다 anarchist n. 무정부주의자; 폭력혁명가 revolt n. 반역, 반란, 폭동 frenzied a. 열광한, 격노한 rebellion n. 모반, 반란, 폭동 instrumental a. 수단이 되는, 도움이 되는 logic n. 논리, 논법; 논리학 policy n. 정책, 방침 moderation n. 완화; 절제; 온건 atonement n. 보상; 속죄 magnitude n. 크기, 양; 중대성, 중요성 bliss n. 행복; 희열 gravity n. 근엄, 엄숙; 중대함; 중력 pacifism n. 평화주의, 전쟁반대주의 insanity n. 광기, 발광, 정신이상 genocide n. 대량학살; (민족의) 몰살
해석 뒤샹(Duchamp)은 그 어떤 특정 사조에도 속하는 것으로 분류될 수 없었지만, 잠시 동안 그는 다다(Dada)로 알려져 있는 무정부주의적 저항과 밀접한 관련을 실제로 맺고 있었다. 다다는 광기 어린 전쟁, 대량학살, 수단적인 논리, 민족 정책에 반하여 일어난 분노에 찬 폭동이었다.

10. ③
해설 '죄를 지은 사람이 고통을 겪게 되는 것'은 정의와 질서가 승리한 것으로 볼 수 있으므로, 첫 번째 빈칸에는 triumphs와 prevails가 가능하다. 한편, 죄를 저지른 자가 벌을 받고 그것이 정의가 구현되는 것이라면, 그 범죄는 '무고한' 사람들에게 저질러진 것이어야 한다. 그러므로 두 번째 빈칸에는 sinless와 innocent가 들어갈 수 있다. 앞서 언급한 두 조건을 모두 만족시키는 것은 ③이다.
어휘 revenge n. 보복, 복수, 앙갚음 injury n. 상해, 상처; 손상 retribution n. 보답; 징벌; 보복 unity n. 통일성, 일관성; 조화, 일치 guilty a. 유죄의; 과실 있는 suffer v. 고생하다, 고민하다, 괴로워하다 punish v. 벌하다; 응징하다 crime n. 범죄, 죄 visit (up)on ~에 벌을 내리다 triumph v. 이기다, 승리를 거두다, perverted a. 이상의, 변태의; (일반적으로) 그릇된 surrender v. 항복[굴복]하다; 넘겨주다 sinless a. 죄 없는, 결백한 prevail v. 우세하다, 이기다; 극복하다 innocent a. 순결한; 결백한, 무죄의 persist v. 고집하다, 집착하다, 주장하다 depraved a. 타락한, 사악한
해석 상해와 징벌을 가하는 복수의 패턴은 정의와 질서의 통일성이 이기는 이야기를 만들어 낸다. 죄를 지은 사람들은 고통을 겪고 처벌을 받고, 무고한 사람들에게 저질러진 범죄는 그 범죄를 저지른 사람들에게 가해진다.

<u>명지대 오전 2014년도</u>

11. ②
해설 뇌의 특정 부분에 손상을 입으면 흡연과 같은 중독 증상에서 벗어날 수 있다고 했다. 이런 중독에 대한 치료가 섬엽에 집중될 수 있다고 했으므로 섬엽은 '중독 행동'과 관련된 것으로 볼 수 있다. 따라서 ②가 정답이다. ① 분석적 사고 ③ 자극 추구 ④ 정서적 안정
어휘 Stroke patient 뇌졸중 환자 break a habit 습관을 끊다 urge n. 욕구, 충동 insula n. (뇌, 췌장의) 섬 frontal lobe (대뇌의) 전두엽 gut feeling 직감
해석 뇌졸중 환자를 연구하는 과학자들은 귀 부근에 위치한 뇌의 특정 부위에 손상을 입는 경우 흡연 습관을 바로 그리고 영원히 끊게 할 수 있다고 보고했다. 담배를 끊은 뇌에 손상을 입은 사람들은 그들의 몸이 흡연 욕구를 잃어버렸음을 확인했다. 어떤 사람도 중독에 대한 중독에 대한 해결책으로 뇌 손상을 제안하진 않지만 조사 결과는 치료가 전두엽 밑에 위치한 섬엽에 집중될 수도 있다는 것을 암시한다. 섬엽은 직감을 나타내는 것으로 여겨지고 있으며, 중독 행동을 지속시키는 신경망에 있어서 매우 중요한 부분이다.

12. ①
해설 미국에서 공부를 한 학생이 프랑스의 집으로 돌아왔을 때 아버지의 첫 인사말이 "미국 사람이 다됐다"였다. 그 학생의 아버지는 아들의 걷는 모습을 통해서 미국 사람처럼 보인다고 생각했으며, 마지막 문장은 미국 사람들이 걷는 버릇에 대해 설명하고 있으므로 ①이 빈칸에 적절하다.
어휘 Recognize v. 알아보다 greeting n. 인사, 환영의 말 bounce v. 흔들거리며 가다 swing v. 흔들거리다, 흔들리다, pelvis n. 골반
해석 파리의 사람들은 미국 사람들이 걷는 행동을 통해 200야드 밖에서도 미국 사람들을 알아볼 수 있다. 한 프랑스 학생이 하버드 경영 대학원에서 3개월동안 공부한 후 집으로 왔을 때 비행기에서 걸어 나오는 자신을 보고 아버지가 충격을 받았다고 나에게 말했다. 아버지가 한 인사의 첫 말이 "미국 사람이 다 되었구나."였다. "너는 걸을 때 흔들거리며 걸어!" 미국인들은 사람들은 장애물에 제한받지 않고 자유롭게 공간을 다니는 것처럼 때때로 팔과 골반을 흔들면서 걷는다.
① 미국 사람들이 걷는 행동
② 미국 사람들이 인사하는 방법
③ 미국 사람들이 주위 공간을 활용하는 방법
④ 미국 사람들이 행복을 표현하는 방식

13. ④
해설 튤립이 네덜란드에 소개되자 투기가 일어나 가격이 치솟았다가 결국은 폭락했다고 소개하고 있으며 이것이 최초로 기록된 거품 경제로 여겨지고 있다고 했다. 마지막 문장은 튤립파동의 용어를 현대적인 의미로 설명하는 문장이므로 실제 가치보다 더 가격이 부풀려진 상황을 설명할 수 있는 ④가 빈칸에 적절하다.
어휘 Tulipomania n. 튤립 재배열, 튤립광(狂) contract price 소비가격 bulb n. 알뿌리, 구근 extraordinarily ad. 대단하게, 엄청나게 annual income 연소득 skilled a. 숙련된, 능숙한 craftsman n. 장인, 기공, 공예가 metaphorically ad. 비유적으로, 은유로,
해석 튤립파동 또는 튤립투기광풍은 네덜라드 황금시대(Dutch Golden Age)의 시기에 있었다. 이 기간동안 새롭게 소개된 튤립 구근의 소비 가격은 매우 높은 수준으로 치솟았으며 결국 폭락했다. 1637년 2월 튤립파동이 절정에 있었을 때 어떤 한 품종의 튤립 구근은 숙련된 기능공의 일 년치 임금의 10배가 넘는 가격에 팔렸다. 일반적으로 튤립파동은 처음으로 기록된 거품 경제로 여겨지고 있다. 현재 '튤립파동'이란 용어는 자산 가격이 실물 가치와 비정상적일 정도로 크게 차이 나는 것을 일컫는 데 종종 비유적으로 사용되고 있다.
① 특정한 대상에 대한 지나친 열의
② 꽃에 대한 불합리한 탐닉
③ 사회 규범으로부터의 일탈
④ 자산 가격이 실물 가치와 비정상적일 정도로 크게 차이 나는 것

14. ①
해설 빈칸이 속한 문장의 this는 '개가 한 잘못된 행동의 책임이 개 주인들에게 있다는 것'을 가리킨다. 영국 법률은 이것을 반영하고 있다고 했으며 위험한 개에 관한 법률에서는 개에 위협을 느끼는 사람이 개 주인을 경찰에게 신고할 수 있다고 했으므로 ① 개 주인들은 자신의 애완동물을 통제할 의미가 있음을 알 수 있다.
어휘 Irresponsible a. 책임이 없는, 무책임한 mayhem n. 신체 상해, 파괴 행위, 대혼란, be obliged to ~할 의무가 있다 out of control 통제 불능의 within one's rights 자신의 권리 내에서 prison sentence 징역형
해석 자신들이 기르는 개에게 올바른 행동의 기본을 훈련시키지 않는 주인들은 무책임하다. 버릇없이 행동하는 개는 그 개들이 일으킬 수도 있는 그 어떤 잘못된 행동에 대해서도 비난 받아서는 안 된다. 잘못은 개 주인들에게 있다. 영국 법률은 이것을 반영하고 있으며 개 주인들은 어디에 있거나 자신들의 애완동물을 통제할 의무가 있다. 1991년 제정된 '위험한 개에 관한 법률(Dangerous Dogs Act)'에서는 당신의 자동차를 포함한 공공장소에서 당신의 개를 통제할 수 없게 내버려 두는 것은 형사 범죄이며 누구든 당신의

개로 인하여 위험을 느끼면 개 주인인 당신을 경찰에 신고할 권리가 있다고 명기하고 있다. 당신이 이 법으로 유죄판결을 받게 되면 당신의 개는 살해될 수 있으며 당신 또한 징역형을 선고 받을 수 있다.
① 그들이 어디에 있거나 애완동물을 통제할
② 말을 잘 듣는 개를 우선적으로 분양받을
③ 공공장소에서 개를 폭력으로부터 보호할
④ 개로 인한 모든 종류의 집안의 위험을 방지할

15. ③
해설 고기에 들어 있는 단백질을 아끼는 한 방법의 예시가 빈칸 다음에 이어지고 있다. 스테이크, 미트볼, 돼지고기, 치킨은 단백질이 풍부한 음식이고, 감자, 스파게티, 만두, 쌀은 탄수화물이 풍부한 음식이다. 따라서 단백질을 아끼기 위해서는 탄수화물이 함유된 음식과 함께 섭취해야 함을 알 수 있다.
어휘 craving n. 갈망, 열망 nutritional a. 영양상의 preindustrial a. 산업화이전의 protein n. 단백질 priority n. 우선사항 convert v. 전환하다 nothing but 오직; 그저[단지] ~일 뿐인 lean meat 살코기(지방이 없는 고기) spare v. 아끼다, 절약하다 as in ~의 경우에서와 같이 starchy a. 탄수화물이 많은
해석 육류고기에 대한 강렬한 욕구와 그것이 발생시키는 흥분 중의 많은 부분은 산업화 이전의 사람들이 집중된 한 끼의 식사에서 고단백질과 많은 지방을 함유한 음식을 섭취하는 것에서 얻는 독특한 영양상의 혜택을 반영한다. 굶주린 사람의 신체에서 최우선 사항은 섭취한 모든 음식을 에너지로 변환하는 것이다. 살코기만 공급받은 신체는 고기에 들어 있는 단백질을 체격을 기르고 유지하는 기능보다는 에너지를 위해 사용한다. 고기에 들어있는 단백질을 '아끼는' 한 방법은 칼로리가 높은 탄수화물이 많이 들어간 음식을 고기와 함께 먹는 것이다. 이는 전 세계에서 따르는 식사관행으로, '스테이크와 감자', '스파게티와 미트볼', '돼지고기와 만두' 그리고 '치킨과 쌀'이 그 예시에 해당한다.
① 고기를 날로 먹는 것
② 양질의 지방으로 고기를 보충하는 것
③ 칼로리가 높은 탄수화물이 많이 들어간 음식을 고기와 함께 먹는 것
④ 고기를 다양한 종류의 과일과 채소와 함께 요리하는 것

서강대 2014년도

16. 정답 (D)
해설 주어진 글의 내용은 의식과 무의식에 대한 것이므로 의식에 있어서의 혁명이 가장 가깝다. 지능, 인지, 감정 등은 본문과 거리가 멀다.
어휘 geneticist n. 유전학자 neuroscientist n. 신경과학자 make great strides 큰 진보를 이루다 flourish v. 번성하다, 번영하다, 우거지다, 자부하다, 화려하게 하다 cognizance n. 인식, 지각, 인지, 감독
해석 우리는 의식의 혁명 속에 살고 있다. 지난 몇 년 동안 유전학자들, 신경과학자들, 심리학자들, 사회학자들, 경제학자들, 인류학자들과 기타 학자들은 인간의 성공의 기본이 되는 것들에 대한 이해에 있어서 큰 진전을 이루었다. 그들이 발견한 바의 가장 핵심은 우리가 주로 우리의 의식적인 생각의 결과가 아니라는 것이다. 우리는 주로 의식의 수준 아래에서 일어나는 생각의 산물이라는 것이다.

17. 정답 (A)
해설 전체적인 대응 구조로 보아 앞부분에는 '분석'과 잘 어울리는 단어, 뒷부분에는 '지각'과 잘 어울리는 단어가 필요하다. 따라서 각각 '이성'과 '열정'이 가장 적합하다.
어휘 invisible a. 보이지 않는, 감추어진, 내밀한, 공개되지 않은 penchant n. 경향, 취미, 기호 veracity n. 진실을 말함, 정직, 진실, 성실, 정확도, 진상 expediency n. 편의, 형편 좋음, 사리추구, 편의주의, 방편, 편법 compassion n. 불쌍히 여김, 동정, 동정심
해석 의식적인 마음의 연구가 이성과 분석의 중요성을 강조한다면, 무의식적인 마음의 연구는 열정과 지각의 중요성을 강조한다. 외적인 마음이 개인의 힘을 강조한다면, 내적인 마음은 관계의 힘과 사람들 사이에 보이지 않는 유대를 강조한다.

18. 정답 (A)
해설 문맥으로 미루어 "어른이 말해 주지 않으면 모른다."가 되야 하므로 unless가 적합하다.
어휘 gauge v.n. 표준치수, 규격, 계량, 계기, 표준, 판단척도, abnormal a. 보통과 다른, 정상이 아닌, 불규칙한, 변칙은, 변태의, 병적인, 대단히 큰, 엄청난
해석 유년기의 아주 슬픈 진실 중의 하나는 아이들은 계측을 위해 필요한 경험이 없기 때문에 뭔가가 비정상인지 아니면 부자연스러운 것인지를 어른이 말해 주지 않으면 알지 못할 가능성이 많다. 더 나쁜 것은, 일단 어떤 종류의 뭔가가 정상적이라고 확고하게 정하고 나면 그것은 나중에 어른이 된 후까지 그렇다고 파악될 가능성이 많으며, 이런 일은 특히 자기 생각을 비교해 볼 수 있는 다른 사람이 없는 독자 또는 독녀일 경우에 더욱 그렇다.

19. 정답 (B)
해설 문맥의 내용으로 미루어 첫 번째 방법은 가장 도전적인 작품을 골라서 정면 돌파하는 것이고 두 번째 방법은 쉬운 것으로 천천히 나아가는 것이다.
어휘 cannonball n. 포탄, 강속 서브, 특급열차 acclaim n.v. 갈채, 환호, 절찬, 갈채를 보내다, 환호로써 맞이하다, 갈채하다, 환호하다 plunge v. 던져 넣다, 던지다, 찌르다, 빠지게 하다, 뛰어들다, 몰아넣다, 잠수하다, 돌진하다, 돌입하다, 뛰어듦, 돌입, 돌지, 처박음, 중앙돌파 accessible a. 접근하기 쉬운, 이용할 수 있는, 영향 받기 쉬운 opus n. 작, 저작, 작품, 작품번호 intimidate v. 으르다, 위협하다, 협박하다 recondite a. 심원한, 난해한, 알기 어려운, 숨겨진, 사람에게 알려지지 않은 abstruse a. 심원한, 난해한 pliant a. 휘기 쉬운, 나긋나긋한, 융통성 있는, 유연한, 유순한, 고분고분한, 적응성 있는 arduous a. 힘 드는, 곤란한, 끈기 있는, 끈질긴, 오르기 힘든, 험한
해석 토니 모리슨과 같은 위대한 예술가에 대해서 알아보기 위해서는 두 가지 접근법이 있다. 첫째 접근법을 나는 '캐넌볼(포탄식)'이라고 부르는데, 이 경우에는 예술가의 가장 유명하고, 흔히 도전적인 작품을 골라서 당신이 할 수 있는 한 가장 깊고 빠르게 그 안에 빠져드는 것이다. 두 번째 방법은 '도기 패들 (강아지 헤엄식)'이라고 부르는데 이 방법은 그 예술가의 작품 중에서 가장 쉽고 흔히 가장 유명한 책을 골라보고 그것으로부터 명작들로 천천히 나아가는 것이다. 어느 방법을 당신이 더 선호하는지는 스타일의 문제이다. 나는 쉽게 겁을 먹고 두려워한다. 그래서 나는 도기패들을 한다.

<u>시울어내 2014년도</u>

20. ③논리완성
해설 낯선 사람들을 대상으로 사진 찍는 것은 아마추어 사진사들이 사진 찍는 일을 시작하는 데 있어 아주 좋은 방법이라고 했으며, 실수라고 생각했던 것이 알고 보니 좋은 결과였다는 저자의 경험을 바탕으로, '정해진 규칙에 얽매이지 말자'라고 저자가 주장함을 알 수 있다. 따라서 사진 찍는 데 있어 '규칙을 깨라'는 말이 빈칸에 적절하다.
어휘 go about ~에 열중하다 daunting a. 벅찬, 두려운, 위협적인, get started (일 등을) 시작하다 take a picture 사진을 찍다 accident n. 우연; 우연한 일 blurry a. 희미한, 흐릿한, figure n. 초상, 인물상; 모양, 형상 scare v. 겁주다, 질겁하게 하다 chop off ~을 잘라내다, 자르다 miss v. 놓치다, 빼먹다 single-lens n. 단안렌즈
해석 낯선 사람들이 (각자) 그들의 삶에 열중하고 있는 모습을 사진 찍는 것은 (감히 시도하기에) 겁이 나는 일로 보일 수 있으나, 이것은 아마추어 사진사들이 (사진 찍는) 일을 시작하는 데 있어 아주 좋은 방법이다. 사람들이 처음으로 잘 찍은 사진은 우연히 찍은 사진이기 쉽다. 한 번은 내가 펑크록 콘서트 밖에서 아이들의 사진을 찍고 있었는데, 누군가 나의 카메라 앞을 걸어갔다. 실수였지만, 그 흐릿한 형상에는 정말로 멋진 데가 있었다. 우리는 발이 잘려 나가게 찍지 마라, 머리를 빼먹지 마라 따위의 우리를 겁먹게 하는 온갖 종류의 규칙을 듣게 된다. 하지만 모든 규칙의 예에 대해, 나는 당신에게 <u>그러한 규칙들을 깨는</u> 길거리 사진작가들을 제시해줄 수 있다.
① 그러한 실수를 피하는

② 멋진 사진을 제작하는
③ 그러한 규칙들을 깨는
④ 단안렌즈 카메라를 사용하는

21. ②논리완성
해설 부엌에 늘어나는 기기들을 전시하고는 싶은데, 모든 사람에게 부엌 공간이 넉넉한 편은 아니라고 했다. 따라서 모든 용품을 내어놓을 수 없고 중요하다고 생각하는 것을 '우선적으로 배치'해야 할 것이므로 ②가 정답이다.
어휘 counter top (평평하고 납작한) 주방용 조리대 kettle n. 주전자 plethora n. 대량, 과다, 과잉 on view 대중이 보는 곳에, 공개되어[전시되어] grinder n. 가는[빻는] 기구 slow cooker 전기요리냄비, 전기 찜솥 go on 계속하다 on earth 도대체 customer survey 고객설문조사 kit n. (특정 목적용 도구·장비) 세트 cupboard n. 찬장 work surface 조리대, 작업대, show off ~을 과시하다 vast a. 거대한, 엄청나게 큰
해석 우리가 주방용 조리대에 두었던 주방용품이라고는 주전자와 전자레인지가 전부였던 시절이 있었다. 그러나 요즈음엔 아마도 우리들 대부분이 엄청나게 많은 기기들을 부엌에 전시해 놓고 있는데, 믹서기, 커피메이커, 분쇄기, 토스터, 팝콘 메이커, 전기요리냄비 … 그 목록은 끝이 없다. 도대체 우리는 이 모든 것들을 어디에다 둘 것인가? Currys & PC World가 실시한 최근의 고객설문조사에 따르면, 새로 구입한 모든 부엌기구세트를 찬장에 숨겨놓는 대신에 그 주방용품들을 과시하기 위해 우리는 점점 더 조리대에 공간을 만들고 있다. 물론 모든 사람이 아주 큰 부엌을 가지고 있지는 않은데, 이 뜻은 몇몇 사람들은 <u>가장 중요한 기기들에 우선순위를 매기기 위해 타협을 하게 된다</u>는 것을 의미한다.
① 그들의 실내장식과 어울리는 적절한 색상의 기기들을 구매하는
② 가장 중요한 기기들에 우선순위를 매기기 위해 타협을 하는
③ 찬장 대신에 저장고에 모든 기기들을 보관하는
④ 주전자와 전자레인지 이외에 모든 기기들을 처분하기 시작하는

22. ①논리완성
해설 북미대륙의 기후가 지중해 기후와 동일할 것이라 생각하여 미국 식민지에서 많은 수익을 낼 것으로 생각했던 영국의 기대와는 다르게, 현실은 혹독한 기후 때문에 지중해성 작물을 재배할 수 없었다고 했다. 이는 영국의 계획이 '잘못된 생각에 근거를 두어서' 발생한 것이므로 빈칸에 가장 적절한 것은 ①이다.
어휘 establish v. 설립하다, 건설하다 colony n. 식민지 assume v. 추정하다, 생각하다 lay claim to ~에 대한 권리[소유권]를 주장하다 Mediterranean a. 지중해의, 지중해 연안에 사는 latitude n. 위도 dependence n. 의존 continental a. 대륙의 in short 요약하면, 간략하게 말하자면 turn a profit 이익을 내다
해석 16세기 말에 시작된 북미대륙에 식민지를 건설하려는 영국의 계획은 <u>잘못된 생각에 근거를 두었다</u>. 영국이 소유권을 주장했던 북미대륙 지역이 유럽의 지중해 지역과 비슷한 위도에 위치해 있었기 때문에 유럽의 지중해 지역과 동일한 기후일 것이라고 통상적으로 생각되었다. 그 결과 영국은 일단 식민지가 건설되면 미국 식민지가 올리브 열매와 과일과 같은 지중해 연안에서 나는 상품을 공급해서, 유럽대륙에 대한 수입의존도를 낮출 수 있게 되기를 희망했다. 간략하게 말하면, (영국에게 있어) 미국은 빠르게 이익을 낼 풍요의 땅으로 기대되었다. 결과적으로 현실은 매우 달랐다. 생각했던 것보다 훨씬 더 혹독한 북미대륙의 기후는 지중해 작물, 그리고 설탕과 바나나와 같은 다른 수입품들이 재배될 수 없다는 것을 의미했다.
① 잘못된 생각에 근거를 두었다
② 엘리자베스 1세 여왕에 경의를 표하기 위해 만들어졌다
③ 여타 유럽 국가들에 의해 도전을 받았다
④ 지중해를 교묘히 회피하고자 하는 욕망에 이끌렸다

23. ①논리완성
해설 빈칸 다음에 커피가 과학자, 사업가 등에게 이상적인 음료가 되었다고 했으며, 커피하우스에서의 논의가 과학 학회와 신문사 등의 설립을 초래했다고 했다. 이런 과학 학회와 신문사는 '생각'을 정리하는 집단이

고, 과학자, 사업가, 철학자들은 주로 '생각'을 많이 하는 사람 이므로, 결론적으로 빈칸에도 '생각'과 연관된 말이 들어가는 것이 적절하다.
어휘 Age of Reason 이성의 시대 (특히 영국·프랑스의 18세기) dominant a. 지배적인, 주요한, mysterious a. 신비에 쌓인; 기이한 establishment n. 설립; 기관, 시설, 가게 spring up 생겨나다, 갑자기 나타나다 serve v. ~을 제공하다 markedly ad. 현저히, 두드러지게 tavern n. 선술집; 여관, 여인숙 fertile a. 비옥한; 활동하기에 좋은 revolutionary a. 혁신적인, 혁명의,
해석 이성의 시대의 주된 마실거리는 커피였는데, 중동에서 유럽으로 유입된 신비에 쌓여 있으면서도 부유층이 애용하는 음료였다. 커피를 판매하기 위해 생겨난 가게들은 술을 팔던 선술집과는 확연히 다른 특징을 갖고 있었으며, 상업적, 정치적, 그리고 지적 교류의 중심지가 되었다. 커피는 <u>사고의 명확성을 키워주었는데</u>, 그래서 과학자, 사업가, 그리고 철학자들 사이에서 이상적인 음료가 되었다. 커피하우스에서의 토론은 과학 학회의 설립, 신문사 창립, 금융기관의 설립을 이끌었으며, 특히 프랑스에서 혁신적인 사상을 풍부하게 일어나게 해주는 토대를 제공해주었다.
① 사고의 명확성을 키워주었다
② 중동으로의 무역항로를 개척하는 데 도움을 주었다
③ 중국에서 수입한 차와의 경쟁에서 승리했다
④ 활발한 소비자 자본주의의 상징이 되었다

24. ②논리완성
해설 이 글에서 저자는 아이를 내버려 둘 경우 위험한 상황에 이르게 될 것이라고 비판하였으며, 교육에 있어 자유를 옹호하는 사람이 아이들을 마음대로 행동하게 해야 한다는 것을 의미하지는 않는다고 하였으므로, 교육에서 자유는 '어느 정도 제한이 있어야 된다', 즉 '어느 정도로 줄 것인가의 문제여야 한다'라는 말이 빈칸에 들어가야 적절하다.
어휘 swallow v. 삼키다 vituperation n. 비난, 혹평, 매도 advocate v. 지지하다, 옹호하다, defend v. 옹호하다, 변호하다 by all means 어떤 희생을 치르더라도, 반드시 degree n. 정도 in no case 어떤 경우에도 ~하지 않는, 결코 ~이 아닌 overrule v. (선례 등을) 뒤엎다 discipline n. 규율
해석 다른 것들에서처럼 교육에서도 자유는 <u>정도의 문제여야 한다</u>. 나는 아이는 내면으로부터 본성을 이끌어내야 하기 때문에 아이가 어떤 것을 하든지 간에 하지 못하게 막아서는 안 된다고 주장했던 한 여성을 만난 적이 있다. "만일 아이의 본성으로 인해 아이가 핀을 삼켜버린다면 어떻게 하나요?"라고 나는 물었다. 그러나 유감스럽게도 내가 들은 대답은 단지 비난에 불과했다. 그렇지만 모든 아이는 혼자 내버려두면 조만간 핀을 삼키게 되거나, 약병에서 독극물을 마시게 되거나, 높은 창문에서 떨어지거나, 아니면 그 외 다른 방식으로 불행한 일을 맞게 될 것이다. 따라서 교육에 있어 자유를 옹호하는 사람은 엄밀히 말해서 아이들이 하루 종일 자기 마음대로 해야 한다는 것을 의미하지 않는다.
① 어떤 희생을 치르더라도 옹호되어야 한다
② 정도의 문제여야 한다
③ 비록 어른들에게는 아니더라도 아이들에게는 해롭다
④ 어떤 경우에도 규율과 권위를 뒤엎어서는 안 된다

25. ③논리완성
해설 빈칸 앞 문장에서 '농경민족들은 소금을 만들고 교환했다'라고 했으므로, 빈칸에는 실제 소금을 이용한 사례에 관한 내용이 나오는 것이 적절하다. 따라서 '음식에 넣기 위해 소금을 찾기 시작했다'는 ③이 정답이다.
어휘 replace v. 대체하다 sweating n. 발한, 땀 흘리기 derive v. 이끌어내다, 얻다, nomadic a. 유목의, 유목민의 cattle n. 소 herder n. 목동 bleed v. 피를 뽑다, 사혈하다 livestock n. 가축 potassium n. 칼륨 sodium chloride n. 염화나트륨, 소금 tribe n. 종족, 부족, agricultural a. 농업의 cultivate v. 재배하다 crop n. 농작물
해석 현대 과학자들은 성인이 건강하기 위해 얼마나 많은 소금이 필요한지에 관해 논쟁하고 있다. (성인에게 필요한 소금의 적절한) 양은 매년 약 0.67파운드에서 16파운드 이상까지 필요한 것으로 추산된다. 더운 날씨에 사는 사람들은 더 많은 소금이 필요한데, 왜냐하면 그들은 땀을 흘리는 과정에서 손실되는 소금을 대체해야 하기 때문이다. 붉은 고기를 먹는 사람들은 필요한 소금의 전량을 붉은 고기에서 얻는 것으로 보

인다. 동아프리카에서 유목을 하며 소를 키우는 부족인 마사이족(Masai)은 그들의 소금에 대한 욕구를 가축의 피를 뽑아서 마시는 방법으로 충족시킨다. 그러나 칼륨이 풍부한 채식은 염화나트륨(소금)을 거의 제공해주지 못한다. 여러 발달 단계에 있는 존재하고 있는 인류의 기록을 보면, 일반적으로 수렵부족들은 소금을 만들거나 교환하지 않았던 반면, 농경부족들은 소금을 만들고 교환했다는 것이 밝혀진다. (예를 들어) 모든 대륙에서, 인류가 일단 농작물을 재배하기 시작하면, 그들은 <u>음식에 넣기 위해 소금을 찾기 시작했다</u>.
① 소금을 땅의 비옥함과 연결 지어 생각하기 시작했다
② 필요한 양보다 더 많은 소금을 먹기로 했다
③ 음식에 넣기 위해 소금을 찾기 시작했다
④ 땀을 흘리는 과정에서 더 많은 소금이 손실되었다

<u>성균관대 2014년도</u>

26. 정답 (B)
해설 뒤에 이어지는 모든 내용들은 예산 감축에 관한 것이다. 따라서 이 문맥에서는 '내핍'과 관련된 표현이 가장 적합하다.
어휘 austere *a.* 엄한, 엄격한, 가혹한, 간소한, 내핍의, 금욕적인 shrink *v.* 오그라들다, 줄어들다, 수축하다, 뒷걸음치다 enact *v.* 법령화하다, 규정하다, 공연하다 shutdown *n.* 일시휴업, 조업중지, 폐점, 폐쇄 reform *n.v.* 개혁, 개정, 개량, 교정, 감화, 수습, 개혁하다, 교정하다, 개정하다, 개심시키다 legion *n.* 군단, 군세, 다수, 많음 sponge off 해면으로 닦다, 해면에 흡수시키다, 우려먹다 auspicious *a.* 길조의, 경사스런, 상서로운, 행운의 authoritarian *a.n.* 권위주의의, 독재주의의, 권위주의자, 독재자 ironical *a.* 반어의, 풍자적인, 비꼬는, 빈정대는
해석 지금은 미국 정부로서는 재정이 군대로부터 국립 동물원에 이르기까지 모든 면에서 줄어들고 있어 내핍의 시기이다. 국회의 공화당원들은 만일 민주당원들이 협조하지 않으면 전면폐쇄와 디폴트를 하겠다고 협박해 가면서, 새로운 감축을 제정하기 위한 모든 기회를 잡았다. 또한 많은 사람들이, 새로이 들어온 군단이 (대규모 이민자들이) 미국을 스펀지로 닦아내듯 우려먹음으로써 정부에 추가적인 부담을 안겨줄 수 있다는 것을 이유 중의 하나로 들면서, 상정된 이민 개혁 법안이 상원을 통과하지 못하도록 저항하였다.

27. 정답 (A)
해설 앞부분에서 핵무기의 취득은 평화에 도움이 안 된다고 하였으며, 뒷부분에서 유엔의 감시 하에 이 해결책을 시행한다고 하였으므로 가장 적합한 선택은 통상금지, 즉 엠바고이다.
어휘 mutual *a.* 서로의, 상호간의, 공동의 assure *v.* 보증하다, 보장하다, 납득시키다, 안심시키다, 확인하다, 확보하다 destruction *n.* 파괴, 분쇄, 구제, 파멸, 절멸, 멸망 rationale *n.* 이론적 설명, 이론적 근거, 근본적 이유, 원리 tension *n.* 팽팽함, 긴장, 흥분, 노력, 절박, 장력, 압력 feasible *a.* 실행할 수 있는, 그럴 듯한, 있을 법한, 편리한, 적합한, embargo *v.n.* 출항을 금지하다, 수출을 금지하다, 압수하다, 금지, 선박억류, 통상금지, 제한, 발표시간 제한 exportation *n.* 수출, 수출품 tradeoff *n.* 교환, 거래, 균형
해석 지난 60년 동안 핵전쟁의 위험을 최소화하기 위해 전 세계적으로 인정된 철학은 확실하게 쌍방 모두 멸망하는 것이었다. 이 이유로 모든 아랍 국가들과 이란은 이스라엘로부터 자신들이 느끼는 위험의 균형을 맞추기 위해 핵무기를 취득하는 것이 정당화된다. 나는 이렇게 하는 것이 중동지역의 긴장을 완화하는 데 도움이 될 것이라고 믿는 사람은 없을 것이라고 생각한다. 따라서 실행 가능한 유일한 해결책은 유엔의 정기적인 감찰을 하면서 유엔의 감시 하에 이 지역 전체 국가들 모두에 핵무기 <u>엠바고</u>를 시행하는 것이다. 이 해결책은 화학무기에도 적용된다.

28. 정답 (B)
해설 뒷이야기는 첫 문장에 대한 배경설명이다. 그러므로 '바짝 긴장하고 있다'가 가장 적합하다.
어휘 on alert 조심하고 있는 claim responsibility 자기가 했다고 주장하다, 책임을 주장하다 bystander *n.* 방관자, 국외자, 구경꾼 controversial *a.* 논쟁의, 논쟁을 즐기는, 논의의 여지가 있는, 물의를 일으키는 optimistic *a.* 낙관적인, 낙천적인, 낙관주의의, 낙천주의의,
해석 중국은 중요한 공산당 대회를 앞두고 <u>바짝 긴장하고 있다</u>. 북부 Taiyuan 시의 집권당 공산당 사무실

밖에 설치된 몇 개의 작은 폭탄이 최소 한 명을 사망하게 하였다. 아직 자기네들이 이 일을 했다고 주장하는 그룹은 없다. 한 주일 전에는, 차 한 대가 베이징의 천안문 광장에서 군중들에게 돌진하여 거기 서 있던 두 명을 사망하게 하였다.

29. 정답 (A)
해설 내용으로 보아 인종적 관용성이 점점 더 높아지고 있다는 것이 문맥과 부합한다.
어휘 exceedingly ad. 대단히, 몹시, 매우 tolerant a. 아량 있는, 관대한, 묵인하는, 참는 respondent a.n. 대답하는, 응답하는, 감응하는, 응답자, 회답자 reckon v. 세다, 합산하다, 판단하다, 계산하다, 평가하다, 청산하다 proportion n. 비, 비율, 조화, 균형, 할당분 ethnic a. 인종의, 민족의, 민족 특유의, 인종학상의 substantial a. 실제상의, 실질적인, 내용이 풍부한, 상당한, 꽤 많은, 신용 있는, 견실한 side effect 부작용 nightmare n. 악몽, 가위눌림
해석 신뢰할 만한 거의 모든 측정치에 있어서 영국은 인종에 대해 매우 관용성이 높으며 점점 더 그렇게 되어 가고 있다. 1986년에 이루어진 대규모 조사에서는, 28%의 응답자들이 대부분의 백인들이 흑인이 자기네 상관이 되면 "매우" 마음에 걸려할 것이라고 짐작하는 응답을 했다. 그로부터 20년이 지나서 이 비율은 9%로 떨어졌다. 정부의 조사에서는 87%의 백인과 91%의 인종적 소수자들이 서로 다른 배경에서 온 사람들이 자기네 지역에서 잘 지낸다고 말했는데, 이것은 10년 전보다 현저히 올라간 수치이다.

30. 정답 (C)
해설 전체적인 내용은 내전에 대한 것이고, 국가 간의 전쟁과 비교할 때 훨씬 더 종식이 어렵다는 것이다. 따라서 첫 문장은 "내전을 끝내는 일은 어렵다"가 적합하다.
어휘 hatred n. 증오, 혐오, 원한, 몹시 싫음 spare a.n.v. 여분의, 남아돌아가는, 예비의, 여분, 예비품, 절약하다, 아끼다, 사용하지 않다, 떼어 두다, 없이 지내다, 베풀다, 용서해 주다, 면하게 하다 adversary n.a. 적, 상대, 대항자, 반대하는, 적의 mortal a. 죽을 수밖에 없는, 운명의, 인간의, 치명적인, 죽음의 slaughter n.v. 도살, 살인, 살육, 학살, 도살하다, 학살하다, 해치우다 inevitable a. 피할 수 없는, 필연의, 당연한
해석 내전을 끝내는 일은 어렵다. 증오는 국가들 사이에서보다 국가 안에서 더 깊게 흐른다. 국가 간의 전쟁에서는 전쟁터에 국한되지만 (내전에서의) 싸움은 전쟁터에만 국한되지 않는다. 민간인들도 봐주지 않는다. 넘어가서 피할 경계도 없다. 두 나라간의 전쟁은, 적들 간에 죽음의 위험을 느끼지 않으면서, 전쟁이 시작된 데에서 끝낼 수도 있다. 돌아가서 안전하게 있을 곳이 없기 때문에, 내전에서 양편은 살육을 피하기 위해서라면 전쟁을 계속해야 한다고 흔히들 생각한다.

31. 정답 (C)
해설 뒤따르는 내용으로 미루어 볼 때 빈칸에는 건강식품과 건강하지 않은 식품 사이의 경계가 불분명하다는 내용이 필요하다.
어휘 constrain v. 강제하다, 강요하다, 시키다 fizzy a. 쉬잇하고 거품이 나는 obvious a. 명백한, 명료한, 명확한, 빤한, 알기 쉬운, 눈에 잘 띄는 dense a. 밀집한, 밀도가 높은, 농도가 진한, 짙은, 빽빽한 nutritionist n. 영양전문가, 영양사 cannonball n. 포탄, 특급열차 doom n.v. 운명, 불운, 숙명, 파멸, 죽음, 최후의 심판, 운명을 정하다, 운명 짓다, 선고하다 obesity n. 비만, 비대 occasionally ad. 가끔, 이따금, 왕왕, 임시로
해설 식품 산업체들이 건강한 식품을 제공하려고 하는 노력은 다음의 주된 이유 때문에 잘 안 된다. 그것은 즉, 건강한 음식과 정크 푸드를 각각 어떻게 정의할 것인가에 대하여 거의 동의가 없다는 것이다. 당근은 분명히 건강한 것이고 달콤한 거품이 나는 음료수(탄산수)는 건강하지 않다. 그렇지만 구별이 언제나 그렇게 분명한 것은 아니다. 식품회사가 비스킷의 설탕 함유량을 줄일 수는 있지만 그렇다고 그것이 건강식품이 되는 게 아니다. 햄버거는 엄청난 칼로리가 들어 있는, 영양사들이 말하는 방식으로 "에너지 밀집" 음식이지만 그것도 영양가가 있다. 심지어는 지방과 설탕의 폭탄이고 기름에 푹 튀긴 오레오 쿠키조차도, 간간이만 먹는다면 그걸 먹어서 비만에 걸리지는 않는다.

32. 정답 (B)
해설 글 전체의 내용으로는 블랙베리가 매각 대신 부채 비율을 높인 것이 큰 실수이다 라는 것이므로, 주어진 선택지 중에는 유일하게 (B)만이 적합하다.

어휘 shareholder n. 주주 ailing a. 병든, 병약한, 건전치 못한 call off 취소하다, 손을 떼다, 중지를 명하다 convertible a. 바꿀 수 있는, 교환할 수 있는, 개조할 수 있는, 전환 가능한 confidence n. 신용, 신뢰, 비밀, 대담, 배짱 flop n. 쓰러짐, 털썩 쓰러짐 ,실패, 속임, promising a. 가망 있는, 유망한, 믿음직한
해석 징조가 좋지 않다. 블랙베리가 그 최대주주인 Fairfax Financial 사가 이 재정사정이 나쁜 캐나다 스마트폰 제조사를 개별적으로 현금 47억 달러로 사들이기를 원한다고 말한 6주 후인 지난 11월 4일, 이 거래가 취소되었다. 그 대신 블랙베리는 주가로 16%에 해당이 되는 채무를 10억 달러 올리겠다고 발표했다. 보험을 주 업종으로 하면서도 블랙베리의 주식을 10% 갖고 있는 토론토의 지주회사인 Fairfax는 발행분의 4분의 1을 가져간다. 블랙베리 이사회의 이사장인 Barbara Steiner는 이것을 "블랙베리 회사와 그 미래에 대한 신뢰를 표시하는 중요한 투표"라고 불렀다. (그러나) 주식시장은 그것을 완전실패라고 불렀다. 이미 예전의 몇 분의 일밖에 안 되던 주가는 16%나 급락했다.

<u>숙명여대 2014년도</u>

33. ⑤
해설 질산칼륨이 밀이 자라는 데 도움이 된다고 한 후, 빈칸 다음 문장에서 씨앗, 토양, 햇빛, 물 등이 밀이 성장하는 데 필요하다고 했으므로 질산칼륨만으로 밀을 성장시킬 수 있다고 주장하는 것은 어리석은 것이라고 볼 수 있다. 따라서 첫 번째 빈칸에는 foolish가 적절하며, 마지막 문장의 these other factors는 질산칼륨을 제외한 밀의 성장에 도움이 되는 토양, 햇빛, 물 등의 요소를 가리키므로, 그런 요소들이 계속 어느 정도 일정하게 제공되는 상황에서 질산칼륨이 더해질 때 밀이 더 잘 성장한다고 볼 수 있다. 그러므로 두 번째 빈칸에는 constant가 적절하다.
어휘 Fertilizer n.거름, 비료 nitrate n.질산칼륨[질산나트륨] 비료 wheat n.밀, 소맥 absence n.부재; 없음, 결여 seed n.씨앗, 종자 soil n.흙, 토양 mineral n.광물, 무기물 within limits 어느 정도까지는; 어느 한도 내에서는 addition n.추가, 부가 optimistic a.낙관적인 invariant a.변함없는 confident a.확신하는 stable a.안정된, 견고한 daring a.용감한 , 대담한, sagacious a.총명한, 현명한 foolish a.어리석은, 미련한, constant a.변치 않는, 일정한
해석 비료, 이를테면, 질산칼륨이 밀의 성장에 미치는 영향에 대해 생각해보자. 모든 사람들은 밀이 질산칼륨을 주지 않을 때 보다 줄 때 더 잘 자란다는 것을 알고 있다. 하지만 아무도 질산칼륨만으로 밀을 생산할 수 있다고 주장할 정도로 <u>멍청하지는</u> 않을것이다. 씨앗, 토양, 햇빛, 물, 그리고 다양한 무기물 또한 분명 모두 필요하다. 하지만 이런 다른 모든 요인들이 <u>일정하다면</u>, 그리고 이런 요인들이 어느 정도까지는 달라진다 해도, 질산칼륨을 주는 것은 밀이 더 잘 자라게 할 것이다.

<u>이화여대 2014년도</u>

34.   (E)
해설 빈칸 뒤에 이어지는, 신념, 가치체계, 윤리, 지식 등의 소통과 공유를 고려할 때, 빈칸에 가장 적합한 것은 '통합'이다.
어휘 integration n. 통합, 완성, 조정, 집성, 인종차별 폐지 foster v. 기르다, 육성하다, 양육하다, 조장하다, 촉진하다, 불러일으키다 intense a. 격렬한, 심한, 맹렬한, 격앙된, 감정적인, 열정적인, 진지한, disjunction n. 분리, 분열, 괴리, 격리, 분단 segregation n. 분리, 격리, 차단, 인종차별
해석 의사소통에 있어서의 예술의 상징적 특질은 두말할 나위 없이 예술의 가장 중요한 기능, 즉 통합의 기능과 관련되어 있다. 예술을 통해서, 신념, 가치, 윤리, 지식, 감정, 그리고 한 문화의 사상과 세계관이 표현되고 소통되어진다. 한 사회의 예술 형태들은 단순히 문화와 사회를 반영하기만 하는 것이 아니다. 문화적 행사에 참석하는 것은 한 사회의 구성원들이 강력하게 느끼는 방법으로 그 사회의 일치와 조화를 북돋우어 준다.

35. 정답 (E)
해설 문맥으로 미루어, 앞의 빈칸에는 '실행, 시행'과 관련된 단어가, 뒤의 빈칸에는 는 '찬미, 찬사'와 관련된

단어가 필요하다.
어휘 implement *n.v.* 도구, 기구, 비품, 수단, 방법, 도구를 주다, 효력을 주다, 실행하다, 이행하다, 충족하다 the Great Depression 대공황 eulogy *n.* 찬사, 송덕문, 칭찬, 칭송, 찬미 elegy *n.* 비가, 엘레지, 애가, 만가 hinder *v.* 방해하다, 훼방하다, 늦게 하다, 지체하게 하다, 방해가 되다 epic *n.* 서사시, 사시, 서사시적 이야기, 대작 fable *n.* 우화, 교훈적 이야기, 전설, 신화, 줄거리 chronicle *n.* 연대기, 역사, 기록, 의사록, 이야기
해석 1930년대 뉴딜 정책을 <u>실행하고</u> 대공황으로부터 나라를 구한 Franklin D. Roosevelt는 미국 역사상 가장 위대한 정치 지도자 중 한 명으로 꼽힌다. 그러나 이 전기는 단순히 그에게 바친 <u>송덕문</u>이 아니라, 그를 위대한 대통령으로 만든 자질들은 물론 그의 약점까지도 자세하게 분석하고 있다.

36. **정답** (A)
해설 첫 빈칸은, 뒤 이은 내용이 '특권을 가진 사람이 없다'는 것이므로 '평등주의의'가 적합하고, 주어진 글의 중간에 '그렇다고 해서 모든 사람이 동일한 위신을 갖고 있지는 않다'는 문장으로 논리의 반전이 있으므로 뒷 부분에는 불평등에 기여할 수 있는 표현, 즉 '개인적인 기술의 차이는 다 인정된다'가 필요하다.
어휘 egalitarian *a.* 인류평등주의의 prestige *n.a.* 위신, 위광, 명성, 명성이 있는, 신망이 두터운 functional *a.* 기능의, 작용의, 직무의, 실용본위의 connive *v.* 눈감아 주다, 묵인하다, 공모하다, 서로 짜다 stratified *a.* 층을 이룬, 계층화된
해석 <u>평등한</u> 사회에서는 어떤 개인이나 단체도 다른 누구보다 더 자원이나, 권력, 위신에 대해 더 많은 접근권을 가지지 않는다. 그렇다고 해서 그러한 사회에서는 모든 사람들이 동일한 위신을 가진다는 것은 아니다. 연령차이나 성차이 이외에도 여러 가지 일에 있어서 개별적인 기술의 차이는 항상 <u>인정된다</u>.

37.   (A)
해설 전체적인 내용이 전통의 부침(浮沈)과 관련된 것이므로 앞 빈칸에는 '변화'가, 그리고 뒤 빈칸에는 '오랜 기간 동안 쇠퇴한 후에 x하고 다시 생겨나다'에 적합한 것은 '부활하다, 회복하다'이다.
어휘 fragment *n.* 파편, 조각, 단편, 나머지, 부스러기 heritage *n.* 상속 재산, 세습 재산, 물려받은 것, 유산, 전통, 운명 revitalize *v.* 생기를 회복시키다, 부활시키다, 소생시키다, 부흥시키다 decay *n.v.* 부패, 부식, 쇠퇴, 감쇠, 쇠미, 노후화, 썩다, 부패하다, 부식하다, 쇠퇴하다, 충치가 되다, 붕괴하다 contrivance *n.* 고안, 발명, 고안의 지주, 고안품, 장치, 계획, 책략 resume *v.* 다시 차지하다, 회복하다, 계속하다, 다시 찾다 recriminate *v.* 되비난하다, 반소하다
해석 전통들, 즉 사람들이 과거에 가신들의 근원 때문에 특별한 의미를 부여했던 사물과 사상의 집약체는, <u>변화</u>를 겪을 수 있다. 사람들이 과거의 유산 중 어떤 일부를 전통이라고 규정하면 전통은 특정한 때에 생겨날 수도 있으며, 사람들이 전통의 특정한 일부를 특별하게 강조하기 위해서 선택하고 다른 부분들을 무시하면, 전통은 조정이 되기도 하고, 전통은 어느 정도의 기간 동안 유지되다가, 어떤 사물들이 버려지고 사상들이 거부되거나 잊혀지면 전통은 사라질 수도 있다. 전통은 또한 오랫동안 쇠퇴했다가 <u>회복 되어</u> 다시 생겨날 수도 있다.

38. **정답** (B)
해설 앞부분에 나오는 비평가들의 입장, 즉 지구온난화가 멈춘 것을 강조하는 사람들의 입장에 대해, 이 글의 저자는 however로 연결된 이후의 문장에서 반론을 펴고 있기 때문에 '기후변화를 억제하려는 노력을 늦추는 x'에서 x에 알맞은 것은 '변명'이다. 뒷부분의 문맥에 따라 빈칸은 '엄청난 결과'가 적합하다.
어휘 downplay *v.* 중시하지 않다, 경시하다 pretext *n.* 구실, 핑계 slacken *v.* 늦추다, 느슨하게 하다, 느슨해지다, 줄이다, 약하게 하다, 늦추다, 느려지다 colossal *a.* 거대한, 어마어마한 negligence *n.* 태만, 등한, 부주의, 무관심, 단정치 못함 scanty *a.* 부족한, 빈약한, 불충분한, 인색한 vying *a.* 다투는, 경쟁하는, 겨루는 threshold *n.* 문지방, 문간, 입구, 시초, 발단, 한계, 경계 sketchy *a.* 사생의, 개략의, 미완성의, 대강의, 불완전한,
해석 어떤 비평가들은 1998년 이후의 기간 동안 지구온난화가 멈추었던 것을 기후변화에 관한 국가 패널(IPCC)이 무시했다고 한다. 그러나 이 현상은 장기간의 경향성을 반영할 만큼 오랜기간 지속되지 않았으며 기후변화를 억제하려는 노력을 늦출만한 <u>변명거리</u>가 되기는 어렵다. 우리는 우리의 태만으로 인해 우리의 후손들이 <u>어마어마한</u> 결과의 고통을 받게 놔둬서는 안 된다.

중앙대 오전 2014년도

39. ③
해설 앞 문장에서 '시간이 흐름에 따라 망각의 속도가 느려진다'고 했으므로, 파지 간격이 늘어남에 따라 망각의 속도는 '장기간에 걸쳐, 천천히 감소한다'고 볼 수 있다.
어휘 Hermann Ebbinghaus 헤르만 에빙하우스 (독일의 심리학자(1850-1909)) encoded a. 암호화된 retention n. 보유, 유지; 기억 retention interval 〈실험심리학〉 파지 간격 retrieval n. 회수; 복구, 회복 syllable n. 음절 power law 〈수학〉 멱법칙(한 수가 다른 수의 거듭제곱으로 표현되는 두 수의 함수적 관계) settle into ~로 자리 잡다 dawdle v. 꾸물거리다 prolong v. 연장하다, 연장시키다, increment n. 임금인상; 증가 extended a. (보통 때나 예상보다) 길어진[늘어난] diminishment n. 축소, 줄임,
해석 고전적 저서『기억(memory)』에서, 헤르만 에빙하우스 (Hermann Ebbinghaus)는 파지(把持:기억보존) 간격, 즉 부호화와 인출 사이의 시간 간격이 늘어남에 따라서 부호화된 자극과 사건들에 대한 기억이 어떻게 변화하는 지를 체계적으로 연구하였다. 그는 파지 간격이 늘어남에 따라 의미 없는 음절에 대한 자신의 기억이 감소하는 것을 관찰하였다. 이제 망각은 멱법칙을 따른다고, 다시 말해서 시간이 경과할수록 망각의 속도는 느려진다고 믿어진다. 즉, 망각의 속도는 초기에는 아주 빠르다가, 파지 간격이 늘어남에 따라 점점 장시간에 걸쳐서, 느리게 감소하는 식으로 자리 잡게 된다.
① 짧고, 더딘 증가
② 장기적이면서, 신속한 증가
③ 장기간에 걸쳐, 느리게 감소
④ 단기적이고, 가속화된 감소

40. ④
해설 미국의 공립교육의 방향이, 전쟁 이전에는 '학생들의 관심을 우선시하는' 교육이었던 반면에, 제2차 세계대전이 끝나고 나서는 '높은 수준, 엄격함, 탁월성, 능력'을 강조하는 쪽으로 교육 방향이 바뀌게 되었다는 내용의 글이다. 즉, 학생들의 관심을 우선시하는 교육을 통해서는 높은 수준의 탁월한 인재를 길러내지 못했다는 것이 되므로, 빈칸에 들어가야 할 표현은 '평범함을 조장하거나 용인했다'는 의미여야 한다. 그러므로 ④가 정답이 된다.
어휘 scrutiny n. 정밀 조사, 철저한 검토 lambaste v. (특히 공개적으로) 맹공격(비판)하다 modify v. (더 알맞도록) 수정(변경)하다, 바꾸다 curricula n. 교육과정(curriculum)의 복수형 rallying cry (단체 등의 단합을 위한) 슬로건[구호, 강령] rigor n. 엄격, 엄함, 준엄; 가혹한 행위, (법, 규칙 등의) 엄격한 적용 parochialism n. 교구제; 지방근성[파벌주의]; 편법 tolerate v. 용인하다 mediocrity n. (썩 뛰어나지 않은) 평범, 보통,
해석 제2차 세계대전이 끝난 뒤 몇 년 동안, 미국의 공립교육에 대하여 철저한 검토가 이루어졌다. 인기 높은 비평가들은 교육수준의 평범함을 용인한 것과, 높은 수준의 지적 재능을 확인해 걸러내지 못한 것에 대해서 학교를 비판하였다. 학생들의 관심에 맞게 학교 교육 과정을 수정하는 것이 전쟁 이전의 구호였다면, 이제 그 요구를 엄격함과 탁월성에 대한 것으로 바뀌게 되었다. 당시 주목했던 주제는 가장 능력 있는 학생들에 대한 교육이었다.
① 학생들의 관심을 무시하는 것
② 파벌주의를 허용한 것
③ 급진적인 교육과정 개혁을 추구한 것
④ 교육수준의 평범함을 용인한 것

41. ④
해설 첫 번째 빈칸의 바로 뒤에 오는 문장에서 '그녀의 우려가 기우가 아니었음'을 이야기하고 있으므로, 그녀는 뭔가 좋지 않은 일이 있었음을 미리 느낀 것이 된다. 그러므로 첫 번째 빈칸에는 '예감(presentiment)'이 적절하다. 또한 사랑하는 가족이 최근에야 확인된 희귀한 질병에 걸렸다는 것은 슬픈 소식이라고 할 수 있다. 그러므로 두 번째 빈칸에는 '비통한(dolorous)'이 적절하다.
어휘 justified a. 당연한; 정당한, (그럴 만한) 이유가 있는 Huntington's disease 헌팅턴 무도병, 만성 유전성

무도병 be subjected to ~을 받다[당하다] devastate v. (한 장소나 지역을) 완전히 파괴하다 deterioration n. 약화, (가치의) 하락, 저하; 퇴보 resentment n. 분함, 억울함, 분개 doleful a. 애절한 foreboding n. 예감 exiguous a. 근소한; 부족한 diagnosis n. 진단 evanescent a. 쉬이 사라지는, 무심한, 덧없는, presentiment n. 예감 dolorous a. 비통해 하는, 비통한,
해석 1968년, 낸시 웩슬리(Nancy Wexier)가 로스앤젤레스로 와달라는 뜻밖의 전화를 아버지로부터 받았을 때, 그녀는 뭔가 잘못된 것 같다는 예감이 들었다. 그녀의 두려움은 그럴 만한 이유가 있었다. 그녀의 아버지는 그녀의 어머니가 1872년에야 최초로 확인된 바 있는 헌팅턴 무도병에 걸렸다는 사실을 전화로 말하고 싶지는 않았다. 비통한 소식은 거기에 그치지 않았다. 그녀의 어머니는 죽음이 그녀의 고통을 자비로이 끝내주기 전까지 정신적, 육체적으로 악화될 운명이었다.

42. ④
해설 규범(norm)이란 '인간이 사회생활을 하는 데 있어, 구속되고 준거하도록 강요되는 일정한 행동양식'을 뜻한다. 실험에서 참가자들은 복장, 익명성 등에 영향을 받고, 또 성별에 따라 다르게 행동하였다. 그것은 복장, 익명성 또는 성별에 따른 기준이 설정되고, 그에 따라서 행동이 이루어졌다고 볼 수 있으므로 '규범의 영향을 받았다'고 볼 수 있다. 그러므로, 집단이 행동에 영향을 미치지만 그 과정이 '규범과 무관한 행동(norm-free behavior)을 의미하는 것은 아니라고 볼 수 있다.
어휘 trigger v. 유발하다, 촉발시키다, aggression n. 공격성 outfit n. 옷, 복장 anonymity n. 익명(성); 무명; 필자 불명 situation-specific a. 특정상황의 효과(개싸움에서 밑에 깔린 개가 이겨주기를 바라는 것처럼, 경쟁에서 뒤지는 사람에게 동정표가 몰리는 현상) norm-free a. 규범으로부터 자유로운
해석 비록 몇몇 연구들이 집단이 반사회적 행동을 촉발시킬 가능성이 크다는 것을 보여주었지만, 이러한 영향들이 단순히 규범과 무관한 행동을 의미하는 것은 아니라는 일부 증거도 있다. 예를 들어, 일부 연구자들이 실험 참가자들에게 의료 가운을 착용하게 했더니 그들의 공격성이 감소한 반면, 그들에게 테러리스트 같은 복장을 입도록 하였더니 공격성이 증가하더라는 사실을 보고하였다. 다른 연구자들은 익명성이 남성의 공격성은 감소시키지만 여성의 공격성은 증가시킨다는 것을 발견하였다. 이러한 결과들은 특정 상황에 따른, 혹은 성별에 따른 기준들이 행동에 영향을 미칠 수도 있음을 시사한다.
① 사회적 소외
② 급진적 무정부주의
③ 언더독 효과
④ 규범과 무관한 행동

43. ①
해설 첫 번째 빈칸 이후로 상식적인 생각(common wisdom)이 소개되고 있다. 이는 '성격적 특성과 태도에서 행동이 나온다'는 인식이다. 하지만 벰은 그와 반대로 '행동을 통해 성격적 특성이 형성되거나 강화될' 수도 있다고 주장한다. 그렇다면 그것은 상식적 생각을 '뒤집은, 물구나무 세운(on one's head)' 생각이라고 볼 수 있다.
어휘 trait n. (성격상의) 특성; 형질 formalize v. 형식을 갖추다, 공식화하다; self-perception n. 자아인식, 자아개념 inference n. 추론 common wisdom 상식적인 생각 emanate from ~에서 나오다 disposition n. (타고난) 기질[성격] tick n. 짧은 시간, 순간, (상승이나 증가의) 눈금, 정도 on one's head 거꾸로 서서(물구나무서서); 자기 책임 하에 reverse v. 거꾸로 하다 n. 반대, 역 hold v. 효력이 있다, 타아성이 있다, (규칙이) 적용되다 turn ~ to good accounts ~을 좋은 데에 쓰다 prevail v. 만연[팽배]하다; 승리하다 bear out ~이 옳음[사실임]을 증명하다
해석 사람들은 자신들이 하는 행동대로 되어간다. 사회심리학자 대럴 벰(Daryl Bem)은 자신의 자아개념 이론에서 사람들이 어떻게 태도와 특성을 습득하는 지에 대한 설명을 정형화하였다. 벰은 사람들은 자신의 행동을 관찰함으로써 자신이 누구인지에 대한 추론을 이끌어낸다고 주장한다. 자아개념 이론은 상식적인 생각을 뒤집어 놓는다. 사람들은 성격적 특성과 태도 때문에 그렇게 행동하는 것이다. 그렇지 않은가? 정직하기 때문에 잃어버린 지갑을 되돌려 주는 것이고, 환경을 염려하기 때문에 쓰레기를 재활용하는 것이다. 행동은 우리 내면의 기질에서 나오는 것이 자명한데, 벰의 통찰은 그 반대 역시 적용된다는 점을 주장한다. 만약 우리가 분실된 지갑을 돌려준다면, 우리의 정직계량기에서 한 눈금 올라가는 셈이다. 재활용품 수거용

통을 길가로 내다놓은 뒤, 우리는 환경에 대해 우리가 정말로 걱정하고 있다고 추론하게 되는 것이다.
① 뒤집어 놓는 - 그 반대 역시 적용된다
② 문제 삼는 - 똑같은 점이 역시 적용된다
③ 좋은 데에 - 그 이론이 역시 만연하다
④ 현실로 - 그 반대는 지지받지 못한다

중앙대 오후 2014년도

44. 정답 (B)
해설 문맥상, 맨 앞에는, 과거에 고래사냥이 당연시 되었다고 하므로, 오늘날에는 이와 대조를 이루는 '비난을 많이 받았다'가 와야한다. 뒤의 빈칸에는 whale oil이 cetacean oil과 같은 것이므로 'cetacean'이 필요하다.
어휘 decry v. 공공연히 비난하다, 비판하다, 헐뜯다 extinction n. 멸절, 사멸, 소멸, 전멸, 불을 끔, 소등 cetacean a. 고래류의 adulterate v. 섞다, 섞어 질을 나쁘게 하다, 품질을 떨어뜨리다 aqueous a. 물의, 물 같은, 수성의 rhapsodize v. 광상문으로 그려내다, 광상문을 쓰다, 광상시를 낭송하다, 열광적으로 이야기하다 volatile a. 휘발성의, 폭발하기 쉬운, 변하기 쉬운, 격하기 쉬운, 심하게 변동하는, 순간의, 덧없는 abrogate v. 취소하다, 폐지하다, 파기하다 caster oil 아주까리기름, 피마자유
해석 오늘날 많은 사람들은 어떤 경우에라도 고래를 죽이는 것을 비난하지만, 이것이 항상 그러했던 것은 아니다. 19세기 대부분과 20세기에 들어서서도 한참동안 상업 포경선들은 램프에 불을 켜기 위하여 사용되는 고래 기름을 얻으려고 대부분의 고래 종들을 멸종 지경에 이르기까지 사냥을 하였다. 그러나 전기의 발명으로 고래 기름은 더 이상 필요가 없게 되었다.

45. 정답 (A)
해설 문맥상, 앞 빈칸에는 '천국'과 관련된 표현이 필요하고, 뒤의 빈칸에는 '실패하게 되어 있는 나라'이므로 '큰 중요성을 두지 않는다'는 표현이 필요하다.
어휘 mediaeval a. 중세의, 중세풍의 abode n. 거주, 주소, 거처, 주거, 체류 devout a. 독실한, 경건한, 신앙심을 가진, 열렬한, 진심의, set great store 중히 여기다, 중시하다 strife n. 투쟁, 싸움, 다툼, locus n. 현장, 장소, 소재지, 위치, 중심지 put the mockers on ~을 방해하다, 중지시키다, 조롱하다, 불운을 가져오다, shrine n. 성체 용기, 성골함, 성지, 묘, 유골을 모신 성당, 사당,
해석 중세시대 동안 가장 중요한 질문 중의 하나는, 교회와 정치, 즉 하늘과 땅의 관계였다. 성 어거스틴은 지상의 도시 (인간의 도시)와 경건한 자들의 하늘의 거처(신의 도시)를 분명하게 분리하였다. 그의 주장은, 사람들은 두 세계에서 두 개의 의무를 갖고 살아가며, 하늘나라의 의무를 생각하면 세상의 의무는 큰 가치가 없다고 하였다. 그러므로 경건한 사람들은 정치를 중요시해서는 안 되며, 죄성이 있는 인간의 본능이 늘 분쟁으로 이끌고 가기 때문에 비록 그것조차도 실패하도록 되어 있기는 하지만, 국가에게 요구되는 유일한 기능은 보호의 기능이라고 보았다.

46. 정답 (B)
해설 흐름상 검증의 방향은 "전제로부터 결론이 나는 것"이다.
어휘 deductive a. 추리의, 연역적인 syllogism n. 삼단논법, 추론식 premise n. 전제 assess v. 평가하다, 사정하다 inescapably ad. 불가피하게, 피할 수 없이, luminously ad. 빛나게, 명석하게, 명료하게, shed light on 빛을 비추다, 설명하다
해석 연역적 추론의 이론들은 인간이 천부적으로 연역을 할 수 있게 하는 논리적 체계를 가지고 있다고 제안한다. 이 견해에 따르면, 우리는 우리의 뇌 안에서 "정신적 증거"를 만들고 검증하는 연역적 삼단논법을 평가한다. 다시 말해서, 우리는 연역적 추론의 문제를, 전제로부터 결론으로 연결해 주는 문장들을 만들어내고 그 후에 이 결론이 전제로부터 반드시 도출되는지를 결정함으로써 해결하려 한다. 즉 우리는 우리가 천부적으로 갖고 있는 논리적 규칙들을 이용해서, 전제와 결론의 타당성을 우리 뇌에 있는 그들의 표상과 연결함으로써 평가한다.

47. 정답 (B)

해설 문맥상 '안전하다고 느끼는 새일수록 주위를 덜 살펴도 된다'와, '중간에 다른 새들이 있으니 끝에 있는 새는 잡히더라도 맨 나중에 잡힐 것이다'가 적합하다.
어휘 roost n.v. 새가 앉는 나무, 홰, 보금자리, 보금자리에 들다, 홰에 앉다, ledge n. 선반, 쑥 내민 곳, 바위턱, 암초 jetty n. 둑, 방파제,부두, 잔교, 선창 shrewd a. 예민한, 날카로운, 통찰력이 있는, 영리한, 빈틈없는 prominent a. 현저한, 저명한, 두드러진, 걸출한
해석 동물들은 밤에 위험에 처한다. 새들은 바위 턱이나, 나무에나, 갈대나 덤불에 깃듦으로써 안전을 얻으려고 한다. 부엉이 같은 야행성 포식자들을 늘 경계하면서 새들은 지속적으로도 잠을 못 자고 때때로 한 눈을 떠서 주위를 살핀다. 같이 잠자리에 들어 있는 새들이 많으면 많을수록 개별적인 새들이 주위를 살펴야 하는 <u>빈도는 줄어든다</u>. 옥스퍼드 근처의 템즈 강가에서 이루어진 한 연구에서는, 한 떼의 오리들이 매일 밤 오래된 부두에서 잠자는 것을 관찰하였다. 해변에 더 가까이 있어서 위험에 더 가까이 있는 오리들은 부두 끝 쪽에 있는 오리들보다 훨씬 더 자주 주위를 살폈다. 육지로부터 접근하는 포식자와 자기들 사이에 새들이 여럿 있기 때문에 부두의 끝부분에 있는 오리들은 <u>마지막에 잡힐</u> 가능성이 많은 것이다.

48. 정답 (C)
해설 빈칸 뒷부분에 이어지는 '아테네인들의 열망을 드러낸 플라톤의 공화국 철학' '당대 신앙의 당당한 표현으로서의 중세철학'을 고려할 때 빈칸에는 '사회적 이상과 열망'이 적합하다.
어휘 isolate v. 고립시키다, 격리하다, 분리하다, immune a. 면한, 면역성의, 면제한 eternal a. 영원한, 영구한, 불멸의 untimely a. 때가 아닌, 시기상조의, 불시의, 미숙한, 계절이 나쁜 prophetic a. 예언의, 예언적인, 예언자의, 경고의, 전조의, nostalgic a. 향수, 과거에의 동경, 회고의 정 more often than not 종종, 대개, 오히려, 절반 이상은 aspiration n. 열망, 포부, 향상심, 동경 ,큰 뜻, 대망, controversial a. 논쟁의, 논의의 여지가 있는, 논쟁을 즐기는, 물의를 일으키는 unabashed a. 얼굴을 붉히지 않는, 뻔뻔스러운, 겁내지 않는, 태연한 imperishable a. 불멸의, 불후의, 영속의, 영구한 unconventional a. 관습에 의하지 않은, 판에 박히지 않은, 인습에 얽매이지 않은, 약식의, 자유로운, 비재래식의
해석 철학은 아무리 추상적이라 하더라도, 또 아무리 "영속적"이거나 "시간에 얽매이지 않는"다고 스스로 주장할지라도 시간과 공간으로부터 절대 독립되어 있거나 벗어날 수가 없다. 철학은 예언적일 수도 있고, 과거동경적일 수도 있고, 어쩌면 한 문화를 반영하듯이 단순한 거울로서의 역할을 할 수도 있다 그러니 철학은 빈번히 <u>사회의 이상과 열망</u>을 표현한다. 플라톤의 공화국은 어떤 논쟁이 될 만한 정치적 철학적 비전에 따라 아테네인들이 열망하던 사회적 모델이었다. 대부분의 중세 철학은 그것이 아무리 "학교적"이거나 학자적이라 하더라도 그 당시 시대의 신앙에 대한 당당한 표현이었다.

<u>한양대 2014년도</u>

49. 정답 (D)
해설 빈칸의 앞부분에서 '아늑하지 않고 반(反) 가정적인 공간'을 언급하고 있고, 뒤 이어서 '사회적으로 해체적인'이라는 표현이 있으므로, 빈칸에 알맞은 것은 '파괴적인, 전복적인'이다.
어휘 angular a. 각을 이룬, 모서리 진 , 모진, bare a. 벌거벗은, 알몸의 휑뎅그렁한, 세간이 없는 distinctive a. 독특한, 특이한, 구별이 분명한 un-cozy a. 아늑하지 않은 anti-domestic a. 반 가정적인 aesthetic a. 미의, 심미적인, 미술의 미학의, subversive a. 전복하는, 파괴적인 deconstruct v. 해체하다 exotic a. 외래의, 이국풍의, 신종의 temporal a. 시간의, 일시적인 affable a. 상냥한, 친절한, 붙임성 있는,
해석 예술평론가 발터 벤야민은 모더니즘을 "집에 반대하여 자신을 만든 운동"이라고 정의했다. 그렇다면, 많은 현대예술 박물관들이 각이 지게 하거나, 내부가 휑하게 하거나, 산업적인 디자인을 채택한다는 것이 놀라운 일이 아니다. 이들은 예술을 위하여 중립적인 공간을 만들어 내려고 하는 것이 아니라 현대예술이 요구하는, 특별히 아늑하지 않고, 반 가정적인 공간을 제공하는 것이다. 이러한 공간들은 예술가들이 미적 생각에 대해 논의할 수 있는 공간을 제공하지만, 그보다 더 중요하게는, <u>파괴적이고</u> 사회적으로 해체적인 예술을 위한 적절한 무대를 제공하는 것이다.

50. 정답 (B)

해설 바로 앞 부분에서는 외부인이 새로운 병원균을 갖고 오는 경우를 설명하고, 이어지는 뒷 부분에서는 외부인이 그곳에서 병에 걸리는 경우를 설명하고 있으므로 기준점이 달라진다. 그러므로 빈칸에는 순서가 바뀌는 '반대로, 다음으로는, 다음 차례로'이 적합하다.
어휘 spread v.n. 펴다, 펼치다, 보급시키다, 전개하다, 벌이다, 퍼짐, 보급 germ n. 미생물, 세균, 병균 epidemic n.a. 유행병, 전염병, 유행, 유행병의,유행하고 있는, 전염병의,
해석 사람들이 한 도시에 다른 도시로, 또는 한 국가에서 다른 국가로 이동할 때 질병의 전염이 일어날 수 있다. 사람들은 흔히 그곳에 없던 세균들을 갖고 간다. 이 새로운 세균들은 빨리 퍼지기 때문에 전에는 알지 못하던 새로운 병을 유발할 수 있다. 만일 질병이 어떤 지역에 완전히 새로운 것이면 그곳에 이미 살고 있던 사람들은 그 세균에 대해 자연적인 보호를 받지 못한다. 그 결과 그들은 쉽게 질병에 걸리고 치사율도 높다. 반대로, 새로이 온 사람은 자기가 살던 곳에 없던 질병에 걸릴 수가 있다. 이들이 돌아가면 질병을 함께 갖고 가서 거기에 전염병이 생겨날 수도 있다.

51. 정답 (C)
해설 빈칸의 앞은 성공한 사람들의 장점, 즉 오래 사는 것, 그리고 뒤이어 성공한 사람들의 단점, 즉 스트레스를 받는 것이 대조되어 있으므로 빈칸은 "단점, 불리한 점"이 적합하다.
어휘 life expectancy 기대수명 drawback n. 불리한 점, 결점, 약점, 장애, 고장 depression n. 우울, 우울증, 의기소침, 침울, 불경기 fatigue n. 피로, 피곤, 노동, 노고, 약화 aggression n. 공격, 침범, 침략 withdrawal n. 움츠러듦, 퇴학, 탈퇴, 취소, 철수, 철병, backlash n. 뒤틈, 반동, 반발, 반격 repercussion n. 되튀기, 반향, 간접적 영향, 격퇴, 반발, 반동,
해석 만일 당신의 커리어가 당신의 기대수명에 긍정적인 영향을 미치게 하고 싶다면 당신은 돈으로 만들어져 있어야 한다. 그렇다! 영국과 프랑스의 부자들이 사는 지역은 가난한 지역의 사람들보다 10년을 더 오래 산다. 그러나 만약 열심히 일한 것의 결과가 스트레스라면, 성공적인 커리어를 가지고 있는 것이 단점이 있기도 하다. 직장에서의 스트레스는 사람이 너무 많은 의무를 가지고 있거나 하루 동안에 해야 할 일이 너무 많을 때 생겨난다. 스트레스는 우울증, 불안감, 피로, 긴장, 공격성 등 기대수명에 심각한 영향을 미치는 여러 가지 심리적인 질병들로 이어질 수 있다. 오늘날 세 명 중의 한 명은 자신의 커리어와 관련하여 스트레스를 많이 받는다고 말한다.

52. 정답 (A)
해설 시스템이 건전한 나라가 위험에 잘 견딘다는 내용이 나온 후, 시스템이 건전한 나라인 스웨덴과 미국이 어려움을 겪었다가 극복한 내용을 소개하고 있으므로 빈칸에는 "그런 나라들도 어려움을 당할 수 있다"가 적합하다.
어휘 sophisticated a. 순진하지 않은, 복잡한 , 정교한, infrastructure n. 하부조직, 기반, 기간시설, 사회적 생산기반, 산업기반, position v. 적당한 장소에 두다, 배치하다, ~의 위치를 정하다 fend off 받아넘기다, 빗기다, 피하다, speculative a. 사색적인, 명상적인, 추리의 투기의, 투기적인, 모험적인, withstand v. 저항하다, 반항하다, 견디다, 버티다 outflow n. 유출, 유출물, 격발, 돌발, herd n. 짐승의 떼, 군중 impact n. 충돌, 충격, 쇼크, 영향 debacle n. 와해, 패주, 붕괴, 도산, 폭락, bounce v. 되튀다, 바운드하다, 부도처리하다
해석 하버드대학 경제학자 Dani Rodrik이 자신의 연구에서 보여준 바와 같이 "중요한 것은 당신이 글로벌화 하느냐 안하느냐가 아니라 어떻게 글로벌화 하느냐이다." 정교하고 공정하고 믿을만한 재정적 법률적 인프라를 갖추고 있는 나라들은 자기네 화폐에 대한 투기적인 공격을 더 잘 물리치고, 군중들이 별안간 자본을 빼어갈 때 더 잘 견디고, 그러한 충격을 최소화하는 조치를 취하는 데에 훨씬 더 신속할 수 있다. 물론 예외들도 있다. 건전한 운영체계와 소프트웨어를 갖고 있는 나라들조차 문제를 겪을 수 있다. 1992년의 스웨덴이나 미국의 저축과 대출 폭락사태를 보라. 그러나 스웨덴과 미국은 그들의 저기에 갖고 있는 운영체계와 소프트웨어의 수준 때문에 신속하게 다시 원상으로 돌아갔다.

53. 정답 (B)
해설 빈칸의 앞부분에서 체세포 방식은 후손에게 전달되지 않는다고 하였으므로 이 유전적인 질병이 "후손들은 걸릴 위험이 있다"는 것이 가장 적합하다. 이 치료법이 생식세포에 영향을 준다는 언급은 없으며, 후손에게는 전달되지 않는다는 것은 명시적으로 설명하고 있다.

어휘 gene therapy 유전자 치료법 experimental *a.* 실험의, 시험적인, 경험상의, somatic *a.* 신체의, 육체의, 몸의 germline *n.* 생식계열 soma *n.* 몸, 체세포, 신체, 육체, genome *n.* 게놈 recipient *a.n.* 받는, 수용하는, 감수성 있는, 수납자, 수령인, 수용자, 용기 cystic fibrosis 낭포성 섬유증 reproductive *a.* 생식의, 재생의, 재현의

해석 유전자 치료법은 사람의 유전자의 행동을 바꿈으로써 질병을 치료하거나 예방하는 방법으로 정의된다. 현재로서는 유전자 치료법은 아직 초기 단계에 있고 대부분 실험단계에 있다. 유전자 치료법에는 두 가지의 유형이 있다. 즉 체세포 방식과 생식계열 방식이다. 체세포 유전자 치료법은 체세포 즉 몸의 세포에 있는 유전자를 대상으로 한다. 이 방법으로는 수용자의 게놈이 변화하지만 이 변화는 다음 세대로 전이되지 않는다. 예를 들어 낭포성 섬유증 (유전적인 폐질환의 하나)을 치료하는 실험적인 시도는 폐의 세포에 있는 유전자만 치료를 하고, 그렇기 때문에 <u>환자의 자녀들은 아직도 그 질병에 걸릴 위험을 갖고 있다</u>.

54. 정답 (C)
해설 뒷부분의 내용으로 추측할 때, 긍정적 단정은 어렵지만 부정적 단정은 쉽다는 표현이 나와야 한다.
어휘 conclusively *ad.* 확정적으로, 단정적으로, 결론적으로, disprove *v.* 반증을 들다, 그릇됨을 증명하다, 논박하다 hypothesis *n.* 가설, 가정, 전제, 추측, 억측 inductive *a.* 귀납적인, 유도적인, 유도성의, refute *v.* 논박하다, 반박하다, 이의를 제기하다
해석 철학자 Karl Popper는 과학적 가설은 <u>그것을 단정적으로 증명하는 것은 불가능하지만 그것이 단정적으로 틀렸음을 증명하는 것은 가능하다</u>고 하였다. 그의 논리는 모든 과학적 원리들을 도출해 내는 모든 귀납적 사고의 바탕이 되는 기본적인 흐름에 근거하고 있는데, 이를 Popper의 표현을 빌려 말하자면 "논리적 상황은 매우 간단하다. 흰 백조가 아무리 많다고 해도 모든 백조는 희다는 이론을 확정해 줄 수는 없다. 그렇지만 검은 백조를 한 마리 처음으로 보면 그 이론을 반박할 수 있다"는 것이다.

55. 정답 (A)
해설 지문은 두 번의 전쟁을 통해 유럽의 패권이 사라졌다는 것이며 이 과정에서 호주가 겪은 피해를 설명하는 것이다. 따라서 빈칸에는 "유럽의 패권을 고갈시켰다"가 알맞다.
어휘 circumstance *n.* 상황, 환경, 형편, 처지, irrevocable *a.* 돌이킬 수 없는, 취소할 수 없는, 결정적인 strategic *a.* 전략의, 전략상의, 전략상 중요한 rivalry *n.* 경쟁, 대항, 맞겨룸 exhaust *v.* 다 써버리다, 고갈시키다, 지치게 하다, 남김없이 논하다 supremacy *n.* 지고, 최상, 최상위, 패권, 주권, 우월, sap *v.* 파서 부너뜨리다, 약화시키다, 수액을 짜내다, 수액, 액즙, 혈기, 파고 들이김 stability *n.* 안정성, 안정, 견실성, 공고, 착실성, sustain *v.* 떠받치다, 유지하나, 계속하다, 부양하다 prosperity *n.* 번영, 번창, 성공 impoverish *v.* 가난하게 하다, 곤궁하게 하다, 허약하게 만들다 rump *n.* 둔부, 엉덩이, 잔당 victor *n.* 승리자, 정복자 cumulative *a.* 축적적인, 누적하는 outpost *n.* 전초, 전초부대, 전진기지 incur *v.* 빠지다, 당하다, 초래하다, 손해를 입다, falter *v.* 비틀거리다, 비슬대다, 말을 더듬다, 더듬더듬 말하다 isolate *v.* 고립시키다, 절연하다, 분리하다, 격리하다, invasion *n.* 침입, 침략, 침해, 침범 regenerate *v.* 갱생시키다, 개심시키다, 새사람 되게 하다, 재생하다
해석 30년 사이에 호주의 국가 상황이 되돌릴 수 없을 정도로 달라졌다. 영국에의 이 나라의 전략적 의존성이 이 나라를 두 번의 세계 대전에 끌어들였다. 두 전쟁은 유럽 국가들의 라이벌간 경쟁에서 유래했고 이 두 번의 전쟁이 <u>유럽의 패권을 고갈시켜 버렸다</u>. 첫 번째 전쟁은 유럽 국가들의 정치적 안정성을 약화시켰고 그들의 번영을 떠받치고 있던 무역과 투자의 흐름을 차단하여 버렸다. 두 번째 전쟁은 그들의 제국을 파괴하여 대륙의 곤궁해진 나머지들을 나눠서 동과 서 두 개의 초강대국에 묶이게 하였다. 두 전쟁에서 모두 이긴 영국은 아마도 전쟁들의 누적적 영향으로 가장 쇠약해진 나라일 것이다. 호주는 영국의 태평양에 가장 멀리 떨어져 있는 전진기지로서 엄청난 전쟁의 소실을 겪었다. 제국주의적 확실성의 퇴색은 의심과 분열을 낳았다. 국가건설 프로젝트는 무거운 부채와 증가된 의존성으로 인해 주춤거렸다. 두 번째 전쟁은 태평양으로 확산되어 호주는 혼자 동떨어져서 침략의 위험에 빠지게 되었다.

56. 정답 (C)
해설 앞의 내용은 이민자들이 자기네들끼리 뭉쳐 살지 않았다는 것이다. 그 이유는 국가적 정체성 형성이 중요했고 영어사용이 그 정체성에 중요한 일부였기 때문이다. 따라서 '이러한 요소들이 함께 친숙한 환경을 만들어 살고 싶어 하는 욕구를 x하였다'에서 알맞은 것은 '완화시키다'이다.

어휘 influx *n.* 유입, 도래, 쇄도 fretful *a.* 초조한, 까다로운, 돌풍성의, 불평이 많은 commentator *n.* 주석자, 해설자 progeny *n.* 자손, 결과, 소산, 혈통, 종족, 일족 come to pass 발생하다, 일어나다 impulse *n.* 추진, 추진력, 충격, 충동, 자극 forge *v.* 불리다, 단조하다, 꾸며내다, 위조하다, 세우다 mitigate *v.* 누그러뜨리다, 가라앉히다, 경감하다, 완화하다 predilection *n.* 선입관적 애호, 편애, 역성

해석 19세기 내내 그리고 20세기 초반에 걸쳐 미국으로의 이민이 쇄도하던 때에, 어떤 불평 많은 평론가들은 새로운 이주민들이 다양한 방언을 만들어가며 심지어는 새로운 언어들이 만들어질 것이라고까지 생각했다. 이러한 해설자들은 아일랜드, 이태리, 그리고 다른 유럽의 이민자들의 혈통 때문에 결국 서로 의사소통을 못하게 될 것이라고 심각하게 생각했다. 이러한 상황은 일어나지 않았다. 특히 도시에서는 이러한 새로운 이민자들이 서로서로뿐 아니라 영어를 모국어로 쓰는 사람들하고도 잘 어울렸다. 아마도 더 중요한 것은 당시에 미국인으로서의 공동의 정체성을 형성하려는 강력한 동기가 있었으며 영어를 말하는 것이 그 국가적 정체성의 매우 중요한 일부였다는 것이다. 이러한 요인들은, 많은 이민자들 사이에서 자기 나라에서 온 사람들 가까이에 정착함으로써 새로운 장소에서 친숙한 사회적 환경을 만들고자 하는 선호의 효과를 <u>완화시켰다</u>.

57. 정답 (C)
해설 글의 핵심은 제의에서의 이미지와 디자인을 통해 세속적인 것이 영적인 것이 된다는 뜻이다. 따라서 적합한 것은 둘 다 '세속적인' 것과 관련이 있는 단어이어야 한다.
어휘 elaborate *v.a.* 정성들여 만들다, 힘들여 마무리하다, 공들인, 정교한, 잘 다듬다, 설명하다, mundane *a.* 현세의, 세속적인, 보통의, 우주의 profane *a.* 모독적인, 신을 모독하는, 불경스러운, 이교적인, 세속의, 비속한, staggering *a.* 비틀거리는, 망설이는, 경이적인, 어마어마한 secular *a.* 현세의, 세속의, 비종교적인
해석 의미는 영적 능력으로 정교화된다. 종교적 이미지와 디자인은, 제의에 참여하는 참가자의 몸에든지, 방패나 들고 다니는 가방의 표면이든지, 어떤 표면에 만들든지 간에 그 사물의 본질을 <u>세속적인</u> 상태로부터 특별한 상태로, <u>비속한</u> 상태에서 성스러운 상태로 변화시키는 힘을 갖고 있다. 의식에 있어서 사람들의 몸과 사물들은 페인트와 디자인을 적용함으로써 무미건조한 상태에서 찬란한 상태로 변화한다.

58. 정답 (B)
해설 앞 부분에서는 외상후 스트레스의 정체가 그전보다는 더 잘 밝혀졌다는 이야기가 있고 뒷 부분에서는 그래도 때로는 탐지가 어렵다고 하였다. 따라서 앞 빈칸에는 '정체를 확인하는 것'과 뒷 빈칸에는 '탐지가 어려운 이유'와 관련된 단어가 필요하다.
어휘 posttraumatic *a.* 외상후의 skull *n.* 머리뼈, 두개골 shell *n.* 포탄 shell shock (포격충격에 의한) 기억상실증, 시각상실증, 전쟁 신경증, 전투피로증 identifiable *a.* 동일함을 증명할 수 있는, 확인할 수 있는 sophistication *n.* 궤변을 농함, 억지 이론, 지적 교양, 세련, 세련됨, 복잡화, 정교화, 가짜 amorphous *a.* 무정형의, 무조직의, 특성이 없는, 비결정의 maddening *a.* 미치게 하는, 미칠 듯한, 미친 듯이 날뛰는, 화나게 하는, 불쾌한, 맹렬한 manifestation *n.* 표현, 표시, 표명, 명시, 발표 traumatic *a.* 외상의, 외상 치료의, 정신적 쇼크의, 상처 깊은 debilitating *a.* 쇠약하게 하는, 허약하게 하는 porous *a.* 작은 구멍이 많은, 기공이 있는, 다공성의, 투과성의 ponderous *a.* 대단히 무거운, 묵직한, 지루한, 불편한, 답답한 preposterous *a.* 앞뒤가 뒤바뀐, 상식을 벗어난, 터무니없는, 어리석은
해석 외상후 스트레스 장애는 아마 (인류역사에서) 첫 번째 곤봉이 첫 번째 두개골을 내리쳤을 때부터 우리와 함께 계속 있어온 것 같다. 이것은 원래 포격충격 상실증이라고 불렀었는데 의학적인 정교화가 진행되고 또 심각한 상처를 입은 군인들이 전쟁의 공포에서 살아남게 되면서 점점 더 자세히 확인할 수 있게 되었다. 이 장애는 이라크와 아프가니스탄에서 귀환하는 참전 군인들의 거의 40%에 이르는 사람들에게 영향을 줄 수 있다. 그래도 이 장애는 형태가 불명확하고, 분명한 신체적 증상이 없기 때문에 때로는 미칠 정도로 탐지가 어렵다. 이 장애가 트라우마에 의한 뇌손상과 결합하게 되면 이것은 완전히 파괴적일 수 있다.

59. 정답 (A)
해설 앞 부분에서 일본의 전투 패배가 소개되었고, 뒤에도 더 심각한 다른 전투 패배의 이야기가 이어지므로, 첫번째 빈칸에는 '패배'와 관련된 단어가 필요하고, 두 번째 빈칸의 경우에는 지상전에서 성공이 결국 무의미해졌다는 뜻이므로 성공이 '사라지다, 희미해지다'의 뜻을 가진 표현이 알맞다.
어휘 complete *v.a.* 완성하다, 완전한 것으로 만들다, 완전한, 완벽한, 전면적인 perimeter *n.* 한계, 둘레, 외곽,

주변, setback n. 방해, 좌절, 역류, 패배, 정지, 차질, crack v. 깨다, 까다, 때리다, 금가게 하다, 실마리를 열다, 해독하다 aircraft carrier 항공모함 ensue v. 계속해서 일어나다, 결과로서 일어나다 peter out 다 사라지다, 없어지다, 다하다, 점차 소멸하다 superiority n. 우수, 우세, 우위, 우월, 탁월, maneuver n.v. 기동작전, 대연습, 계략, 책략, 군사행동을 하다, 연습하다, 기동훈련하다,

해석 1942년 초 일본은 남부 뉴기니를 점령함으로써 남태평양의 바깥쪽 둘레를 완성하고자 하였다. 거대한 일본 해군이 1942년 5월 출정을 했으나 산호해에서의 전쟁에서 미국은 일본을 엄청난 피해를 입혀 돌려보냈다. 이보다 훨씬 더 심각한 패배는 6월 초 미드웨이 전투에서 당했다. 일본군 야마모토 제독은 미국이 점령하고 있는 미드웨이 제도에서 미군 함대를 기습공격하려고 하였다. 그러나 미군 정보당국은 일본이 보내는 메시지의 암호를 해독하였고 미국 해군은 일본군의 도착에 대비해 잘 준비하고 있었다. 더구나 야마모토 제독은 미국의 항공모함 2척이 미드웨이에 있지 않을 것으로 오산을 하였다. 뒤이은 전쟁에서 일본은 항공모함 4대와 수백 명의 비행사 (전체의 약 70%)를 잃었다. 1942년 말 일본군의 지상전에서의 성공 또한, 1943년 2월까지 미 해군의 우위로 일본을 솔로몬 군도의 과달카날에서 축출하게 됨으로써, 그 효과가 사그라지게 되었다.

60. **정답** (C)
해설 앞 부분은 '맞설 것인가 아니면 피할 것인가'와 관련된 표현이, 뒷 부분은 '보호하고 돌봐주고 접촉하고 지지를 얻는 것'과 관련된 표현이 알맞다.
어휘 fight-or-flight 싸울 것인가 도망칠 것인가 aggressive a. 공격적인, 호전적인, 침략적인, 공세의, 진취적인, 과감한 withdraw v. 철회하다, 움츠리다, 회수하다, 취소하다, 박탈하다, 물러나다, 퇴출하다 tend v. 향하다, 가다, 도달하다, 시중들다, 돌보다, 간호하다, befriend v. 친구가 되다, 사귀다, 편들다, 돕다 nurture v.n. 양육, 양성, 훈육, 교육, 길들이다, 양육하다, 영양물을 주다, cater v. 음식물을 조달하다, 장만하다, 제공하다, 떠맡다
해석 심리학 연구는 그동안 남자와 여자가 스트레스에 대하여 동일한 "싸울 것인가 도망칠 것인가" 반응을 나타낸다고 주장해 왔다. 다시 말해서 사람들은 말이나 완력으로 충돌을 하는 공격적 태도로 반응하든지 아니면 스트레스 상황으로부터 떠나는 반응을 보인다는 것이다. 이것은 위험한 동물과 더불어 야생상태에서 사는 동안 학습된 생존기제이다. 그러나 새로운 연구의 책임연구원 Shelley E. Taylor에 의하면, 이 연구팀은 남자와 여자가 스트레스에 다른 생리적, 행동적 반응을 보인다고 한다. 남자들은 흔히 위에서 말한 반응을 보이는 데 반해 여자들은 또 다른 유형의 반응을 보인다는 것이다. 이들의 반응은 다른 동물 종에서도 유사한 것인데 "돌봐주고 친해져라"라고 부를 수 있을 것이다. 즉 그들은 자기 자녀를 보호하고 돌봐주며, 다른 사람 특히 다른 여성들로부터, 사회적 접촉과 지지를 찾는다는 것이다.

61. **정답** (B)
해설 앞의 부분은 '얼핏 보기에 x처럼 보이지만 내 생각에는 기만적이다'이므로 '기만적'과 대조되는 개념을 표시하는 단어가 필요하며, 뒤의 부분은 '그의 언어가 덜 기계적이기 때문에 x적인 해석이 안 된다'는 것이므로 '기계적인'과 관련된 단어가 알맞다.
어휘 conception n. 개념, 의상, 생각, 구상, 착상, 수태, 임신, 개념작용, flash v.n. 번쩍이다, 빛나다, 번쩍 발하다, 발화, 순간, 섬광, 번뜩임, in a flash 대번에, 즉시 intuitive a. 직각적인, 직관적인, 직관력이 있는 deceptive a. 현혹시키는, 거짓의, 사기의 믿지 못할 parameter n. 매개변수, 특질, 매개변수, 파라미터 mechanical a. 기계적인, 공구의, 무의식의, 기계역학의, 기계로 조작하는, amoral a. 도덕과 관계없는, 초도덕의, 선악의 판단이 없는 ruthless a. 무정한, 잔인한 ,무자비한, formulation n. 간명하게 말함, 형식화, 공식화 cognitive a. 인식의, 인식력이 있는, 인지의 laden a. 짐을 실은, 적재한, 과일이 많이 달린, 고민하는 dispense v. 분배하다, 베풀다, 시행하다 , 실시하다, alter v. 바꾸다, 변경하다, 변하다, 일변하다, 개조하다, mechanistic a. 기계학적인, 기계작용의, 기계론적인 deterministic a. 결정론적인, 결정론자적인 inspirational a. 영감을 띤, 영감을 주는, 영감의, 고무하는
해석 다윈은 완전하게 만들어진 이론을 만들어 내는 자연도태의 개념을 한 순간에 도달한 것이 아니다. 내 생각에는 그의 고안의 직관적인 명료성으로 보이는 그것은 매우 기만적이다. 나는 자연도태의 변수에 대한 그의 개념이 그의 마음속에 서서히 자리 잡았으며 그의 '종의 기원' 책의 첫 판본이 나온 다음에도 최종형태에 이르지 못했다는 것을 그동안 보이려고 해왔다. 그 일련의 개념들이 생겨나는 과정에서, 다윈은 선택을 도덕적이고 지적인 행위자로 특징 지웠다. 대부분의 현대 학자들은 다윈이 생각하는 자연을 기계적이고, 심지어는 그

무자비함에 있어서 초도덕적이라고 묘사하고 있다. 그러나 다윈도 어렴풋이지만 인정한 사실은 그의 고안의 본래의 공식화와 그의 저작들의 인지적인 언어들이 진화의 목적과 성격에 대한 자신의 깊은 개념을 수정하지 않고서는 포기하기 싫지 않았고 포기할 수도 없었던 어떤 결과를 초래했다는 것이다. 다윈의 언어와 생각의 은유적 양식은 어떤 기계적 해석도 불가능한 의미를 그의 이론에 부여하였다.

62. 정답 (D)

해설 앞의 빈칸에는 Fritz Lang이 바이마르 시대의 예술가이므로 테크놀로지에 대해 부정적인 시각을 가졌다는 것과 부합하는 표현이 필요하고, 뒤의 빈칸에는 테크놀로지를 부정적으로 생각하면서도 그 생각을 전달하기 위해 테크놀로지를 이용하였다는 점에서 얄궂은 상황이라는 것이 드러나는 표현이 필요하다.

어휘 respite *n.* 연기, 유예, 휴식, 중간휴식; 집행유예 turbulent *a.* 몹시 거친, 사나운, 난폭한 떠들썩한, burgeon *v.* 싹, 어린 가지, 싹을 내다, 싹이 트다, 성장하다, 급격히 발전하다 carnage *n.* 살육, 대량학살 ravage *n.v.* 파괴, 황폐, 손해, 침해, 파괴하다, 황폐하게 하다, 약탈하다, futuristic *a.* 미래적인, 미래지향적인 portray *v.* 그리다, 초상을 그리다, 표현하다, 묘사하다 attendant *a.n.* 따라붙는, 수행의, 수반하는, 부수의, 수행원, 시중드는 사람, 참석자

해석 세계 제1차 대전과 세계 제2차 대전 사이의 잠깐 동안의 휴지기간은, 독일에게는 정치적으로나 사회적으로 극도로 혼란기이기는 하였지만, 특히 최근 발명된 영화 매체에 있어서 예술적 창조성이 급성장한 시기이기도 하다. 그들은 산업혁명의 유망한 전도가 세계 1차 대전의 기계화된 살육과 뒤이어 자기네 나라를 완전히 유린한 경제 침체로 이어지는 것을 목격하였기 때문에, 바이마르 공화국 시기의 독일 예술가들은 대개 테크놀로지에 대해 깊은 우려를 갖고 있었다. Fritz Lang의 메트로폴리스는 바이마르 시대의 걸작품이며 거의 1세기가 지난 지금까지도 비평가들로부터 명성을 얻고 있는데, 이 영화는 테크놀로지에 대해 애매모호한 태도를 보이고 있다. Fritz Lang은 한편으로는 도시가 실제로 돌아가도록 애를 쓰는 공장노동자들의 비참한 삶을 묘사하면서, 또 한편으로는 미래적 도시가 지배층 엘리트들에게 제공해주는 테크놀로지의 경이로움을 보여준다. 아이러니한 것은, 그가 자신의 메시지를 전달하기 위하여 새로 생겨난 영화라는 테크놀로지와 이에 수반하는 특별효과들을 사용하고 있다는 것이다.

<u>한양대에리카 2014년도</u>

63. ①

해설 빈칸이 속해 있는 문장의 vulnerable이 의미하는 바를 바로 앞 문장의 내용과 연결시키면, 빈칸에 들어갈 단어는 '안구건조에 취약하다'라는 문맥상 의미를 갖는다. Because 이하는 사무실에서 일하는 사람들이 왜 안구건조 증상을 겪는지를 설명하는 내용이 필요하다. 그러므로 빈칸에는 안구의 세포조직을 '건조시킨다'라는 의미의 표현이 들어가야 한다. '수분을 빼앗다'는 뜻의 dehydrate가 적절하다.

어휘 Concentrated *a.* 집중한; 농축된 blink *v.* 눈을 깜박거리다 lubricate *v.* 기름을 바르다, 기름을 치다; 미끄럽게 하다 habitually *ad.* 습관적으로; 상습적으로 vulnerable *a.* 상처를 입기 쉬운; 약점이 있는 tissue *n.* 직물; (세포)조직 moist *a.* 습기 있는, 축축한 benefit *n.* 이익, 이득 dehydrate *v.* 건조시키다, 수분을 빼앗다 inflame *v.* 불을 붙이다, 불태우다 stiffen *v.* 뻣뻣하게 하다, 경직시키다 strain *v.* 잡아당기다, 긴장시키다

해석 눈으로 집중해서 보며 일하는 경우에는 눈을 깜박이는 속도가 느려지는데, 눈을 깜박이는 것은 안구를 눈물로 씻어내어 촉촉한 상태로 유지하는 과정이다. 현재 적어도 15%의 사람들이 습관적인 안구 건조 현상을 겪고 있다고 보닛(Bonnet) 박사는 말한다. 사무실에서 일하는 사람들이 취약한 편인데, 중앙난방장치와 에어컨은 흡연처럼 세포조직의 수분을 더 심하게 빼앗기 때문이다. 건조한 눈은 피로감을 느끼게 만들 수 있기 때문에, 눈을 촉촉한 상태로 유지하는 것은 심리적인 이점도 있다.

64. ②

해설 본문의 내용은 일반적으로 가격이 떨어지면 수요가 늘어난다. 생체인식 기술을 이용하는 것이 쉬워졌다는 것은 수요가 늘어났다는 것을 의미한다고 할 수 있는데, 이렇게 된 원인은 비용이나 가격이 떨어지고 있기 때문일 것이다. 그러므로 빈칸에는 ②가 알맞다.

어휘 Biometrics *n.* 생체인식, 바이오 인식 accessible *a.* 접근하기 쉬운; 입수하기 쉬운 associate *v.* 연합시키다;

관련시키다(with) implement v. (약속 따위를) 이행하다; (조건 등을) 충족하다 mere a. 단순한; ~에 불과한 embed v. (물건을) 끼워 넣다, 묻다 increase v. 확대되다, 늘어나다, plummet v. 곤두박질치다, 급락하다 degenerate v. 퇴보하다, 나빠지다, exhaust v. 기진맥진하게 만들다; 고갈시키다
해석 생체인식 기술은 최근 훨씬 더 쉽게 이용할 수 있게 되었는데, 이는 주로 그 기술을 실행하는 것과 관련된 비용이 급격하게 떨어지고 있다는 사실에 기인한다. 많은 기업들은 종종 스캐너와 내장 카메라를 사용하는 생체인식 인증 시스템을 채택하여, 단순히 비밀번호만을 이용하는 보호 시스템보다 훨씬 더 강력한 보안 상태를 대형 컴퓨터 네트워크에 제공하기 시작하였다.

65. ②
해설 본문의 내용은 여성의 날씬한 몸을 가장 바람직한(이상적인) 것으로 보는 문화에서만 거식증이 존재한다고 했는데, 그렇다면 거식증이 발생하지 않은 문화가 있다면, 그 문화는 여성의 날씬한 몸을 이상적으로 보지 않는 문화일 것이다. 따라서 이러한 의미를 갖는 표현인 ②가 알맞다.
어휘 Anorexia nervosa 거식증, 신경성 식욕부진증 disorder n. 무질서; 장애, 질환 inaccurate a. 부정확한; 잘못된 appearance n. 생김새; 풍채; 겉보기 obsess v. (어떤 생각이 사람이 사람을) 사로잡다 refuse v. 거절하다, 거부하다, 물리치다 starve v. 굶주리다, 배고프다, 굶어죽다 slender a. 날씬한, 홀쭉한; 빈약한 standard n. 기준; 모범, 표준, strict a. 엄격한; 정밀한
해석 거식증은 사람들, 특히 여성들이 자신의 외모에 잘못된 생각을 갖고 체중에 집착하게 되며, 음식 섭취를 거부하여 그 과정에서 때때로 굶어 죽기도 하는 체중 관련 질환이다. 이러한 질환은 날씬한 여성의 몸이 가장 바람직하다고 믿는 문화에서만 오직 발생한다. 그러한 기준이 존재하지 않는 국가에서는 거식증이 발생하지 않는다. 흥미롭게도, 거식증은 꽤 최근에 발생된 질환이다. 1600년대와 1700년대에는 서구 사회에 거식증이 발생하지 않았는데, 왜냐하면 당시에 이상적인 여성의 몸은 포동포동 살이 찐 몸이었기 때문이다.
① 당시에 이상적인 미인은 몸이 가냘픈 사람이었다
② 당시에 이상적인 여성의 몸은 포동포동 살이 찐 몸이었다
③ 여성의 아름다움에 대한 기준이 존재했다
④ 여성의 아름다움에 대한 기준이 상당히 엄격했다

66. ①
해설 빈칸 뒤에 위치한 콜론(:)은 부연설명, 예시, 열거, 결론 등을 덧붙일 때 사용하는 구두점이다. 본문의 미지막 문장에서 '서로 다른 문화에서 받아들일 수 있는 행동의 가장 중요한 기준들 가운데 상당수가 막연하고 기록되어 있지 않는 상태가 있다'고 부연하여 설명하고 있으므로, 빈칸에는 이것과 가장 유사한 의미의 표현이 필요하다. 따라서 ① elusive가 빈칸에 가장 알맞다.
어휘 Complex a. 복잡한; 어려운 injured a. 상처 입은; 감정이 손상된 sum up 총계하다, 합치다 reference n. 문의, 조회; 참조, 참고 standard n. 표준, 기준; 모범 acceptable a. 견딜 수 있는, 받아들일 수 있는, intangible a. 만질 수 없는; 무형의; 막연한 undefined a. 확정되지 않은, 막연한 elusive a. (뜻, 성격 등이) 파악하기 어려운, 알기 어려운 various a. 여러 가지의, 가지가지의, discernible a. 식별할 수 있는, 분간할 수 있는 paradoxical a. 역설적인, 모순된
해석 예의라는 주제는 복잡하다. 만약 그렇지 않다면, 도처에 있는 국제 집단에서 감정을 상하게 하는 일이 그토록 많이 일어나거나, 많은 오해가 있지는 않을 것이다. 어떤 사회에서든, 예의는 문화를 모두 아우르는 경향이 있으며 - 모든 행동에 대한 준거 기준이 되는 경향이 있다. 불행히도, 서로 다른 문화에서 받아들일 수 있는 행동의 가장 중요한 기준들 가운데 상당수는 정의하기가 어렵다. 그것들은 불분명하고, 막연하며, 기록되어 있지도 않다.

67. ①
해설 본문의 마지막 두 문장은 원인과 결과의 관계에 있다. 우리 모두가 어느 정도 자기민족중심주의적 성향을 갖고 있다면, 다른 문화에서 그 어떤 것이건 우리 문화에 비해서 열등한 측면을 찾기 마련일 것이다. 따라서 빈칸에는 이러한 맥락을 만드는 ① distasteful이 들어가는 것이 알맞다
어휘 Ethnocentrism n. 자기민족중심주의 outsider n. 외부인, 문외한, 한 패가 아닌 자, liberal a. 자유주의의; 개방적인 open-minded a. 마음이 여린, 속이 트인 aspect n. 양상; 국면; 견지 relative n. 친척, 친족 distasteful

a. 맛없는; 싫은 worthy a. 훌륭한, 가치 있는 palatable a. 바람직한, (음식 등이) 입에 맞는, 맛난; sympathetic a. 동정적인; 호의적인

해석 자기민족중심주의는 자신의 문화가 다른 모든 문화보다 더 좋다는 관점으로, 모든 사람들이 다른 나라 사람들과 비교하여 스스로에 대해 느끼는 감정이다. 본인이 아무리 관대하거나 열린 마음을 가졌다고 주장하더라도, 우리 사회에서 어느 정도 자기민족중심적이지 않은 사람은 없다. 사람들은 그것이 성적인 풍습이든, 친구나 친척을 대하는 방법이든, 혹은 단지 도저히 웃으면서 삼킬 수 없는 음식이든, 항상 다른 문화에서 거슬리는 부분을 찾아낼 것이다.

68. ④
해설 본문의 마지막 문장의 '실수를 인정하는 사람은 그것을 인식할 자신이 있다'는 표현이 결정적인 단서가 된다. 선택지 가운데, '잘못을 인정하는 행위'와 가장 관련이 깊은 것은 '사과하는 행위'이다.
어휘 Resolve v. 해결하다; 결의하다, 결심하다 conflict n. 투쟁; 알력, 불일치; 갈등 schism n. (단체의)분리, 분열; (특히 교회, 종파의)분립; 불화 acknowledge v. 인정하다; 고백하다; 승인하다 suffering n. 괴로움, 고생 restore v. 되찾다; 복구하다, 부흥하다 equilibrium n. 평형상태, 균형 self-confidence n. 자신; 자기과신 recognize v. 알아보다, 인지하다 collaboration n. 협력, 협조, 제휴 regret n. 유감; 후회; 애도 diversity n. 다양성, 차이; 변화, apology n. 사과
해석 사과는 매우 효과적이다. 그것은 폭력 없이 갈등을 해결해주고, 국가 간의 분열을 회복시켜주며, 정부로 하여금 시민들의 고통을 인정할 수 있게 하고, 개인적인 인간관계에서 평형을 되찾아준다. 그것은 신뢰를 회복하고 존경을 얻기 위한 효과적인 방법이다. 그것은 강인한 정신력의 표시일 수도 있다. 실수를 인정하는 사람은 그것을 인정할 자신이 있는 사람이라는 것을 그것이 입증하기 때문이다.

69. ③
해설 빈칸 앞에 '때때로 둘 중 어느 하나의 방법이 만족스럽다'고 한 후에 역접의 접속사 but이 왔으므로, '양자 모두가 필요하다'는 흐름으로 이어져야 한다. 빈칸을 포함한 문장 이하에서 둘 중 어느 하나만을 추구하는 경우에 있어서의 단점이나 결점을 진술하고 있음을 통해서도 확인 할 수 있다.
어휘 Method n. 방법; 순서 publish v. 공표하다; 출판하다, 발표하다, article n. 기사, 논설; 조항 satisfy v. 만족시키다; 충족시키다 expert n. 전문가 a. 숙달된, 노련한; 전문가의 enamored a. 사랑에 빠진, 매혹된 cease v. 끝나다, 그만두다 showman n. 연예인; 흥행사
해석 학자들에게는 쓰기와 말하기라는 두 가지의 전달방법이 존재한다. 학자는 자신이 발견한 것들을 책과 논문으로 출판하고 그것을 교실에서 가르친다. 때때로 둘 중 어느 하나의 방법이 그를 만족시킬 것이지만, 우리들 대부분은 둘 다 필요하다고 느낀다. 오로지 책을 쓰기만 하는 학자들은 전문가들에게만 말하는 습관에 빠진다. 만약 그가 자신의 분야에 대해 충분히 오랫동안 연구한다면, 그는 다른 어느 누구도 그를 충분히 이해할 만큼 전문적인 사람이 없는 위치에 도달하게 되고, 그는 결국 자신에게 글을 쓰게 된다. 반면, 만약 그가 전혀 글을 쓰지 않는다면(말만 한다면), 그는 자신의 목소리에 반해서 더 이상 학자이지 않고 단지 쇼맨(연예인)이 되어버린다.

70. ③
해설 본문의 내용으로 미루어 보아 '탄소가 모든 유기물질에서 핵심적인 요소'라고 했으므로, 이것의 순환이 이루어지지 않는다면 생명체의 존재나 생존은 어려울 것이라고 볼 수 있으며, 이러한 측면에서 탄소의 순환은 매우 중요한 의미를 갖고 있다고 할 수 있다. 상기 언급한 조건을 모두 만족시키는 것은 ③이다.
어휘 Dynamic a. 동력의; 동적인 shift v. 이동하다, 자리를 옮기다 ecosystem n. 생태계 carbon n. 탄소 various a. 가지가지의, 여러 가지의 process n. 진행; 과정 organic a. 유기체의, 유기의; 유기적인 atmosphere n. 대기; 공기; 분위기 soil n. 흙, 토양 endure v. 지탱하다, 지속하다
해석 지구는 역동적인 곳이며, 그런 역동적인 곳으로서 지구 생태계 전체에 원소들이 이동해간다. 그 중에서도 탄소의 순환이 특히 중요한데, 탄소는 우주에서 6번째로 가장 흔한 원소이다. 자연에서 일어나는 다른 순환처럼, 한 가지 형태에서 다른 형태로 변하는 탄소는 다양한 과정에서 이용되고 있다. 탄소는 모든 유기물질에서 핵심적인 요소이다. 대기에서 식물과 토양으로 갔다가 되돌아오는 탄소 순환이 없다면, 지구상의 생명체는 존재하지 못할 것이다.

71. ④

해설 빈칸이 포함된 문장의 대명사 they는 선의의 거짓말이 필요하다고 생각하는 사람들이다. 이들은 정직으로 일관해서 사람들로 하여금 불필요한 고통을 겪게 하는 것이 옳지 않다고 보는 입장이므로, 두 빈칸 모두 '정직'과 관련 있는 표현이 들어가야 한다. 그러므로 정답은 ④이다.

어휘 Acceptable a. 받아드릴 수 있는, 견딜 수 있는 civilized a. 예의 바른, 교양이 높은 behave v. 행동하다; 예절 바르게 행동하다 white lie 악의 없는 거짓말 relationship n. 관계, 관련; 친족관계 brutish a. 잔인한; 야만적인 nasty a. 불쾌한, 싫은 arrogant a. 건방진, 거만한 embarrassment n. 당황, 곤혹; 장애 compulsively ad. 강제적으로 assail v. 습격하다, 공격하다 incorruptible a. 매수되지 않는, 청렴한, 타락하지 않는; dishonesty n. 부정직, 불성실

해석 내가 함께 이야기를 나눴던 대부분의 사람들은 사교적인 거짓말을 받아들일 수 있고 또 반드시 필요하다고 생각한다고 말한다. 그들은 그것이 사람들의 예의 바른 행동 방식이라고 생각한다. 이런 가벼운 악의 없는 거짓말이 없다면, 우리의 관계는 단기간에 끝나고, 야비해지고, 불쾌해질 거라고 그들은 말한다. 그들은 당신의 정직함으로 다른 사람들을 억지로 궁지에 몰아세움으로써 다른 사람들에게 불필요한 당혹감이나 고통을 줄 정도로 고집스럽게 청렴하고 용감한 것은 오만한 짓이라고 말한다. 기본적으로 나는 동의한다. 여러분들은 어떻게 생각하는가?

72. ①

해설 본문은 여성과 남성의 창의력에 관한 두 번째 입장에서는 '여성이 남성보다 창의적이지 않은 것을 여성이 자녀를 낳고 기르는 것에 마음이 끌리기 때문'으로 보고 있는데, 만약 남성도 그러한 데서 즐거움을 찾는다면 여성과 마찬가지로 창의력이 줄어들 것이라는 결론이 도출된다. 그러므로 첫 번째 빈칸에는 reduced가 적절하다. 한편, 일정한 영역에서 특정 성만이 창의적 행동을 뛰어나게 보인다면, 그 특정 종류의 창의력은 특정한 그 성에 특화되어 있는 것이거나 그 성에 맞춰져 있다는 것을 의미한다고 볼 수 있다. 그러므로 두 번째 빈칸에는 congenial이 적절하다.

어휘 Creativity n. 창조성, 독창성 inherently ad. 타고나서; 본질적으로 appeal n. 호소; 간청; 매력 cherish v. 소중히 하다 rear v. 기르다; 육성하다 given a. 주어진, 정해진 reduce v. 축소하다, 줄이다, congenial a. 같은 성질의, 마음이 맞는; 적합한, 적절한 favorable a. 호의를 보이는; 유리한, 좋은 unaffected a. 있는 그대로의, 꾸밈없는 hostile a. 반대의,적의 있는; agreeable a. 기분 좋은; 유쾌한

해석 남녀의 창의력에 대해 가질 수 있는 입장에는 세 가지가 있다. 첫 번째는 남성이 모든 분야에서 선천적으로 더 창의적이라는 입장이다. 두 번째는 만약 자녀를 낳고 기르는 것에 더 마음이 끌리지 않는다면, 여성이 남성만큼 창의적일 거라는 입장이다. 그럴 경우, 만약 여성이 아이들을 기르는 데서 항상 얻을 수 있었던 그 즐거움이 남성에게 허용된다면, 남성의 창의력은 줄어들 수도 있을 것이다. 세 번째 가능한 관점은 특정한 종류의 창의력은 어느 한쪽의 성에 더 적합하며, 따라서 일정한 영역에서는 어느 한 성만이 뛰어난 창의적 행동을 보일 것이라는 관점이다.

73. ④

해설 본문의 내용으로 미루어 보아 반증이 많음에도 불구하고 사람들이 비행기가 자동차보다 위험하다고 생각한다면, 그 믿음은 잘못된 것이다. 그러므로 첫 번째 빈칸에는 erroneous가 들어가야 한다. 두 번째 빈칸의 경우, 이어지는 문장에서 '한 번의 비행기 사고에서 많은 피해가 발생할 수 있음'을 이야기하고 있으므로, 이러한 상황을 잘 설명해주는 destructive가 적절하다.

어휘 Overwhelming a. 압도적인, 저항할 수 없는 evidence n. 증거; 흔적 to the contrary 그와 반대로, 그와는 달리 evidence to the contrary 그렇지 않다는 증거, 반증 standard n. 표준, 기준; 모범 coverage n. 적용범위; 보도 extremely ad. 아주, 몹시, 극단적으로;requency n. 자주 일어남, 빈번; 횟수 attract v. (주의, 흥미를) 끌다; 매혹하다 injured a. 상처 입은, 감정이 손상된 mishap n. 재난, 불운한 일 legitimate a. 합법의; 정당한 evasive a. 분명하지 않은, 포착하기 어려운, destructive a. 파멸적인, 파괴적인, erroneous a. 잘못된, 틀린

해석 압도적인 반증에도 불구하고, 많은 사람들은 비행기를 조종하는 것이 차를 운전하는 것보다 위험하다고 생각한다. 언론 보도의 수준이 달라서 이러한 잘못된 믿음이 생겨났다. 비록 매우 드물게 일어나긴 하지만, 비행기 사고는 몹시 파괴적이기 때문에 언론의 주목을 많이 받는다. 극단적인 경우에는 수백 명의 사람들이 목숨을 잃은 적도 있다. 반면에 자동차 사고는 대단히 빈번하게 발생하지만, 그 어떤 불운한 자동차

사고에서도 죽거나 심각한 부상을 입는 사람이 설령 있다 하더라도 그 수가 매우 적기 때문에 언론 보도를 거의 이끌어 내지 못한다.

74. ④
해설 첫 번째 빈칸이 포함된 문장 이후의 세 문장에서는 '권력거리지수가 낮은 국가에서 높은 위치에 있는 사람들이 보통 사람처럼 보이려 하는 모습과 그러한 노력'에 대해 이야기 하고 있다. 이것은 결국 권력이 없는 것처럼 보이려 하는 것이므로, 빈칸에는 tried not to가 알맞다. 한편, 앞서 언급한 행위들은 권력거리지수가 낮은 국가에서 일어나는 상황이므로, 이러한 행동이 권력거리지수가 높은 나라에서 일어날 가능성은 거의 없다고 봐야 한다. 그러므로 두 번째 빈칸에는 unlikely가 적절하다.
어휘 Be ashamed of 부끄럽게 여기다, 수줍게 생각하다 underplay v. (실제보다) 덜 중요해 보이게 만들다 official n. 공무원; 임원 state v. 주장하다, 진술하다, exercise v. (권력을) 발동하다, 행사하다 enhance v. 향상하다; (가치, 능력 따위를) 높이다 informal a. 비공식의, 약식의 status n. 지위, 상태, renounce v. 포기하다, 단념하다; 부인하다 motor home 이동주택, 캠핑카 behavior n. 행동, 행실
해석 권력거리지수가 낮은 국가들에서 권력이란, 권력을 가진 이들이 거의 부끄럽게 여기고 덜 중요해 보이게 만들려 노력하는 그런 것이다. 나는 언젠가 (권력거리지수가 낮은) 스웨덴의 한 대학 직원이 권력을 행사하기 위해 자신은 권력이 없는 것처럼 보이려 노력했다고 말하는 것을 들은 적이 있다. 지도자들은 공식적인 상징들을 포기함으로써 자신들의 비공식적인 지위를 높일 수도 있다. (권력거리지수가 낮은) 오스트리아에서, 브루노 크라이스키(Bruno Kreisky) 총리는 종종 전차를 타고서 출근하는 것으로 알려져 있었다. 1974년에, 나는 (권력거리지수가 낮은) 네덜란드의 총리 욥 델 월(Joop den Uyl)이 포르투갈의 한 캠핑장에서 캠핑카로 휴가를 보내고 있는 것을 실제로 보았다. 권력을 가진 이들의 그러한 행동은 권력거리지수가 높은 벨기에나 프랑스에서는 매우 있기 힘들 것이다.

75. ①
해설 첫 번째 빈칸에 들어갈 말에 관련하여 바로 뒤에서 '인간과 함께 살도록 훈련을 시켰다'라는 말로 부연설명을 하고 있다. 이것은 그 동물을 '길들였다'는 의미가 되므로, domesticated 가 알맞다. 한편, 두 번째 빈칸의 경우, 뒤에 '정부의 개입으로 사미 족 사람들이 고기를 판매한 수입이 줄어든 것'을 언급하고 있는데, 이것은 정부가 순록과 관련된 산업을 규제한 것으로 이해할 수 있으므로, 빈칸에는 regulate가 알맞다.
어휘 Reindeer n. 순록 exchange v. 교환하다, 바꾸다; 교역하다 herd v. (사람을) 모으다; (무리를) 이끌다 snowmobile n. 설상차 intervention n. 조정, 중재; 간섭 domesticate v. (동물 따위를) 길들이다 regulate v. 규정하다, 통제하다; 단속하다 preserve v. 보존하다, 보전하다, 유지하다; promote v. 진전시키다; 장려하다, 조장하다, fondle v. 귀여워하다 neglect v. 게을리 하다; 무시하다, 방치하다
해석 수천 년 동안, 사미(Sami) 족(族)은 순록을 사냥했는데, 그것은 그들의 경제와 문화에 있어서 매우 중요했다. 순록은 고기, 장신구에 쓸 뼈, 장화, 모자, 그 밖의 옷에 쓸 가죽을 제공했다. 사미 족 사람들은 필요한 모든 것을 가지고 있었기 때문에, 외부 세계와 물품을 교환할 필요가 없었다. 16세기에, 그들은 순록을 길들였다. - 사람과 함께 살도록 순록을 훈련시켰던 것이다. 오늘날, 그들은 순록 무리를 북부 스칸디나비아의 한 지역에서 다른 지역으로 몰고 간다. 그들은 순록의 고기를 팔아 설상차(雪上車)와 같은 물품을 구입한다. 그러나 오늘날에는 그 지역 정부가 순록 산업을 규제하려하고 있으며, 사미 족 사람들은 이에 대해 언짢아하는데, 이제는 고기를 팔고 받는 가격이 정부가 시장에 개입하기 전보다 더 낮기 때문이다.

항공대 A형 2014년도

76. ①
해설 본문은 훌륭한 글의 특징을 설명하고 있다. 마지막 문장에서 "단락 속의 모든 문장들이 주제와 관련이 있고 주된 생각을 전개할 수 있다."라고 했으므로 이는 이야기의 '통일성'을 말하는 것이다. 따라서 정답은 ①이다. ① unity는 '전체와 조화를 이루는 통일성'을 뜻하며, ② coherence는 '앞뒤가 모순되지 않는 일관성'을 뜻한다.
어휘 paragraph n.(문장의) 절, 단락 stand alone 분리되다, 독립하다, relate v. 관련이 있다 unity n.통일(성); 여러 요소의 효과적 배열 coherence n. (논리이야기 따위의) 일관성 cohesion n. 결합, 단결 isomerism n. 〈화학〉 이성(異性)

해석 훌륭한 글의 특징 가운데 하나는 **통일성**이다. 당신이 쓰는 각 단락은 - 그 단락이 단독으로 있든 긴 에세이의 일부분이든 간에 - **통일성**을 유지해야한다. 한 단락이 **통일성**을 가질 때 그 단락 속에 있는 모든 문장들은 주제와 관련되며 주된 생각을 전개할 수 있다.

77. ②
해설 본문의 첫 문장의 anti-atoms와 동격인 shadowy ~ of hydrogen은 anti-hydrogens(반수소)를 가리킨다. 우주(물질)를 구성하는 가장 기본적인 원자가 수소원자이기 때문이다. Anti-matter가 matter의 똑같은 짝이 되고 anti-atom이 atom의 똑같은 짝이 되듯이 anti-hydrogen도 hydrogen의 똑같은 짝이 되므로 빈칸에는 '똑같은 짝'이라는 의미의 ②가 알맞다. 그 다음의 the stuff ~ made는 hydrogen과 동격을 이룬다.
어휘 shadowy a.실체가[실질이] 없는, 이름뿐인, 형태뿐인, fugitive a.순식간의, 덧없는; 걷잡을 수 없는 quantum n.양자(量子) doppelganger n. 도플갱어(어떤 사람과 똑같이 생긴 사람), 꼭 닮은 사람 positron n.양전자 electron n.전자
해석 스위스의 제네바에 있는 유럽 입자 물리학 연구소의 물리학자들은 반원자를 만들었다. 이것은 우주의 대부분을 구성하는 물질인 수소의 공허한 닮은꼴 수소이다. 순식간에 사라지는 이 반원자들은 겨우 100만 분의 1초 동안 지속되며 반원자들을 다시 한 번 분쇄하고 그 파괴를 목격하는 과정을 통해서만 발견될 수 있다.

78. ③
해설 두 번째 문장을 보면, 물체가 정지해 있거나 등속으로 움직일 때는 드러나지 않는다고 했지만 물체의 속도를 높이면 그것이 드러나 속도의 변화에 저항한다고 했으므로 '물체가 밖의 힘을 받지 않는 한 정지 또는 등속도 운동의 상태를 지속하려는 성질'을 뜻하는 ③ 관성(inertia)이 적절하다.
어휘 attribute n. 속성, 특성, beyond question 의심할 여지없이, 분명히, 물론, perplex v.당혹하게 하다 caliber n.역량, 자질 at rest 움직이지 않는 constant velocity 등속 accelerate v.가속하다 rear one's head 고개[머리]를 들다; 두각을 나타내다 buoyancy n.부력 centrifugal force 원심력 inertia n.관성 gravity n.중력
해석 그것은 너무 친숙해서 그것의 속성은 의심할 여지가 없는 것처럼 보이지만 그 속성들은 아인슈타인(Einstein)과 리처드 파인만(Richard Feynman)과 같이 역량 있는 과학자들을 당혹하게 했다. 만약 물체가 움직이지 않거나 등속으로 움직이고 있다면 관성은 드러나지 않지만, 물체의 속도를 높이려고 한다면 관성은 갑자기 분명해지며 속도의 변화에 저항한다.

79. ④
해설 첫 문장의 주어는 Environmentalists이다. 뉴욕이 넓은 아프리카의 암흑대륙보다 더 많은 전기를 사용하는데도 뉴욕의 환경학자들이 아프리카를 위한 에너지 절약 계획을 고안했다는 것은 논리에 맞지 않으므로 첫 번째 빈칸에는 '주제넘게 군다'는 뜻의 presume이 알맞다. 이와 같은 맥락으로 미국인과 인도인을 비교하고 있으므로 미국인들이 인도인들보다 온실효과를 더 많이 일으키고 있다고 봐야 옳다. 따라서 두 번째 빈칸에는 contributes가 적절하다.
어휘 visible a.(눈에) 보이는; 명백한, 분명한 devise v. 고안하다, 궁리하다, energy-saving a.에너지를 절약하는 greenhouse effect 온실효과 seek out 찾아내다, 구하다 vice versa ad. 거꾸로, 반대로 criticize v. 비판하다 owe v.빚지고 있다 consume v.소비하다, 소모하다 assume v.추정하다, 추측[가정]하다
해석 뉴욕이 사하라에서 림포포에 이르는 전체 '암흑대륙'보다 더 많은 전기를 사용하는데도 자기들 도시의 네온 불빛이 우주에서도 보이는 뉴욕시의 환경학자들은 주제넘게 아프리카를 위한 에너지 절약 계획을 고안하고 있다. 일반적인 미국인들은 일반적인 인도인들보다 20배나 더 많이 온실효과의 원인이 되고 있다. 논리적으로 생각하면, 미국은 인도의 자연친화적인 삶의 방식을 추구해야지 그 반대가 되어서는 안 된다.

80. ②
해설 우주에 대한 이론을 제시할 수 있는 사람은 ② cosmologist(우주론자)이다.
어휘 astronomer n.천문학자 destine v.운명으로 정해지다 big crunch 우주대수축 implication n.암시, 함축 radical a.급진적인 tally v.일치하다, 꼭 들어맞다(with) astrologist n.점성술사 cosmologist n.우주론자 physician n. (내과) 의사 physicist n.물리학자

해석 우주는 대부분의 천문학자들이 생각하는 것 보다 두 배 이상 오래됐을 수 있으며 790억년 후에 우주 대수축으로 붕괴될 수도 있다. 이것은 미국의 한 우주론자가 제안한 우주에 대한 급진적인 새로운 모델이 암시하는 내용이다. 그는 현재 관찰되는 모든 것이 그것에 꼭 들어맞는다고 말한다.

<u>항공대 B형 2014년도</u>

81. ③ 논리완성
해설 본문은 '배측 경로'에 손상이 있는 환자들은 손을 뻗어 물체를 붙잡는 동작을 잘 하지 못한다고 한 반면, 이들 환자의 '북측 경로'는 손상되지 않아 사물을 인지한다고 했다. 즉, 한 경로가 손상되어 동작 기능을 잘 못해도 다른 경로는 손상되지 않고 인지 기능을 잘 수행한다는 언급을 통해, 두 부분이 기능적으로 완전히 별개임을 알 수 있으므로 ③이 정답이다.
어휘 parietal a. <해부> 두정(頭頂)의 dorsal stream 배측 경로(등쪽 경로) vision n. 시력, 시각 grasp v. 이해하다, 파악하다 condition n. (신체 국부의) 이상, 통증, 병, term v. 이름 짓다, 부르다, 칭하다, optic ataxia 시각성 운동 실조 ventral stream 복측 경로(배쪽 경로) intact a. 온전한, 손상되지 않은, impairment n. 손상, 장애, 결함 figure out ~을 알아내다, 생각해내다 interact v. 상호작용하다 perception n. 지각,인지, 인식,distinct a. (전혀) 별개의, 다른
해석 배측 경로의 두정(頭頂) 부분에 뇌손상이 있는 일부 환자들은 손을 뻗고 붙잡는 동작을 이끌기 위해 시력을 이용하는 것에 어려움을 겪는데, 이러한 몸의 이상은 '시각성 운동실조'라고 일컬어진다. 그러나 이 환자들의 복측 경로는 손상되지 않는데, 이것은 복측 경로는 사물이 무엇인지를 인지한다는 것을 의미한다. 우리는 이런 장애형태를 통해 <u>복측경로와 배측 경로가 기능적으로 완전히 별개라고</u> 결론 내릴 수 있다.
① 우리는 복측 경로와 배측 경로가 어떻게 상호작용하는지 알아낼 수 없다고
② 두 경로가 시각적인 인지를 위해 협력해야만 한다고
③ 복측 경로와 배측 경로가 기능적으로 완전히 별개라고
④ 한 경로를 손상시키고 다른 한 경로는 손상시키지 않는 것은 불가능 하다고

82. ③ 논리완성
해설 본문에서는 일상생활에서 우리는 너무나 자연스럽고 어려움 없이 여러 가지 특징들을 통합된 것으로 결합한다고 했다. 그러므로 첫 번째 빈칸에서 문제가 될 것이라 이해하기 어려운 대상은 바로 '결합'이 되어야 적절하다. 두 번째 빈칸은 어떤 면에서의 오류인지가 들어가야 하는데, 두 번째 빈칸 뒤에 '여러 물체의 특징들이 부정확하게 결합된다'라는 말이 나오므로, 두 번째 빈칸에도 '결합'에 있어서의 오류라는 말이 되어야 자연스럽다. 따라서 정답은 ③이다.
어휘 combine v. 결합시키다 unified a. 통일된, 하나로 된, effortlessly ad. 손쉽게, 어려움 없이 appreciate v. 이해하다, 올바르게 인식하다 illusory a. 실체가 없는, 착각을 일으키게 하는, perceptual a. 지각의, 지각에 의한 multiple a. 많은, 다수의 conjunction n. 결합, 연결; 합동 disintegration n. 분해, 붕괴 combination n. 결합, 배합 disjunction n. 분리, 분열 binding n. 묶기, 결합 secession n. 분리, 탈퇴,
해석 일상생활에서 우리는 여러 특징들을 아주 자연스레 힘들이지 않고 올바르게 결합하여 통합된 것으로 만들다 보니 <u>결합</u>이 조금이라도 문제가 된다고 이해하기는 어려울 수 도 있다. 그러나 연구원들은 그 (결합하는) 과정이 어떻게 이루어 지는지에 관한 중요한 단서를 밝히는 <u>결합</u> 과정에서의 오류들을 발견했다. 그러한 오류 중 한 가지는 착각적 결합으로 알려져 있는데, 이는 여러 물체의 특징들이 부적절하게 결합되는 지각적인 착각이다.

83. ② 논리완성
해설 빈칸 뒤로는 공리주의, 개인의 권리 사용, 정의에 각각 초점을 맞추는 것에 대한 '좋은 점'과 '안 좋은 점'을 계속해서 일관되게 나열하고 있으므로, 빈칸에는 ②의 '이점과 불리한 점'이 알맞다.
어휘 criterion n. 기준, 규범 utilitarianism n. 공리주의 productivity n. 생산성 sideline v. 출전 못하게 하다; 열외로 취급하다 minority n. 소수; 소수 집단[민족] representation n. 대표, 대변,대리, consistent with ~와 일치하는 legalistic a. 형식에 구애되는; 법률존중주의의 hinder v. 방해하다 justice n. 정의; 정당성, 타당성

underrepresented a. 소수의 adequacy n. 타당성, 적절, appropriateness n. 타당성; 어울림 advantage n. 이점, 장점 liability n. 책임; 불리한 것; 골칫거리 inscrutability n. 이해할 수 없음, 불가사의 propriety n. 예의범절, 예절; 적당[적절] 함
해석 각각의 기준에는 이점과 불리한 점이 있다. 공리주의에 초점을 맞추면 효율성과 생산성은 촉진시키지만, 일부 개인의 권리, 특히 소수를 대변하는 개인의 권리를 도외시할 수 있다. (개인의) 권리의 사용은 개인을 위해(危害)에서 보호하는 것이며 (개인의) 자유와 사생활과 일맥상통한 것이지만, 그것은 생산성과 효율성을 저해하는 형식주의적인 분위기를 조장할 수 있다. 정의에 초점을 맞추면 소수 및 약자들의 이해관계를 보호해 주지만, 위험감수, 혁신, 그리고 생산성을 저하시키는 특권 의식을 조장할 수 있다.
① 적절성과 타당성
② 이점과 불리한 점
③ 타당성과 불가사의
④ 적절성과 조화

84. ① 논리완성
해설 본문은 직무 집단과 직무 팀의 개념을 대조하고 있다. 직무 팀은 '통합된 노력'을 통해 긍정적인 상승효과를 만들어 낸다고 한 반면, 직무 집단에는 긍정적인 상승효과가 존재하지 않는다고 했다. 따라서 빈칸에는 통합된 노력에 상응하는 말이 들어가야 적절하므로 정답은 ①의 '공동의 노력을 요구하는'이다.
어휘 engage in ~에 관여하다, 참여[참석]하다 summation n. 합계, 총액; 요약 contribution n. 기여, 공헌 synergy n. 상승효과 overall a. 전체적인, 전반적인, generate v. 일으키다, 발생시키다, coordinated a. 통합된, 조정된 joint a. 합동의, 공동의,
해석 직무 집단에는 공동의 노력을 요구하는 작업에 참여할 필요성이나 기회가 없다. 그래서 직무 집단의 성과는 단지 각 집단 구성원의 개인적인 기여의 합계에 불과하다. 투입량의 합계보다 전반적으로 더 큰 수준의 성과를 만들어 낼 긍정적인 상승효과는 존재하지 않는다. 반면에, 직무 팀은 통합된 노력을 통해 긍정적인 상승효과를 만들어 낸다. 개인적인 노력들은 결과적으로 개인적인 투입량의 합계보다 더 큰 수준의 성과를 이끌어 낸다.
① 공동의 노력을 요구하는
② 긍정적인 태도를 불러일으키는
③ 더 높은 생산성을 유발하는
④ 창조적인 사고방식을 장려하는

85. ① 논리완성
해설 본문에서 어느 학파는 갈등이 집단 내 기능이 제대로 작동하지 않음을 암시해주는 것이라고 했으므로, 이 학파는 갈등에 대해 '부정적인' 견해를 가지고 있음을 알 수 있다. 그러므로 첫 번째 빈칸에는 갈등이 '피해져야만 [방지되어야만] 한다'라는 말이 들어가는 것이 적절하다. 또 다른 견해는 갈등이 집단 내 긍정적인 원동력이 될 수 있다고 했는데, 'not only ~ but (also)' 구문이 쓰인 것으로 보아, but 다음에도 갈등에 대한 긍정적인 견해가 와야 한다. 그러므로 두 번째 빈칸에는 갈등이 '필요하다'라는 말이 들어가야 적절하다. 정답은 ①이다.
어휘 school of thought 학파 indicate v. 나타내다; 암시하다 malfunction v. (장기, 기계 등이) 제대로 작동하지 않다. perspective n. 견해, 관점 label v. ~을 ...라고 부르다, 분류하다 interactionist n. 상호작용주의자 dodge v. 둘러대어 빠져나가다, 교묘히 피하다,
해석 집단 내 갈등의 역할에 대해 논쟁이 있어왔다고 말하는 것은 전적으로 타당한 것이다. 어느 학파는 갈등이 방지되어야만 한다고 주장해 왔으며, 갈등이 집단 내 기능이 제대로 작동하지 않음을 암시한다고 주장해왔다. 우리는 이 견해를 전통적인 관점이라 부른다. 또 다른 견해는 갈등이 집단 내 긍정적인 원동력이 될 수 있을 뿐 아니라 일부 갈등은 집단이 효과적으로 움직이기 위해 절대적으로 필요하다고 제시한다. 우리는 이것을 상호작용주의적 관점이라 부른다.

<정답 및 해설>

<2회>

가천대 오전 15학년도

1. ②
해설 빈칸 앞뒤로 열거된 다른 것들과 마찬가지로 빈칸에서 future까지도 선행명사 means를 수직하는데, 명사를 수식하는 관계절이 '전치사+관계대명사'로 시작될 때 관계절의 동사를 to부정사로 바꾸어 '전치사+관계대명사+to부정사'의 관계구로 나타낼 수 있다. 관계절의 경우와 마찬가지로 관계대명사 앞의 전치사는 선행명사에 의해 결정되는데 by means of(~에 의해서)에서 알 수 있듯이 means는 by와 함께 쓰이므로 빈칸의 정답은 ②가 적절하다.
어휘 definition n. 정의, 의미 ritual n. (종교적) 의식 recite v. 암송하다 holy day (종교적) 축제일 (특히 일요일 이외의) 성일(聖日) affirm v. 단언하다, 확언하다, ordinance n. 의식
해석 정의에 상관없이, 모든 종교는 공통적으로 특정한 요소들이 있다. 예를 들면, 행해야 할 의식행사, 암송해야 할 기도문, 자주 방문해야 할 곳이나 피해야 할 곳, 지켜야 할 성일(聖日), 미래를 예측하는 방법, 읽고 공부할 다수의 서적, 단언해야 할 진리, 따라야 할 카리스마 넘치는 지도자들과 준수해야 할 의식 등이 그것이다.

2. ④
해설 본문의 내용으로 보아 B보다 A에서 석탄과 철광석을 생산하는 것이 더 저렴하다고 했지만 이 생산품을 A에서 B로 운반하는 비용이 더 크다고 했다. 따라서 그것은 B에서 생산되는 석탄과 철광석은 B 지역의 자체 소비를 위한 것이라고 볼 수 있다. 그러므로 빈칸에는 ④local이 적절하다.
어휘 iron ore 철광석 outweigh v. ~보다 더 크다[대단하다] market output 시장산출물(그 시장에서 판매하거나 처분할 목적으로 생산된 산출물) excessive a. 과도한, 지나친 compulsive a. 강박 관념의, 강제적인,
해석 가령 석탄 또는 철광석을 B보다 A에서 생산하는 게 더 저렴할 수 있지만 A에서 B로 그것을 운반하는 데 드는 비용이 생산 가격에 있어서의 차이보다 더 클 수도 있다. 따라서 그것은 B에서 지역 소비를 위해 생산되며, B는 일반적으로 A의 시장산출물의 일부를 차지하지는 않는다.

가천대 오후 15학년도

3. ②
해설 본문의 첫 문장에서 '이런 점이 인식되긴 했지만'이라 했고, 마지막 문장에서는 "생물군계가 위협받고 있는 국가들이 자연을 보존하는 데 있어 어떠한 체계적인 접근방식도 갖추고 있지 않다."라고 했으므로, 생태계를 보존하는 것이 성취되는 것과는 '거리가 멀다'는 말이 빈칸에 들어가야 문맥상 적절하다. 그러므로 ② far from이 정답이다. ① ~이외에 ③ 무슨 일이 있어도 ④ 어떻게 해서든
TIP ④ by any means는 not과 함께 쓰일 경우 far from과 같이 '결코 ~이 아닌'이라는 뜻으로 쓰일 수 있다.
어휘 ecosystem n. 생태계 tropical a. 열대지방의 biome n. (숲, 사막 같은 특정 환경 내의) 생물군계 conservation n. 보존 apart from ~이외에 at any cost 무슨 일이 있어도 by any means 어떻게 해서든
해석 처음에 많은 국립공원들이 경관을 보존하기 위해 설립되었지만, 현재는 각각의 생태계가 전 세계적인 규모에서 중요하기 때문에 전체 생태계를 보존하는 것이 보다 중요한 것으로 인식되고 있다. 이러한 점이 인식되긴 했지만, 전혀 성취되지 않고 있다. 생물군계가 엄청난 위협을 받고 있는 열대국가의 절반 이상이 자연보존에 관한 그 어떤 체계적인 접근 방식도 갖추고 있지 않다.

4. ④
해설 not A so much as B는 not so much A as B와 마찬가지로 'A라기보다 B'라는 뜻의 표현인데, 본

문에서 해리엇에게 자유란 국가가 시민의 권리를 간섭하는 것(정치적 자유)이 아니라, 사회 그 자체에 있어서 관용의 문제(사회적 자유)라고 하였으므로, 그녀에게 자유란 정치적 자유(A)라기보다 사회적 자유(B)라는 말이 되어야 적절하다. 따라서 ④ so much as가 정답이다.
TIP ① rather는 부사이므로 앞뒤를 연결할 수 없다. not A but rather A나 B rather than A는 ' A가 아니라 B'라는 뜻의 표현으로 but과 than이 접속사 기능을 한다. ② less than은 '~이하의' 라는 뜻으로 앞의 political liberty와 의미상 호응이 되지 않는다.
어휘 draw up ~을 작성하다 subject n. 주제 liberty n. 자유 State n. 국가 interfere with ~을 간섭하다 tolerance n. 용인, 관용 impinge upon ~을 침해하다
해석 해리엇(Harriet)은 자유라는 주제로 논문을 작성했다. 그녀에게 있어 자유는 국가가 어디까지 시민의 행동을 간섭해야 하는지 혹은 간섭하지 말아야 하는지의 문제가 아니었다. 그것은 사회 자체 안에서의 관용의 문제였고, 어떤 사람들이 다른 사람들에 의해 권리를 침해받는 문제였다. 그녀에게 자유의 문제는 정치적 자유의 문제라기보다 사회적 자유의 문제였다.

5. ②
해설 본문의 첫 문장에서 '유전자를 발견한 덕분에'라고 했으므로, 유전과 관계된 ②의 inherited(물려받다)가 빈칸에 적절하다.
어휘 Owing to ~ 때문에 cancer-prone a. 암에 걸리기 쉬운 culpable a. 과실이 있는, 비난할 만한 mutation n. 돌연변이 colon cancer 대장암 transform v. 변형시키다 inherit v. 물려받다 prohibit v. 금지하다, 금하다 impose v. 지우다, 부과하다; 강요하다
해석 유전자를 발견한 덕분에, 보다 새로운 검사들은 암에 걸리기 쉬운 가족의 구성원들이 암을 일으킬 수 있는 돌연변이를 물려 받았는지를 알아낼 수 있게 도와줄 수 있다. "우리 어머니는 47세에 대장암으로 돌아가셨다. 만일 어머니가 유전적으로 위험하다는 것을 우리가 알았더라면, 우리는 그 질병을 검사해서 그 질병을 조기에 발견했을 것이다."라고 버트 보겔슈타인(Bert Vogelstein) 박사라 말했다.

6. ④
해설 빈칸의 앞 문장에서 그녀의 저서 덕택에 현대의 환경보호운동이 시작되었다고 했으므로, 빈칸이 속해 있는 문장은 빈칸 앞 문장에 대한 부연 설명이 되어야 한다. 그러므로 그 운동으로 인해 전 세계적으로 비슷한 운동이 많이 일어나고 있다는 의미가 되도록 ④의 counterparts가 빈칸에 적절하다.
어휘 tipping point 티핑포인트(급격한 변화의 시작점) transporter n. 운송자 discriminator n. 구별하는 사람[것] opponent n. 반대자 counterpart n. 서로 비슷한 사람[것], 대응 관계에 있는 사람;
해석 1962년, 레이첼 카슨(Rachel Carson)의 저서『침묵의 봄(Silent Spring)』은 미국에 오랫동안 일반적으로 인정되고 있는 일련의 가치관들이 급격한 변화를 겪는 순간인 티핑포인트를 초래했다. 그녀의 저서 덕분에, 현대의 환경보호운동이 시작되었다. 오늘날, 그녀가 시작했던 그 운동으로 전 세계적으로 비슷한 운동이 많이 일어나고 있다.

7. ①
해설 빈칸에는 에어백이 펴질 수 있는 거리에 제한을 두는 것과 관계되는 말이 들어가야 하므로, '사슬'이란 의미의 ① tethers가 적절하다.
어휘 disclose v. 밝히다, 공개하다 inflate v. 부풀다, 팽창하다 pillow n. 베개, 방석 tether n. 밧줄, 사슬; 한계 vehicle n. 자동차, 이동수단 surface n. 표면 pressure n. 압력; 부담
해석 오랫동안 보다 안전한 에어백을 주장해 온 블로흐(Bloch)는 자동차 제조업체들이 각 모델의 에어백 공급업체를 공개해야 한다고 믿는다. 일부 에어백은 농구공 모양으로 부풀어 오르며, 일부 에어백은 베개 모양인데, 베개 모양이 낫다. 일부 에어백이 펴질 수 있는 거리에 제한을 가하는 사슬이 있는데, 이것이 피해를 덜 발생시킨다.

8. ②
해설 빈칸의 앞 문장에서 "인과관계를 인정하는 결과는 우리가 자연을 '있는 그대로' 연구한다는 가정이다."라고 했는데, 있는 그대로의 자연이란 관찰(연구)하는 주체인 관찰(연구)자와 독립되게 존재하는 자연이므

로. '~와 동일하게', '~와 관계없이'라는 의미의 ② independent of가 적절하다
어휘 causality n. 인과관계, 인과율 as it is 있는 그대로 phenomena n. 현상(phenomenon의 복수형) because of ~ 때문에 independent of ~와 관계없이 inclusive of ~을 포함하여 a part of ~의 일부
해석 인과관계를 인정함으로써 얻는 결과는 우리가 자연을 "있는 그대로" 연구한다는 가정이다. 우리는 어떠한 관찰 주체와도 관계없이 공간과 시간에 존재하며, 그 자체의 자연 법칙을 따르는 세계를 상상한다. 우리는 실험 장비에 의하여 새로운 현상들을 만들어 낼 때, 실제로는 새로운 현상들을 만들어내는 것이 아님을 확신한다.

9. ④
해설 빈칸의 문장을 살펴보면, 등위접속사 and에 의해 두 개의 형용사가 병치된 것으로 focused(집중한)와 비슷한 맥락인 ④의 determined(결연한)가 정답이다.
어휘 deliver a speech 연설하다 evil n. 악, 사악 colonialism n. 식민지 정책, 식민지주의, laptop n. 휴대용 컴퓨터, 노트북 diverted a. 기분 전환된, 즐거운 distracted a. 마음이 산란한, 주의가 산만한 deactivated a. 비활성화된 determined a. 결연한, 단호한
해석 찬다울리(Chandauli)의 컴퓨터 센터에 있는 아이들을 생각하면서, 나는 그 아이들에게는 기술 식민주의의 사악함에 관한 연설을 하기가 힘들었을 것이라는 것을 깨달았다. 노트북 앞에 앉은 그 아이들은 좀비처럼 보이지 않았다. 오히려 그들은 집중한 모습이었고 결연한 모습이었다.

10. ④
해설 본문 속 인물은 본업이 작가이자 사회운동가인데, 최저임금으로 살아가는 것에 어떠한 것인지 알기 위해 일했다는 내용이므로, 빈칸에는 '위장근무'를 뜻하는 ④의 undercover가 적절하다.
어휘 social activist 사회운동가 make ends meet 수입과 지출의 균형을 맞추다, 간신히 연명하다, nursing home 양로원 full-time job 정규직 insane a. 미친, 정신 이상의 erroneous a. 잘못된 stranded a. 오도가도 못하는 undercover a. 위장근무의
해석 작가이자 사회운동가인 바버라 에런라이크(Barbara Ehrenreich)는 최저임금을 번다는 것이 어떠한 것인지 알기 위해 석 달동안 위장근무를 하며 미국 내 서로 다른 세 도시에서 생활했다. 처음에는, 저렴한 패밀리 레스토랑에서 웨이트리스로 일했으며, 그 다음에는 수입과 지출의 균형을 맞추기 위해 두 개의 직업을 가졌는데, 하나는 양로원에서 주말 근무를 하는 것이고, 다른 하나는 집안 청소업체의 정규직으로 근무하는 것이었다.

11. ②
해설 본문의 내용으로 미루어 보아, 국가들이 육군과 해군을 더 강력하게 만들고, 군국주의의 영향력에 더 빠져들고 동맹국을 구하는 것은 모두 서로의 시장에서 '패권을 얻기 위해서' 일 것이므로 정답은 ② to win control of 이다.
어휘 take it for granted that ~을 당연하다고 생각하다 sway n. 영향력, 지배권, militarism n. 군국주의 ally n. 동맹국
해석 민주주의 국가들은 평화가 정상이며, 전쟁이 무언가가 잘못되었다는 것을 의미한다는 것을 당연시한다. 그러나 평화가 어디에서 끝이 나며, 전쟁이 어디에서 시작되는지를 말하기는 어렵다. 국가들은 수년 동안 비우호적인 관계에 있으면서 육군과 해군을 더 강력하게 만들고 군국주의의 영향력에 점점 더 빠지게 되며, 동맹국을 찾고 서로의 시장에서 지배권을 얻기 위해 노력하면서도 실제로 군사충돌은 일어나지 않을 수 있는 것이다.

<u>가톨릭대 15학년도</u>

12. ①
해설 본문에서 "화이트헤드는 과학과 인문학을 분리시키지 않았다." 라는 진술 뒤에 instead가 왔으므로, '분리'와 반대되는 의미를 갖는 표현이 빈칸에 들어가야 한다. 따라서 "과학과 인문학은 '서로 모자란 부분을 보충하는 관계'에 있다."는 흐름을 만드는 ①이 정답이다.

어휘 classic n. 걸작, 고전, schism n. (단체의) 분리, 분열 enrich v. 풍부하게 하다; 질을 높이다 complementarity n. 〈물리, 화학〉 상보성, 상보적 상태 replacement n. 대체, 교체, stimulation n. 자극, 격려
해석 알프레드 노스 화이트헤드(Alfred North Whitehead)의 걸작인 『과학과 현대세계(Science and Modern World)』에서는 가장 중요한 인간의 가치들 중 일부가 현재 과학적 탐구의 영역 밖에 존재함에도 불구하고, 이 사실이 과학과 인문학 사이의 분리를 의미하는 것은 아니라는 것을 명확히 한다. 대신에 이 책은 과학과 인문학이 풍부한 상호보완을 위한 자료를 제공한다고 주장한다.

13. ①
해설 본문에 따르면, 미국항공우주국은 실패한 사건을 분석하여 다음번에 이러한 일이 일어나지 않도록 원인을 규명하는 회의를 연다고 한 다음, 이와 같은 법칙이 적용되는 '합병증 및 사망' 집담회에 대해서 설명하고 있다. 그러므로 이 회의의 목적은 '의사들이 실수를 통해서 일어날지도 모르는 사고를 방지하는 법을 배우는 것'이라고 볼 수 있다.
어휘 launch n. (미사일 따위의) 발사 go awry 실패하다; (예측 따위에서) 벗어나다 penalize v. 벌하다; 형을 과하다 come forward (도움 등을 주겠다고) 나서다 deviation n. 일탈, 탈선 eliminate v. 제거하다 mortality n. 사망, 죽어야 할 운명, morbidity n. 사망률, 병적 상태, mortality and morbidity conference 합병증 및 사망 집담회(수술 전후에 발생하는 각종 합병증 및 사망의 원인과 문제점을 토의하고 연구 검토하는 회의)
해석 미국항공우주국(NASA)에서는 로켓 발사가 실패하여 로켓을 파괴해야 할 때, 그들은 그 미션에서 어떤 것이 잘못되었는지를 평가하기 위한 위원회를 만든다. 사람들은 나서서 그들이 한 일, 즉 허용된 기준과 절차를 벗어난 것을 설명하는 것에 대해서 처벌받지 않는데, 이는 그 평가가 다음 미션에서는 이전 미션을 실패하게 만든 문제들을 확실히 제거하기 위한 평가이기 때문이다. 이와 같은 법칙이 '합병증 및 사망' 집담회에도 적용된다. 모든 병원들은 예상치 못하게 환자가 사망하는 사고가 발생하면 언제든 그 회의를 연다. 이 회의의 목적은 의사들이 실수를 통해서 일어날지도 모르는 사고를 방지하는 법을 배우는 것이다.
① 의사들이 실수를 통해서 일어날지도 모르는 사고를 방지하는 법을 배운다
② 참가자들이 환자의 죽음에 대해 책임이 있는 사람을 규명한다
③ 환자들이 의료사고를 피하는 법을 알게 된다
④ 병원의 관리자들이 의사들 및 간호사들과 서로 협조하는 법을 배운다

14. ①
해설 본문은 컴퓨터 파일이 뜻하지 않게 삭제되면 사용 중이던 일을 멈추라고 한 다음 그 이유에 대해 설명하고 있다. 파일을 삭제하고 휴지통을 비웠더라도 바로 삭제되는 것은 아니라고 했으며, 다른 파일을 저장하기 위해 이용 가능하도록 그 파일의 자리를 하드드라이브에 표시한다고 했으므로 새로운 정보가 들어오면 삭제된 파일 위에 덮여 쓰일 것이다.
어휘 immediately ad. 곧, 바로 erase v. 지우다 store v. 저장하다 turn to 도움을 구하다, 의지하다, thoroughly ad. 완전히, 철저히 scan v. 자세히 조사하다 sort out 구분하다, 정리하다,
해석 컴퓨터 파일이 뜻하지 않게 삭제되었을 때 무엇을 해야 하는가? 첫째, 이메일 확인을 포함해 당신이 하고 있던 모든 것을 멈추어라. "당신이 파일을 지웠을 때, 당신이 휴지통을 비웠다고 할지라도, 그 정보가 바로 삭제되지는 않는다. 당신의 컴퓨터는 다른 데이터를 저장하기 위해 이용 가능한 그 파일 자리를 하드드라이브에 표시하기만 할 뿐이다." 라고 어느 컴퓨터 전문가는 말한다. 그것은 당신이 컴퓨터를 더 많이 사용할수록, 당신의 하드드라이브가 당신의 삭제된 파일을 새로운 정보로 덮어쓸 가능성이 더 높다는 것을 의미한다. 다음으로 매킨토시 또는 윈도우즈 운영체제에 적합한 iSkysoft 데이터 복구 프로그램과 같은 복구 소프트웨어에 의지하라. 이 소프트웨어는 삭제된 파일을 복구하기 위해 하드 드라이브를 정밀히 검사한다.
① 당신의 삭제된 파일에 새로운 정보를 덮어 쓴다
② 현재 파일을 자동으로 업데이트하기 시작한다
③ 저장된 정보를 선별적으로 삭제하기 시작한다
④ 사용가능한 파일을 구분해내어 다른 곳에 그 파일을 저장한다

15. ③

해설 빈칸에는 버터를 냉동 보관해야 할 필요가 있다는 징후가 들어가야 하는데, 다음 문장에서 버터가 산화되면 버터의 바깥 면과 안쪽 면의 색에 차이가 생긴다고 했으므로, 보기 중 색과 관련한 것인 ③ '일치하지 않는 색깔'이 빈칸에 적절하다.
어휘 spoilage n. (음식, 식품의) 부패, 손상 leftover n. 잔존물; 남은 밥 carton n. (판지로 만든) 상자 oxidation n. 산화 inconsistent a. 일관성 없는
해석 냉장고 안에 음식들을 신선하게 유지하는 것은 중요하다. 버터는 어떠한가? 우선, 빨리 사용할 계획이 없는 버터는 냉동 보관하는 것이 좋다. 이것은 버터가 상하는 것을 막아줄 것이며 이를테면 먹다 남은 중국 음식 냄새가 흡수되는 것을 막아줄 것이다. 냉장고 안에서는 개봉하지 않는 버터가 약 4일 동안 상하지 않을 것이다. 냉동고에서는 약 1년 동안 보관할 수 있다. 랩으로 싼 버터를 원래의 판지상자에 그대로 넣어둔 채 이중 플라스틱 냉동용 백에 집어 넣어라. 버터를 냉동 보관해야 할 필요가 있다는 한 가지 증후는 부분적으로 변한 색깔인데, 이것은 버터를 충분히 빨리 사용하고 있지 않다는 것을 의미한다. 산화현상 때문에 바깥 면보다 안쪽 면이 색이 더 옅다면 버터는 더 이상 신선하지 않다.
① 기름기가 많은 포장지
② 이상한 냄새
③ 부분적으로 변한 색깔
④ 울퉁불퉁한 표면

16. ③
해설 본문에 따르면 곤경에 빠진 사람을 돕지 않는 것은 주변에 책임을 질 만한 다른 사람이 있어 스스로 책임감을 덜 느끼기 때문임을 짐작할 수 있다. 그러므로 빈칸에는 ③이 적절하다.
어휘 in distress 곤경에 빠진 by no means 결코 ~이 아닌 biblical times 성서시대 bystander n. 방관자, 구경꾼 ambiguous a. 애매한, 모호한 intervene v. 사이에 끼다, 방해하다,
해석 곤경에 빠져 있는 누군가를 돕지 않는 문제는 결코 최근의 현상이 아니다. 이는 심지어 성서시대에도 관심사였다. 사회 심리학자들은 곤경에 처한 것처럼 보이는 사람들에게 대한 구경꾼들의 반응에 영향을 미치는 요인들을 알아내기 위해 현장과 실험실에서 많은 실험을 해왔다. 이런 연구들은 만일 많은 구경꾼들이 있다면, 또는 다른 누군가가 전문가이거나 좀 더 책임이 있는 것처럼 여겨진다면, 그것을 목격한 사람은 덜 개입하려는 경향이 있다고 말하고 있다. 이런 모든 상황은 목격자의 책임감을 줄여준다.
① 사람들은 기본적으로 너무 자기중심적이어서 다른 사람들에 의해 간섭받는 것을 싫어한다
② 구경꾼들의 수는 주어진 상황에 따라 다양할 수 있다
③ 이런 모든 상황은 목격자의 책임가을 줄여준다
④ 곤경에 빠진 누군가를 돕는 일이 모든 사람들에게 의미 있는 것은 아니다

17. ②
해설 본문에 따르면, 잘못 운영되고 있는 수감제도에 대해 조치를 취하기 시작했다고 한 다음, 현 수감제도의 문제점에 대해 밝히고 있다. 빈칸 앞에 instead가 있으므로 빈칸을 전후로 하여 반대되는 의미의 표현이 와야 한다. 교도관들은 현재 그들의 업무인 수감자들을 감시하기는커녕 오히려 부추긴다는 의미가 되어야 적절하므로, 빈칸에는 ②의 '그들의 범법행위를 선동했다'가 알맞다.
어휘 graft n. (특히 정치 관계의) 부정 이득, 수뢰 staggering a. 어마어마한 bizarre a. 좀 별난, 별스러운 turn upside down ~을 엉망으로 만들다 inmate n. 재소자, 수감자, wrongdoing n. 나쁜 짓을 함; 비행, 악한 짓 correctional a. (범죄자에 대한) 교정[처벌]의 swear v. 맹세시키다, 선서시키다 abet v. 부추기다 keep a wary eye on ~을 감시하다
해석 일 년 반이 넘는 조사 작업 후에 시카고 경찰청과 검찰청은 수감제도에서의 광범위한 조직적인 부패 활동을 분쇄시키기 위해 지난 봄부터 조치를 취하기 시작했다. 그들이 밝혀낸 복잡하게 얽혀 있는 부정사건은 규모와 복잡성에 있어 어마어마하다. 시카고의 교도소 안에서, 정의와 불의의 법과 질서가 이상하게 패러디하듯(비웃듯) 엉망이 되어 있었다. 추가 범죄를 막기 위해 수용된 수감자들은 그들이 과거에 밖에서 저질렀던 범죄를 계속해서 저질렀다. 그리고 수감자들을 감시하기로 맹세한 교도관들은 감시하는 대신 그들의 범법행위를 선동했다.

① 수감자들이 잘못된 행동을 하지 않도록 도왔다
② 그들의 범법행위를 선동했다
③ 기본적인 의무에 관심을 보이지 않았다
④ 내부에서 무슨 일이 일어나고 있는지를 감시했다

18. ②
해설 입장권 가격이 더 높을수록 더 많은 관객이 있다고 했으므로, 행사의 관객을 늘리려면 입장권 가격을 올려야 한다고 결론 내릴 수 있다.
어휘 cause and effect 원인과 결과, 인과 variable n. 변수 attendance n. 참석률, 참석자 수, drawing power 흡인력, 끌어당기는 매력
해석 두 변수 사이의 인과관계를 이해하는 데 있어, 한 변수가 또 다른 변수에 미치는 영향은 자료를 얻지 못한 다른 변수들에 의해 가려질 수 있다. 예를 들면, 한 스포츠 행사에서 입장권 가격과 입장객 수에 대한 연구는 더 높은 입장권 가격과 더 높은 경기에 더 많은 관객이 있는 것으로 보이기 때문이다. 사람들은 당신이 어떤 행사에서 입장객을 늘리길 원한다면 입장권 가격을 올려야 한다는 결론에 이를지도 모른다. 이 분석에서 놓치고 있는 것은 '행사의 인기'라는 변수이다. 슈퍼볼 미식축구 경기는 너무나 특별해서 사람들은 그 경기에 가는 것만으로도 더 높은 가격을 기꺼이 지불한다. 그러나 시즌 전에 치러지는 미식축구 경기는 흡인력이 없으며, 따라서 그러한 경기에 적정한 수의 관중을 확보하기 위해서는 입장권 가격을 낮출 필요가 있을 지도 모른다.
① 당신은 시장 동향을 따라야 한다
② 당신은 입장권 가격을 올려야 한다
③ 당신은 전제조건으로 필요한 자료를 모아야 한다
④ 당신은 신중히 변수를 분석해야 한다

19. ②
해설 본문은 민주주의의 취약성에 대해 설명하고 있는 글이다. 부패할 위험이 있으며, 아무리 발달된 서구 국가라도 독일의 나치 전체주의에서 볼 수 있듯이 민주주의가 유지되기 어려울 수도 있다고 했으므로 빈칸에는 ②가 알맞다.
어휘 precondition n. 전제조건 in danger of ~할 위험에 있는 decay n. 부패 assault n. 공격, 비난, arrangement n. 배열, 조정; 제도 ghastly a. 소름 끼치는, 무서운, totalitarianism n. 전체주의
해석 아마 우리가 민주주의에 대해 가질 수 있는 한 가지 확신은 민주주의가 본질적으로 불안정하다는 것이다. 우리는 민주적인 사회가 인간 진보의 보장책은 확실히 아니라 할지라도 인간 진보의 전제조건이라고는 생각할지도 모른다. 그러나 우리는 또한 민주주의가 항상 안으로부터 부패하고 밖으로부터 공격당할 위험에 놓여있는 정치 체제라는 것을 인정해야 한다. 알려진 모든 정치적 지배 제도 중에서 민주주의는 인간의 지성, 활동, 협동 그리고 자제를 가장 많이 요구한다. 민주주의는 높은 수준의 문명에 의존하고 있으며 복지도 어느 정도는 뒷받침되어야 한다. 민주주의는 프랑스 혁명과 미국 혁명으로 시작되었으므로, 일부 서구국가들에서만 현대 민주주의의 역사적 경험이 어느 정도 긴 시간동안 또는 어느 정도 주목할 만하게 성공적으로 유지되어 왔다. 그리고 독일 사회가 나치의 전체주의에 경악스럽게도 굴복한 것이 보여주듯이, 이 국가들에서조차도 민주주의가 유지될 것이라고 결코 쉽게 확실할 수 없다.
① 민주주의는 보이지 않는 규칙 위에 세워져 있다
② 민주주의는 본질적으로 불안정하다
③ 민주주의는 도덕적인 가치를 증진한다
④ 민주주의는 현대사회를 지배한다

<u>건국대 15학년도</u>

20. ①
해설 첫 번째 문장에서 키부츠와 아미쉬 공동체가 몇 가지 특성을 공유한다고 했으므로, 두 번째 문장 뒤로는 그 공통점에 관한 내용에 대해 이야기할 것이다. 그러므로 빈칸에는 첫 번째 문장의 in common 혹

은 세 번째 문장의 homeogenous와 의미가 유사한 표현이 들어가야 한다. 따라서 정답은 ① similarity이다.
어휘 kibbutz n. 키부츠(이스라엘의 집단 농장) Amish n. 아미쉬, 아만파(派) 신도(현대 기술 문명을 거부하고 소박한 농경생활을 하는 미국의 한 종교집단) homeogenous a. 동종[동질, 균질]의 succeed in ~에 성공하다 similarity n 유사점 diversity n. 차이점 nonsense n. 터무니 없는 것, 허튼 소리,
해석 키부츠와 아미쉬 공동체의 가족들은 몇 가지 특성들을 공유한다. 이들 두 집단이 공유하는 가장 분명한 유사점은 그들의 근본적인 종교적 전통이다. 각 공동체는 종교관이 상당이 동질적이며, 이런 종교관을 보존하여 다음 세대에 전하는 데 성공해왔다.

21. ②
해설 본문의 마지막 문장에 쓰인 dissolve는 '(결혼생활을) 끝내다'라는 뜻의 동사이다. 결혼한 부부가 아니라 양가 가장들의 상호 합의를 통해 결혼 생활을 끝냈다고 했으므로, 결국 첫 문장에서 전통적인 혁명 이전의 중국에서 세 가지 다른 방식으로 일어난 것은 ② Divorce(이혼)임을 알 수 있다.
어휘 pre-revolutionary a 혁명 이전의 mutual a 상호관계가 있는, 서로의, consent n. 동의 initiative n. 계획, 발의 under compulsion 부득이, 강요되어, clan n. 씨족(氏族) no-fault divorce 합의이혼(당사자 쌍방의 책임을 묻지 않는 이혼) patriarch n. 가장; 족장 family head 가장 adoption n. 입양 contract n. 계약 cohabitation n. 동거
해석 전통적인 혁명 이전의 중국에서 이혼은 세 가지 다른 방식으로 일어났는데, 상호동의에 의해, 남편의 (드물게 아내의) 주도에 의해, 그리고 정부의 강요에 의해 일어났다. 가족과 씨족의 이해관계가 우선적으로 고려되었고 이것은 관련된 개인들의 이해관계보다 더 중요했다. 상호 동의에 의한 이혼이라고 해도 오늘날처럼 미국에서 흔한 합의이혼은 거의 일어나지 않았다. 오히려, 전통적인 중국에서는, 부부 자신들에 의해서가 아니라 양가 가장들의 상호 합의에 의해 결혼이 종결되었다.

22. ③
해설 세 번째 문장과 네 번째 문장의 내용은 수증기 분화가 발생하게 되는 원인에 대한 것이다. 두 경우 모두 화산분출을 가져오게 되므로, 결국 결과는 같다고 할 수 있다. 따라서 빈칸에는 ③이 알맞다.
어휘 bring about 야기하다, 초래하다 come in contact with ~와 접촉하다 phreatic eruption 수증기 분화 occurrence n. 발생하는 것 work one's way 힘써 나아가다 conduit n. 도관(導管) contradict v. 모순되다 distinguished a. 눈에 띄는, 현저한 reversible a. 취소할 수 있는, 전환할 수 있는;
해석 화산 열과 접촉하는 지하수에 의해 야기되는 화산분출은 수증기 분화라 불린다. 그러한 폭발은 다양한 방식으로 발생할 수 있다. 가장 흔하게 발생하는 것은 위쪽으로 올라가고 있는 마그마가 암석에 있는 물과 접촉하는 경우이다. 마찬가지로 물이 암석의 갈라진 틈을 통해 화산의 뜨거운 도관으로 들어갈 수도 있다. 두 경우 모두 결과는 같은데 화산분출이 발생한다.

23. ④
해설 본문은 첫 문장에서 태양열 발전의 비용과 풍력 발전의 비용이 비슷하다고 한 다음 첫 번째 빈칸 앞 문장까지 태양열 발전의 이점에 대해 소개했다. 이어서 풍력발전과 같이 비용이 많이 든다는 단점에 대해 소개하고 있으므로 첫 번째 빈칸에는 역접의 접속사 However가 알맞다. 그리고 두 번째 빈칸 다음에 태양열 발전의 또 다른 단점을 소개하고 있으므로 추가적인 사항을 언급하는 접속부사 Moreover가 두 번째 빈칸에 알맞다.
어휘 solar power 태양열 발전 be commensurate with 양[면적, 크기]이 같다, 비례하다, 상응하다, nonpolluting a. 오염시키지 않는, 공해 없는 convert v. 전환하다 nevertheless ad. 그럼에도 불구하고 conversely ad. 거꾸로, 반대로
해석 태양열 발전의 비용은 같다. 태양열 발전은 또한 공해를 일으키지 않는다. 그것은 또한 연료를 필요로 하지 않으며, 개개의 태양 전지로 이루어진 거대한 평면 패널을 사용하여 쉽게 설치될 수 있다. 이러한 전지들은 햇빛을 모아서 그것을 전기로 전환시킨다. 그러나 풍력 발전과 마찬가지로 태양열 발전은 매우 비용이 많이 든다. 일부 태양 전지들은 사용 기간 동안 생산할 전기의 양과 비교해서 상당한 비용을 발생시킨다. 더구나 태양열 발전은 햇빛이 밝게 비치지 않는 기후에서는 거의 쓸모가 없을 수도 있다.

24. ⑤
해설 퇴직자에게 선물을 주기로 예정이 되어 있었는데, 누군가 그에게 받게 될 선물을 얘기했다고 했으므로 빈칸에는 '무심코 비밀을 누설하다'는 뜻의 ⑤ let the cat out of the bag이 정답이다.
어휘 horse around 법석을 떨다 jump down one's throat 끽소리 못하다 play it by ear 임기응변의 조치를 취하다 pull one's leg (보통 사실이 아닌 것을 믿게 하여) ~를 놀리다. 속이다 let the cat out of the bag 무심코 비밀을 누설하다
해석 밥(Bob)은 6월에 교단에서 물러날 예정이고, 외국어 학과는 그의 은퇴기념 만찬회에서 그에게 어떤 가방을 줄 계획이었다. 그는 그것에 대해 알아서는 안 됐지만, 누군가 그에게 무심코 비밀을 누설했다. 공식 행사 전에 누군가 그에게 그가 받게 될 선물을 말했음에도 불구하고 밥은 기념식 만찬에서 놀란 척 했다.

25. ③
해설 flowers that are doomed to wither(시들 운명에 처한 꽃), springs that come to too speedy an end(빨리 끝나버리는 봄)는 '영원한 것이 아니라 곧 살아질 것'을 뜻한다. 따라서 빈칸에는 이런 생각들에 대한 단어가 와야 하므로 '죽어야 할 운명'을 뜻하는 ③ mortality 이 정답이다.
어휘 gaze v. 지켜보다, 응시하다, (at) doom v. 운명을 정하다 wither v. 시들다 embrace v. 환영하다, 맞이하다 eternity n. 영원, 무궁 variation n. 변화, 변동 mortality n. 죽어야 할 운명[성질] periodicity n. 정기적으로 되풀이하기, 주기성 nullification n. 폐기, 취소, 무효로 함,
해석 대부분의 사람들의 경우 그들이 결국에는 죽는다는 사실이 현재 살아있다는 즐거움을 약화시키지 않는다. 시인에게 세상이 훨씬 더 아름답게 보이는 것은 그가 시들 운명에 처한 꽃들을 바라보고 있을 때와 빨리 끝나버리는 봄을 바라볼 때이다. 모든 것이 결국에는 죽는다는 생각이 그에게 즐거움을 주지는 않지만, 시인은 오랫동안 그것이 자신의 것이 될 수 없다는 것을 알기 때문에 그 모든 기쁨을 더욱 가깝게 끌어안는다.

26. ⑤
해설 첫 번째 빈칸이 속해 있는 문장은 whether A or B의 구문이 쓰여 'A가 아니면 B란' 뜻으로 쓰였다. coed가 '남녀공학이 아니다'의 의미의 ⑤ single-sex가 적질하다. 세 번째 문장의 '부모들이 아이들이 같은 성별의 학생들과 함께 공부할 때 발전한다고 생각했다.' 는 내용을 통해서도 이를 확인할 수 있다.
어휘 alma mater 모교 coed a. 남녀공학의; 양성에 맞는 elect v. 결정하다, ~(하는 것)을 택하다, blossom v. 번영하다, 발전하다 in the company of ~와 함께
해석 당신이 하던 일을 잠시 멈추고 당신의 모교인 고등학교나 대학교에 대해 생각할 때, 당신의 경험은 더 긍정적이었는가 아니면 부정적이었는가? 당신의 학교가 남녀 공학이 아니었는지 또는 남녀 공학이었는지가 학교에서의 성공 또는 실패와 어떤 관련이 있는가? 더 많은 미국인들은 자신의 자녀를 남녀공학이 아닌 학교에 보내는 쪽을 택하고 있는데, 이들은 남자아이와 여자아이 모두 같은 성별의 학생들과 함께 공부를 할 때 발전한다고 생각하기 때문이다. 이들은 더 많은 성과를 올리는 경향이 있다.

27. ④
해설 본문은 인간들이 자연에 해를 끼치는 활동으로 사냥, 목장경영, 해변 리조트 건설을 소개하고 있다. 빈칸 이전 까지는 총기의 보급으로 인한 하와이 기러기의 멸종위기를 설명하고 있으며, 빈칸 이후에는 목장과 해변 리조트 개발로 인한 하와이 기러기를 멸종에 이르게 하는 행위는 다르지만, 같은 결과를 초래하는 것이므로 빈칸의 정답은 ④이다.
어휘 firearm n. 화기, 총 ranching n. 목장경영 nene n. 하와이 기러기(=Hawaiian goose) hasten v. 빠르게 하다, 촉진하다 force ~ out of ~을 내쫓다 nesting n. 둥우리, 보금자리 breeding n. 번식 on the contrary 그와 반대로 nevertheless ad. 그럼에도 불구하고 as a result 결과적으로 under certain circumstances 특정한 상황에서
해석 인간들이 가장 끔찍한 재난을 불러일으키는 활동에는 총기를 가지고 하는 사냥, 목장경영, 해변 리조트 건설 등이 있다. 엽총이 하와이에 도입된 이후에 하와이 기러기의 멸종이 촉진되었다는 것은 거의 의심

의 여지가 없다. 총이 보편화됨에 따라 더욱더 많은 하와이 기러기들이 죽임을 당했다고 추정하는 것은 합리적인 것처럼 보인다. 이와 유사하게 사람들이 섬에서 내륙으로 더 들어감에 따라 그들은 목장과 해변 리조트의 개발을 위해 점점 많은 토지를 개간하기 시작했다. 이러한 개발들로 인해 하와이 기러기들은 자연 서식지와 번식지로부터 내쫓겼다. 이런 목장과 리조트들이 더욱 많아짐에 따라 하와이 기러기의 개체수는 그에 따라 줄어들었다.

28. ①

해설 본문에서 미국은 1964년 이후로 '세입 증대를 위해 도박을 합법화'하고 있다고 했다. 세 번째 문장 속 go from A to B는 'A에서 B로 변화하다'라는 뜻으로 쓰였으므로, 금지(prohibition)됐던 도박이 장려(promotion)되고 있다고 해야 글의 논리상 적합하다.

어휘 legalize v. 합법화하다 revenue n. 세입, 수입, lavishness n. 낭비 frugality n. 검약 prosperity n. 번영, 번창 hardship n. 고난, 어려운 일 obsession n. 집착, 강박관념,

해석 1964년까지 미국에서 대부분의 형태의 도박은 불법이었다. 그러나 그 이후로 점점 더 많은 주(州)에서 세입 증대를 위해서 도박을 합법화해왔다. 현재 두 개의 주를 제외한 나머지 모든 주에서는 침체된 경제의 해결책으로 도박을 합법화하고 있으며, 미국 도박 산업은 '금지하는' 태도에서 '장려하는' 태도로 변해왔다.

29. ④

해설 본문에서는 사람들은 시간이 지나면 이전의 기억들을 잊어버리고 새로운 사실을 습득한다는 내용을 설명한 후 But이 이어지며 그 반대의 경우를 설명하고 있다. 이는 시간이 지난 후에도 과거의 기억이 선명해지는 경우인데, 빈칸 다음은 이 사실에 대한 이유이므로 정답은 ④ because이다.

어휘 drop out 손을 떼다, 빠지다, make way for 자리를 내주다 accuracy n. 정확 a long lapse of time 오랜 시간의 흐름[경과] isolate v. 분리하다 undistinguished a. 특별하지[뛰어나지] 않은

해석 대개, 어떤 시기에 대한 사람의 기억은 그 사람이 그 시기로부터 멀어짐에 따라 반드시 약해진다. 사람은 계속해서 새로운 사실을 습득하고, 오래된 사실들은 새로운 것들에게 자리를 내주기 위해 떨어져나가야 한다. 20살 때 나는 학창시절에 대한 기억을 지금이라면 거의 불가능할 정도로 정확하게 기록할 수 있었을 것이다. 그러나 사람의 기억이 오랜 시간이 지난 후에 더욱 선명해지는 경우도 생길 수 있다. 왜냐하면 사람은 새로운 눈으로 과거를 보고 있으며, 말하자면 이전에는 수많은 다른 것들 사이에서 두드러지지 않은 채로 존재했던 사실들을 분리시키고 그 사실들에 주목할 수 있기 때문이다.

30. ④

해설 빈칸 앞의 문장에서 '한 단어로 족할 때에 세 단어를 써서는 안 된다'고 한다. 만약 그런 경우에 두 단어는 쓰지 않아도 될 것을 쓴 낭비일 것이다. 따라서 좋은 글이란 결국 불필요한 표현을 쓰지 않은 글이라 할 수 있으며, 빈칸에는 낭비의 반대인 '절약하는, 경제적인'의 뜻의 ④ economical이 알맞다.

어휘 stingy a. 인색한; 부족한 forsake v. 버리다, 포기하다 adjeive n. 형용사 bare bones (사물의) 핵심, 가장 중요한 부분, 골자 synonymous a. 같은 뜻의, 동의어의, brevity n. 간결 accurate a. 정확한 detailed a. 상세한 economical a. 절약하는, 경제적인 consistent a. 일치하는, 모순되지 않는

해석 작가는 자신의 생각과 감정을 적절하게 표현하는 데 필요한 단어보다 더 많은 단어를 사용하지 않는다. 물론 이것은 학생이 모든 형용사와 예시와 효과적인 반복을 포기하면서 그리고 자신의 문체를 뼈대만 남도록 줄여가면서, 세부묘사에 인색해야 한다는 것을 의미하는 것이 아니다. 장황함과 글의 길이는 같은 뜻이 아니다. 한 페이지 분량의 메모가 20페이지짜리 상세한 보고서보다 더 장황할 수도 있다. 간결함은 지혜의 전형일수도 있지만 게으름이나 분주함의 산물일 수도 있다. 그러나 대체로, 작가는 한 단어로 충분할때 세 단어를 써서는 안 된다. 요컨대 좋은 글은 경제적인 글이다.

31. ①

해설 본문은 열린 마음을 갖고 부정적인 것들을 대하면 이것이 기쁨의 원천이 된다고 했다. 따라서 열린 마음을 갖고 현실을 인식하는 사람들은 매 순간이 소중하다고 볼 수 있다.

어휘 coward n. 겁쟁이; 비겁한 자 unquestioningly ad. 망설임 없이; 무조건적으로 shut one's eyes to ~을

보지 않으려고 하다 run away from ~을 피하려 하다 despise v. 경멸하다 in the end 결국, 마침내, nasty a. 불쾌한, 싫은

해석 본문의 내용에 따르면 우리는 우리가 겁쟁이로 행동하든 영웅으로 행동하든 간에 인생은 흘러간다. 만일 우리가 깨달으려고만 한다면, 인생을 의심 없이 받아들이라는 것 이외에 인생에 부과할 다른 규율은 없다. 우리가 보지 않으려하는 모든 것과, 피하려고 하는 모든 것, 부정하거나 무시하는 모든 것은 결국 우리를 패배시키는 데에 한 몫 한다. 불쾌하고, 고통스럽고, 사악해 보이는 것은, 만약 열린 마음으로 대한다면, 아름다움과 즐거움과 힘의 원천이 될 수 있다. 그와 같이 열린 마음으로 인식할 통찰력을 갖고 있는 사람에게는 모든 순간이 귀중하다.
① 그와 같이 열린 마음으로 인식할 통찰력을 갖고 있다
② 그의 인생에서 불쾌한 모든 것들을 숨기려고 노력하다
③ 인생에 지워진 다양한 규율이 있다
④ 우리 시대의 모든 악과 완전히 무관하다
⑤ 특정한 상황에서만 노력을 회피하다

32. ②
해설 본문의 내용은 처음에는 새로 온 상사와 그 사람의 일처리 방식을 좋게 여겼지만, 시간이 흐른 뒤에 그것들을 안 좋게 여기는 쪽으로 바뀐 상황이므로, 빈칸에는 '친숙해지면 서로를 멸시하기 마련이다.' 혹은 '익숙하면 얕보게 된다'는 의미의 ②가 알맞다.
어휘 appoint v. 임명하다 appreciate v. 평가하다 resent v. 원망하다, 분개하다, scorn n. 경멸, 냉소
해석 조직 운영 능력과 도서관 서비스 개선 계획안 덕분에, 화이트(White)씨는 도서관장으로 임명되었다. 처음에는, 다른 직원들이 그녀의 생각과 열정을 높이 평가했다. 그러나 그녀와 함께 몇 주를 일하고 난 후에, 그들은 그녀의 잦은 메모와 회의를 불쾌하게 여기기 시작했다. 그녀의 일처리 방식에 대해 더 많이 알 수록, 그들은 그것을 더 좋지 않게 여겼다. 도서관의 어느 직원이 다른 직원에게 말했듯이 "친숙해지면 서로를 멸시하기 마련이다." 도서관 직원들은 처음에는 화이트씨와 그녀의 생각을 환영했지만, 그녀에 대해 더 잘 알게 된 뒤에는 그녀에 대한 존경심이 혐오감과 경멸감으로 변해버렸다.
① 고통 없이는 얻는 게 없다
② 친숙해지면 서로를 멸시하기 마련이다
③ 첫 걸음이 항상 가장 어렵다
④ 펜이 칼보다 강하다
⑤ 삐거덕거리는 바퀴에 기름칠하다(우는 아이 젖 준다)

33. ⑤
해설 본문의 따르면 교통법규가 있음에도 잘 안 지켜지며, 경찰들 또한 운전자들이 교통법규를 어기는 것에 대해 관대하다고 했다. 따라서 이 글을 읽고 궁금히 여길 사항으로는 '왜 교통법규가 강력하게 시행되지 않는지에 대한 것'이라고 추론할 수 있다.
어휘 turn a blind eye to ~을 못 본체 하다, 눈감아 주다 pedestrian n. 보행자 jaywalker n. 차도 무단 횡단자 harried a. 곤경에 처한, 근심 걱정에 묻힌 run a red light 정지신호를 무시하고 달리다 detain v. 억류[유치, 구류]하다 pull somebody[something] over ~에게 길 한쪽으로 차를 대게 하다
해석 매일 법은 어겨지지만, 정부는 법을 어기는 사람들을 눈감아 준다. 예를 들면, 보행자들은 빨간 불일 때 길을 건너지만 무단횡단자에게 거의 벌금은 부과되지 않는다. 교통법규가 아마도 법전에 올라있는 법들 중 가장 무시되고 집행되지 않는 법일 것이다. 매일 우리는 제한속도로 달리는 자동차보다 과속해서 고속도로를 내달리는 자동차를 더 많이 볼 수 있다. 법에서는 자동차가 왼쪽 차선에서 추월을 해야 한다고 명시하고 있음에도 불구하고, 운전자들은 종종 오른쪽 차선으로 추월을 한다. 정지신호를 무시하고 달리는 것이 심각한 교통 법규 위반이라는 사실에도 불구하고 정지신호를 위반하는 심신이 지친 많은 운전자들을 볼 수 있다. 경찰들이 이런 운전자들의 차를 길 한 쪽으로 대도록 하는(단속하는) 것은 흔히 볼 수 없다. 경찰들은 법을 어기는 많은 운전자들을 구금할 수 있을 것이다. 사람들은 생명을 살리는 데 도움이 될 수 있는 법을 왜 더 강력하게 시행하지 않는 지에 대해서 의아해 한다.
① 인권이 법에 의해 어떻게 보호되는지

② 교통법규가 언제 확립되어 시행되는지
③ 음주 운전자들이 제한속도 내에서 운전할 권한이 있는지
④ 언제 법을 위반하는 것이 투옥되는 것으로부터 면하여지는지
⑤ 생명을 살리는 데 도움이 될 수 있는 법을 왜 더 강력하게 시행되지 않는지

34. ③
해설 본문 속 오랜 시간 결혼생활을 해온 이 글의 저자는 생사를 오가던 남편이 젊은 시절 다른 여자와 바람을 피웠다는 고백으로 힘들어하고 있다. 남편이 기적적으로 회복을 해서 그를 볼 때마다 그의 부정함 때문에 슬퍼진다고 했으므로, 이 글의 저자는 사람이 죽는 순간에라도 고백을 해서는 안 된다고 생각할 것이다. 따라서 ③이 정답이다.
어휘 solid a. 건실한, 확실한 hover between life and death 생사의 기로에서 헤매다 rite n. 의례, 의식 confess v. 고백[자백]하다 affair n. 불륜의 연애[관계], 정사 unfaithfulness n. 불성실, 부정직함
해석 남편과 저는 6년 동안 결혼생활을 해오고 있습니다. 우리는 행복한 결혼생활을 유지했으며, 문제가 없었던 것은 아니지만 원만한 결혼생활을 해왔으며 안 좋은 시간보다는 좋은 시간이 더 많았습니다. 두 달 전 존(John)은 대단히 심각한 심장마비에 걸렸어요. 며칠 동안 그는 사경을 헤맸어요. 신부님이 마지막 예배를 보기 위해 오셨어요. 같은 날 저녁 존은 저에게 할 말이 있다고 얘기했어요. 그는 2차 세계대전 기간에 바람을 피웠다고 고백했어요. 그는 그 당시 23살이었고, 우리는 결혼한 지 15개월 밖에 안 되었어요. 그가 그 여자를 단 두 번 만났다고 했지만, 그 이야기가 저의 마음에 상처를 주었어요. 존은 기적적으로 회복했고 제가 이 글을 쓰는 동안 정원 일을 하고 있어요. 그를 볼 때마다 그의 부정함에 대한 생각이 드는데 그것이 저를 슬프게 합니다. 아마도 사람들은 임종 때 고백을 하지 말아야 할 것입니다.
① 남을 흉보다
② 치료를 소홀히 하다
③ 임종 때 고백을 하다
④ 건강에 대해 과신하다
⑤ 죽는 순간이면 부정직해지다

국민대 15학년도

35. ③
해설 본문의 첫 번째 문장과 세 번째 문장에서 정보를 공개하는 것의 의미와 효과에 대해 이야기하고 있다. 두 번째 문장에서 언급하고 있는 '정부 안에서의 움직임'도 같은 맥락 안에 있으므로, '정보를 공개하는 경향'을 띠고 있을 것임을 알 수 있다. 그러므로 빈칸에는 '누구나 알 수 있도록 공개하는 것'과 문맥상 가장 유사한 의미를 갖는 ③이 적절하다.
어휘 opaqueness n. 불투명함, 분명치 않음 administration n. 행정, 관리, 경영, 지배; transparency n. 투명, 투명성 bureaucratism n. 관료주의, 관료기질
해석 열린 정보의 핵심은 세상을 밖으로 드러내는 것일 뿐 아니라 세상을 변화시키는 것이기도 하다. 최근, 정부 안에서 보다 더 투명한 것을 지향하려는 움직임은 공공 정책에 있어서 가장 역동적이고 전도유망한 영역 가운데 하나가 되었다. 때때로 정보 공개는 전통적인 규제보다 더 효과적이고 훨씬 더 적은 비용으로 정책의 목표들을 달성할 수 있다.

36. ②
해설 빈칸에는 문화 예산 삭감이 초래할 결과로 적절한 것을 골라야 한다. 문화 예산 삭감은 문화유산을 온전히 보존하지 못하게 되는 결과를 가져올 것이고, 이는 장기적으로는 문화유산의 파괴를 가져올 것이다. 따라서 정답은 ②이다.
어휘 in (rags and) tatters 누더기가 된 modernize v. 현대화하다, 현대적으로 하다 chicly ad. 멋지게, 세련되게 for good 영원히, 영구적으로, preserve v. 보존하다, 보전하다, 유지하다; restore v. 되찾다; 부활하다; 복구하다
해석 경제가 파탄 상태에 있어서, 이탈리아는 자국의 문화유산을 보존할 수 없었다. 문화 예산의 삭감이 베수비오(Vesuvius) 화산도 하지 못했던 것을 폼페이(Pompeii)에 대해 하게 될지도 모른다. 그것은 폼페이를

영원히 파괴하는 것이다.
① 폼페이를 세련되게 현대화하는 것
② 폼페이를 영원히 파괴하는 것
③ 폼페이를 충분히 잘 보존하는 것
④ 폼페이를 원래 상태로 복원하는 것

37. ①
해설 빈칸 앞에 있는 this idea는 '더 낮은 사회계층의 사람들이 상류층 사람들보다 더 이기적이고 다른 사람들의 복지를 염려하는 경향이 덜할 것'이라는 것을 가리킨다. 최근의 연구에 의해 이러한 생각에 의문이 제기되고 있다고 했으므로, 빈칸에는 앞의 언급한 내용과 반대되는 내용인 "가난한 사람들이 부자들보다 다른 사람들을 돕는 데 있어 보다 적극적이다"라는 의미를 갖는 문장이 와야 한다. 따라서 ①이 정답이다.
어휘 nasty a. (아주 나빠서) 끔찍한, 험악한, 심각한, 형편없는; 못된; noblesse oblige 노블리스 오블리제, 높은 신분에 따른 도덕상의 의무, charity n. 자애, 자비, 자선 행위, 박애심, 사랑; assume v. (태도, 임무, 책임 따위를) 떠맡다; 가장하다, ~인 체하다; 추측하다, 추정하다, life span 수명
해석 밑바닥 인생은 끔찍스럽고, 야만적이고, 짧다. 이런 이유로, 비정한 사람들은 사회 계급이 더 낮은 사람들이 특정한 노블리스 오블리제를 실천할 여유가 있는 상류 계급의 사람들보다 더 이기적이고 다른 사람들의 복지를 걱정하는 경향이 덜 할 것으로 짐작할 것이다. 그러나 최근에 이루어진 연구에 의해 이러한 생각에 의문이 제기되고 있다. 자선 행위를 하고 싶어 하는 이는 부자들이 아니라 가난한 사람들이라는 것이다.
① 자선 행위를 하고 싶어 하는 이는 부자들이 아니라 가난한 사람들이다
② 가난한 사람들의 삶이 사람들이 일반적으로 생각하는 것만큼 끔찍하지는 않다
③ 부자들과 가난한 사람들의 기대 수명은 그리 다르지 않다
④ 부자들과 가난한 사람들 모두에게 있어 다른 사람들의 복지는 가장 중요하지 않은 문제이다.

<u>서강대 15학년도</u>

38. ①
해설 본문에 따르면 툰드라에서 울타리 안으로 들어오는 것은 야생에서 벗어나 사람의 '보살핌을 받게' 되는 것으로 볼 수 있다. 따라서 Ⓐ에는 wrangled가 적절하다. Ⓑ의 경우, 빠르게 움직이는 순록들의 몸에 닌 칼자국 모양을 먼 거리에서 식별할 수 있는 능력을 설명할 수 있는 표현이 필요하다. 그러므로 '초인적인', '신비한'이란 의미의 uncanny가 적절하다.
어휘 reindeer n. 순록 enclosure n. 울타리를 둘러 막은 땅; 울타리, 담 lasso n. 올가미 밧줄(소나 말 등을 잡기 위해 밧줄 한쪽 끝을 고리 모양으로 묶은 것) notch n. 표시, 급수, 등급, antler n. (사슴의) 가지진 뿔 hoof n. 발굽; (굽 있는 동물의) 발 wrangle v. (가축을) 보살피다, 돌보다; 토론하다 uncanny a. 괴기한, 신비스런, 엄청난, 초인적인, chauvinist n. 쇼비니스트, 맹목적 국수주의자 adumbrate v. 대략적으로 설명하다, 개요를 그리다, preternatural a.기이한, 초자연적인 cull v. 고르다, 발췌하다, desultory a. 두서없는, 종잡을 수 없는
해석 순록은 툰드라에서 거대한 울타리 안으로 보살펴져 들어올 때까지 개별적으로 자유로이 살아간다. 양치기와 다른 주인들은 이따금씩 올가미로 한 마리씩 끄집어내면서 오랫동안 순록들을 지켜보며 서 있다. 순록들은 귀에 칼로 무늬를 새겨 표시하는데, 이것은 주인마다 서로 다르다. 양치기들은 빠르게 움직이고 있는 순록들의 몸에 있는 표시를 먼 거리에서 볼 수 있는 신비한 능력을 가지고 있다. 나는 진흙투성이의 울타리를 돌고 있는 수천 마리의 짐승들, 뿔, 진흙, 발굽의 흐릿한 모습에 넋을 잃고 담장에 기대어 서 있었다.

39. ②
해설 두 번째 문장의 havoc은 play[work, create] havoc with 혹은 wreak havoc on[in, with]의 형태로 써서 '~을 혼란시키다, 엉망으로 만들다, 파괴하다'의 의미를 가지므로, Ⓐ에는 wreak의 과거형인 wrought가 알맞다. Ⓑ의 경우, 뒷 문장에서 성장에 대해 긍정적인 의견을 피력하고 있으므로 '낙관적'이라는 의미가 들어가야 한다. 한편, 러시아와 미국의 무역 및 재정 관련성을 언급하면서 긍정적인 관점을 견지

하고 있는 점을 통해, 물가에 미칠 영향은 크지 않을 것으로 볼 수 있다. 그러므로 ⓒ에는 '일시적인'이란 의미의 transitory가 알맞다.

어휘 havoc n. 대황폐, 대혼란, wreak havoc on ~을 혼란시키다, 파멸시키다 confident a. 확신하는, 자신감을 가진 optimistic a. 낙천적인, 낙관적인, unremitting a. 그칠 새 없는, 끊임없는, wreak v. 야기하다, 불러일으키다 sanguine a. 낙관적인, 쾌활한; 다혈질의 transitory a. 일시적인, 덧없는, 무상한 inflict v. (타격·상처·고통 따위를) 주다, 가하다, 입히다, upbeat a. 오름세의; 낙관적인, 명랑한 sardonic a. 냉소적인 sallow a. 창백한, 혈색이 나쁜

해석 최근의 가격 하락은 대부분 유가 하락 때문이다. 가격 하락이 특히 러시아에 불러일으킨 큰 혼란을 고려하면, 옐렌(Yellen)은 놀라울정도로 낙관적이었다. 그녀는 미국이 원유의 순(純) 손질국이기 때문에 그것이 성장에 대해 최종적으로는 긍정적인 영향을 미칠 것이라고 자신했다. 무역과 금융 면에서 러시아와 미국의 관계는 매우 미미했다. 물가에 끼칠 영향은 일시적일 것이라는 것을 경험이 말해준다고 그녀는 언급했다.

40. ④

해설 본문 속에서 차를 수색하려 했던 것은 뭔가 수상한 점을 발견했기 때문일 것이다. 따라서 '뒷좌석에서 어색한 자세로 팔다리를 벌리고 있다'는 의미가 되도록 하는 splayed가 Ⓐ에 알맞다. Ⓑ의 경우, 뒤에 차를 정지시켰던 도로의 이름이 제시되어 있으므로, '갓길'이라는 의미의 shoulder가 들어가는 것이 가장 자연스럽다.

어휘 peer into 자세히 보다, 응시하다, puzzle over 숙고하다, ~을 두고 골똘히 생각하다 ,awkwardly ad. 어색하게, 서투르게 assent n. 동의, 찬성 v. 동의하다, 찬성하다 stash n. 감춘 것, 은닉한 물건 misapprehension n. 오해, 잘못 생각하기 attempted a. 시도한, 미수의, drug trafficking 마약밀매 as it happens 마침, 우연하게도 toss out 무효화시키다, 던져버리다, panacea n. 만병통치약 augury n. 전조, 조짐 accretion n. 융합, 합체; (부착에 의한) 증대; 첨가, 누적 splay v. 팔다리를 벌리다 shoulder n. 도로의 갓길

해석 에스코트(Escort) 자동차를 자세히 살펴보다가 뒷좌석에서 어색하게 팔다리를 벌리고 누워있는 한 남자를 의아해 하던 Darisse씨는 차안을 수색해도 좋다는 동의를 Heien씨로부터 얻어냈다. Darisse씨는 곧 더플백 안에 숨겨둔 코카인을 찾아냈고, Heien씨를 마약 불법거래 미수 혐의로 체포했다. 하지만 우연하게도, 노스캐롤라이나 주의 법률은 자동차에 정상적으로 작동되는 한 개의 브레이크등만 있으면 된다고 규정하고 있는데, 그래서 수상쩍게 운전되고 있던 에스코트 자동차를 정지시킨 Darisse씨의 처음 결정은 잘못 알고 있던 법에 근거한 것이었다. 문제는 이러한 실수가 그 정지시킨 행위를 "부당한" 것으로 만들어서, 77번 주간(株間) 고속도로 갓길에서 얻은 증거를 무효화 시키느냐 아니냐 하는 것이다.

41. ①

해설 빈칸 Ⓐ를 포함한 문장 이하에서 대비책을 강구하는 연구에 대한 내용이 이어지고 있으므로, 화학반응이 오존층을 고갈시키거나 줄어들게 하는 등의 부정적인 영향을 미친다는 것을 알 수 있다. 따라서 Ⓐ에는 deplete, decrease, diminish가 가능하다. 빈칸 Ⓑ의 경우, 보기 중에서 황산염 입자로 만들어질 수 있는 것은 plume(기둥)밖에 없다.

어휘 reflect v. 반사하다; 반영하다; 반성하다 artificial a. 인위적인, 인공의, haze n. 안개 stratosphere n. 성층권 sulfur n. 황, 유황 particle n. 분자, 미립자, colleague n. (전문 직업의) 동료; 동업자 assess v. (재산·수입 따위를) 평가하다, 사정하다; (사람·사물 따위의) 성질을[가치를]평가하다 deplete v. 대폭 감소시키다, 고갈시키다, plume n. (연기·수증기 등이 피어오르는) 기둥 abattoir n. 도살장 cambric n. 케임브릭(옷감의 일종) query v. 의심하다, 질문하다,

해석 하버드대학교의 데이비드 키스(David Keith) 교수는 지구를 냉각시킨다고 알려져 있는 대규모의 화산폭발에 의해 분출된 황이 만들어내는 안개 층과 유사한 인공 안개 층을 성층권 내부에 형성하여, 그것으로써 태양빛을 반사시키는 방법을 연구해오고 있다. 여러 위험요소 중 하나는 그러한 입자들이 오존층을 고갈시키는 화학반응을 유발할 수도 있다는 것이다. 키스 박사와 동료들은 입자의 크기와 자연적으로 존재하는 수증기의 함량이 그러한 반응들의 속도를 얼마나 좌우하는지를 연구하고자 한다. 그렇게 하는 것은 위험을 평가하고, 어쩌면 위험을 제한할 수 있는 방법을 찾는 데 도움을 줄 것이기 때문이다. 그들은 20킬로미터 상공의 커다란 풍선 아래에 걸려있게 될 장치를 설계했다. 그것은 작은 황산염 입자 기둥을 만들어낼

것이고, 그 다음에 물리적, 화학적 변화를 측정하게 될 것이다.

42. ③
해설 빈칸 Ⓐ의 경우, 앞 문장에서는 창작자를 보호하는 유럽의 법률적 전통을 언급하고 있고, 뒷 문장에서는 그와 상반되는 미국의 관점, 즉 저작권을 상품으로 인식하고 있는 점에 대하여 이야기하고 있다. 빈칸 Ⓑ의 경우, 앞 문장에서는 저작권 기간의 제한을 진술하고 있고, 뒷 문장에서는 이 제한의 완화, 즉 기간의 연장을 진술하고 있다. 그러므로 두 빈칸 모두 역접 혹은 대조의 표현이 들어가야 한다.
어휘 root v. 뿌리박다; 정착하다 derive v. 끌어내다; 획득하다, 손에 넣다, copyright n. 판권, 저작권 commodity n. 일용품, 필수품 constitution n. 구성, 조직; 헌법 extend v. 연장하다, 확장하다, 확대하다; belated a. 늦은, 시대에 뒤진 recognition n. 인지, 허가, 승인, concession n. 양보, 용인; 허가, 면허 lobby v. 압력을 가하다
해석 낭만주의에 기초하고 천부인권사상에서 파생되어 나온 유럽의 법률은 대체로 창작자를 보호하는 것을 추구해왔다. 이와 반대로, 미국의 저작권 개념은 문화를 상품으로 더 많이 간주한다. 미국의 헌법은 저작권을 작가들의 창작을 장려하기 위해 제한된 기간 동안 작가에게 주어지는 보상으로 규정한다. 하지만 최근에 미국은 유럽의 선례를 따라 저작권의 기간을 창작자의 사후 70년까지로 연장했다. 이는 창작자의 권리에 대한 뒤늦은 인식에서라기보다는 변화를 위해 계속 로비를 해 왔던 할리우드나 다른 중요한 권리자들에게 양보해서였다. 1998년에 디즈니와 다른 영화 제작사들은 영화에 대한 저작권을 95년까지 연장하는 법안을 밀어붙였고, 그 법안은 '미키마우스 법'으로 알려지게 되었다.

43. ②
해설 빈칸 Ⓐ 뒤에 '미세 플라스틱의 숫자가 매우 커 보인다'는 내용과 이것은 연구원들이 생각했던 것보다 훨씬 더 적은 수치이다'라는 내용이 제시되어 있다. 두 문장의 내용이 대조를 이루므로, 빈칸 Ⓐ에는 역접의 종속접속사 Even though와 Although가 가능하다. 따라서 ③과 ④를 정답에서 먼저 제외할 수 있다. 한편, 빈칸 Ⓑ의 경우, 앞부분은 '해양의 미세 플라스틱이 분해되어 증가하고 있다'는 내용이고, 뒷부분은 '특정 메커니즘에 의해 작은 플라스틱이 없어지고 있다'는 내용이다. 서로 반대되는 내용의 진술이 전후에 위치하고 있고 있으므로, '실제로는 정반대가 사실이다'는 의미의 표현이 들어가야 한다.
어휘 oceanographic a. 해양지리학적인 debris n. 부스러기, 파편 account for ~의 비중을 차지하다 degrade v. ~의 지위를 낮추다, 격하하다; 퇴화하다 fragment n. 조각, 파편 weathering n. 풍화 작용 particle n. 미립자, 분자
해석 로스앤젤레스에 있는 5대 환류대 연구소(Five Gyres Institute)의 마커스 에릭슨(Marcus Eriksen)은 다국적 팀 동료들과 함께 바다에 있는 플라스틱의 양을 추정하기 위해 부유물에 대한 해양지리학적 모델을 만드는 연구를 했다. 이번 주에 『플로스원(PLOS ONE)』에 발표된 연구결과에 따르면, 전체 26만 8,940톤의 플라스틱 가운데 75퍼센트 이상을 200밀리미터 이상의 크기를 가진 물체들이 차지하고 있다고 한다. 해양 부유 물체의 수에 관해서, 연구원들은 모든 크기의 플라스틱 조각이 5조 2,500억 개에 달할 것으로 계산했다. 대부분에 해당하는 약 4조 8,000억 개는 미세 플라스틱이고 전 세계에 걸쳐 퍼져있었다. 미세 플라스틱의 수가 매우 커 보이지만, 이는 연구원들이 생각하는 것보다 훨씬 더 적은 수치였다. 틀림없이 가장 작은 크기의 미세 플라스틱이 큰 조각들에 비해 더 많을 것인데, 이는 작은 조각들이 태양광선과 다른 풍화작용의 영향에 의해 끊임없이 더 작은 조각들로 분해되고 있기 때문이다. 실제로는 정반대가 사실이었는데, 이는 다른 어떤 매커니즘들이 해양 표면으로부터 가장 작은 입자들을 없애고 있다는 것을 암시한다.

44. ③
해설 본문에 따르면 스코틀랜드의 독립과 같은 중대사안은 국민의 뜻을 물은 후에 결정될 것이다. 그러므로 빈칸에는 '국민투표'라는 의미의 ③ referendum이 알맞다.
어휘 perk n. 특권; 팁, 촌지 inevitably ad. 필연적으로, 불가피하게 identity n. 동일함, 일치; 신원, 정체 complicate v. 까다롭게 하다, 복잡하게 하다 set the tone of ~의 분위기를 결정 짓다 run-up n. 도움닫기, 전(前)단계, (중요 행사의) 준비, 준비 기간 defenestration n. (정당·관직에서의) 축출, 해직 epilation n. 탈모 referendum n. 총선거, 국민투표, gloaming n. 땅거미, 황혼
해석 잉글랜드사람이라는 것은 무엇을 의미하는가? 잉글랜드사람으로서 갖는 특권 중의 하나가 그러한 질문에 대해 너무 골똘히 생각할 필요가 없다는 것인 시절이 있었다. 하지만 그 시절은 오래전에 끝났다. 최근에

있었던 스코틀랜드의 독립에 관한 국민투표는 스코틀랜드사람뿐만 아니라 잉글랜드사람의 정체성에서도 의문을 제기했다. (정도는 덜하지만, 웨일즈사람과 아일랜드사람의 경우도 마찬가지다.) 지난 20년간에 걸친 대규모의 이민 입국은 온갖 복잡한 방식으로 동일한 의문을 제기한다. 영국인 9명 중 약 1명이, 그리고 런던 시민 3명 중 1명이 해외에서 태어난 사람이다. 실질적인 잉글랜드 국민의 정당인 영국독립당(UK Independence Partly)이 내년 총선을 준비하면서 정치의 분위기를 결정지을 것이다.

45. ④
해설 본문을 보면, 첫 번째 문장이 전체 문장의 주제문이다. 빈칸 이하에서는 '여러 사람들이 활자 인쇄에 다시금 관심을 갖고 있다는 사실', '활자 인쇄를 높이 평가하는 책', '활자 인쇄를 이용한 업체의 등장' 등에 대하여 이야기 하고 있는데, 이 모든 것들은 활자 인쇄를 이용하는 것이 현재 어느 정도 다시 인기를 얻고 있다는 것을 의미한다. 디지털 시대에 옛 방식의 인쇄로 되돌아가는 것이 다소 비정상적인 것임을 감안하면, 빈칸에는 ④가 들어가는 것이 가장 알맞다.
어휘 for all ~에도 불구하고, ~를 고려해 보면 accustom v. 습관이 들게 하다, 익숙하게 하다, letterpress n. 활자 인쇄, 활자 인쇄법 subtitle v. ~에 부제를 달다 fetishizing n. 집착, 맹목적 숭배
해석 비정상적인 애착임에도 불구하고, 이러한 수작업 인쇄로의 회귀 현상은 실제로 존재하며 또한 널리 퍼져있다. 지난 몇 년간, 새로운 세대의 예술가, 그래픽 디자이너, 그리고 디지털 생활에 익숙해져 있는 사람들은 500여 년 전에 요하네스 구텐베르크(Johannes Gutenberg)가 발명한 이래로 거의 변하지 않은 공정을 재발견했다. 데이비드 주리(David Jury)는 『수제품의 매력』이라는 부제가 붙은 그의 저서에서 활자 인쇄는 '너무 오래되어 새롭기까지 하다'라고 말했다. 온라인 명함 제작업체인 MOO는 심지어 8개의 활자 인쇄 도안을 내놓기까지 했다.
① 인쇄술이 최근에 급격한 변화를 겪었다
② 인쇄기는 현대 유럽 역사의 모습을 완전히 바꿔 놓았다
③ 전통적인 수작업 인쇄는 향후 10년 안에 레이저 프린팅을 추월하게 돼 있다
④ 비정상적인 애착임에도 불구하고, 이러한 수작업 인쇄로의 회귀 현상은 실제로 존재하며 또한 널리 퍼져있다.

<u>서울여대 15학년도</u>

46. ④
해설 본문의 첫 문장에서 "행복은 잘 익은 과일처럼 입 속으로 떨어지지 않는다"고 했으며, 빈칸 앞에서 "행복하기를 바라는 사람이라면 각 개인을 괴롭히는 불행의 수많은 원인들에 대처하는 방법을 찾아야 한다"고 했다. 즉, 행복하기 위해서는 불행에 대처하는 방법을 연구하는 등, 스스로 노력해서 행복을 이루어야 한다는 말이므로, 빈칸에는 ④ '신의 선물이라기보다 하나의 성취'가 들어가야 한다.
어휘 ripe a. 잘 익은 mere a. 단순한 fortunate a. 운 좋은 misfortune n. 불운, 역경 tangle n. 혼란; 분쟁 ill-will n. 악의, 원한 multitudinous a. 수많은, 무수한 assail v. (불안 등이) 괴롭히다 in this sense 이런 의미에서 unattainable a. 얻기 어려운 resignation n. 단념, 체념 submission n. 굴복, 항복 fate n. 운명
해석 행복은, 극히 드문 경우들을 제외하고는, 단순히 운이 좋은 상황이 작용하여 마치 잘 익은 과일처럼 입 속으로 떨어지는 것이 아니다. 피할 수 있는 불행과 피할 수 없는 불행으로, 질병과 심리적 혼란으로, 투쟁과 빈곤과 악의로 가득 찬 세상에서, 행복하기를 바라는 사람은 각 개인을 괴롭히는 불행의 수많은 원인들에 대처하는 방법을 찾아야 한다. 이런 의미에서, 대부분의 사람들에게, 행복은 신의 선물이라기보다 하나의 성취임에 틀림없다.
① 이룰 수 없는 것에 대한 욕망
② 경쟁과 체념과 관련된
③ 운명에 대한 굴복을 통해 얻어지는
④ 신의 선물이라기보다 하나의 성취

47. ①
해설 본문에 따르면 고국을 떠나고자 하는 바람에 대한 확신을 이어지는 문장에서 this cosmopolitan

outlook이라고 가리키고 있는데, 이런 견해를 가진 사람들은 세계 어디라도 고국이 될 수 있으며, 특정한 어느 곳에 얽매일 필요가 없다고 생각한다고 했다. 그러므로 빈칸에는 ①의 '그러한 사회적 유동성이 가능하다'가 적절하다.

어휘 poll n.여론조사 in the hope of ~을 바라고 arise from ~로 인해 생기다 grow out of ~에서 생기다 conviction n. 확신 embrace v. (기꺼이) 받아들이다 cosmopolitan a. 세계주의적인, 국제적인, outlook n. 견해 태도 assume v. 생각하다 lead to ~을 초래하다 mobility n. 사회적) 유동성 migration n. 이주, 이전 enduring a. 오래 지속되는 homesickness n. 향수병 impediment n. 방해, 장해물

해석 최근 갤럽 여론조사에 따르면, 지구에 살고 있는 성인 중 4/1에 해당하는 11억 명의 사람들은 돈을 더 많이 버는 일을 찾을 거라는 희망을 안고 다른 나라로 일시적으로 이주하길 원한다고 한다. 또 다른 6억 3천만 명의 사람들은 영구적으로 이민을 가고 싶어 한다. 고국을 떠나고자 하는 전 세계적인 바람은 빈곤 및 필요에 의해서 일어나지만, 그것은 또한 그러한 사회적 유동성이 가능하다는 확신에 의해 일어나기도 한다. 이러한 세계주의적인 견해를 갖고 있는 사람들은 세계 어디에 있더라도 그곳이 집일 수 있고 집이어야 하며, 어느 특정한 지역에 얽매여 있을 필요가 없다고 생각한다. 지금 세계화된 경제에 핵심적인 것으로 받아들여지고 있는 이런 견해가 기회와 수익을 창출한다.
① 그러한 사회적 유동성이 가능하다
② 이주는 정신적인 부담이다
③ 고국과의 우리는 유대는 강하고 영속적이다
④ 향수병은 번영에 대한 방해요소이다

48. ④
해설 본문에 따르면 어떤 뇌 이론에서 우리는 거울 뉴런을 가지고 있다고 했으며, 빈칸 다음에 이 거울 뉴런이 공감에서 우러나는 관심을 일으킨다고 했으므로, 등위접속사 and로 연결된 빈칸 역시 거울과 관련된 모방과 공감에 관련한 내용이 나와야 한다. 따라서 빈칸에서는 ④의 '다른 사람들의 생각을 느끼다'가 적절하다

어휘 empathy n. 공감, 감정이입 craze n. 열광적 대유행, 열풍, gap n. 격차, 틈 sympathetic a. 교감하는, 공감하는, gifted a. 탁월한 재능을 지닌

해석 스티븐 핑커(Steven Pinker)rk 그의 신간인『우리 본성의 선한 천사』에서 밝혔듯이, 우리는 '공감열풍'의 한 가운데에 살고 있다. 『공감의 시대』,『공감 격차』,『공감 가르치기』아 같이 공김열풍에 관한 책들이 서점의 선반에 잔뜩 꽂혀 있다. 신기어 우리가 나른 사람들의 생각을 느끼게 해주는 거울 뉴런이 우리의 뇌 쑥에 있으며, 이 거울 뉴런들이 공감에서 우러나는 관심과 도덕적 행동을 낳는다는 뇌 이론도 존재한다.
① 균형 잡힌 삶을 살다
② 우리의 생각을 실행에 옮기다
③ 우리가 타고난 재능을 찾다
④ 다른 사람들의 생각을 느끼다

49. ③
해설 본문은 창조와 성취가 사교적인 공간에서 나오며, 업무도 팀 단위로 서로 협력하여 한다고 한다. 또한 마지막 문장에서 "홀로 있는 천재들은 한물갔고, 협력하는 것이 대세이다."라고 한다. 첫 문장의 out or fashion은 마지막 문장의 out에 해당하며, lone geniuses와 같은 맥락인 ③ Solitude가 빈칸에 적절하다.
① 자긍심 ② 창의력 ④ 자율성

어휘 out of fashion 한물간, 유행하지 않은, in thrall to ~에 빠져있는 hold v. ~라고 생각하다 oddly ad. 이상하게도 gregarious a. 사교적인 prize v. 소중히 하다. people skill 대인관계 기술 lone a. 홀로 있는 out a. 유행하지 않는 collaboration n. 협력, 협조 in a. 유행하는, 인기 있는

해석 고독은 유행이 지났다. 우리의 회사, 학교, 문화는 어떠한 새로운 생각에 빠져 있는데, 그 새로운 생각에 의하면, 창조와 성취는 이상하게도 사교적인 공간에서부터 나온다. 우리들 대부분은 지금 팀 단위로, 벽 없는 사무실에서, 대인관계 기술을 가장 소중히 여기는 관리자들을 위해서 일한다. 홀로 있는 천재들은 한물갔고, 협력하는 것이 대세이다.

50. ①
해설 빈칸 앞에서는 '범죄자들이 개인정보를 인터넷 상에서 얻는다고 사람들이 생각한다'고 한 반면, 빈칸 뒤에서는 '개인정보를 얻기 위해 쓰레기통을 뒤진다'고 했다. 빈칸을 전후로 상반되는 내용이 왔으므로, 빈칸에는 빈칸 앞의 assumption(추정)과 상대적인 개념인 actually(실제로는)가 들어 있는 ①이 빈칸에 적절하며, low-tech methods는 뒤에 나오는 쓰레기통 뒤지는 것과 내용이 서로 부합된다.
어휘 steal one's identity 신원을 도용하다 all that 그만치, 그리 get one's hands on something ~을 손에 넣다 social security number (미)사회보장번호; 주민등록번호 date of birth 생년월일 assumption n. 추정, 가정 trash n. 쓰레기 gold mine 금광; 노다지; 아주 수지맞는 일 dumpster-diving n.(귀중한 것을 찾으려고) 쓰레기통 뒤지기 discard v. 버리다, 폐기하다, identity theft 신원도용, 신원도용범죄(개인의 금융정보를 이용해 사기를 치려는 범죄) safeguard v. 보호하다
해석 다른 사람의 신원을 도용하는 것은 그다지 어렵지 않다. 도둑들은 단지 개인의 이름, 주민등록번호, 생월일만 손에 넣으면 되는데, 이것들은 신용거래를 하기 위한 필수정보이다. 범죄자들이 이런 정보를 인터넷 상에서 얻는다고 사람들은 생각하지만, 그들은 실제로는 첨단기술과 무관한 방법들에 더 많이 의존한다. 예를 들어, 쓰레기는 개인정보가 들어있는 문서들의 노다지여서, 많은 신원도용 범죄자들은 버려진 납세 신고서, 법률문서, 그리고 병원진료기록을 찾으려고 쓰레기통을 뒤진다.
① 그들은 실제로 첨단기술과 무관한 방법들에 더 많이 의존한다
② 신원도용은 심각한 결과를 초래하는 문제로 증가 추세에 있다
③ 조직들은 그들이 수집하는 정보를 보호하지 못해 비난을 받는다
④ 정부기관들은 수많은 방법으로 이런 문제를 방지하기 위해 노력해 왔다

51. ③
해설 본문의 흐름상 빈칸에는 현대인조차도 당혹스러워하며 겸손해지는 상황으로 적절한 것이 들어가야 하는데, 빈칸 앞에서 자연이 변덕스럽다고 했으므로 ③의 '자연이 격노하여 일어나면'이 알맞다.
어휘 evolution n. 진화 never-ceasing a. 끝이 없는, 끊임없는, dominate v. 지배하다, 장악하다 to a large extent 크게, 대단히 bit by bit 야금야금, 조금씩, wrest something from somebody (권력 등을 힘들게) ~로부터 빼앗다, 탈취하다 harness n. (마차 말의) 마구(馬具) do somebody's bidding ~가 시키는 대로 하다 changeable a. 변덕스러운, 변하기 쉬운, capricious a. 변덕스러운, 잘 변하는 baffled a. 당혹스러운, 몹시 당황스러운 humbled a. 겸손하게 되는 in one's wrath 격노하여, 화가 나서,
해석 사실, 인간의 진화는 인간이 끊임없이 벌이는 자연과의 투쟁의 역사이다. 처음에는 자연의 힘이 인간을 완전히 지배했다. 지금도 여전히 자연에 크게 의존하긴 하지만, 인간은 조금씩 그 힘을 자연으로부터 빼앗았고, 자연의 목에 마구를 달아서, 인간이 시키는 대로 하게 만들었다. 그럼에도 불구하고, 자연은 변덕스러운 하인이어서, 자연이 격노하여 일어나면, 현대인조차도 당혹스러워하며 겸손해지게 된다.
① 자연이 계속 평화롭게 있으면
② 자연이 자신의 비밀을 드러내면
③ 자연이 격노하여 일어나면
④ 자연이 계절을 변화시키면

<u>성균관대 15학년도</u>

52. ③
해설 본문은 블로그에 특정 회사에 대한 광고글을 올리면 그 회사로부터 돈을 받을 수 있도록 블로그와 회사를 연결해주는 회사에 대해 소개하였고, 이 회사는 트위터 세상에도 이와 비슷한 서비스를 제공한다고 하였다. 이를 통하여, 트위터를 하면서 돈을 받을 수도 있음을 알 수 있다.
어휘 tremendous a. 대단한, 엄청난, time-suck n. 엄청나게 많은 시간을 소비하는 활동 precious a. 귀중한, 값비싼 desperate a. 자포자기한, 열중한, 필사적인 buck n. 달러; 수사슴 make one's name 유명하게 되다 compensate v. 보충하다, 보상하다, plug n. 플러그, 마개; 광고; 선전 virtual a. 가상의, 사실상의, fine v. 벌금을 과하다, 과료에 처하다

해석 트위터(Twitter)가 엄청나게 많은 시간을 소비하는 활동이 될 수 있다는 점은 모두가 다 아는 사실이다. 그러나 당신의 하루 중 이런 소중한 시간을 낭비하는 것에 대해 보수를 받는다고 생각해보라. 회사들이 소셜미디어를 사용하는 사람들 속의 소비자들에게 다가가고자 필사적인 가운데, 이제 트위터 상에서 몇 달러 혹은 훨씬 더 많은 돈을 벌 수 있다. 블로그에 광고 문구를 올려주는 것에 대해 흔쾌히 돈을 지불하려는 회사들과 블로거들을 연결하여 유명해진 Izea라는 회사는 트위터 세상(Twittersphere)을 위해 이와 비슷한 서비스를 만들어냈다.
① 장시간
② 당신의 미래
③ 가상현실
④ 벌금을 냄

53. ①
해설 본문은 여러 예시들을 통해 에둘러 표현하는 중국인들의 문화를 설명하였다. 이러한 맥락을 살피면 인터뷰 요청에 대한 거절을 직접적으로 하지 못하고 에둘러 말하지만 사실 이는 인터뷰를 하고 싶지 않음을 타나냄을 예상할 수 있다.
어휘 euphemism n. 완곡 어구, 표현 stem from ~에서 생겨나다, 기인하다 squeamishness n. 잘 토함, 까다로움, 신중함 inquire v. 묻다, 알아보다 literally ad. 그야말로, 문자 그대로, circumlocution n. 에둘러 말하기 opacity n. 불분명함, 불투명함 direct a. 직행의, 직접적인 turn down 거절하다, 거부하다 frequently ad. 자주, 특히 convenient a. 간편한, 편리한 respectful a. 존경심을 보이는, 경의를 표하는 ambiguous a. 애매모호한, 여러 가지로 해석할 수 있는
해석 중국의 완곡어구들 가운데 일부도 지나친 신중함으로부터 비롯되었다. 의사들은 환자의 성생활에 묻기보다는, '침실에서 일(방사)'을 하면서 시간을 많이 보내고 있는지를 물어볼지도 모른다. 온라인 사이트들은 문자 그대로 '흥미로운 사랑 상품'을 판매한다. 그러나 중국인들의 에둘러 말하기는 종종 예의상 불분명하게 표현하는 것의 한 형태이다. 중국인들의 초대나 (많은 기자들이 생각하듯이) 인터뷰 요청을 거절하는 데 있어서 너무 직접적인 것을 꺼려한다. 따라서 중국인들은 흔히 무언가 사정이 여의치 않다고 대답한다. 이는 몇 주내에 다시 청하라는 것을 뜻하지 않는다. 결코 하고 싶지 않음을 의미하는 것이다.
① 그들은 결코 하고 싶어 하지 않는다
② 그들은 그것을 가능한 빨리 할 것이다
③ 그들은 확신하지 못하다
④ 그들은 당신이 존중받기를 기대한다
⑤ 그들은 당신이 확실히 하기를 원한다

54. ⑤
해설 이러한 꿈을 종종 꾼다고 설명한 빈칸 뒤의 I always have와 호응해야 하므로, 빈칸에는 앞에 언급한 '위험한 물건을 삼키는 꿈'을 설명할 수 있는 표현이 들어가야 한다. 따라서 위험한 물건을 삼키는 꿈은 악몽이므로, 빈칸에 적절한 것은 nightmare이다.
어휘 object n. 물건, 물체; 목표 swallow v. 들이켜다, 삼키다, cough v. 기침하다; 엔진이 털털거리다 ingest v. 섭취하다, 삼키다, 먹다 potentially ad. 잠재적으로, 가능성 있게, fatal a. 돌이킬 수 없는, 치명적인, grouchy a. 불평이 많은, 잘 투덜거리는 snap v. 호되게[매섭게] 말하다 startle v. 깜짝 놀라게 하다 recover v. 회복하다, (의식 등을) 되찾다 embarrass v. 경련, 발작 illustration n. 삽화, 설명, 실례, fantasy n. 공상, 몽상 nightmare n. 악몽, 공포감
해석 나는 밤에 종종 바닥에 놓여 있는 위험을 물건을 발견하고 삼키는 꿈을 꾼다. 그 물건을 토해내려고 기침을 격렬히 하면서 일어나 앉는다. 아내에게 몸을 돌려서 치명적일 수 있는 무언가를 삼켰는데 어떻게 해야 하냐고 말한다. 아내는 투덜거리면서 일어나 "조용히 해요! 지금 자려고 하잖아요."라고 톡 쏘아붙인다. 나는 깜짝 놀라 잠에서 깨어나 그것은 그저 내가 항상 꾸는 똑같은 악몽이라는 것을 깨닫고, 다음날 아침 내가 (잠을) 방해한 것을 아내가 기억하지 않기를 바라며 당황스러워한다.

55. ⑤

해설 빈칸이 포함되어 있는 문장 뒤에서 "작가가 은퇴한다고 해서 관찰한 바를 은유로 표현하는 행위 자체가 사라지지는 않음"을 이야기하고 있는데, 이는 곧 관찰한 바를 은유로 나타내는 것이 작가가 하는 일인 소설을 쓰는 것(writing novels)의 성격 혹은 본질이라는 것을 의미한다. 따라서 빈칸에는 이 '관찰하는 행위'와 가장 관련이 깊은 진술인 ⑤가 알맞다.

어휘 figure n. 수치, 숫자; 인물 walk away from ~의 곁을 떠나다 source n. 근원, 원천, fame n. 명성 athlete n. 운동선수 come to an end 끝나다, 죽다 mull over ~에 대해 숙고하다 script n. 대본, 원고 illogical a. 터무니없는, 비논리적인, novel n. (장편) 소설 metaphor n. 은유, 비유 sensitive a. 세심한, 감성 있는 sympathetic a. 동정적인, 호의적인

해석 자신들에게 명성을 가져다준 것을 떠나고 있는 몇몇 유형의 유명 인사들의 경우, 다음에 무슨 일을 할까라는 질문은 쉽게 다루어질 수 있다. 은퇴한 운동선수는 스포츠 방송 진행자 또는 투자자가 될 수 있으며, 인기 드라마가 끝나는 탤런트는 영화 대본들을 살펴볼 수 있다. 그러나 작가가 은퇴를 할 경우에는 왠지 다르게 느껴진다. 소설을 쓰는 것은 그만두고 떠날 수 있는 직업이라기보다는 세상을 특정한 방식으로 바라본다는 것을 증명하는 것이다. 이제 그만둔다고 선언하는 작가에게는 뭔가 앞뒤가 맞지 않는 점이 있다. 그렇다면 은유로 표현되어 작품에 들어간 그 모든 관찰들은 어디로 간단 말인가?
① 감성이 예민하고 동정심이 있다
② 돈을 버는 데 관심이 없다
③ 모호한 방식으로 행동한다
④ 독서를 하는 데 대부분의 시간을 보내다
⑤ 세상을 특정한 방식으로 바라보다

56. ②
해설 빈칸 전후 맥락의 변화를 짚어본다. 과학자들은 공기를 통해 조류에서 조류로 옮길 수 있는 바이러스를 만들었고, 여기서 조류는 인간을 대신하는 역할을 한다고 하였다. 이는 조류에서처럼 사람들 사이에서도 바이러스가 전염될 수 있음을 뜻한다. 이는 빈칸 이전에 조류독감 바이러스는 사람에서 사람으로 쉽게 이동하지 않는다는 설명과 상반된 것이다. 그러므로 빈칸에는 바이러스가 사람들 사이에서 옮겨질 수 있음을 의미하는 ②가 들어가야 한다.

어휘 amount to ~에 해당하다 , 합계가 ~에 이르다, death toil 사망자 수 succumb v. 굴복하다, 무릎을 꿇다 burden n. 부담, 짐; (노래나 시의) 반복; (연설 따위의) 본지(本旨), 취지 carry out 이행하다 ,수행하다, tweak v. 잡아당기다, 비틀다; 수정하다 ferret n. 흰 족제비; 탐정 proxy n. 대리인, 대리, 대용물

해석 2003년 이후로 조류독감으로 인해 330명이 넘는 사람들이 목숨을 잃었다. 이것이 많다고 들리지 않을 수도 있지만, 지금까지 알려진 발병 환자 570명중 60퍼센트에 해당된다. 사망자 수가 더 높지 않은 단 하나의 이유는 환자들이 조류로부터 직접 바이러스에 감염되었기 때문이다. 다른 모든 사람들에게는 다행스럽게도, 이 바이러스는 사람에서 사람으로 쉽게 옮겨지지 않는다. 그렇지만 옮겨질 수도 있다. 그것이 지난해 두 팀의 과학자들이 행한 연구의 요지이다. 그들은 조류독감 바이러스의 유전자에 수정을 가하여 공기를 통해 흰 족제비들 사이에 전파될 수 있는 변종을 만들었다. 그리고 흰 족제비는 인간에 대한 적절한 대용물이다.
① 물론 그렇지 않다
② 그렇지만 옮겨질 수도 있다
③ 바로 그것이다
④ 그것은 중요하지 않다
⑤ 아니면 그밖에 아무것도 없다

57. ④
해설 본문에 따르면 토요타는 급발진으로 자동차를 리콜하고 판매상 많은 손해를 보았지만 그 이후 가장 많이 차를 판매한 위치에 올랐다고 한다. 이는 소비자들이 제품의 문제를 오래도록 기억하지 않음을 나타낸다. 이러한 점을 염두해 두면, 6년마다 차를 구입하는 미국인들 또한 과실에 대해 특별한 해결책을 마련하지 않은 GM의 문제를 기억하지 못하고 GM의 차를 다시 구매할 것이다. 즉, 소비자들이 기억을 잘하지 못하는 점으로 인해 GM이 이익을 볼 수 있는 상황인 것이다.

어휘 apologize v. 사과하다 address v. 주소를 쓰다; 연설하다; (문제 등을) 다루다 perception n. 지각, 자각, 통찰력 negligence n. 태만, 과실, 부주의 recall v. 기억해내다, 상기하다, 회수하다, 소환하다, acceleration n. 가속, 가속도 typically ad. 일반적으로, 보통, benefit from ~로부터 이익을 얻다 inflation n. 인플레이션, 물가상승 consumer report 소비자 amnesia n. 건망증, 기억상실증, recession n. 경기 후퇴, 불황, 불경기,

해석 GM이 사과를 하긴 했지만, 회사의 과실에 대한 인식을 다루거나 이러한 일이 다시 일어나지 않도록 해결책을 제시하는 데는 거의 한 일이 없다고 미국서던 캘리포니아 대학(USC) 경영학과 아이라 칼브(Ira Kalb) 교수는 말했다. 칼브 교수는 토요타(Toyota)가 '급발진'으로 인해 수백만 대의 자동차를 리콜한 이후 자동차 판매에서 90억 달러의 손해를 보았다고 추정한다. 그 후로 토요타는 충분히 회복되어 지난 2년간 전 세계에서 가장 많은 자동차를 판매한 회사가 되었다. 미국인들은 대게 6년마다 자동차를 구입하므로, GM은 소비자의 기억상실로 이득을 볼 수 있을 것이다.

① 물가 상승
② 소비자 보고
③ 글로벌 마케팅
④ 소비자의 기억상실
⑤ 불황

〈정답 및 해설〉

〈3회〉

<u>2017년도 가천대 C형</u>

1. ③
해설 본문에 따르면 고용허가제에 따라 이주노동자들은 한국 국적을 가진 노동자들과 동등한 권리가 인정되었다는 내용은 인권보호와 관련된 내용인데, 그 뒤로는 역접의 의미를 가진 however가 있으므로, 빈칸 이하는 인권보호를 받지 못한다는 의미가 되어야 한다. 그러므로 빈칸에는 인권침해에 '취약한', 인권침해를 '당하기 쉬운'이라는 의미를 만드는 ③이 들어가야 한다. ① 뭉툭한 ② 비본질적인 ④ 저항력이 있는
어휘 bestow v. 수여하다 migrant worker 이주노동자 enact v. (법을) 제정하다 grant v. 승인하다; 인정하다 national a. 국가의; 국민의 in terms of ~에 관해 benefits n. 혜택, 이득 ratify v. 비준하다
해석 한국은 2004년 8월 제정된 고용허가제(EPS)로 이주노동자들에게 법적인 권리를 부여한 아시아 최초의 국가들 중 하나였다. 이 나라의 법에 따라, 이주노동자들은 급여와 각종 혜택에 있어 한국 국적을 가진 노동자들과 동등한 권리가 인정되었다. 그러나 고용허가제가 비준된 지 10년이 지난 지금까지도 많은 이주노동자들은 여전히 한국에서 인권침해를 당하기 쉬운 상태에 있다.

2. ④
해설 본문의 마지막 두 문장을 수사의문문으로 이해해야 한다. 첫 의문문이 시각을 사용해서, 즉 눈으로 관찰해서 친구의 내면적 본성을 간파해볼 생각은 가진 적이 없다는 뜻이므로, 얼굴의 외적인 특징들을 알아보는 정도에 그쳐버린다는 뜻이 되도록 빈칸에는 ④의 '외적인'이 알맞다. ① 파악하기 어려운 ② 독특한 ③ 남의 눈에 띄지 않은
어휘 grasp v. 파악하다 essential qualities 본질 suntleties n. 미세한 구별 quiver n. 떨림 muscle n. 근육 It occurs to ~to V/that절 ~에게 어떤 생각이 들다 see into 간파하다 casually ad. 우연히; 무관심하게 feature n. 특징 let it go (at that) 더 이상 문제 삼지 않다, 더 이상 생각하지 않다,
해석 시각이 정상인 여러분은 다른 사람의 얼굴 표정의 미세한 점들과 근육의 떨림을 관찰하고서 그 사람의 본질적인 자질들을 너무나 더 쉽게 너무나 더 만족스럽게 재빨리 알아차린다. 그러나 여러분은 시각을 사용해 친구의 내면적인 본성을 간파해야겠다는 생각을 가져본 적이 있는가? 여러분 대부분은 얼굴의 외적인 특징들을 알아본 후 그 정도에서 그쳐버리지는 않는가?

<u>2017년도 가톨릭대</u>

3. ②
해설 본문에 따르면 "변경지역 남녀들은 창의적인 해법을 요구하는 새로운 문제와 상황에 직면하고 있었으며, 다른 나라에서 온 관찰자들은 새롭고 유용한 농기구를 만들어 내는 변경지역 남자의 능력과 가족의 일상생활에서 필요한 독특한 옷가지, 양초, 비누 등을 만들어 내는 변경지역 여장의 능력에 감명받았다."고 했다. 그러므로 개척 시대에 자립을 위한 필요성은 ② '창조적인 정신'을 고무시켰다고 볼 수 있다.
어휘 frontier n. 미국 서부 개척 시대의 변경 idealize v. 이상화하다 rugged a. (매력적으로) 강인하게[다부지게] 생긴, 튼튼한 self-reliance 자립
해석 변경지역은 강인하고 끈기 있는 사람들을 위대한 미국의 영웅으로 이상화했지만, 변경지역에서 자립의 필요성은 창조적인 정신을 고무시켰다. 변경지역의 남녀들은 일상생활의 필수품들을 대부분 지급해야 했을 뿐만 아니라, 창의적인 해법을 요구하는 새로운 문제와 상황에도 항상 직면하고 있었다. 다른 나라에서 온 관찰자들은 새롭게 유용한 농기구를 만들어 내는 변경지역 남자의 능력에 깊은 인상을 받았다. 관찰자들은 가족의 일상생활에서 필요한 독특한 옷가지, 양초, 비누, 그리고 그 밖의 다양한 물건을 만들어 내는 변경지역 여자의 능력에도 똑같이 감명받았다.
① 모험적인 생활방식
② 창조적인 정신
③ 양성평등의 개념
④ 강한 개인주의

4. ④
해설 본문에 따르면 '일본 식품가공업체가 신선한 식품을 매우 선호하는 일본인들의 성향으로 인해 지역별로 독점적 지위를 누리고 있으며, 이러한 독점적 지위는 10일간의 검역제도를 시행함으로써 외국산 가공식품의 수입을 막고 있는 일본 정부에 의해 강화되고 있다.'고 한다. 독점이란 경쟁을 하는 상대가 없다는 의미이므로, 결국 '일본의 식품가공업체들은 국내 제품과도 경쟁하지 않고, 외국 제품과도 경쟁하지 않는 상태에 있다.'는 결론을 도출할 수 있다. 따라서 빈칸에는 ④가 적절하다.
어휘 fanatic n. 열광자, 광신자 obstruct v. 막다; 차단하다 import n. 수입 impose v. 시행하다; 부과하다 quarantine n. (사람·동물 등의) 검역(제도) shelf life (식품 등의) 유통기한
해석 일본인들은 신선한 식품에 열광하는 사람들이다. 그 결과로, 일본의 식품가공 업체들은 지역별로 독점적 지위를 누리고 있다. 일본 북부의 우유 제조업체는 일본 남부에서 경쟁하기를 기대할 수 없는데, 남부로 우유를 운송하려면 하루 이틀이 더 걸려서 소비자의 눈에 이것은 치명적인 약점이 되기 때문이다. 이런 지역별 독점적 지위는 일본 정부에 의해 강화되고 있는데, 일본 정부는 다른 제한들 중에서도 특히 10일간의 검역제도를 시행함으로써 외국산 가공식품의 수입을 막고 있다. 따라서 일본의 식품 생산 업체들은 국내 또는 외국 상품과의 경쟁에 노출되어 있지 않다.
① 수입 식품에 크게 의존할 수 밖에 없다
② 전략적으로 운영을 세계적인 수준으로 최적화하다
③ 유통기한을 늘리기 위한 방법들에 골몰한다
④ 국내 또는 외국 상품과의 경쟁에 노출되어 있지 않다

5. ②
해설 빈칸에는 낮은 기업 활동률과 높은 실업률을 해결할 수 있는 방법이 적절한데, 이에 관한 예로 2002년 프랑스에서 시행된 개혁조치를 들고 있다. 이 개혁으로 "사업을 시작한 자영업자들이 사업상의 모험이 실패할 경우에 3년 동안 실업 수당 프로그램을 이용할 수 있도록 했다."라고 했으므로, 빈칸에는 실업 수당과 관련된 정책인 ②가 알맞다.
어휘 tackle v. (일·문제 따위에) 달려들다, 달라붙다 entrepreneurship n. 기업가 정신[활동] self-employed a. 자영업을 하는, 독자적으로 일을 하는, overall a. 종합[일반, 전면]적인 spell n. 한동안의 기간 reallocation n. 재할당, 재분배
해석 과연 낮은 기업 활동률과 높은 실업률에 대처하는 정책을 사용함으로써 이 두 문제를 해결할 수 있는 방법이 있는가? 그에 대한 답은 사업상의 모험을 장려하기 위해 실업보험을 조정하는 것에 있을지도 모른다. 이러한 생각을 뒷받침하는 사례는 2002년 프랑스에서 시행된 대규모의 개혁조치에서 찾을 수 있다. 그 개혁은 사업을 시작한 자영업자들이 사업상의 모험이 실패할 경우에 3년동안 실업 수당 프로그램을 이용할 수 있도록 했다. 그 프로그램은 성공적이었다. 전반적인 긍정적 혜택에는 더 짧아진 실업 기간과 더 생산적이고 보수가 많은 직업으로 노동이 재분배되는 것이 포함되었다.
① 신생 기업을 위해 세금 감면 계획을 도입하는 것
② 사업상의 모험을 장려하기 위해 실업보험을 조정하는 것
③ 생산적인 기업 활동을 자극하기 위해 기술 교육 프로그램을 제공하는 것
④ 초기 벤처 창업 개발 단계에서 정부 기금을 제공하는 것

6. ④
해설 빈칸 이후로 '미국은 소련이 격렬하게 반대하는 현장 검증을 원했던 것이다.'는 내용이 이어지고 있는데, 이를 통해 협상이 결렬된 이유는 핵실험금지협정의 준수여부 확인(핵 사찰)의 문제라고 볼 수 있다. 그러므로 빈칸에는 ④가 알맞다.
어휘 ban n. 금지, 금지령 atmospheric testing 대기권 내 핵실험 gain strength 힘을 얻다 drag on (너무 오랫동안) 질질 끌다[계속되다] collapse v. (교섭 따위가) 결렬하다 verification n. 확인; 비준; 〈군사〉(군비 관리 협정의 준수 여부) 사찰 on-site inspections 현장 검증, 현지 조사, vehemently ad. 열정적으로; 격렬하게 down v. (비행기 등을) 격추하다 bring to an end 마치다, 끝내다
해석 핵실험 금지와 관련된 미국과 소련 사이의 회담이 1950년대 중반에 시작됐다. 두 나라의 관료들은

핵무기 경쟁이 위험한 수준에 이르고 있다고 믿게 됐다. 게다가, 대기권 내 핵무기 실험에 반대하는 대중의 항의가 점점 힘을 얻고 있었다. 그럼에도 불구하고, 두 나라 사이의 회담들은 수년 동안 이어졌으며, 대개 사찰 문제가 제기되면 회담이 결렬됐다. 미국은 소련이 격렬하게 반대하는 현장 검증을 원했던 것이다. 1960년 양측의 협상이 거의 합의점에 도달한 듯 보였지만, 그해 5월에 미국 정찰기가 소련에서 격추되자 협상이 끝나게 되었다.
① 방사능 낙진의 영향이 의문시되었다
② 강경파들이 협상에서 과도한 요구를 했다
③ 소련이 지하 핵실험을 고집했다
④ 사찰 문제가 제기되었다

7. ②
해설 피타고라스학파의 사람들은 이 세상의 모든 것들을 정수에서 얻을 수 있다고 했는데, 빈칸 다음에 when 절에서 2의 제곱근이 정수가 아닌 무리수로 판명되었다고 했으므로, 빈칸에는 그들이 신봉했던 ② '학설에 위기가 발생했을 것이다. 가 오는 것이 알맞다.
어휘 Pythagorean n. 피타고라스의 학설 신봉자 derive v. ~에서 비롯되다, 얻다 ration n. 비율 diagonal n. 대각선; 시선 irrational n. 불합리한 것[일]; 〈수학〉 무리수 theorem n. 증명할 수 있는 일반원리, 법칙
해석 정수에 매료된 피타고라스학파 사람들은 다른 모든 수들은 물론이고 만물이 정수에서 파생되어 나올 수 있다고 생각했다. (그러나) 그들이 2의 제곱근(정사각형의 한 변에 대한 대각선의 비율)이 무리수이고, _____ 가 그 어떤 두 정수의 비율로도 정확히 표현될 수 없다는 것을 발견했을 때, 학설에 위기가 발생했다. 아이러니하게도, 이 발견은 피타고라스의 정리를 도구로 하여 이루어졌다. '무리수'는 원래 수가 비율로 표현될 수 없다는 것만을 의미했다. 그러나 피타고라스학파들에게 그것은 어떤 위협적인 것, 즉 그들의 세계관이 이치에 맞지 않을 수도 있다는 암시를 의미하게 되었으며, 이것이 오늘날 '무리수'의 또 다른 의미(불합리한 것)이다.
① 대중들은 의심했다
② 학설에 위기가 발생했다
③ 그들은 훨씬 더 확신하게 되었다
④ 불확실성이 마침내 해결되었다

8. ②
해설 빈칸이 포함 된 문장에서 However 앞의 This way of thinking about the era는 '중세시대를 암흑시기로 비관적으로 본 사고방식'인데, 역접의 접속사인 However가 나왔으므로 현대의 학자들은 이와 달리 중세시대를 긍정적으로 생각할 것으로 볼 수 있다. 따라서 빈칸에는 ②가 적절하다. 빈칸 다음에 이어지는 내용이 이를 뒷받침하고 있다.
어휘 phrase n. 구; 어구, 문구 CE 〈약어〉 서력기원(=Common Era, Christian Era) look back (과거를) 되돌아보다 dismiss v. 묵살[일축]하다 accomplishment n. 성취, 업적 prevail v. 널리 퍼지다[행해지다], 우세하다 root n. 뿌리; 근원; 기반
해석 사람들은 서기 476년에 있었던 로마의 멸망과 14세기 르네상스 시대의 시작 사이의 유럽을 설명하기 위해 '중세시대'라는 용어를 사용한다. '중세시대'라는 용어는 그 시대 자체에 대해서 보다도 그 시대에 뒤이은 르네상스 시대에 대해 더 많은 것들을 우리에게 말해준다. 14세기경부터 유럽의 사상가들, 작가들, 그리고 예술가들은 고대 그리스와 로마의 예술과 문화를 되돌아보고 기리기 시작했다. 이에 따라, 이들은 로마의 멸망 이후의 시기를 그 어떤 과학적 성과도 없었고, 그 어떤 위대한 예술 작품도 나오지 않았으며, 그 어떤 위대한 지도자도 태어나지 않았다고 여겨 '중간의' 시대 또는 심지어 '암흑'의 시대로 무시해버렸다. 중세시대에 대한 이러한 사고방식은 비교적 최근까지도 널리 퍼져 있었다. 그러나 오늘날의 학자들은 이 시기가 다른 어떤 시기보다도 복잡하고 활기찼다는 것에 주목한다. 실제로 르네상스 시대의 대단히 지적이고 예술적인 발전은 중세 시대에 뿌리를 두고 있었다.
① 이 시기의 출발점은 수정될 필요가 있다
② 이 시기가 다른 어떤 시기보다도 복잡하고 활기찼다
③ 르네상스 시대는 현대 역사로 이어지는 문화적인 가교였다

④ 이 시기에 대한 용어는 우리가 유럽 역사 전체를 이해하는 데 도움을 준다

9. ③

해설 빈칸이 포함 된 문장에서 세미콜론(;)은 역접의 기능을 하고 있다. 런던 신사의 옷과 고등학생들이 입는 옷이 외부인들에게 유니폼처럼 보인다고 했으므로, 빈칸 다음에는 외부인이 아닌 그 동료들만이 알 수 있는 이 옷들의 차이점이 있다는 말이 이어져야 한다. 빈칸 뒤에서 그 차이점에 대해 부연 설명하고 있으므로 ③이 적절하다.

어휘 cliche a. 진부한, 틀에 박힌, 고리타분한, outfit n. 옷[복장] pin-striped a. (옷감이) 가느다란 세로줄무늬가 있는 bowler n. 중산모 associate n. 동료, 친구 cut n. 마름질, 재단 (상태) fabric n. 직물, 옷감 glance n. 흘깃[휙] 봄 fashionably ad. 멋지게, 최신 유행대로, ragged a. (옷이) 누더기가 된, 다 해진 grasp v. 납득하다, 이해[파악]하다 fine a. (차이 따위가) 미묘한, 미세한 straight-leg a. 일자바지의(바짓가랑이의 위아래 통이 같은) flared a. (스커트·바지가) 아래로 갈수록 벌어지게 만든, 나팔 모양으로 벌어진, boot-cut a. (부츠를 신을 수 있게) 아래통이 좀 넓은 peg-top n. (허리통은 크고 끝통은 좁은) 팽이 모양의 바지

해석 상투적인 복장이 너무 표준화되어서 '유니폼'이라고 말해지는 일이 종종 있다. 예를 들면, 이런 종류의 옷에는 런던의 신사가 입는 가느다란 세로줄 무늬의 정장과 중산모와 검정 우산 또는 고등학교 학생들의 청바지와 티셔츠가 있다. 그러나 일반적으로 이런 옷들은 외부인들에게는 유니폼처럼 보이지만, 동료들은 중요한 차이를 알아차릴 것이다. 런던의 사업가의 넥타이는 그가 어느 학교에 다녔는지 동료들에게 알려줄 것이며 그의 양복의 재단 상태와 옷감이 동료들로 하여금 그의 수입에 대해 추측할 수 있게 할 것이다. 고등학생들은 새 청바지를 유행에 맞게 해서 입는 청바지와 한 눈에 구별할 수 있는데, 유행하는 청바지는 기능적으로나 장식으로 덧대거나 아니면 아무렇게나 누더기가 된 청바지이다. 그들은 일자바지, 나팔바지, 부츠컷, 팽이 모양 바지가 의미하는 미세한 차이를 이해할 수 있다.

① 우리 모두는 복장에 굉장히 신경을 쓴다
② 이러한 표현의 범위는 상당히 제한되어 있다
③ 동료들은 중요한 차이를 알 것이다
④ 그런 옷들은 대도시에서 흔하다

10. ①

해설 빈칸이 포함된 문장 속 they는 독감에 대한 언론 통제가 이루어졌던 나라들인데, 독감과 관련한 뉴스를 검열한 연합국과 동맹국과 달리, 스페인은 언론을 통제하지 않고 자유롭게 독감바이러스를 보도했다고 했다. 스페인에서만 이 독감바이러스에 대해 자세히 보도하는 것과 관련하여, 언론을 통제받은 나라들은 이 독감이 스페인과 밀접한 관련이 있거나 스페인에서 생겨난 것으로 생각했을 가능성이 매우 높다. 그러므로 빈칸에 적절한 표현은 ①이 된다.

어휘 deadly a. 죽음의, 치명적인 infect v. 감염시키다 pandemic n. 전국[전세계]적인 유행병 originate v. 비롯하다, 생기다 peninsula n. 반도 nickname n. 애칭, 별명 neutral a. 중립의 Central Powers 동맹국(제1차 세계 대전 중에 연합국에 대항해서 공동으로 싸웠던 독인, 오스트리아, 헝거리; 때로 터키, 불가리아를 포함) wartime n. 전시 censor v. 검열하다 morale n. 사기, 의욕 gory a. 피비린내 나는, 유혈의; 끔찍한; 잔인한; media blackout 언론통제 ground zero n. 시작 지점, 시초, disseminator n. (정보·사상 등의) 퍼뜨리는 사람, 보급자

해석 1918년 봄에, 치명적인 독감 바이러스가 세계를 강타했다. 그 바이러스는 전 세계 인구의 40% 정도에 이르는 사람들을 감염시켰다. 그 전 세계적 유행병은 미국과 유럽에서 '스페인 독감' 또는 '스페인 아가씨(Spanish Lady)'로 널리 알려지게 되었다. 많은 사람들은 이렇게 알려지게 된 이유가 그 병이 이베리아 반도에서 생겼기 때문이라고 추정하지만, 실제로 그 별명은 널리 퍼진 오해에서 비롯된 것이었다. 스페인은 1차 세계대전에서 중립을 지켰던 소수의 주요 유럽국가 가운데 하나였다. 전시에 사기에 영향을 끼치는 것을 피하기 위해 독감과 관련된 뉴스를 검열한 연합국과 동맹국과는 달리, 스페인 언론 매체는 자유롭게 바이러스에 대해 매우 세세한 부분까지 보도할 수 있었다. 언론을 통제한 나라들은 스페인 뉴스를 통해서만 자세한 내용을 읽어볼 수 있었기 때문에 그들은 일반적으로 스페인이 그 전염병의 시초라고 추정했다.

① 그 나라가 전염병의 시초였다
② 스페인은 전쟁이 끝날 때까지 중립을 유지했다

③ 스페인의 언론매체는 다른 어떤 나라보다 좀 더 많은 자유를 누린다
④ 그 나라는 독감을 대규모로 퍼뜨리는 보급자로 잘못 낙인찍혀버렸다

11. ④
해설 "누군가가 존슨앤존슨의 타이레놀에 청산가리를 고의로 첨가시켜 8명이 사망한 사건에 대해, 이 회사는 시중에 풀린 모든 제품을 즉각적으로 회수하는 조치를 취함으로써 소비자의 신뢰를 얻을 수 있었고 미국의 대표적인 진통제로 계속 남아 있을 수 있게 되었다."는 내용이므로, 올바른 일처리가 고객과 회사 모두에 이롭게 된 상황을 만들었다고 볼 수 있다. 그러므로 빈칸에는 ④가 적절하다.
어휘 tragic a. 비참한, 비극적인; tamper v. (독극물 테러 등의 목적으로) 식품[약품] 등의 포장을 만지작거리다 swallow v. 들이켜다, 삼키다 cyanide n. 청산가리, 시안화물, laced a. ~이 가미된, 첨가된, recall v. 리콜하다; (결함 상품을) 회수하다 in the long run (앞으로 길게 보았을 때) 결국에는 pain reliever 진통제
해석 8명이 청산가리가 첨가된 타이레놀 캡슐을 복용해서 사망했던 비극적인 약품 변조 사건을 생각해보자. 그 약이 공장이 아니라 극소수의 매장에서 변조가 이뤄졌다고 생각했음에도, 존슨 앤 존슨은 모든 타이레놀 제품을 재빨리 회수했다. 그 리콜 조치로 인해 2억 4천만 달러의 소득 손실을 보았다. 그러나 결국 타이레놀을 빨리 회수한 존슨 앤 존슨의 조치는 소비자의 신뢰와 충성도를 강화시켰고, 타이레놀은 여전히 미국의 대표적인 진통제로 남아있다. 존슨 앤 존슨의 경영진은 올바른 일처리가 고객들과 회사 모두에게 이롭다는 것을 알게 됐다.
① 새로운 고객들을 유치하는 비용이 빠르게 증가하고 있다
② 고객의 욕구를 만족시키는 것은 마케팅에서 최우선 사항이다
③ 고객들과 수익성이 있는 관계를 형성하는 것이 중요하다
④ 올바른 일처리가 고객들과 회사에 모두 이롭다

12. ①
해설 본문은 '우리가 현대 문명의 문화와 학문이 전달하는 다양한 이미지 속에서 살고 있음에 따라, 이 시각적인 이미지들을 당연하게 여기게 됐다.'고 했으므로, 이런 과정에 의해 ① "예술에 둔감해졌다"고 볼 수 있다. 빈칸 뒤의 문장들은 예술에 둔감해지게 된 상황을 부연 설명하고 있다.
어휘 a sea of (바다처럼) 많은[방대한] 양, 다량, 다수 foster v. 육성[촉진, 조장]하다 unprecedented a. 선례[전례]가 없는 reproduction n. (특히 예술 작품의) 복제품 unnoticed a. 간과되는, 눈에 띄지 않는, deservedly ad. (그럴 자격이 있으므로) 마땅히, 당연히 small wonder 당연하다, 놀랄 일이 못 된다 casualness n. 태평스러움, 무심함; 격식을 차리지 않음, 대충 함, 건성임; pause v. 잠시 멈추다 desensitize v. (특히 문제 등에) 둔감하게 만들다
해석 우리는 현대 문명의 문화와 학문을 전달하는 매우 많은 이미지 속에서 살고 있다. 전례가 없을 정도로 대중매체가 확장됨으로써 촉진된 이런 시각적인 배경의 잡음은 일상의 삶에 너무 많은 부분을 차지하고 있어서 우리는 그것을 당연하게 여긴다. 이 과정 속에서 우리는 예술에 대해 둔감해지게 되었다. 누구나 방을 꾸미기 위해서 값싼 그림이나 복제품을 구입할 수 있다. 방에 있는 그림들은 종종 실제로 눈에 띄지 않는 곳에 걸리는데, 어쩌면 당연한 일일 것이다. 또한, 우리가 이와 똑같이 무심하게 박물관에 있는 예술작품을 보는 것도 놀랄 일이 아니다. 우리는 한 작품에서 다른 작품으로 빠르게 스쳐 지나가며 스모가스보드(온갖 음식이 다양하게 나오는 뷔페식 식사)의 음식을 시식하듯이 작품을 감상한다. 우리는 우리가 감탄해야 하는 유명한 걸작 앞에서 짧게 머물고는 그 작품 주위에서 미술관을 가득 채우고 있는 똑같이 아름답고 중요한 작품들은 모른 체하는지도 모른다.
① 예술에 대해 둔감해졌다
② 여러 차원에서 예술에 반응했다
③ 예술의 진정한 의미를 이해하게 된다
④ 의미 있는 개인적 선택을 하는 법을 배운다

2017년도 건국대
13. ④
해설 본문에서 마지막 문장은 앞 문장을 부연 설명하는 역할을 하고 있는데, '전화를 큰소리로 해서 동료들

이 업무에 집중하거나 전화통화를 하는데 어려움을 주는 것'은 결국 동료들을 괴롭히고 귀찮게 하는 행동이라 볼 수 있으므로 빈칸에는 ④annoy가 오는 것이 알맞다.
어휘 leave a bad impression on ~에 나쁜 인상을 남기다 fast-paced a.빨리 진행되는 amuse v.즐겁게 하다, 재미나게 하다 persuade v.권유하다 , 설득하다, train v. 훈련하다, 가르치다, annoy v.괴롭히다, 귀찮게 굴다 encourage v.격려하다, 고무하다
해석 직장 일을 시작 할 때, 당신은 자신도 모르는 사이 매우 빠르게 당신의 새로운 동료들에게 나쁜 인상을 남길 수 있다. 직장은 일이 빨리 진행되며 스트레스가 많기 때문에 주위에 있는 사람들을 잊기 쉽다. 당신의 직장 동료들을 짜증 나게 하는 확실한 한 가지 방법은 큰 목소리로 전화통화를 하는 것이다. 전화를 큰소리로 하는 것은 당신의 동료들이 업무에 집중하거나 전화통화를 하는데 어려움을 줄 수 있다.

14. ①
해설 본문의 내용은 공동 식탁에서 모두가 공유식량을 늘이기보다 그 식량을 소비시키려 하고, 식량을 늘일 능력이 없고 절약하지도 않는 (가난한 나라의) 사람들의 수가 더 빨리 증가하면, 결국 공유식량이 바닥나 모두가 망하게 될 것이라고 한다. 그러므로 ①이 빈칸에 적절하다. 부유한 나라의 잉여 식량 공급이 가난한 나라의 인구증가라는 결과만 낳고 있으므로 이를 위장된 식량 공유 체계(공동식탁)라고 했다.
어휘 well-meaning a.좋은 뜻에서[선의에서] 하는 outnumber v.~보다 수가 많다 commons n.(일반적으로) 음식; (매일의) 식사, 공동식탁 in disguise 변장[가장]한 , 변장[가장]하고, provident a. 검소한, 신중한, at the expense of ~의 비용으로, ~의 희생으로 multiply v.늘다, 증가하다
해석 전 세계적인 식량 공유 체계가 없다면, 부유한 나라와 가난한 나라에 사는 인구의 비율이 결국 안정화될지도 모른다. 인구 과잉인 가난한 나라들의 수가 감소하는 반면, 더 많은 사람들을 위한 여유가 있는 부유한 나라들의 수는 증가할 것이다. 그러나 세계 식량 은행과 같이 좋은 뜻에서 식량을 나눠주는 공유 체계가 있으면, 부유한 나라들과 가난한 나라들의 인구증가 격차는 지속될 뿐만 아니라 증가할 것이다. 전 세계 가난한 나라들의 더 높은 인구 증가율 때문에, 오늘날 아이들의 88%는 가난하게 태어나며, 12%만이 부자로 태어난다. 해가 갈수록 그 비율은 더 악화되고 있는데, 빠르게 출산하는 가난한 사람들이 더디게 출산하는 부자들보다 수적으로 더 많기 때문이다. 그런 이유로 세계 식량 은행은 위장된 공동식탁이다. 사람들은 공동음식의 저장소를 늘려가기보다 그 저장소에서 음식을 꺼내 가고자 하는 욕구를 더 갖게 될 것이다. 더 유능하고 검소한 사람들의 희생으로, 덜 검소하고 능력이 부족한 사람들의 수가 증가하게 될 것이며, 결국에 가서는 공동식탁에서 음식을 나누는 모든 사람들이 피멸을 초래할 것이다.
①결국 공동식탁에서 음식을 나누는 모든 사람들의 파멸을 초래
②부유한 나라들에서 더 많은 인구 성장
③가난한 나라의 사람들에게 균형 잡힌 영양
④인구가 많은 나라 수의 감소
⑤가난한 나라들의 위한 더 나은 전 세계적인 식량 공유 체계

15. ④
해설 빈칸에는 무용치료 수업을 통해 해소하고자 하는 대상이 될 수 있는 표현이 들어가야 하므로, 부정적인 의미의 명사 ④ hostility가 알맞다. 해당 수업이 대개 사랑과 호감의 분위기 조성을 위해 서로를 안아주며 끝난다는 마지막 문장의 내용을 통해서도 이 수업의 목적을 추측할 수 있다. ①동경 ②감사 ③직관 ⑤환대
어휘 keep time (음악에[노래에]) 박자[장단]을 맞추다 beater n.때리는[치는, 두드리는] 사람, 두드리는 도구 ritual n. 의식 hopping n.도약, 뜀 skipping n.이리저리 뛰어 돌아다님 leaping n.높이[멀리]뛰기, 도약 end with ~로 끝나다
해석 무용치료 수업은 치료사가 맡아서 감독하는 소규모의 그룹으로 구성된다. 때때로, 환자들이 처음에는 바닥에 앉아 있다가, 적절한 음악이 흘러나오면 두드리는 도구로 음악 장단에 맞추어 바닥을 두드린다. 이는 적개심을 해소하는 데 도움을 준다. 혹은 일상적인 일들을 음악에 맞춰서 하기도 한다. 마지막으로 그 수업에 참여한 사람들은 걷고, 뛰고, 깡충깡충 뛰고, 점프하고, 가볍게 뛰고, 미끄럼을 타고, 도약하면서 방을 이리저리 돌아다니기 시작한다. 모든 다양한 무용 의식과 동작의 목적은 수업에 참여한 사람들이 그들 자신에 대한 새로운 통찰을 얻도록 돕는 것에 있다. 이 수업은 일반적으로 사랑과 호감의 분위기 조성을

위해서 단체로 서로를 안아주며 끝난다.

16. ②
해설 서로 다른 중요성을 가진 매우 많은 양의 정보를 처리 할 때에 있어, 에너지가 헛되게 할당되고 제한된 정보 처리 체계에 과부하가 걸린다면, 이는 모든 정보 자극을 앞 문장에서 언급한 중요성의 차이와 관계없이 똑같이 처리할 때일 것이다. 그러므로 첫 번째 빈칸에는 equally가 적절하다. 한편, 두 번째 빈칸이 포함된 문장은 '세상을 이해하기 위해서 다른 정보에 비해 시각 정보가 매우 중요하게 처리되어야 한다.'는 맥락이므로, 빈칸에는 시각 정보의 처리를 우선으로 해야 한다는 내용을 만드는 rapidly가 알맞다. ①중요하게 - 점차 ③정기적으로 - 독립하여 ④조화롭게 - 자주 ⑤별도로 - 확실히
어휘 sensory system 감각기관 stimulate v.자극하다 wasteful a.낭비하는; 헛된 allocation n.할당, 배당 overload v.과부하가 걸리게 하다 make sense of ~을 이해하다 remarkable a.주목할 만한, 훌륭한, 놀랄 만한,
해석 인간의 감각기관은 엄청난 양의 정보에 의해 끊임없이 자극을 받고 있는데, 이 정보 가운데 일부는 중요하고 어떤 것은 대단치 않으며, 어떤 것은 전혀 가치가 없다. 우리가 모든 자극을 똑같이 처리한다면, 에너지가 헛되게 할당될 뿐만 아니라 제한된 (정보) 처리 체계에 과부하가 걸리게 만들 것이다. 우리의 세계를 이해하기 위해서, 시각 정보는 빠르고 정확하게 처리될 필요가 있다. 인간의 (정보 처리) 체계는 이런 일을 수행하는 데 있어 아주 뛰어나다.

17. ①
해설 '물을 끓이려면 연료가 필요한데, 가정에는 음식을 요리할 정도의 연료밖에 없을 수도 있다'는 것은 '가난한 나라에서는 물을 안전하게 마시기 위한 방법들이 비용 문제 때문에 어렵다'는 내용에 대한 예시에 해당하므로, 첫 번째 빈칸에는 For example이 적절하다. 한편, 가정용으로 사용되는 필터가 가장 좋은 해결책이 될 수도 있다고 한 이후로 필터가 박테리아에 의해서 막힌다는 내용이 이어지므로, 두 번째 빈칸에는 역접의 접속부사 However가 적절하다.
어휘 filtration n.여과(과정) chlorination n.염소소독, 염소화 boiling n.끓음, 끓임 ultraviolet light 자외선 out of reach 손이 닿지 않는 곳에, 힘이 미치지 않는 곳에 get clogged with 막히다 germ n.미생물, 세균 carbon n.탄소 team up 협력하다 affordable a.(값이) 알맞은, 입수 가능한,
해석 부유한 국가에서, 물은 여과 과정, 염소 처리, 끓이기, 자외선 처리 등을 통해 마시기에 안전하도록 만들어진다. 가난한 국가에서, 이런 방법들은 비용 때문에 이용할 수 없는 것일지도 모른다. 예를 들어, 물을 끓이는 것은 연료를 필요로 하는데, 가정에서는 고작 음식을 요리할 연료밖에 없을지도 모른다. 가정에서 사용할 수 있는 저렴한 필터가 아마도 가장 좋은 해결책이 될 것이다. 그러나 필터는 박테리아에 의해 막힐 수 있다. 슈퍼마켓에서 당신이 구입할 수 있는 필터처럼, 탄소 필터는 몇몇 화학물질을 제거한다. 그러나 이런 여과필터들은 세균을 포착하지는 못한다. 그렇다면 어떤 재료들이 그 일 (세균 포착)을 할 수 있을까? 과학자들과 공학자들은 비용 면에서 적절한 해결책을 찾기 위해 협력하고 있다.

<u>2017년도 광운대</u>
18. ①
해설 본문의 마지막 문장은 전체 글의 결론이다. 앞선 문장들에서 '동물들이 사람의 말을 이해하고서 행동하는 것이 아니며, 그저 주변 환경의 변화에 민감하게 반응하는 것일 뿐임'을 이야기하고 있으므로, 이를 통하여 내릴 수 있는 타당한 결론은 "동물들이 인간의 언어를 전혀 이해하지 못한다." 가 된다. 따라서 빈칸에는 '결코~하지 않다'의 의미의 ①이 들어가는 것이 적절하다.
어휘 behave v. 예절 바르게 행동하다, 행동하다, accordingly ad. 따라서; 그에 맞게 psychological a. 심리학의, 정신적인 experiment n. 실험, 시도 extremely ad. 대단히, 몹시 , 극도로 sensitive a. 예민한, 민감한, immediate a. 직접적인; 인접한; 즉시의 circumstance n. 상황, 환경, 주위의 사정 motion n. 동작, 움직임, at no time 결코 ~하지 않다 all the time 항상 for a time 당분간, 잠시 in no time 곧, 아주 빨리 of all time 역대, 지금껏
해석 동물들이 조련사나 주인이 말하려고 하는 것을 이해하고, 또 그에 따라 행동하는 것처럼 보이기 때문에 우리는 종종 동물들이 똑똑하다고 말한다. 심리학 실험 보고에 의하면 동물들은 똑똑하지 않으며, 실제로는 소리와 움직임을 비롯해서 주변 환경에서 일어나고 있는 변화에 대단히 민감하게 반응하고 있을 뿐이

라는 것이다. 그러므로 사실 동물들은 인간의 언어를 결코 이해할 수 없다는 것이다.

2017년도 산기대

19. ②
해설 본문에 따르면 '로키는 초대를 받지 않았음에도 그 연회에 참석하여, 참석한 신의 숫자를 13으로 끌어올렸다.'고 했으므로, 원래 초대받았던 신들의 수는 12명이다.
어휘 universally ad. 보편적으로, 일반적으로 reputation n. 평판, 명성, 신망 destruction n. 파멸, 파괴, mythology n. 신화 feast n. 축제; 잔치, 향연 uninvited a. 초대받지 않은; 주제넘은
해석 거의 일반적으로 불길하게 여겨지는 것 같은 숫자는 13이다. 다른 그 어떤 숫자도 그토록 오랫동안 나쁜 평판을 얻지는 않았다. 고대 로마인들은 13이라는 숫자를 죽음, 파괴, 불행을 상징하는 것으로 간주했다. 13이라는 숫자에 관해 가장 일찍 쓰인 이야기 중의 하나가 노르웨이 신화에 등장한다. 이 이야기는 12명의 신들이 초대된 발할라에서의 연회에 관한 것이다. 악의 신, 로키는 초대를 받지 않았음에도 그 연회에 참석하여, 그 숫자를 13으로 끌어올렸다. 로키를 내쫓기 위해 싸움을 하던 중에, 다른 신들이 가장 좋아하던 발더가 죽고 말았다.

20. ④
해설 '각자가 독립적으로 기능할 수 있을 때, 두 사람은 관계 안에서 제 기능을 할 수 있다'는 내용이므로, '두 사람이 건강한 관계를 이루기 위해서는 두 개의 완전체(wholes), 즉 두 개의 독립된 인격체가 필요하다'는 내용이 되어야 한다.
어휘 intimate a. 친한, 친밀한, relationship n. 관계, 관련 banish v. 사라지게 만들다; 추방하다; 제거하다 function v. 작용하다, 역할을 다하다, 기능하다, independently ad. 자주적으로; 별개로 whole n. 전체, 전부
해석 친한 관계가 외로움을 사라지게 하지는 않는다. 우리가 현재의 우리 자신의 모습을 마음 편하게 느끼면서 건강한 방식으로 독립적인 역할을 할 수 있을 때에만, 우리는 관계 안에서 진정으로 제 역할을 할 수 있다. 건강한 관계에 관해서라면, 두 개의 반쪽이 전체를 만들지 않는다. 그것은 두 개의 전체를 필요로 한다.

21. ③
해설 '야생 인삼을 캐는 일꾼들이 9월부터 11월까지만 작업하며, 다 자란 인삼만 손으로 캔다.'는 내용이 빈칸 다음에 이어지고 있고, 이것은 야생 인삼을 캐는 '시기와 방법'에 관한 것이므로, 빈칸에는 ③ when and how가 적절하다.
어휘 dig v. (땅 따위를) 파다, 파헤치다; (감자 따위를) 캐다 ginseng n. 인삼 mature a. 익은, 성숙한
해석 미국 웨스트버지니아 주의 숲에서는 야생 인삼을 캐는 것이 여러 세대 동안 이어져 온 전통이었다. 이들 야생 인삼을 캐는 사람들에게 sengers라는 별명까지 있을 정도였다. 그러나 언제, 어떻게 인삼을 캘 수 있는지는 법률로 규정되어 있다. 인삼을 캘 수 있는 시기는 9월에서 11월까지 뿐이며, 오직 다 자란 인삼만 손으로 캘 수 있다.

22. ②
해설 빈칸을 포함하고 있는 문장을 마지막 문장에서 부연 설명하고 있다. 마지막 문장에서 "마을이 내려다보이는 언덕을 파고들어가 안식처를 마련한다."고 했으므로, 빈칸을 포함한 문장은 그들은 '더위와 파리를 피하기 위해서 지하로 들어간다(go underground)'고 해야 적절하다.
어휘 deposit n. 퇴적물, 침전물; (석유, 석탄 등의) 매장물, 광상 gem n. 보석 stripe n. 줄, 줄무늬, fleck n. 반점, 얼룩 harsh a. 가혹한, 모진, outback n. (미개척의) 오지 temperature n. 기온, 온도, carve v. 새기다, 파다 ascend v. (오르막길, 사다리 따위를) 오르다, 올라가다,
해석 호주 남부의 먼지투성이 도시, 쿠버 페디의 땅 밑에는 지금껏 알려진 세계 최대의 오팔 — 색색의 줄무늬와 반점이 들어 있는 유백색 보석 — 매장지가 있다. 부자가 되기를 꿈꾸면서, 보석의 원석을 캐는 광부들은 혹독한 오지의 환경을 견뎌낸다. 그들은 먼지 폭풍, 파리, 그리고 화씨 120도(섭씨 약 50도)가 넘는 기온을 참아낸다. 더위와 파리를 피하기 위해, 쿠버 페디 사람들은 지하로 들어간다. 그들은 마을이 내려다보이는 언덕을 파고들어가서 'dig-outs(지하호)'라 불리는 안식처를 마련한다.

23. ②
해설 but 앞 문장에서 '이것이 공상과학소설처럼 들린다.'고 했는데, but 이하 문장은 이와 반대되는 의미를 가져야 하므로, 더 이상 공상소설과 같은 일이 아니라는 내용이 되어야 한다. 그러므로 '스마트홈에는 그런 재능의 장비들이 실제로 갖춰져 있다'는 의미를 만드는 ③이 정답이다.
어휘 grueling a. 녹초로 만드는; 심한, 격렬한 capability n. 능력, 재능, 역량, remotely ad. 먼 곳에서, 멀리서 portable a. 휴대용의 , 들고 다닐 수 있는, treat v. 처리하다, 다루다, 대우하다; relocate v. 이전시키다, 다시 배치하다; 새 장소로 옮기다, outfit v. (특정 목적에 필요한 복장, 장비를) 갖추어 주다 malfunction v. (기계, 장치 등이) 제대로 움직이지 않다
해석 직장에서 힘든 하루를 마친 후에 스마트한 집으로 돌아오는 것을 상상해보아라. 문과 창문이 자동으로 열리고 닫히며, 당신이 가장 좋아하는 음악이 집안 곳곳에서 연주되고, 저녁식사는 저절로 요리된다. 이것은 공상과학소설처럼 들리지만, 점점 더 많은 가정에 이러한 재능들의 장비가 갖춰지고 있다. 스마트홈은 스마트폰이나 휴대용 컴퓨터를 통해서 원격 제어가 가능하다.

24. ②
해설 본문에 따르면 '남자와 여자가 신체적, 지적으로 서로 동등하다'고 믿는 사람이라면, '남녀가 동등한 권리, 대우, 존중을 받을 자격이 있다'는 것을 아무런 이의 없이 받아들일 것이다. 따라서 빈칸에는 '이것을 당연한 것으로 여기다'는 의미의 ②가 적절하다.
어휘 interpretation n. 해석, 설명; 판단 physically ad. 육체적으로; 물리적으로; intellectually ad. 지적으로 be entitled to ~할 자격이 있다 assume v. 가정하다 , 추정하다, 추측하다, put up with 참다, 견디다 take~for granted ~을 당연한 것으로 여기다 make away with ~을 가져[데려]가 버리다, 파기하다; ~을 멸망시키다, 죽이다 jump to the conclusion 지레짐작하다, 속단하다,
해석 내 스스로 판단하건데, 나는 페미니스트이다. 나는 남성과 여성이 신체적으로나 지적을 동등하다고 믿는다. 그들은 동등한 권리, 동등한 대우, 그리고 동등한 존중을 받을 자격이 있다. 나는 이것을 당연한 것으로 여기며, 이와 다르게 생각하는 사람들이 잘못이라는 생각을 나는 즉각 하게 된다.

25. ④
해설 지진은 지각판이 충돌해서 발생하는 것이므로, 일본에 지진이 많이 발생하는 것은 많은 지각판이 일본 지역에 '모여 있기' 때문으로 보는 것이 알맞다.
어휘 tectonic plate 지질판, 지각판 earthquake-proof a. 내진의, 지진에도 끄떡없는, construction n. 건설, 건축; 건축물 structure n. 구조. 구성; 건축물 divert v. (딴 데로) 돌리다, (물길 따위를) 전환하다; 전용[유용]하다 diverge v. 분기하다, 갈리다, convert v. 바꾸다 , 전환하다, converge v. 한 점[선]에 모이다; (사람, 차 등이) 몰려들다
해석 일본에서 지진이 많이 발생하는 것은 서로 다른 네 개의 지각판이 지표면 아래에 모여 있기 때문이다. 지진의 위협으로 인해, 일본은 내진 건축 분야에서 세계 제일을 자랑하게 되었다. 모든 크기의 구조물에 대해 강력한 건축 법규가 마련되어 있다.

26. ①
해설 의원들이 식사하는 장소라고 한 점과 그곳에서 식사할 마음을 가져본 적이 한 번도 없었다고 한 점 등을 통해, 포요츠라는 레스토랑은 음식 값이 매우 비싼 곳임을 알 수 있다. 이것은 '자신의 수입으로는 감당할 수 없는 식당'으로 달리 표현할 수 있다. beyond one's means는 '수입을 초과하는', '분수에 넘치는' 이란 의미를 가지므로, 빈칸에는 ①이 들어가야 한다.
어휘 senator n. 상원의원 flatter v. ~에게 아첨하다; 우쭐하게 하다 means n 수단, 방법; 수입, 재산, beyond one's means 수입을 초과하는, 분수에 넘치는 feast n. 축제, 잔치, 향연 ordinance n. 법령, 포고 prerequisite n. 필요조건, 선행조건,
해석 그녀는 룩셈부르크에서 아침을 보낼 예정이었고 그 후에 포요츠에서 조촐한 점심식사를 대접할 의향이 있는지를 묻고 있었다. 포요츠는 프랑스 상원의원들이 식사하는 레스토랑이고, 나의 수입으로는 도저히 감당할 수 있는 곳이 아니었기 때문에 그곳에 간다는 생각을 한 번도 해본 적이 없었다. 그러나 나는 우쭐

한 마음이 생겼고 또 당시에는 너무 젊었기 때문에 여자에게 거절하는 법을 알고 있지 못했다.

<u>2017년도 상명대</u>

27. ②

해설 두 절은 역접의 접속사 but으로 연결되어 있으므로, 빈칸에는 서로 반대되는 뜻의 형용사가 필요하다. 이에 알맞은 보기는 ②이다. ① 존경-존경 ② 매력-악의, ③ 반감-증오 ④ 애정-사랑 ⑤ 경향-매혹, 매력
어휘 long-standing a. 장기간의, 오랜 세월의
해석 그들은 서로에게 끌린 것이 분명해 보였지만, 사실 그들은 서로에 대해 오랜 세월 동안 원한을 품고 있었다.

28. ③

해설 세미콜론(;)은 앞 문장의 결과를 나타내고 있다. 세미콜론 뒤의 the teacher는 에세이를 쓴 작가이므로, '그가 쓴 에세이가 형편없었기 때문에, 그 에세이가 책으로 나왔어도 그것에 대한 판촉활동을 할 기회는 갖지 못했다.'는 문장이 되는 것이 문맥상 알맞다.
어휘 unmitigated a. 경감되지 않은; 순전한 abusive a. 매도하는, 욕하는, enhance v. 향상하다; (가치를) 높이다 laconic a. 말수 적은, 간명한, 간결한; obliterate v. 지우다, 말살하다 obtuse a. 둔한, 둔감한 obviate v. ~를 제거하다, 없애다 profound a. 심오한 diminish v. 감소시키다 prolific a. 다작의 necessitate v. 필요로 하다
해석 순전한 진실은 그 에세이들을 쓴 작가는 글이 무뎠다는 것이다. 따라서 그가 쓴 에세이들이 출판됐지만 그 교사가 홍보활동을 할 기회는 갖지 못했다.

29. ⑤

해설 예전의 인도인들은 대대로 내려오는 전통적인 방식으로 결혼 상대를 찾았을 것이므로, 현대의 인도인들이 인터넷 결혼 중매 웹사이트를 통해 배우자를 찾는 것은 전통에서 벗어난다는 것을 의미한다. 따라서 Ⓐ에는 breaking with tradition이 적절하다. Ⓑ에는 country를 수식하기에 문맥상 적절한 형용사가 들어가야 하는데, 여러 다른 종교와 언어가 있는 나라는 '다문화적인' 국가라고 볼 수 있으므로, 빈칸에는 multicultural이 알맞다. 한편, 이러한 웹사이트를 이용하는 것은 적절한 배우자를 '찾기 위한'것이므로, Ⓒ에는 locate가 알맞다
어휘 matchmaking n. 결혼 중매 eligible a. 적임의; 바람직한; (특히 결혼상대로) 어울리는 tuning point 전환점 speculate v. 숙고하다 play on (남의 감정 등을) 자극하다; 이용하다 erudite a. 학식이 있는, 박식한, incriminate v. 고소[고발]하다 infirmity n. 쇠약, 허약 conjecture v. 추측[억측]하다 fester v. (상처가) 곪다 flaunt v. 자랑하다, 과시하다
해석 현대 인도인들은 어울리는 결혼 상대를 찾아주는 인터넷 결혼 중매 웹사이트를 사용함으로써 전통과 결별하고 있다. 이렇게 된 주된 이유는 여러 다른 종교와 언어를 가진 이 복잡한 다문화 국가에서 좋은 남편 또는 아내를 찾기 위해서는 특별한 도움이 필요하기 때문이다.

30. ①

해설 빈칸 Ⓑ가 포함된 문장의 경우, 앞의 문장에서 언급한 분석가의 가정이 틀렸음을 중국이 입증하고 있다고 해야 하므로, 빈칸 Ⓑ에는 analysts가 들어가야 한다. 한편, 마지막 문장은 첫 문장에서 언급한 '분석가들의 가정'이 잘못됐음을 이야기하고 있는 내용이므로, 마지막 문장과 분석가들이 가정한 내용을 비교하여 나머지 두 개의 빈칸을 채울 수 있다. 마지막 문장에서, 중국이 '자본주의 경제'를 자랑하고 있다고 했는데, 자본주의 경제는 시장에 경제를 자유롭게 맡겨 놓는 체제이므로, '경제 자유화'의 의미를 만드는 liberalization이 Ⓐ에 알맞다. 또한 분석가들의 가정이 잘못된 것이라면, 자본주의 경제가 민주주의 정치개혁을 가져오지 못할 수도 있단는 게 되므로, 빈칸 Ⓒ에는 democratic과 반대되는 의미의 authoritarian이 들어가야 한다.
어휘 assumption n. 가정; 추정 boast v. 내세우다, 자랑하다, rein v. 통제수단, 지휘 방법; 억제 liberalization n. 자유화; 규제 완화 authoritarian a. 권위[독재]주의의 correlation n. 상호 관계 negotiator n. 협상[교섭]자;

거래인 figurative a. 비유적인 matured a. 성숙한
해석 서구 세계의 정치 분석가들은 경제 자유화가 이루어지면 뒤이어 민주적인 정치 개혁이 일어날 것이라고 오랫동안 생각해왔다. 그러나 중국은 이 분석가들이 틀렸음을 입증하고 있다. 중국은 강력한 자본주의 경제를 자랑하고 있지만, 여전히 권위주의적인 정부의 강력한 지배하에 있다.

31. ④
해설 evolve from A to B는 'A에서 B로 변화하다' 는 뜻인데, 비디오 게임의 발전을 생각해 봤을 때 기발한 것을 만들어보는 실험 수준에서 상업적으로 가능성 있는 사업 수준으로 변화했을 것이다. 따라서 Ⓐ에는 viable(실행 가능한)이 알맞다. Ⓑ 다음에 비디오 게임의 제작과정에 수백 명이 포함되었다고 했으므로 one-single과 대조되는 collaborative 또는 cooperative가 빈칸에 적절하다. 마지막 문장의 as절은 원인, 주절은 결과이고, 예술가들이 프로그래머보다 수가 더 많아지게 되는 것은 프로그래밍과 연관된 기술적인 면보다는 창의적인 면이 더 요구되기 때문일 것이므로 Ⓒ에는 창의성과 관련이 있는 innovation이 적절하다.
어휘 novelty a. 색다른, 신기한 commercially ad. 영리적으로, 상업적으로, outnumber v. ~보다 수가 더 많다, 수적으로 우세하다 well-fed a. 영양이 충분한; 살찐 redemption n. 구원, 구함 resurrection n. 소생, 부활 compassion n. 동정, 동정심 viable a. 실행 가능한, 성장할 수 있는 collaborative a. 협력하는; 합작의
해석 1950년대 비디오 게임이 소개된 이후로 비디오 게임은 기발한 것을 만들어 보는 실험에서 상업적인 발전 가능성이 있는 산업으로 변화해왔다. 이렇게 비교적 짧은 기간 동안, 비디오 게임의 제작은 1인 설계팀에서 수백 명이 포함된 협업 과정으로 변화했다. 혁신이 증가함에 따라, 게임 설계 팀에 예술가들의 수가 프로그래머들보다 더 많아지고 있다.

32.
해설 주술사는 토착 원주민이고 마크는 서구인인데, 원주민이 서구 사상에 마음의 문을 열어야 서구적인 의료 방식의 진료소가 도입될 수 있는 것이므로 빈칸 Ⓐ에는 opened his mind가 알맞다. 그리고 마크는 서구인으로서 원주민 보존 팀의 책임자로 토착 사회에 들어간 것이므로 서구의 선교사가 운영하는 서구식 진료소를 의미하도록 missionaries(선교사)가 빈칸 Ⓑ에 적절하다.
어휘 shaman n. 주술사, 무당 apprentice n. 도제; 수습생 criticize v. 비판하다 conjecture v. 추측[억측]하다 missionary n. 선교사, 전도사 headwaters n. (강의) 상류[원류]
해석 그 주술사는 외래의 신사상에 마음의 문을 열었다. 마크는 아마존 보존 팀이라고 불리는 비영리 단체를 이끌고 있는데, 이 단체는 선교사들에 의해 운영되는 진료소 옆에 주술사들의 수습 진료소를 세운다.

<u>2017년도 서울여대</u>
33. ③
해설 빈칸 바로 다음에 "몇몇 환자들은 특정 약품을 이름만 대고 달라고 하기 위해 의사를 찾는다."라고 했는데, 이는 "광고를 통해 약품에 대해 익숙해진 까닭에 환자가 의사의 진단이나 검진 없이 스스로가 자신에게 필요한 약을 판단하여 요청하게 되었다."라는 것을 의미한다. 그러므로 이와 같은 맥락의 내용인 ③이 빈칸에 가장 알맞다.
어휘 conduct v. 집행하다, 처리하다; 행동하다 indicate v. 가리키다, 보이다, 지적하다 advertising n. 광고, 광고업 prescription n. 명령, 규정; 처방, 처방전 consumer n. 소비자 obviously ad. 명백하게, 두드러지게 unethical a. 파렴치한, 비윤리적인, revise v. 개정하다 household word 일상용어; 잘 알려진 속담[이름, 인물] significantly ad. 의미심장하게, 중요하게, request v. 요구하다, 신청하다; 부탁하다 medication n. 약물치료, 투약; 약물
해석 국립 보건관리연구소가 최근 실시한 연구는 처방 약품에 대한 과한 광고가 소비자들로 하여금 그러한 약품에 수십억 달러를 더 쓰게 만든다는 것을 보여준다. 이와 같은 광고는 분명히 비윤리적이다. 미국 식품의약국은 대형 제약회사가 이런 식으로 사람들을 이용하는 것을 허용하고 있는 법률들을 개정해야 한다. 제약회사들은 셀레브렉스(Celebrex)와 조코르(캐책)처럼 판촉 광고를 많이 한 약품들을 일상에서 흔히 쓰는 말이 되게 만듦으로써 그들이 우리 모두에게 호의를 베풀고 있는 것으로 우리가 믿어주기를 바란다. 그러나 솔직하게 말하면, 그 회사들은 광고가 매출을 크게 늘려준다는 사실을 알고 있다. 그것이 펩시코

(PepsiCo)가 펩시콜라를 광고하기 위해 쓰는 것보다 제약회사들이 더 많은 돈을 광고에 쓰고 있는 유일한 이유이다. 그 결과, 제약회사의 광고는 소비자들로 하여금 자가진단을 하도록 조장한다. 일부로 환자들은 주로 특정 약품의 이름만 대고 달라고 하기 위해 의사를 찾는다.
① 새로운 약품의 안전성과 효과에 대한 시험이 실시된다
② 소비자들이 가장 잘 팔리는 약품의 가격인하를 요구한다
③ 제약회사의 광고가 소비자들로 하여금 자가진단을 하도록 조장한다
④ 제약회사가 소비자들에게 약품의 잠재적인 부작용을 알리려 노력한다

34. ②
해설 배우들의 눈물 연기에 대한 내용인데, 빈칸 뒤의 술부가 힘든 일이라고 했고 마지막의 연기지도 교사의 조언에서 less about what is demanded of them이라 했으므로, 빈칸에는 울고 싶은 마음이 아닌데도 '대본의 내용 때문에 필요에 따라 눈물을 흘리면서 우는 것'을 나타내는 표현이 필요하다. 그러므로 ②가 정답이 된다.
어휘 tricky a. 속이는, 교활한, 교묘한, 다루기 힘든; shed v. 뿌리다, (눈물, 피 등을) 흘리다; (옷을) 벗다, 벗어버리다 eyedrop n. 눈물; 안약, 점안제 regularly ad. 정기적으로, 일정하게 meet v. (조건 따위를) 채우다, 충족시키다; (곤란 따위에) ~에 대처하다, 맞서다, instance n. 사례, 예증, 실례, particularise v. (특히 하나하나를) 자세히 다루다; 특별한 예를 들다 specific a. 특수한, 독특한; 구체적인, 명확한 reduce a person to tears ~을 눈물 흘리게 하다
해석 요구만 있으면 언제든지 우는 것은 힘든 일이지만, 안약의 도움을 받든 안 받든, 눈물을 잘 흘리는 특별한 재능으로 배우 경력을 쌓아 온 배우들이 있다. 다르시 피코울트(Darci Picoult)는 뉴욕 대학교의 연기 지도교사 겸 작가로, 배우들이 이 어려운 문제를 해결하도록 정기적으로 도움을 주고 있다. 눈물을 흘려야 하는 경우에 그녀가 해주는 조언은 "눈물을 흘리는 그 순간이나 원고 내용을 연기자에게 구체적이고 개인적인 것으로 특정화하여, (눈물을 흘리는 것이) 자신에게 요구되어서 하는 것이 아니라 자신의 내적인 비밀, 욕망, 혹은 두려움과 관련하여 행해지는 것이 되도록 하다."는 것이다.
① 배우들을 가르치는 것
② 요구만 있으면 언제든지 우는 것
③ 내적인 감정을 표현하는 것
④ 관객을 눈물 흘리게 하는 것

35. ①
해설 And yet 이하는 '로봇이 기사를 작성하는 것이 가능하다'는 내용인데, 빈칸이 포함된 문장은 이것과 대조를 이루어야 하므로, '로봇 혹은 인공지능은 저널리스트가 하는 일을 할 수 없다'는 의미가 되어야 한다. 따라서 '기사를 쓰는 작업은 가까운 장래에 기계로 대체될 가능성이 가장 적은 일자리 가운데 하나'라는 문장을 만드는 ①이 이러한 의미를 만드는 데 적절하다.
어휘 artificial intelligence 인공지능 triumph n. 승리; 대성공 detect v. 발견하다; 간파하다; 탐지하다 smugness n. 자부심 강함, 잘난 체 celebrate v. (식을 올려) 경축하다; (의식을) 거행하다; (훈공 따위를) 찬양하다 financial a. 재정의, 금융의, 재무의, commentary n. 논평, 비평; 시사 해설; 실황 방송 myriad a. 가지각색의, 무수한; article n. 기사, 논설 preserve n. 보존 식품; (개인의) 영역, 분야
해석 고대 중국의 보드게임인 바둑에서 알파고(AlphaGo)가 거둔 승리에서부터 마이크로소프트의 트위터봇(Twitterbot)에 이르기까지, 많은 기자들이 인공지능에 대해 쓴 글을 자세히 살펴보라. 아마 어느정도의 자부심을 발견할 수 있을 것이다. 옥스퍼드 대학의 연구는 저널리즘(기사를 쓰는 작업)은 가까운 장래에 기계로 대체될 가능성이 가장 적은 일자리 가운데 하나라고 예측했다. 그러나 컬럼비아 대학은 퓰리처상 100주년 기념식을 준비하면서, 지능형 로봇들이 재무 보고서, 스포츠 논평, 그리고 수많은 다른 기사들을 발표할 것인데, 이는 예전에는 숙련된 저널리스트의 영역에 속했던 일이다.
① 기계에 의해 대체되다
② 인간 본성을 위험에 빠뜨리다
③ 기술발전에 기여하다
④ 인공지능에 관심이 있다

36. ①
해설 빈칸 이후 문장의 내용, 즉 "현대의 발달된 도시에 사는 사람들조차 아직도 물을 끓여서 마신다."라는 것은 끓이지 않은 물을 마시지 않는다는 문화적 구속(금기)이 그 사람들의 인식 속에 매우 깊이 베어있다는 것을 의미한다. 따라서 빈칸에 적절한 표현은 ①이다. 옛날에 생긴 금기가 오늘날에도 중국문화권인 홍콩, 타이베이에서는 지켜진다는 것은 그 금기의 뿌리 깊음을 말한다.
어휘 significant a. 중대한, 중요한; 의미심장한 taboo n. (종교상의) 터부, 금기 consume v. 소모하다; 소비하다, 다 마셔[먹어]버리다 raw a. 생[날]것의; 가공하지 않은, 원료 그대로의 boil v. 끓이다, 삶다 presumably ad. 추측컨대, 아마도, 짐작하건대 water-transmitted epidemic 수인성 전염병 municipal a. 도시의, 자치도시의; 지방자치의 constraint n. 강제, 구속, 압박; 억제 sophisticated a. (기술 따위가) 정교한, 고급인; 고도로 세련된 pitcher n. 물주전자 fridge n. 냉장고
해석 물조차도 결코 그냥 마시지 않고 항상 끓여서 마신다는 사실이 암시하듯, 중국인들이 날 음식을 금기시하는 가장 중요한 원인은 아마 건강 때문일 것이다. 추측컨대, 끓인 물을 마시는 것이 중국을 서구인들이 걸린 몇몇 수인성 전염병으로부터 보호하는 데 도움 됐을 것이다. 미국인들과 유럽인들은 전통적으로 물을 끓이지 않고 마셨고, 부분적으로는 그로 인해서 시 당국에서 공급하는 물이 화학처리 되기 시작한 19세기까지 콜레라와 같은 전염병에 시달렸다. 끓이지 않은 물을 금기시하는 중국의 문화적 구속은 매우 뿌리가 깊다. 현대의 홍콩이나 타이베이의 시 당국에서 공급하는 물은 화학약품으로 처리되어서 완벽하게 안전하고 식수로 가능하다는 사실에도 불구하고, 그런 고도로 발달된 도시에서 자란 사람들도 여전히 모든 물을 끓여서 마시며, 미리 끓인 물을 주전자에 담아 냉장고에 보관하기까지 한다.
① 뿌리가 깊다
② 문화 규범을 위반하다
③ 국내정치와 연관돼 있다
④ 이웃 문화에 영향을 끼쳐 왔다

37. ④
해설 빈칸 이후로 이어지는 내용에서 "각각의 반구는 나름의 전문분야가 있어서, 좌뇌는 언어와 말에 우세하며, 우뇌는 시각 및 운동과 관련된 일에 더 뛰어나다."라는 사실을 설명하고 있다. 따라서 뇌의 좌반구와 우반구는 각각이 제어하는 행동과 생각의 영역이 따로 정해져 있음을 알 수 있다.
어휘 split a. 분열된, 쪼개진, 갈라진; hemisphere n. (지구, 천체의) 반구; 뇌반구 specialization n. 특수화, 전문화; 분화 limitation n. 제한, 한정, 규제; 한도, 취약점 dominant a. 지배적인; 유력한, 우세한, excel v. 뛰어나다, 출중하다, 낫다
해석 과학자들은 지금까지 30년이 넘도록 둘로 쪼개진 뇌를 연구해오고 있으며, 뇌의 좌반구와 우반구가 서로 의사소통할 수 없을 때 어떤 일이 발생하는지를 목격해왔다. 연구에 따르면, 뇌의 두 반구는 서로 다른 측면의 사고와 행동을 제어한다. 각각의 반구는 나름의 전문분야가 있으며, 따라서 나름의 한계와 장점을 갖고 있다. 좌뇌는 언어와 말에 우세하며, 우뇌는 시각 및 운동과 관련된 일에 더 뛰어나다. 이러한 발견과 관련된 언어는 우리 문화의 일부가 되었다. 작가들은 그들 스스로를 좌뇌형 인간이라고 부르고, 시각 예술가들은 스스로를 우뇌형 인간이라고 부른다.
① 뇌의 모든 부분을
② 조화를 이루고 있는 몸을
③ 각각 생각과 행동을
④ 서로 다른 측면의 사고와 행동을

38. ③
해설 빈칸 이후의 내용은 "남아프리카에서 약탈 문화의 역사가 매우 오래되었으며, 약탈이 마치 스포츠처럼 스스럼없이 저질러져 왔다."라는 것으로 요약할 수 있다. 이런 관점에서 보면, 지금처럼 범죄가 전국을 휩쓸고 있는 것은 처음 있는 일은 아니며, 곧 전혀 새로울 게 없는 상황이라 할 수 있다. 따라서 빈칸에는 ③이 적절하다.
어휘 crime n. (법률상의) 죄, 범죄; 위법, 법률 위반 install v. 설치하다, 설비하다 adopt v. 채택하다, 채용하다,

raid v. 습격하다, 급습하다 tribe n. 부족, 종족 resident a. 거주하는; 내제하는 colonial a. 식민지의, 식민지풍의 peculiar a. 독특한, 특별한; 기묘한 conceptual a. 개념상의 offence n. (규칙, 법령 따위의) 위반, 반칙; 모욕; 공격 warfare n. 전쟁, 전투, 교전, undertone n. 잠재적 성질[요소], 숨은 뜻, 저의

해석 사람들은 소위 범죄의 물결이 새로운 남아프리카공화국을 휩쓸고 있는 것을 보고 고개를 내젓는다. 그들은 나라가 도대체 어떻게 되려고 하는지 모르겠다고 말한다. 하지만 그 같은 범죄의 물결은 결코 새로운 것이 아니다. 유럽 북서부에서 온 이주민들이 삼세기 전 그 땅에 자리를 잡았을 때, 그들은 약탈하는 관습 (가축의 약탈, 여성의 약탈)을 받아들였는데, 이 관습은 이미 그곳에 살고 있던 무리 혹은 부족들 간의 관계를 특정짓고 있던 것이었다. 초기 식민시대의 남아프리카에서, 약탈은 개념적 지위가 특별했다. 집단 간의 관계를 다스리는 법체계가 전혀 없었기 때문에, 약탈은 법을 위반하는 것이라 할 수 없었다. 그와 동시에 약탈은 전쟁이라고 할 수도 없었다. 그것은 스포츠에 더 가까운 것이었으며, 심각한 숨은 뜻을 내포하고 있는 문화 활동이었다.

① 긍정적인 면이 있다
② 결코 존재하지 않았다
③ 결코 새로운 것이 아니다
④ 유럽의 발명품이다

2017년도 성균관대

39.
해설 아일랜드의 석기시대 무덤에서 발견된 개 뼈의 연구를 통해, 개의 기원에 대하여 기존의 이론과 배치되는 새로운 가능성이 제기된 상황이므로, '개의 기원에 관한 두 가지 간으성'을 언급한 ②가 정답이다.
어휘 shed light on ~을 비추다; 밝히다, 해명하다 unearth v. 발굴하다, 파내다 sequence v. 배열 순서를 밝히다 domestication n. 길들이기; 사육; 가축화 the Eurasian continent 유라시아 대륙
해석 보인 계곡(Boyne Valley)에 있는 아일랜드의 석기시대 무덤에서 발견된 개 뼈는 애완견의 가능한 이중적 기원을 새롭게 조명하는 데 도움을 주었다. 약 5,000년 전의 것으로 여겨지는 이 개 뼈는 아일랜드 미스(Meath) 주에 있는 뉴그레인지(Newgrange)에서 발굴되었는데, 뉴그레인지는 석기시대의 농부들이 지은 고대 기념물이다. 더블린 트리니티 대학의 과학자들은 그 개 뼈를 이용해서 그 개의 유전자 배열 순서를 밝혔다. 그 연구는 현대의 개들이 유라시아 대륙의 정반대편 끝에서 늑대에 대한 개별적인 두 개의 가축화 과정을 통해 생겨났을지도 모른다는 것을 암시한다. 그것은 인간의 가장 친한 친구인 개가 아시아에 시식하는 늑대의 단일 사육을 통해 유래되었다는 예전의 이론들과 배치된다.
① 가상의 혈통 이야기   ② 가능한 이중적 기원
③ 유전적인 일관성   ④ 유전적인 물질
⑤ 다양한 지리적 분포

40. ①
해설 대조적인 의미를 가진 while절에서 '운 좋게 밝은 성격을 갖고 태어나는 사람도 있다.'고 했는데, 이는 선천적인 경우에 해당한다. 주절에서는 이와 상반되게 '후천적인 노력을 통해 밝은 성격을 만들 수도 있다'는 내용이 되어야 하므로, '우울증을 극복하다'는 의미의 ①이 빈칸에 적절하다.
어휘 drudgery n. 고된 일, 단조롭고 고된 일 boredom n. 권태; 지루한 것 self-pity n. 자기 연민 resilient a. 회복력 있는 exude v. (특정한 느낌 등을[이]) 물씬 풍기다 cheeriness n. 쾌활함, 명랑함 sunny a. 명랑한, 밝은, 쾌활한, temperament n. 기질
해석 일상의 고된 일 속에서는 권태와 자기연민에 빠져 방황하기가 쉽다. 그러나 어떤 사람들은 삶의 불행을 아주 유연하게 극복할 수 있는 것처럼 보인다. 심지어 가장 우울한 날에도 메리 포핀스(Mary Poppins)의 쾌활함을 뿜어낸다. 이들은 어떻게 그렇게 해내는 것일까? 어떠한 사람들은 밝은 성격으로 축복을 받았을지도 모르지만, 누구든 우울증을 이기도록 도와줄 수 있는 몇 가지 검증된 방법들이 있다. 종종 그 방법을 실행하는 데는 몇 분밖에 안 걸리지만, 일반적인 삶의 만족과 안녕에 영속적으로 이로움을 줄 수 있다.
① 우울증을 이기다   ② 욕구를 억누르다
③ 고통 속에 살다   ④ 좋은 기술을 연마하다
⑤ 어려움을 돌파하다

41.
해설 사람들이 화를 내는 것이 그들의 심장에 무리를 줄 수 있다는 노스캐롤라이나 대학교의 연구에 이어 이와 비슷한 내용의 연구가 이스트 런던 대학교에서 확인되었으므로, 빈칸에는 앞 내용과 같은 의미의 부가적인 내용을 언급할 때 사용하는 ⑤ Likewise가 알맞다.
어휘 lose one's temper 화를 내다; 흥분하다 carry out ~을 수행[이행]하다 questionnaire n. 질문표, 질문서, rate v. (특정한 수준으로) 평가하다[여기다]; 평가되다 intervening a. (두 사건, 날짜, 사물 등의) 사이에 오는[있는] take into account ~을 고려하다, 참작하다 hold back (감정을) 누르다
해석 일반적으로 사람들은 화를 내는 것이 틀림없이 심장에 해로울 것이라 생각한다. 2000년에 노스캐롤라이나 대학교에서 실시한 한 연구에서 13,000명의 환자들은 자신들이 화를 내는 경향을 평가하는 설문지를 작성했고, 몇 년 후에 추가 조사를 받았다. 그들의 혈압은 분명 정상이었지만, 자주 화를 낸다고 말했던 사람들은 흡연, 당뇨병, 체중 등의 요인을 참작하더라도 나머지 사람들보다 그 몇 년 동안에 심장마비에 걸릴 확률이 3배 더 높았다. 이와 마찬가지로, 이스트 런던대학교의 마크 맥더모트(Mark McDermott)는 화를 표출하는 사람들이 소리 지르는 것을 참는 사람들보다 심장병에 더 많이 걸린다는 사실을 밝혀냈다.

42. ②
해설 instead 이후로 "동물은 주인에게 너무 익숙해져 있어서 다른 사람이 주는 음식을 받아먹지 않는 것이다."라고 했으므로, 동물은 죽을 생각을 하고 다른 사람이 주는 음식을 먹지 않는 것이 아닌 것, 즉 의식을 갖고 죽기로 결정하는 것이 아니라는 게 된다. 앞에 부정어가 있으므로 빈칸은 ② '의식적인 결정을 내리다'가 적절하다.
어휘 psychiatrist n. 정신과 의사 knowingly ad. (사정 등을) 다 알고도, 고의로 attempt suicide 자살을 시도하다 lemming n. 레밍, 나그네쥐(먹이를 찾아 집단으로 이동해 다니다가 많은 수가 한꺼번에 죽기도 함) dense a. 밀집[밀생]한, 조밀한 emigrate v. 이주하다 projection n. 투영,투사, interpretation n. 해석, 설명
해석 현대의 동물 정신과 의사들은 야생에서 동물이 고의로 자살을 시도한다는 증거가 없다고 주장한다. 연구원들은 나그네쥐가 집단으로 죽는 것이 동시에 함께 다른 곳으로 이주할 때 개체 수가 너무 많아서 생기는 불운한 결과라는 것을 현재 알고 있다. 애완동물이 주인의 죽음을 따라 죽는 경우에, 이것은 사회적 유대감의 붕괴에 의해 설명될 수 있다. 그 동물은 죽기로 하는 의식적인 결정을 내리지 않는다. 대신에, 그 동물은 주인에게 너무 익숙해져 있어서 다른 사람이 주는 음식을 더 이상 받아먹지 않는 것이다. "배우자가 사망한 후에 자살하는 사람처럼 그 동물이 자살해서 죽었다고 생각하는 것은 로맨틱한 인간의 해석의 한 형태를 투영한 것에 불과하다."
① 나쁜 합의를 따르다　　　② 의식적인 결정을 내리다
③ 분명히 선호하다　　　④ 쉽게 동의하다
⑤ 숨겨진 욕망을 드러내다

43. ①
해설 두 번째 문장부터 빈칸에 들어가야 할 고대 로마 속담에 대한 부연설명이 이어진다. 새로운 표현을 배울 때마다 잘 적어두라고 했으므로 빈칸에는 글을 남기는 것의 중요성을 강조한 ①이 적절하다
어휘 saying n. 속담, 격언 store v. 저축[저장]하다 hook n. 낚싯바늘 brook n. 시내(=small stream), 개울 barker n. 짖는 동물; 고함치는 사람
해석 고대 로마에는 "말은 날아가 버리지만(사라지지만), 글은 그대로 남는다."라는 속담이 있었다. 누군가와 대화를 나누다든, 영화를 보다든, 책을 읽다든, 새롭고, 유용한 단어나 어구를 알게 될 때마다, 당신의 주머니에 있는 핸드폰 또는 노트에 그 정보를 저장하도록 하라. 이런 방법으로 당신은 기록한 정보를 복습할 수 있다.
① 말은 날아가 버리지만, 글은 그대로 남는다.
② 가난으로부터 배울 수 있는 것이 있다.
③ 낚싯바늘에 걸린 생선 한 마리가 냇가의 열 마리보다 낫다.
④ 짖는 개는 물지 않는다.
⑤ 이야기는 이야기를 하는 과정에서 점점 더 나아진다.

44. ①

해설 앞의 they는 'the fundamental problems of human culture'를 가리키는데, 이 근본적인 문제들을 일반 대중이 쉽게 이해할 수 있어야 한다고 했으므로, 이에 따라서 이 글의 저자는 전문적인 표현을 피하고 명확하고 단순하게 자신의 생각을 표현하기 위해 노력했을 것이다. 빈칸 이후로 앞 문장에 대한 결과에 해당하므로 ① therefore가 빈칸에 알맞다.

어휘 destine v. 따로 떼어 두다, 미리 정해 두다,   technicality n. 전문적인 문제[사항, 표현], 전문어

해석 이 책은 학자 또는 철학자들만을 염두에 두고 쓴 책이 아니다. 인간 문화의 가장 근본적인 문제들은 일반적인 인간의 관심사항이다. 그리고 이 문제들을 일반 대중들은 쉽게 이해할 수 있어야 한다. 그런 이유로, 나는 모든 전문적인 표현을 피하고, 가능한 한 명확하고 단순하게 나의 생각을 표현하고자 노력했다. 그러나 내가 이 책에서 할 수 있는 것이 내 이론을 증명하는 것보다는 설명하고 예증하는 것이라는 것을 나를 비판하는 사람들은 알아야 한다.

45. ③
해설 민주화 시위에도 불구하고 통치자를 축출하자는 요구가 거의 없는 이유가 본문의 마지막 문장에 와야 한다. 마지막 문장의 The monarch는 King Mohammad VI를 가리키는데, 그가 모나코에 안정과 번영을 가져다준 공로를 인정받고 있다고 했으므로, 모나코에서 그는 '인기가 많은' 인물일 것이라 추론할 수 있다. 그러므로 ③이 정답이 된다.

어휘 play v. (연극, 영화 등이) 상연(상영)되고 있다 denounce v. 비난[공격]하다 oust v. (일자리, 권좌에서) 몰아내다[쫓아내다, 축출하다] monarch n. 군주, 주권자 be credited with 명성을 얻다, ~로 인정되다,   stability n. 안정

해석 북아프리카와 중동 전역에서 벌어지고 있는 극적인 사건에서, 모로코는 다소 각본에서 벗어나고 있다. 수만 명의 사람들이 부패를 비난하고 민주적인 개혁을 요구하면서 전국적으로 가두행진을 벌였지만, 통치자인 '무하마드 6세(Mohammad VI)'의 축출을 요구하는 사람은 거의 없었다. 그 군주는 모로코에 안정과 번영을 가져다준 공로를 인정받는, 인기가 많은 인물이다.
① 무능한 ② 무책임한 ③ 인기가 많은 ④ 무관심한 ⑤ 압제적인

46. ④
해설 빈칸 다음의 that은 the story를 대신한 대명사이므로, 위에서 언급한 이야기가 어떤 이야기였는가를 묻는 문제로 볼 수 있다. 바르셀로나에서 유행한 천식은 그 원인을 찾아서 해결책을 구할 수 있었지만, 빈칸 앞 문장에서 언급하고 있듯이, 일반적인 천식의 발병 원인은 확실하지 않으며 제대로 치료받지 못하는 경우가 많다. 그러므로, 바르셀로나의 경우와 같은 '성공' 이야기는 흔하지 않다고 볼 수 있다.

어휘 asthma n. 천식 air pollution n. 공기[대기] 오염 pollen n. 꽃가루, 화분 mould n. 곰팡이 harbor n. 항구, 배가 닿는 곳 unload v. (실은 짐·무거운 짐을) 내리다 soya bean 콩, 대두, 메주콩 silo n. 탑 모양의 건조물; (곡식 등의 저장용) 지하실

해석 1985년과 1986년에 천식의 유행이 바르셀로나를 강타했다. 그 도시의 과학자들은 처음에는 공기오염, 꽃가루, 곰팡이와 같은 유력한 용의자들에 관심을 두었다. 그러나 천식을 앓고 있는 사람들과 일련의 전화 인터뷰를 통해 훨씬 더 정확한 원인을 알게 되었다. 모든 발병이 항구 가까이에서, 그리고 콩을 배에서 내리고 있을 때 일어났다. 그 원인은 콩에서 일어난 먼지임이 분명했다. 그래서 해결책으로 항구의 곡물 저장실에 여과장치를 설치했다. 천식은 전 세계에서 가장 흔한 만성 질환 중 하나이며, 약 3억 명의 사람들이 걸리는 병이다. 그러나 무엇이 천식을 일으키는지는 확실하지 않으며, 결과적으로, 대부분의 천식환자들은 제대로 치료받지 못한다. 바르셀로나의 이야기 같은 성공 사례는 드물다.
① 완전한 실패 ② 비극 ③ 세계적인 규모 ④ 성공 ⑤ 치명적인 공격

47. ⑤
해설 빈칸 앞의 That은 '나이가 많은 사람들이 시간제 근무를 선호하고 급료에 더 유연하다'는 것을 가리키는데, 고용주 입장에서는 이는 곧 비용을 줄일 수 있다는 것을 의미하므로, 고용주는 이들을 더 많이 고용하고 싶어질 것이다. 그러므로 빈칸에는 ⑤가 적절하다.

어휘 pay scale 급여 체계[등급] seniority n. (근무 햇수에 따른) 연공서열 final-salary a. 퇴직 시의 마지막 급여를 기준으로 한 pension benefit 연금 insure v. ~의 보험을 계약하다

해석 나이가 많은 근로자들은 급여 체계에서 연공서열에 따른 가중치가 반영되어서 관례적으로 더 많은 돈을 벌

. 그래서 퇴직 후에 그들에게 마지막 급여를 기준으로 연금을 주는 비용이 더 높아져 왔다. 고용주들이 의료 서비스를 제공하는 미국에서, 나이가 많은 근로자들은 보험에 가입하는 데 더 많은 비용이 든다. 다른 한편, 그런 근로자들은 급료에 더 유연할 수도 있는데, 고용주가 나이 많은 사람들이 선호하는 시간제 근무를 기꺼이 제공할 경우에 특히 더 그러하다. 그것은 나이 많은 사람들을 고용하기에 더 매력적이도록 만들 수 있다.
① 일을 시키기에 더 어려운   ② 사용하기에 덜 적격인
③ 해고될 가능성이 더 많은   ④ 직장을 구하는 데 덜 순응적인
⑤ 고용하기에 더 매력적인

48. ②
해설 이라크 전에서 이라크 군이 미국산 컬러복사기를 사용했는데 이 복사기 안에는 그들의 위치를 노출시키는 송신기가 들어 있었다고 했으므로, 미국산 복사기를 사용한 것은 실수였음이 틀림없다. 따라서 빈칸에는 ②가 적절하다.
어휘 photocopier n. 사진복사기 circuitry n. (전기, 전자의) 회로(설계); 회로 소자 concealed a. 숨겨 놓은 transmitter n. 발신기[장치], 송신기 operation n. 작전 highlight v. 두드러지게 하다, 강조하다, asset n. 자산; 이로운 점 liability n. 부채; 불리한 점
해석 1991년 걸프 전쟁에서 이라크 군대는 전투 계획서를 만들기 위해 미국산 컬러복사기를 사용했다. 그것은 실수였다. 일부 복사기에 들어 있던 회로에는 은폐된 송신기들이 들어있었는데 이것이 이라크군의 위치를 미국의 전자전 항공기에 노출시켜 폭탄 공격과 미사일 공격의 정확도를 높여주었다. 그 작전은 첨단 전자전에서의 비밀 전선을 부각시켜주는데, 이 전선은 적의 자산(강점)을 부채(약점)으로 변화시키는 것이다.
① 그 기계가 잘 작동하지 않았다.
② 그것은 실수였다.
③ 그 이야기는 사실일 리 없다.
④ 일이 그렇게 되어 가지는 않는다.
⑤ 어쨌든 그것은 괜찮았다.

2017년도 숙명여대

49. ②
해설 가까운 미래의 예정이나 계획은 현재진행시제로 나타낸다. 수잔이 오늘 밤늦게 한국을 향해 떠날 예정이라고 했으므로, 현재징행시제인 is leaving이 첫 번째 빈칸에 알맞다. 그리고 시간의 부사절에서는 현재시제로 미래를 표현하므로, 시간의 접속사 before절에서 현재시제 goes가 두 번째 빈칸에 알맞다. 따라서 ②가 정답이다.
해석 수잔(Susan)의 가방은 여행 갈 준비가 거의 되어있다. 그녀는 오늘 밤 늦게 한국으로 떠날 예정이다. 우리는 그녀가 출국하기 전에 그녀에게 작별인사를 할 것이다.

50. ⑤
해설 첫 문장이 주제문이며, 세미콜론(;) 이하는 첫 문장을 부연설명하고 있다. 마지막 문장에서는 이상행동(혼잣말을 하고 히스테리성 공포증을 겪음)을 보이는 일반적인 사람들에 대해서 설명하고 있으므로, 이 글의 저자는 우리 모두가 정신적으로 문제가 있다고 보고 있음을 알 수 있다. 따라서 첫 번째 빈칸에는 ill이 적절하다. 한편, 세미콜론 이하에서 '우리들이 정신병을 숨기는 것을 조금 더 잘하는 것'은 정신병원에 있는 사람들과 비교했을 때일 것이므로, 두 번째 빈칸에는 the asylums가 적합하다.
어휘 mentally ad.정신적으로, 마음속으로 hide v.숨기다 talk to oneself 혼잣말하다 hysterical a.히스테릭한, 분별이 없어진
해석 내 생각에 우리 모두는 정신적으로 병들어 있다. 그래서 정신병원 밖에 있는 우리들은 정신병을 숨기는 것을 조금 더 잘할 뿐이며, 결국 (정신병원에 있는 사람들보다) 훨씬 더 나은 상태에 있지 않을지도 모른다. 우리 모두는 혼잣말을 하는 사람과 어떠한 히스테리성 공포증을 겪고 있는 사람을 알고 있다.
① 강한 - 시설

② 불쾌한 - 학교
③ 상반된 감정이 공존하는 - 일상생활
④ 좋은 - 표준
⑤ 병든 - 정신병원

51. ③
해설 영희가 서커스를 보기 위해 서울에 도착한 시점보다 서커스가 먼저 서울을 떠난 것이므로, 첫 번째 빈칸에는 과거완료시제인 had left가 와야한다. 그리고 그녀가 서울까지 운전해 갔던 것은 그녀가 서울에 도착하기 이전의 일이므로 had driven이 알맞다.. 따라서 정답은 ③이다.
어휘 for nothing 까닭 없이, 헛되이
영희는 서울에서 서커스를 보기 위해 300킬로미터를 운전하였다. 영희가 서울에 도착했을 때, 그녀는 서커스를 찾을 수 없었다. 서커스가 이미 그 도시를 떠났던 것이었다. 그녀는 서울까지 내내 운전해 갔지만 허사가 되어버린 것이었다.

52. ④
해설 강의 물이 탁한 것에 대한 직접적인 이유가 될 수 있는 표현이 빈칸에 와야하는데, '눈이 녹은 물이 침전물을 강으로 운반하는 것'이 그 이유로 가장 적합하다.
어휘 downhill ad. 비탈[내리막] 아래로 stream n.시내, 개울 sediment n.침전물, 퇴적물, 앙금, particle n.미립자, 분자 contaminate v. 오염하다, 더럽히다, converge v.모여들다, 만나다
해석 산악지역에서, 봄철에 녹아내린 눈은 개울과 강으로 흘러내려 간다. 그 물은 침전물, 즉 흙과 돌과 같이 작은 입자들을 운반한다. 봄철에 산에 있는 강의 물을 맑기보다 탁한데, 눈이 녹은 물이 침전물을 강으로 운반하기 때문이다.
① 얼음은 얼은 물기기
② 산 정상이 침전물로 덮여 있기
③ 물이 흙으로 오염되어 있기
④ 눈이 녹은 물이 침전물을 강으로 운반하기
⑤ 샘물이 강으로 모이기

53. ①
해설 본문의 첫 문장에서 "국제적인 명성에도 불구하고, 존은 조금도 우쭐해하지 않았다."라고 했으므로 존은 '겸손한 태도'를 가진 사람이라고 볼 수 있다. 두 번째 문장은 존의 명성으로 인한 인기를 언급하고 있으며 but 다음에는 잘난 체하지 않는 그의 태도가 열거되고 있으므로, 빈칸에는 ①이 알맞다. 왕과의 식사, 대통령에 대한 조언 등으로 볼 때, 존이 높은 지위에 있는 인물임이 분명하므로 ⑤보다는 ①이 더 알맞다.
어휘 celebrity n.명성; 유명인 let something go to one's head 우쭐하다 pull rank 지위를 악용하다[를 내세워 명령을 내리다] raise one's voice 언성을 높이다 unfailingly ad.꼭, 틀림없이 polite a. 은근한, 공손한,
해석 그의 국제적인 명성에서 불구하고, 존은 조금도 우쭐해하지 않았다. 그는 왕과 식사를 하고 대통령에게 조언을 해주었으며, 운동선수들과 영화배우들에게 자필로 사인을 해주었다. 그러나 그는 결코 자신의 지위를 이용하지 않았고, 언성을 높이는 일이 거의 없었으며, 매우 정중하였고 자신의 책임을 의식하고 있었다.
① 그는 지위를 이용하지 않았다
② 그는 자신의 잘못을 알지 못했다
③ 그는 어떤 것에도 멈추지 않았다
④ 그는 결코 요점을 놓치지 않았다
⑤ 그는 항상 자신의 처지를 알았다

54. ③
해설 첫 번째 문장에서 "노벨상 수상자들은 그들이 노벨상을 받을 것이라는 전화를 받으면 언제나 기쁨을

표하는 것은 아니다."라고 한 다음, 두 번째 문장에 노벨상 수상에 대한 수상자들의 태도가 열거되고 있다. '겁을 먹고, 화를 내고, 전화를 받을 수 없다고 말하라고 배우자들에게 지시하는 것'은 기쁜 이외의 감정을 드러내는 예에 해당한다. 무관심한 태도를 보이는 것도 같은 맥락에 속하는 행동이므로, ③이 빈칸에 적절하다.
어휘 be accustomed to ~하는 데 익숙하다 unconventional a.인습[관습]에 얽매이지 않는 laureate n.(뛰어난 업적으로 훈장·상을 받은) 수상자 exhibit v.나타내다, 보이다 unalloyed a.다른 것이 섞이지 않은. 순수한 scared a.무서워하는, 겁먹은 irritated a.짜증[화]이 난 carefree a.근심[걱정]이 없는 indifference n.무관심
해석 한림원은 노벨상 수상자들의 관례에 벗어난 행동에 익숙한데, 노벨상 수상자들이 자신들이 노벨상을 수상할 것이라는 전화를 받는 경우에 언제나 기쁨을 표하는 것은 아니다. 어떤 사람들은 겁을 먹고, 어떤 사람들은 거의 화를 내는 것처럼 보인다. 어떤 사람들은 배우자들에게 전화를 받을 수 없다고 말하도록 지시하기도 하며, 어떤 사람들은 무관심한 체 한다.
① 너무 고마워하며 소리를 지른다
② 그들의 다른 재능을 드러내 보이기를 원한다
③ 무관심한 체 한다
④ 강한 동의를 표한다
⑤ 묵묵히 감사를 표한다

55. ①
해설 본문은 한국의 부패인식지수의 순위가 낮다고 했으며, 식사에 사람들을 초대하고, 장례식과 결혼식에서 부조금을 내는 일이 오랫동안 완화된 형태의 뇌물로서 사용돼 왔다고 했으므로, 정부는 이에 대한 조치를 취했다고 볼 수 있다. 빈칸 뒤의 these practices는 뇌물의 관행을 의미하는 말이므로, 정부는 이런 관행을 '억제하는' 법안을 통과시켰을 것이다. 그러므로 빈칸에는 ① curbing이 적절하다.
어휘 in comparison to ~와 비교하여 Transparency International 국제 투명 기구(상부 계층의 비리와 부정부패를 없애자는 세계적 윗물 맑기 운동 기구; 1993년 5월 베를린에서 창설) corruption n.부패(행위); 위법 행위 cash offering 현금 제공 bribery n.뇌물 curb v.구속하다 ,억제하다, acknowledge v.승인하다, 인정하다, inhabit v.살다, 거주하다, 서식하다 encourage v.용기를 돋우다 reinvestigate v.재수사하다
해석 국가의 경제 규모에 비해, 국제 투명 기구의 부패인식지수에서 한국의 순위는 형편없이 낮아, 겨우 37위(1위가 가장 부패하지 않은 나라임)에 올라있다. 한국은 식사에 사람들을 초대하고, 선물을 주고, 장례식과 결혼식에 참석하여 부조금을 내는 완화된 형태의 뇌물 문화가 너무 오랫동안 이용되어 온 나라서, 정부는 이런 관행을 억제할 목적으로 작년에 법을 통과시켜야 했다.

56. ④
해설 첫 문장에서 신혼여행을 결혼식 후에 곧바로 떠나는 것은 옳지 않다고 했고 빈칸 앞에서는 신혼여행을 늦추는 것이 좋다고 했으므로, 빈칸에는 충분한 시간을 갖고 여행한다는 의미의 ④가 적절하다.
어휘 bucket-list n.버킷 리스트(죽기 전에 꼭 해야 할 일이나 달성하고 싶은 목표 리스트) destination n.목적지, 행선지 getaway n.(단기) 휴가; (단기) 휴가지 defer v. 연기하다, 늦추다, 물리다, take the time to V 충분한 시간을 갖고 신중히 ~하다
해석 당신이 죽기 전에 가보고 싶은 여행지가 있다고 해도, 시기상 결혼식 직후에 바로 떠나는 것은 옳지 않다. 기다려봐라. 당신의 신혼여행은 다른 여느 휴가와는 같지 않다. 그래서 당신이 꿈꾸는 곳으로 충분한 시간을 갖고 여행할 수 있을 때까지 신혼여행을 미루는 것이 좋은 생각이다.
① 사실을 재고할 수 있다
② 가는 방법을 결정 할 수 있다
③ 더 많은 정보를 얻을 수 있다
④ 충분한 시간을 갖고 여행할 수 있다
⑤ 당신이 가기 원한다고 확신할 수 있다

2017년도 숭실대
57. ④

해설 광고를 통한 판매의 대상은 '상품' 또는 '서비스'일 것이다. 따라서 첫째 빈칸에는 product가 적절하다. 그리고 광고물은 거기에 포함된 특정 상품과 배경 등 모든 것이 총괄적으로 작용하여 우리의 마음에 완벽한 삶의 모습 같은 것에 대한 어떤 생각을 남기는데, 이렇게 매스 미디어에 의해 형성된 일반 개념을 image라 한다. 따라서 둘째 빈칸에는 images가 적절하다.
어휘 dictum n.금언, 격언 merit n.가치, 장점 glossy a.화려한 catalogue n.목록, 카탈로그 newspaper supplements (신문의) 증보판(흔히 잡지 형태로 되어있음) extract v.추출하다, 뽑아내다; 얻어내다, 손에 넣다,
해석 18세기에 사무엘 존슨(Samuel Johnson)박사는 "약속, 그것도 큰 약속이야말로 광고의 정신이다."라고 썼다. 그의 금언은 지난 250년 동안 놀라우리만치 정확하였다. 광고는 보는 사람에게 특정 상품의 장점 이상의 것을 말해준다. 화려하고 다채로운 잡지, 카탈로그, 그리고 신문은 증보판에서 독자는 완벽한 삶의 방법에 대한 이미지들을 얻어낼 수 있다.

2017년도 이화여대

58. ③   논리완성
해설 뇌의 '쾌락' 중추를 자극한다고 했으므로, '쾌락'과 의미상 관련이 깊은 표현이 빈칸에 들어가야 한다. 따라서 '만족', '희열'이란 의미의 ③이 알맞다.
어휘 become addicted to ~에 빠지게 되다, 몰두하게 되다 automatic a. 자동적인, 자동의, stimulate v.자극하다, 활발하게 하다; 격려하다, 고무하다 specification n.상술, 열거 apparition n.유령, 허깨비, 망령, gratification n.만족, 욕구충족, 희열, verification n.확인;입증, 증명
해석 한 설문조사에 따르면, 십대의 약 3분의 1이 하루에 100개 이상의 문자메시지를 보낸다고 한다. 일부에서는 십대들이 이와 같은 의사소통 방식에 중독될 수 있다고 우려하고 있다. 한 십대 청소년의 경우, 문자메시지를 보내는 것이 호흡하는 것 만큼이나 무의식적으로 이뤄진다. 의사들은 문자메시지를 받는 데서 오는 순간적인 만족감이 뇌의 쾌락 중추를 자극한다고 말한다. 신경학 연구에 따르면, 문자메시지를 주고받는 십대들의 뇌 영상은 마약 중독자의 그것과 유사하다.

59. ①   논리완성
해설 컴퓨터가 인간보다 능력이 뛰어나다고 생각한다면, 기계로 인하여 인간이 진부하거나 쓸모없는(=obsolete) 존재가 되어버린다고 생각할 것이며, '인간이 패턴인식에 보다 더 능하고, 감정적인 연결이 가능하며, 보다 더 혁신적인 점'은 인간이 컴퓨터에 대해 우위를 유지하고(=retain) 있는 면모라고 할 수 있다.
어휘 clumsy a.솜씨 없는, 서투른 laugh at 비웃다 up one's sleeve 숨어있는, 숨겨진, recognition n.인지, 승인; 인식 obsolete a.쓸모없이[못쓰게];진부한, 구식의 retain v.보류하다; 유지하다, 보유하다, subversive a.전복적인, 파괴적인 plummet v.수직으로 떨어지다, 갑자기 내려가다 rampant a.과격한, 사나운; (잡초 등이) 무성한; (병*범죄*소문 등이) 만연하는 invigorate v. 복 돋다, 원기를 돋우다, dogmatic a.독단적인, 고압적인 acknowledge v.인정하다, 승인하다; 고백하다 nebulous a.애매한, 불투명한, emphasize v.강조하다; 역설하다
해석 컴퓨터가 지배하는 세상에서, 우리 자신의 서투른 능력을 생각하면 마음이 불안해질 수 있다. 우리가 잘 하는 것으로서 컴퓨터가 더 잘하지 않는 것이 있기는 한가? 기계가 우리를 쓸모없게 만들고 있는 것일까? 우리의 하드드라이브가 숨어서 은밀히 우리를 비웃고 있을까? 과학자들에 의하면, 인간이 컴퓨터보다 우위를 유지 할 수 있는 기술이 여전히 몇 가지 있다. 인간은 패턴인식에 보다 더 능하고, 감정적인 연결이 가능하며, 보다 더 혁신적이다.

60. ③   논리완성
해설 신속하고 자연스런 붓질로 색을 칠하는 것은 꼼꼼한(=meticulous) 마무리 작업에 관심을 두지 않기 때문이며, '순간'이라는 명사를 수식하기에 의미상 적절한 것은 '잠깐 동안의', '덧없는'이란 의미의 temporary와 '쏜살같은'이란 의미의 fleeting이다. 따라서 두 조건을 모두 만족시키는 ③이 정답이다.
어휘 impressionist n.인상파 화가 spontaneous a.자발적인, 임의의; 무의식적 reflect v.반사하다; 반영하다 absorb v.흡수하다 unsullied a.더럽혀지지 않은, 오점이 없는 immutable a.변경할 수 없는, 불변의 sloppy a.단정치 못한, 변변치 않은, 엉성한, temporary a.순간의 덧없는 meticulous a.지나치게 세심한, 매우 신중한

fleeting a.빨리 지나가는, 쏜살같은; 덧없는 unwilling a. 마지못해 하는, 내키지 않는, succinct a.간결한, 간명한 unforgettable a.잊을 수 없는
해석 인상파 화가들은 종교, 역사 혹은 신화에 관한 전통적인 주제를 따르기보다 우리가 알고 있는 세계의 일상적인 장면들을 그렸다. 그들은 실물 풍경을 보이는 그대로 그렸으며, 비현실적인 과장을 하지 않았다. 그들은 꼼꼼한 마무리에는 관심이 없었고, 신속하고 자연스런 붓질로 물감을 칠했다. 쏜살같이 지나가는 순간순간과 물체가 빛을 반사하거나 흡수하는 방식을 포착하고자, 모네, 르누아르, 마네, 피사로 등은 캔버스 위에 새롭고 눈부시도록 생동감 넘치는 세상을 그려냈다. 또한 그들은 동료 화가들의 작품에도 영향을 미쳤는데, 이들 가운데는 세잔느, 드가, 반 고흐 등이 가장 유명하다.

61. ④   논리완성
해설 본문에 따르면 함축되거나 암시된 것들은 직접적으로 드러내지 않고 빠뜨려져 있는(=left out) 것들이며, 이에 해당하는 풍경 역시 일상의 표면 위에 드러나 있지 않고 그 아래에(=under) 숨어 있을 것이다.
어휘 tension n.긴장 visible a.눈에 보이는; 분명한, 명백한 imply v. 암시하다, 함축하다, illuminate v.조명하다, 비추다 curtail v.줄이다, 생략하다 mark down 기록하다 leave out 생략하다, 빼다 include v.포함시키다 smooth a.매끄러운, 평탄한
해석 한 편의 소설에서 긴장감을 만들어내는 것은 부분적으로는 구체적인 단어들이 서로 연결되어 이야기의 가시적인 행동을 구성하는 방식이다. 그러나 또한 (이야기에) 암시되어 있는 것은 바로 (이야기에서) 빠뜨려져 있는 것들이며, 이것은 사물의 평온한 표면 바로 아래에 있는 풍경이다.

62. ②   논리완성
해설 본문에 따르면 '자석이 가진 성질과 자석을 이용하여 방향을 알 수 있다는 것을 누가 발견했는지 알 수 없다'는 내용이 이어지므로, 자석 나침반의 기원은 베일에 가려져 있거나(=shrouded) 감춰져(=hidden) 있는 셈이다. 한편, 나침반에 있는 바늘은 자석이 가진 끌어당기는 힘을 강철에 전해줌으로써(=imparted) 자력을 갖도록 만든 것이다. 그러므로 두 조건을 모두 만족시키는 ②가 정답이다.
어휘 magnetic a.자석의, 자기를 띤 compass n.나침반 property n.재산; 성질, 특성 lodestone n. 천연 자석 attractive a.끌어당기는; 매력적인 geographic a.지리적인 indicate v.지적하다, 가리키다, integrate v.통합하게 하다, 완전하게 하다 impel v.재촉하다, 추진시키다 shroud v.가리다, 감추다 impart v.나누어주다, 전하다, 주다; hide v.감추다 bog v. 꼼짝 못하게 하다, 수렁에 빠뜨리다 wreathe v. ~을 장식하다 mar v.흠가게 하다 expound v.상술하다, 해설하다 lure v. 유인하다, 유혹하다,
해석 자석 나침반의 기원은 베일에 가려져 있다. 천연 자석의 자기적 성징을 누가 발견했는지는 알려져 있지 않다. 자석의 끌어당기는 힘을 강철이나 담금질한 철에 옮겨줄 수 있다는 사실이나 지리적 방향을 정하는 데에도 자석을 사용할 수 있다는 사실을 누가 발견했는지도 전혀 알려져 있지 않다. 중국인들이 일찍이 11세기 초에 방향을 나타내는 용도로 자성을 띤 바늘을 최초로 사용했을지도 모른다.

63. ①   논리완성
해설 '매우 바람직하다'는 표현은 칭찬, 찬사와 자연스럽게 호응하므로, 첫 번째 빈칸에는 touted, extolled, lauded가 적절하다. 한편, 서로 다른 것이 비교되는 것이 일반적이므로, 두 번째 빈칸에는 diverse와 상반되는 의미의 homogeneous가 적절하다. 따라서 정답은 ①이다.
어휘 diversity n.다양성 desirable a.바람직한 context n.(글의) 전후 관계, 문맥; (사건 등에 대한) 배경 outperform v.(기계 따위가) ~보다 성능이 우수하다; (사람이) ~보다 기량이 위다 tout v.끈덕지게 권하다, ~라고 칭찬하다 homogeneous a. 동질의, 동종의, extol v.칭찬하다, 격찬하다 idiosyncratic a.특유한, 색다른 elevate v.(들어) 올리다, 높이다; 향상시키다 heterogeneous a. 이질의, 이종의; laud v.칭찬하다 divisive a.불화를[분열을] 일으키는 adulate v.~에게 아첨하다 miscellaneous a.다방면에 걸친, 잡동사니의;
해석 다양성은 종종 매우 바람직한 것으로 찬사를 받는다. 실제로, 전문적인 직업의 맥락에서, 우리는 더 다양한 구성원으로 이루어진 팀이 종종 같은 성질의 구성원으로 이루어진 팀보다 더 나은 기량을 선보인다는 사실을 알고 있다.

64. ⑤   논리완성

해설 '1990년대 무렵, 과학자들은 야생 판다가 약 1,000마리밖에 남지 않은 것으로 추정했다'고 했으므로, 현재는 '멸종(extinction)에 가까운' 것으로 볼 수 있으며, 야생 판다를 구하기 위한 노력의 일환으로 판다와 숲이 보호되는 곳을 만들었다면, 그곳은 판다의 '보호구역(reserve)'일 것이다.
어휘 estimate v. 추정하다, 어림잡다, exile n.망명; 추방 infringement n.(법규)위반; (특허권 등의) 침해 edifice n.건물, 전당; (추상적인) 구성물; 조직; (사상의) 체계 undertake v.떠맡다, 착수하다, ~의 책임을 지다; collapse n.붕괴, 와해 inkling n.암시 evaporation n.증발, 발산 manipulation n. 조작, 교묘히 다루기, extinction n.사멸, 절멸, 멸종 reserve n.비축물, 예비; (동식물 등의) 보호 구역
해석 자이언트 판다가 과거에는 중국의 넓은 지역에서 살고 있었지만, 현재는 멸종에 가까운 상태이다. 과거에, 자이언트 판다는 중국 남부와 동부의 숲 전체에 퍼져 있었다. 각각의 판다는 넓은 면적의 숲과 많은 대나무를 필요로 했지만, 수만 마리의 자이언트 판다가 살기에 충분할 만큼의 숲과 대나무가 있었다. 하지만, 20세기에 들어, 사람들이 숲 속으로 대나무를 베어 버렸다. 1990년대 무렵, 과학자들은 야생 판다가 약 1,000마리밖에 남지 않은 것으로 추정했다. 다행히도, 중국 정부는 야생 판다를 구하기 위한 노력을 기울이기로 결정했으며, 판다 보호구역을 여러 곳에 만들었는데, 이곳에서는 판다와 그들이 살고 있는 숲이 보호를 받았다.

65. ③
해설 주관적인 견해, 제한적인 시점과 반대되는 것은 객관적이거나(=objective) 공정한(=indifferent) 시점이며, 객관적이지 않고 주관이 개입한다는 것은 곧 편향되거나(=skewed) 편파적인(=slanted) 시각으로 바라본다는 것을 의미한다. 따라서 정답은 ③이다.
어휘 maintain v. 유지하다, 주장하다 mingle v. 섞다, 혼합하다 omniscient a. 전지의, 무엇이든지 알고 있는 third-person n. 3인칭, (소설 등의 내용 전개가) 3인칭 시점 perspective n. 전망, 견지, 시각, multiply v. 늘리다, 증가시키다 slanted a. 편파적인, 비스듬한, singular a. 유일한, 단독의; 비범한 egalitarian a. 인류평등주의의 objective a. 객관적인 skewed a. 편향된, 왜곡된, indifferent a. 무관심한; 치우치지 않은, 공평한 impartial a. 공평한, 편견 없는 transcendent a. 뛰어난, 탁월한 sublime a. 장엄한, 장대한,
해석 니콜라이 고골(Nikolai Gogol)은 주관적인 견해를 유지하면서 종종 꿈같은 환상의 세계와 현실이 뒤섞여 있는 이야기를 쓰고 있었다. 객관적이고 전지적 3인칭 시점과 대조를 이루는 제한적인 시점은 독자로 하여금 편향된 시각을 통해 이야기 속의 세상을 보게 했다.

<u>2017년도 중앙대</u>

66. ①   논리완성
해설 '인상(impression)을 묘사하게 될 것'이라는 말이나 '양식화되었다(stylized)'는 말은 대상을 있는 그대로, 자연스럽게, 자세히 묘사하는 것이 아니라, 자연적인 모습과 약간 다르다하더라도 예술적 표현을 위해 대상의 특징들을 강조하여 표현한다는 말이므로 태평양 북서쪽 부족들의 예술은 '인상주의적인' 특징이었다고 볼 수 있다. ②의 캐리커쳐(caricature)의 경우는 '비판적 의도를 갖고 대상을 우스꽝스럽게, 과장하여 희화화하는 표현법'을 말하므로 글 전체의 맥락에서 벗어난다. ④의 도상화(iconography)의 경우는 상징적 표현을 말하므로 적절하지 않다.
어휘 motif n.(예술 속에서 반복되는)주제, 모티프 discernible a. 식별 가능한, 확실한 elongate v.길어지다 carve v. 조각하다 stylized a. 양식화된(예술적 특징을 부각시키기 위해 자연스러운 모습을 포기한) aesthetic a.심미적, 미학적, 미적인 impressionistic a.(특정 사실이나 세부 내용보다) 전반적인 인상을 보여 주는 caricature n.어떤 사람이나 사물의 특징을 과장하여 우스꽝스럽게 묘사한 그림 extemporaneous a.즉흥적인 , 임기응변의, iconographic a.도상학적인, 도혜적인
해석 개별 부족들마다 차이가 있긴 하지만 태평양 북서쪽 부족들의 조각에는 확실히 구별되는 모티프가 있다. 부족의 조각은 문화적, 종교적 신념들을 상징하면서 주로 인간과 동물의 형상에 초점을 맞추고 있다. 그러나 더 중요한 점은 그 예술이 대단한 인상주의적이라는 점이다. 조각가들은 조각할 대상을 확인하기 위해 특정하게 문화적으로 인정된 특징들을 활용한다. 비버를 묘사하기 위해 예술가는 두 개의 긴 앞니와 뚜렷하게 비늘로 덮인 꼬리를 조각할 것이다. 매를 묘사하기 위해서 예술가는 매의 얼굴에 도로 닿을 만큼 길게 구부러져 있는 부리를 조각할 것이다. 이런 양식화된 특징들은 예술가에 의해 조각의 미적 요구에 따

라 배치되어 그 예술가가 전달하고자 하는 발상이나 인상을 묘사하게 될 것이다.

67. ③ 논리완성
해설 한 국가의 법률 제도에 대하여 최초의 비판을 가한 인물에게 그 사회가 갖는 태도는 '체제 전복적인 (subversive)', '위협(menace)'적 존재로 보는 시각 일 것이다.
어휘 explicit a.명시한, 명백한, implicit a.암시적인 expose n.폭로 기사 timorous a. 소심한, 겁 많은, audacious a.대담한 mediator n.중재자 tyrant n.폭군, 독재자 reformer n.개혁가 conformer n.순응자 subversive a.체제 전복적인 menace n.위협적인[위험한] 존재 cleric n.성직자 forerunner n.선구자
해석 소설가 샬롯 스미스(Charlotte Smith)의 잉글랜드의 삶과 법류에 대한 명시적, 암시적 비판은 1780년대에 시작했는데, 이것은 그녀에게 "체제 전복적"이 라는 명성을 안겨주었다. 그녀의 소설들에는 잉글랜드의 벌률 제도에 대한 최초의 문학적 비판들이 일부 담겨 있다. 이후에 등장하는 찰스 디킨스(Charles Dickens)와 같은 19세기 소설가들의 폭로기사들에 비하면 샬롯 스미스의 비판은 꽤나 소심한 편이다. 그러나 후대의 소설가들에게 그러한 대상을 소개한 이가 그녀였으며, 그녀가 그러한 비판을 행하였을 때 그녀는 워낙 대범한 것으로 여겨져 '위협'이 되는 인물이라는 비난이 나올 정도였다는 것은 부인할 수 없는 사실이다.

68. ① 논리완성
해설 '반증하려는 시도에도 불구하고' 라는 의미를 통해 첫번째 빈칸에는 '반증이 되지 않았다. 여전히 유효하다'는 의미가 필요함을 알 수 있다. 따라서 첫 번째 빈칸에는 endure forever와 유사한 의미의 longevity가 적절하다. 마지막 문장은 그 앞 문장의 의미를 재 진술하고 있는 것으로 볼 수 있다. 즉, '결코 존재한 적 없다는 증거를 만들다'를 '존재하지 않음을 증명하다. 부정하는 증명을 하다(prove a negative)'로 진술 할 수 있을 것이다.
어휘 longevity n. 잠수; 오래 지속됨 disprove v. 반증하다, 틀렸음을 입증하다, speculate v.추측하다 geophysicist n.지구 물리학자 seafaring a.항해의; 해양 산업의 axiom n.자명한 이치, 공리 syllogism n.삼단논법
해석 전설은 집단적 상상력 속에서 영구적으로 존속할 수 있으며 그것을 반증하고자 하는 반복된 시도에도 불구하고 놀라우리만치 오래 지속될 수 있다. 아틀란티스 전설이 그러한 생존자에 해당한다. 아틀란티스의 위치를 추측하는 수천 권의 저서가 써졌다. 이 모든 것은 아틀란티스라는 말이 이전에 존재했다는 증거를 찾으려는 노력들이 실패했음에도 불구하고 쓰여진 것이다. 아틀란티스를 찾지 못한 것이 그 어느 누구의 노력이 부족해서도 아니다. 고고학자들, 지구 물리학자들 그리고 해양 탐험가들이 이 잃어버린 도시의 흔적을 찾고자 온갖 노력을 다해왔다. 이 주제를 광범위하게 다루어 온 어떤 작가는 아틀란티스에 대한 믿음이 여전히 가시지 않는 이유는 그것을 부정하는 증명을 하기 어렵다는 점이라고 말한 바 있다. 무엇인가가 결코 존재하지 않았다는 증거를 만들어낼 수는 없다.

69. ② 논리완성
해설 빈칸 이후의 내용, 즉 '그 반대 역시 사실이다'는 내용에 주목한다. 그 이하에 나오는 내용을 요약하면 '자신의 행동을 통해 자신의 성향을 추론한다'는 거신데, 이를 뒤집어 표현하는 내용을 고르는 것이다. 그러므로 '성향에서 행동이 나온다'는 의미가 ②가 빈칸에 적절하다.
어휘 trait n.(성격상의) 특성 formalize v.공식화하다 self-perception theory (심리학) 자기자각 이론 turn ~ on its head ~을 완전히 뒤집어 생각하게 하다(~을 근본적으로 뒤엎다) reverse n.정반대, 역 recycling bin 재활용품 용기 curb n.(인도의 차도 사이의) 연석 emanate v.(자질*특성 등을 지녔기에) 나오다, 배어 나오다 disposition n.성향, 기질
해석 사람들은 자신이 행동하는 대로 된다. 사람들이 태도와 특성을 어떻게 습득하는지에 대한 이와 같은 설명은 작고한 영국 철학자 길버트 라일(Gilbert Ryle)까지 거슬러 올라가지만, 사회 심리학자 데일 벰(Daryl Bem)의 자기지각 이론에서 공식화되었다. 벰은 사람들은 자신의 행동을 관찰함으로써 자신이 누구인지에 관한 추론을 이끌어낸다고 주장한다. 자기지각 이론은 상식을 완전히 뒤집는다. 사람들은 그들의 성격적 특성과 태도 때문에 특정한 방식으로 행동한다. 그렇지 않은가? 사람들은 자신이 정직하기 때문에 주운 지갑을 되돌려주고, 환경을 걱정하기 때문에 쓰레기를 재활용한다. 행동은 우리의 내면적 성향에서 우러 나온다는 것은 자명하지만, 벰의 통찰은 그 반대 역시 사실이라는 것을 시사한다. 우리가 주운 지갑을 되돌

려준다면 고로 인해 우리의 정직 지수는 한 눈금 높아진다. 재활용품 용기를 길가까지 끌어 놓고 나면, 우리는 자신이 정말 환경을 걱정한다고 추론하게 되는 것이다.
①성격은 우리의 가장 소중한 생각들을 보관한다.
②행동은 우리의 내면적 성향에서 우러나온다
③사고의 관점은 우리의 지각발달을 촉진시키다
④자기 동기여부는 외부적 요인에 의존한다.

70. ③ 　　　　　　　　　　　논리완성
해설 현대 인류의 걸음보다 '비효율적이었다'는 진술을 고려할 때 루시의 보행능력은 현대인에 비해 '제한되었다'고 추측할 수 있다. '기술의 발달로 신체적 노력의 필요성이 감소되었다'는 진술에 유츄해 볼 때, 근력은 '약화 또는 감소'되었으리라고 유추 할 수 있다.
어휘 Lucy n.루시(1974년 에티오피아 동부에서 발견된 원인의 화석에 붙인 이름) exertion n.(힘의) 발휘, 노력 metabolic a. 신진대사의
해석 그 연구에서 수행된 다른 비교들은 루시(Lucy)가 비록 직립보행을 했었더라도, 그녀는 현대인보다는 비효율적으로 걸었으며, 그 결과 땅 위에서 먼 거리를 걷는 능력은 제한되었을 것이라는 점을 시사한다. 또한, 그녀의 모든 팔다리뼈들은 그녀의 체격에 비해 매우 튼튼하다는 것이 밝혀졌는데, 이는 그녀가 현대인보다는 차라리 현대 침팬지의 그것과 유사한 대단히 튼튼한 근육들을 지녔으리라는 점을 시사한다. 인류의 진화 후기에 나타나는 근력의 감소는 신체적 노력의 필요성을 감소시킨 더 나은 기술, 그리고 더 커진 뇌의 신진대사적 요구의 증가와 관련된 것으로 보인다.

<u>2017년도 한양대</u>
71. ③
해설 상업적 가능성을 인식하면 그 가능성을 이용해 돈을 벌려고 할 것이므로, 빈칸에는 ③ '이용하다'가 적합하다. ① 갈취하다 ② 극찬하다 ④ (곤란한 상황에서) 구해내다
어휘 domain n. 영역, 분야 recognize v. 인식하다, 인지하다, magnificent a. 웅장한, 장엄한, cathedral n. 대성당 stonemason n. 석수, 석공 manipulate v. 조종하다, 다루다, three-dimensional a. 3차원의, 입체적인 commerce n. 상업
해석 다른 예술분야에서처럼, 조각품들의 상업적 가능성을 재빨리 인식하고 이용하는 사람들이 있었다. 중세시대의 웅장한 대성당들 안에 그 당시 조각가들의 작품들이 있기는 했지만, 그 구조물들(대성당들)을 낳은 것은 바로 석공들과 건축가들의 기술 결합이었다. 어떤 점에서, 디지털 세계에서는 그 반대현상이 사실이었다. 3차원 공간에서 여러 사물들을 만들어내고 조작하는 데 필요한 하드웨어와 소프트웨어의 개발은 상업계가 주도했다.

72. ②
해설 첫 번째 빈칸 이후로 연설을 꼼꼼하게 준비했다고 한 것은 어떤 것도 우연에 맡기지 않았다는 말이므로 첫 번째 빈칸에는 chance가 가장 적합하고, 두 번째 빈칸 이후로는 뇌졸중에 걸린 것 같다고 한 것은 토론에서 보여준 그의 언변이 듣는 사람에게 '고통을 주는' 참기 힘든 것이었다는 것을 의미하므로, 두 번째 빈칸에는 excruciating이 적절하다. ① 위험 - 맹위를 떨치는 ③ 심사숙고 - 실망시키는 ④ 우연 - 열정적인
어휘 speechmaker n. 연설가, 강연자 obvious a. 명백한, 명료한, 명확한 prodigiously ad. 유별나게, 비상하게, 막대하게, 엄청나게; talent n. 재능, 재주 revere v. 존경하다, 숭배하다, syllable n. 음절 v. 발음하다, 말하다 oratory n. 강연, 웅변, meticulously ad. 조심스럽게, 세심하게, 섬세하게, nominee n. 후보자, 지명인, ebb n. 쇠퇴, 감퇴 v. 빠지다, 약해지다 tweet v. 소리내다, 말하다; 트위터로 메시지를 전달하다
해석 마틴 루터 킹 주니어(Martin Luther King Jr.)는 가장 뛰어난 연설가들 중 한 명이었는데, 그 이유가 언뜻 보기에는 분명한 것처럼 보인다. 그 젊은 목사는 학식을 갖추고 있었고 몹시 재능이 있었을 뿐 아니라 그 어떤 것도 우연에 맡기지 않았다. 그가 한 웅변(연설)의 한 마디 한 마디는 모두 세심하게 준비된 것이었다. 이와 반대로, 준비를 하지 않은 것 같은 사람들의 운명을 생각해보라. 2012년 당시에 텍사스 주지사였던, 릭 페리(Rick Perry)는 그해에 예정돼 있던 대통령 선거의 공화당 후보로 총애를 받고 있던 인물이

었다. 토론에서 보여준 그의 언변은 견디기 힘들 정도였기 때문에, 그의 당선 가능성은 줄어들었다. 어떤 토론에서 한 기자는 "릭 페리가 막 뇌졸중에 걸린 것 같다는 생각이 든다."라고 트위터에 게시했다.

73. ①
해설 빈칸 앞의 their가 지칭하는 대상은 옛 건축물들(ancient buildings)인데, 그것들의 survival(지속/생존/존속)을 보장하고자 한다면 그것들이 가진 우수한 점들을 파괴하거나 훼손시키지 않아야 할 것이다. 그러므로, 빈칸에는 ① destroying이 알맞다. ② 비난하는 ③ 연결하는 ④ 지탱하는
어휘 addition n. 추가, 부가, modernization n. 근대화 alteration n. 변경, 개조, 수정 internal a. 내적인, 내부의 make use of ~을 이용하다
해석 현대 건축에 관한 과제들과 현대 건축이 해결해야 하는 여러 문제들이 순전히 옛 건물에 새로운 점들을 추가하는 것과 연관된 것은 아니다. 가장 중요한 문제들 중 하나는 현대화라는 문제이고, 이러한 현대화 작업은 당연히 현대 건축의 사용을 의미한다. 문제는 옛 건물의 존속을 보장하기 위해 옛 건물을 보존할만한 가치 있는 것이 되게 하는 그 우수한 점들을 없애지 않고 옛 건물의 내부 구조를 변경시켜야 할 경우에 현대 건축적 장치들을 어느 정도까지 이용하는 것이 필요하고 또 허용되는가 하는 것이다.

74. ①
해설 빈칸 이전에는 중심부도 주변부도 아니라고 했는데, 중심부가 없으면 주변부도 없는 것이므로, 결국 아무 중심 없이 전체 영역에 고루 분산되어 있는 구조를 말한다. 그러므로 빈칸에는 분산화(분권화)의 의미를 가진 ① decentralized가 적절하다. ② 통합한 ③ 기능화된 ④ 제도화한
어휘 node n. 접합 지점, 마디, 절, 교점, in comparison with ~와 비교하여 horizontal a. 수명의 reciprocal a. 상호의, 서로의 conflate v. 섞다, 융합하다, epistemological a. 인식론의 periphery n. 주변, 주위, 둘레.
해석 네트워크란 새로운 접점의 추가를 통해 발달되는 열린 구조물이다. 그것들은 전통적인 형태의 사회관계가 가진, 위계질서가 있고 체계적인 속성과 비교해 볼 때, 좀 더 격식에 얽매이지 않는 속성을 갖는 경향이 있다. 궁극적으로는 어느 정도의 안정된 사회관계 패턴을 형성하기는 하지만, 네트워크는 수평적이면서 상호적이고 좀 더 개방적이고 융통성이 있다. 좀 더 포스트모던적인 네트워크 이론가들 중 일부는 네트워크란 인식론적 중심부와 주변부가 아니라 여러 이론가들, 이론들, 그리고 다수의 사용자들이 이동하고 만나는 여러 접점들의 분산되어 있는 네트워크라고 주장하면서, 네트워크의 존재와 인식론적 쟁점을 융합시켜버리는 명백히 반 현실주의적 주장들을 펼치는 경향이 있다.

75. ①
해설 빈칸 이후에 '다른 전통들이 사라진 뒤에도 오랫동안 지속되고 있다'고 했으므로, 이러한 의미를 담고 있는 단어로는 ①의 tenacious(집요한, 끈질긴)가 적절하다. ② 단명한 ③ 자제하는 ④ 드문
어휘 disgust n. 싫증, 혐오 signal v. 신호하다, 나타내다 codify v. 요약하다, 성문화하다, taboo n. 금기사항 profound a. 심각한, 심오한, toad n. 두꺼비 aversion n. 혐오, 반감
해석 역겨움이란 특유의 얼굴표정으로 나타나고 어디에서나 음식과 관련된 금기사항들에 표현돼 있는 보편적인 인간 감정이다. 모든 감정과 마찬가지로, 역겨움은 인간사에 엄청난 영향을 미치고 있다. 2차 세계대전 중에 태평양 지역의 미국인 조종사들은 매우 안전하다고 배운 두꺼비와 벌레들을 먹느니 차라리 굶주리는 쪽을 택했다. 음식에 대한 혐오감은 다른 전통들이 폐기된 후에도 오랫동안 지속되는 끈질긴 민족적 징표이다.

76. ③
해설 본문에 따르면 '계획, 조직 그리고 세심하고 책임감 있는 계산에 대한 필요성과 완전히 조화될 수 있는 것은 아님'을 언급했으므로, 이것의 상대 개념인 ③의 sponjtaneity(자발성, 즉흥적인)가 빈칸에 적절하다. ① 자비 ② 정의 ④ 고의 행위
어휘 splendid a. 빛나는; 훌륭한, 멋진 in oneself 그 자체로 pursuit n. 수행, 추격, 추구, reconcile v. 화해하다, 조화시키다 incurable a. 치유할 수 없는, 불치병의 blissful a. 기쁜, 더 없이 행복한,
해석 자발성은 그 자체로 훌륭한 것이지만, 계획, 조직, 세심하고 책임감 있는 계산의 필요성과 완전히 조화될 수 있는 것은 아니다. 가장 고상한 목표인 진실에 대한 추구는 인간이 바라는 행복과 완전히 조화될

수 있는 것은 아닌데, 이는 비록 내가 진실의 추구라는 불치병을 앓고 있다는 것을 알고 있다고 할지라도 이것이 나를 더 행복하게 혹은 더 자유롭게 해주지는 않을 것이기 때문이다. 나는 항상 평화와 흥분, 또는 지식과 행복한 무지 사이에서 선택을 해야 한다.

77. ②
해설 빈칸 앞의 내용에서 advanced가 등장하지만 but이라는 연결사로 이어지고 빈칸 뒤 내용에서 본인이 직접 약속한 것과 다르다는 내용이 나오므로 빈칸에는 부정적인 의미인 ② mistaken이 알맞다.
① 창조적인 ③ 현학적인 ④ 양해된
어휘 compose v. 조직하다, 구성하다; 작곡하다 converse v. 서로 이야기하다, 담화하다, execute v. 실시하다, 시행하다 coadjutor n. 조수, 보좌인 quarrel n. 싸움, 다툼 v. 말다툼하다, 언쟁하다, blunder n. 실수, 대실책 v. 실수하다
해석 인생의 여러 결과들은 계산된 것이 아니며 계산할 수도 없다. 세월은 매일매일 결코 알지 못하는 많은 것을 가르쳐준다. 우리라는 무리를 이루고 있는 사람들은 대화를 하고, 오고 가면서, 많은 것들을 구상하고 실행에 옮기는데, 그로부터 나오는 것은 오로지 우리가 찾지 않았던 결과뿐이다. 개개인은 많은 것들을 구상했고, 다른 이들을 협력자로서 끌어들였고, 몇몇 또는 모든 이들과 다툼을 벌였고, 많은 실수를 했으며, 그리고는 무언가가 행해진다. 그리고 모든 사람들은 조금씩 진보했지만, 개인은 항상 실수를 한다. 그것은 어느 정도 새롭게 또한 스스로 약속했던 것과 아주 다른 것으로 드러난다.

78. ①
해설 자신의 말들 중 거짓이 아닌 사실을 말할 수도 있으므로, 일관성 있게 거짓말을 하려면 자신이 어떤 진실의 말과 어떤 거짓말을 했는지 기억하고 있어야 할 것이다. 그러기 위해서는 상당한 기억력을 소유해야 하므로 빈칸에는 선택지 ①의 memory가 적절하다. ② 감정 ③ 의도 ④ 태도
어휘 intention n. 의도 verify v. 입증하다, 검증하다 telltale a. 숨길 수 없는 rationale n. 이유[근거] polygraph n. 복사기; 거짓말탐지기 annoying a. 귀찮은, 짜증나는, 성가신, entail v. 함의하다, 수반하다
해석 오직 자신만이 입증할 수 있는 자신의 의도에 관해서조차도 뛰어난 거짓말쟁이가 되는 것은 어렵다. 의도란 감정에서 나오는 것이고 감정은 얼굴과 몸에 진화된 모습으로 나타난다. 스타니슬랍스키(Stanislavsky) 방법(연기론)의 대가가 아니라면, 감정을 거짓으로 꾸며내는 데 어려움을 겪을 것이다. 사실, 감정은 아마도 꾸며내기가 어렵기 '때문에' 진화되었을 것이다. 더군다나, 거짓말은 스트레스가 많고 걱정은 숨길 수 없는 표시를 가지고 있다. 그것들이 소위 거짓말 탐지기가 있어야 할 근거가 된다. 그리고 인간들 또한 거짓말탐지기가 되는 쪽으로 진화했다. 따라서 몇몇 진술이 논리적으로 다른 진술들을 함의한다는 성가신 사실이 존재한다. 말하는 것들 중 일부는 사실일 것이기 때문에, 항상 자신의 거짓말을 드러낼 위험에 처한다. 유대인의 속담에 따르면, 거짓말쟁이는 상당한 기억력을 소유해야 한다.

79. ④
해설 충만함 이후에 오는 공허함에 대한 내용과 욕망의 대상인 해변에 도달하면 결국 지루해진다는 내용 등으로 볼 때, 욕망이 소멸되는 전제 조건은 욕망의 성취나 완성으로 볼 수 있다. 그러므로 빈칸에는 ④의 consummation이 적절하다. ① 실패 ② 번식 ③ 이동
어휘 prolongation n. 연장, 연기, 유예 exhaustion n. 소모, 고갈 authorial a. 저자의 at the edge of ~의 끝에서, ~의 변두리에서 thrill n. 흥분; 전율 disembody v. (영혼 등을) 육체에서 이탈시키다 rumination n. 반추; 생각에 잠김 strive v. 애쓰다, 노력하다, plenitude n. 충분(함), 풍부
해석 열정과 욕망, 그리고 그것들의 연장과 소모는 실제로 아키맨(Aciman, 유대인 작가)이 작가로서 크게 집착하고 있는 것일 수도 있다. 인생이란 격렬한 욕망과 그것을 추구하는 짜릿함 속에서 사는 것이다. (아키멘의) 에세이에서 욕망이란 형체가 없으며, 이것이 많은 면에서 욕망을 더 강렬하게 만든다. 아키맨이 상실에 대해 곰곰이 생각한 점은 그가 그 어떤 것도 되찾으려고 애쓰지 않는다는 것이다. 그는 그것을 원하지도 않는다. 종종 주목하기에 너무나도 분명하지만, 욕망의 완성(성취)은 곧 그것의 소멸이다. 아키맨이 말하듯이, "완전한 충만함을 누릴 때에는 무엇을 해야 할지를 알지 못한다. 나는 해변을 갖고 싶다. 즉 문을 열면 해변이 있는 것이 내 인생의 꿈이다. 그러나 해변에 가면 나는 항상 실망을 하게 되는데, 재미가 없기 때문이다. 당신은 해변에서 무엇을 하는가? 아무것도 할 것이 없다. 하지만 해변에 가는 것에 대해 생각하

는 것은 나에게 즐거움을 준다."

80. ①
해설 빈칸 뒤의 "쉽게 뒤집히거나 불안정하고 위태롭고 안정감이 없고 그러면서도... 제대로 균형을 잡고 있는"이라는 표현을 가장 잘 나타내는 것은 ①의 unstable equilibrium이다.
어휘 tickle v. 만족시키다, 간지럽히다; 자극하다; 부추기다; so to speak 즉, 이른바 antithetical a. 대조적인, 정반대의, contrary a. 반대의, 대조적인 insecure a. 불안한, 불안정한, totter v. 비틀거리다 credulity n. 고지식함; 너무 쉽게 믿음 incontinence n. 무절제함, 자제력이 없음, precarious a. 불확실한, 믿을 수 없는 erotic a. 호색한 seduce v. 유혹하다; 부추기다
해석 영어에서 "tickle"이란 단어의 의미는, 프로이트(Freud)가 꿈의 작용에 관해 말했듯이, "서로 상반된 것들을 표현하는 똑같은 표현수단"을 사용하고 있어서, 말하자면 거의 대조적인 것이다. 옥스퍼드 사전은 그 단어의 19가지 정의 중에서도 "불안정한 균형 상태에서, 쉽게 뒤집히거나 불안정하고 위태롭고 안정감이 없고 그러면서도,,, 제대로 균형을 잡고 있는"을 언급하고 있다. 또 다른 정의들은 지나치게 잘 믿어버리는 것에서 성적으로 자제심이 없는 것에 이르는 다양한 경험을 묘사한다. 그 단어는 불안정한 것에 대하여, 그래서 성적으로 흥분된 것에 대하여, 언급하고 있다. "tickle"하는 것은 무엇보다도 때때로 즐거움으로 유혹하는 것이다.
① 불안정한 균형상태
② 뿌리칠 수 없는 유혹
③ 피할 수 없는 조우
④ 명료한 고요

<u>2017년도 한양대에리카</u>
81. ②
해설 본문의 마지막 문장에서 "지금은 모든 사람들은 PC를 이용해 작업을 할 수 있는 것으로 여겨지고 있다."고 했으므로, 1990년대 중반에 PC가 폭발적으로 보급된 것은 사람들로 하여금 컴퓨터가 사용하는 방법을 익히도록 만들었을 것이라 추론할 수 있다. computer literacy가 '컴퓨터 활용능력'이란 의미를 가지므로, 정답은 ②이다.
어휘 estimate v. 어림잡다, 견적하다 diffusion n. 산포; 유포, 전파, 보급, commodity n. 필수품, 일용품, 물자 competence n. 적성, 자격, 능력 literal a. 글자 그대로의 ,문자의; literacy n. 교양, 읽고 있는 능력; literary a. 문학의, 학문의 literature n. 문학, 문예; 문헌
해석 1993년 말에는 약 3억 명의 개인용 컴퓨터 사용자가 있었고 1997년에 그 숫자는 거의 20억에 달하는 것으로 추산되었다. 1970년대 중반 이후로는 PC가 크게 확산됨으로 인해, 컴퓨터 사용능력의 필요성이 증가했고, 슈퍼마켓은 컴퓨터를 평범한 생활 필수품의 목록에 올리고 있으며, 오늘날에는 모든 사람들이 특별한 능력 없이도 컴퓨터를 선택하여 작업할 수 있는 것으로 여겨지고 있다.

82. ①
해설 마지막 문장은 '맞춤 훈련을 거친 침팬지의 경우 복잡한 문장을 이해하고 인간과 높은 수준의 의사소통을 하는 것이 가능하다.'는 주장에 대한 실례에 해당한다. 그러므로 빈칸에는 '예를 들어'라는 의미의 ①이 적합하다.
어휘 linguistics n. 언어학 comprehension n. 이해; 이해력 dedicated a. 헌신적인; 오직 특정한 목적을 위한 complicated a. 까다로운, 복잡한, astonishing a. (깜짝) 놀랄 만한, 놀라운 facility n. 쉬움, 평이함; 시설, 설비 for example 예를 들면 additionally ad. 게다가 nevertheless ad. 그럼에도 불구하고 on the other hand 또 다른 한편으로는
해석 많은 언어 학자들은 인간이 언어를 사용하여 동물 세계에서 인간의 가까운 친척뻘 되는 침팬지와 의사소통이 가능할 것이라는 사실에 대해 들 떠 있다. 몇몇 과학자들은 침팬지, 그리고 특히 보노보 침팬지가 2살 반 된 어린이의 이해력을 가지고 있을지도 모른다고 믿고있다. 맞춤 훈련을 거치는 경우, 이 침팬지가

복잡한 문장을 이해하고 인간과 높은 수준의 의사소통을 하는 것이 가능하다고 과학자들은 주장한다. 예를 들어, 최근에 있었던 다소 놀라운 것이 가능하다고 과학자들은 주장한다. 예를 들어, 최근에 있었던 다소 놀라운 사건에서, 보노보 침팬지는 별도의 시설에 있던 두 침팬지 간의 싸움에 대하여 트레이너에게 알리려고 특수 키보드에 있는 기호를 눌렀다.

83. ③
해설 본문에 따르면 인간의 뇌에 매우 많은 신경세포가 있어서 그것을 연구하는 것은 불가능에 가깝지만, 동물의 신경세포는 작동방식이 서로 유사하므로, 만약 동물행동 분야의 연구에서 획기적인 진전이 있다면, 그것을 토대로 향후에 인간의 행동을 이해하는데 도움을 얻을 수 있을 것이다. 그러므로 '앞으로 일어날 수 있는 일에 대한 긍정'의 의미를 나타내는 ③이 적절하다.
어휘 contain v. 포함하다, 내포하다; 억제하다 approximately ad. 대략적으로, 대략, neural a. 신경의, 신경계의 machinery n. 기계장치; 기관, 기구 remarkably ad. 현저하게, 매우, 대단히 nerve n. 신경 in terms of ~의 관점에서 mode n. 양식, 형식; 방법 animal kingdom 동물계 neurobiological a. 신경생물학적인 breakthrough n. 돌파구; (과학·기술 등의) 획기적인 약진[진전, 발견] impact n. 충돌; 충격, 영향
해석 인간의 뇌에는 약 1조 개의 신경세포가 있으며, 따라서 우리 자신이 하는 행동의 신경 기제를 이해하려고 노력하는 것은 우리 능력으로는 불가능한 작업으로 보일 수도 있을 것이다. 다행스럽게도 신경세포는 전체 동물계에 걸친 작동 방식에 있어서 모두가 현저하게 서로 유사하다. 이것은 이 흥미롭고 빠른 속도로 달라지고 있는 동물행동 분야에서 현재 이루어지고 있는 신경생물학적·기술적 돌파구가 우리 자신의 행동 기제를 이해하는 데 실질적인 영향을 줄 수 있을 것임을 의미한다.

84. ②
해설 길이와 높이가 같은 개복치의 모양새가 여는 물고기와는 다른 것임을 이야기하고 있는데, 빈칸을 포함하고 있는 문장 속의 관계대명사 which의 선행사가 fish이므로, 물고기의 일반적인 모양을 설명하는 표현이 빈칸에 들어가야 하다. 따라서 '가늘고 긴'이란 의미의 ②가 정답이 된다.
어휘 fin n. 지느러미 awkwardly-shaped a. 모양이 어색한 cross-section n. 단면 flattened a. 평평한 oval n. 달걀모양, 타원체 unusual a. 이상한; 유별난, 색다른 typically ad. 전형적으로, 일반적으로 buoyant a. 부력이 있는, 뜨기 쉬운 elongated a. 가늘고 긴 hydraulic a. 수력으로 움직이는, 유입식의; 유체이, 유체에 관한 rectangular a. 직사각형의
해석 개복치는 지느러미를 이용하여 다소 어색한 모양의 몸이 물이 헤쳐 나아가게 한다. 개복치의 몸은 횡단면이 매우 좁다. 개복치는 기본적으로 평평한 타원체로, 머리가 앞에 있고, 높은 등지느러미와 뒷지느러미는 뒤쪽에 있다. 사실, 개복치의 높이는 종종 그 길이와 동일하며, 이는 일반적으로 가늘고 긴 어류에서는 보기 드문 경우에 해당한다.

85. ①
해설 '디트로이트가 호황을 누렸어야 했다'는 내용 뒤에 역접의 접속사 But이 주어져 있으므로, 이와 반대되는 상황을 나타내는 표현이 빈칸에 와야 한다. 한편, 자동차 산업이 번창하는 것은 자동차로 유명했던 디트로이트에는 매우 좋은 여건이지만, 점점 더 많은 미국산 자동차들이 미국 밖에서 만들어지고 있다는 것은 마냥 좋지만은 않은 부분이라 할 수 있으므로, 이러한 상황을 잘 나타내주는 '세상에 완전한 행복이란 없다'는 의미의 ①이 빈칸에 알맞다.
어휘 given prep. ~이 주어지면, ~라고 가정하면 thrive v. 번영하다, 번창하다; 잘 자라다 every rose has its thom 세상에 완전한 행복이란 없다 strike while the iron is hot 좋은 기회를 놓치지 말아야 한다 even Homer sometimes nods 원숭이도 나무에서 떨어질 때가 있다 the grass is greener on the other side of the fence 남의 떡이 커 보인다
해석 미국 자동차 산업의 지난 기록적인 매출액과 이익을 감안하면, 현 세기는 디트로이트에게 행복한 한 세기였어야 했다. 그러나 "세상에 완전한 행복이란 없으며" 이 말이 내게는 슬픈 현실이다. 자동차 산업은 여전히 번창하고 있지만, 점점 더 많은 미국산 자동차들이 미국 밖에서 만들어지고 있다.

86. ②

해설 그 어떠한 철학적 인습에도 구애받지 않는 단어를 만든다는 것은 기존의 철학적 사고방식과는 다른 완전히 새로운 단어를 만든다는 것을 뜻하므로, 이를 위해 필요한 것은 '독창성'이 될 것이다. 그러므로 첫 번째 빈칸에는 originally가 들어가야 한다. 한편, 그러한 신조어를 만드는 것은 독자들이 생각을 깊이 하게 만드는 목적이 있다고 했으므로, '쉽사리 이해하기 힘든 성격'을 갖고 있다고 봐야 한다. 그러므로 두 번째 빈칸에는 이러한 흐름이 되도록 '이해가능성'이란 뜻의 intelligibility가 적절하다.
어휘 notoriously ad. 악명 높게 deliberately ad. 고의로, 신중히; coin v. (화폐를) 주조하다; (새로운 말을) 만들어 내다 neologism n. 신조어 by virtue of ~의 힘으로, ~에 의해, ~의 덕택으로 baggage n. 수화물; 인습; 특정한 사고방식 method n. 방법, 방식; 순서 employ v. 쓰다, 소비하다, 고용하다; considerable a. (수량이) 꽤 많은, 적지 않은, 상당 provoke v. (감정 따위를) 유발시키다, 일으키다; thoughtfulness n. 생각이 깊음, 신중함 facile a. 손쉬운, 용이한; 간편한 originality n. 독창성 intelligibility n. 알기 쉬움, 명료함
해석 하이데거(Heidegger)는 이해하기 어렵기로 악명이 높은 철학자다. 그가 글을 썼던 방식은 부분적으로는 그가 의도적으로 철학적 전통과 결별하고자 노력하고 있었다는 사실이 가져온 결과물이었다. 전통과 결별하는 한 가지 방법은 신조어를 만들어내는 것, 즉 다시 말해서 그 독창성으로 인해 그 어떠한 철학적인 인습에도 구애받지 않을 단어들을 고안해내는 것이다. 이것은 하이데거가 빈번하게 사용한 방법이긴 하지만, 이해가능성을 희생하게 만든다. 게다가, 하이데거는 자신의 임무가 잘 정의된 문제에 대한 쉬운 대답을 제공하는 것이 아니라 깊이 생각하도록 독자를 자극하는 것이라고 믿었다.

87. ④
해설 첫 번째 빈칸 뒤에 오는 '같은 언어를 사용하는 국가들도 그 국가들이 사용하는 수화가 상호 간에 이해가 가능한 것은 아니다.'라는 내용은 빈칸 앞의 '수화의 문법은 음성언어의 문법과 현저하게 다르다.'라는 내용에 대하여 구체적으로 부연 설명하는 역할을 하므로, 빈칸에는 In fact가 적절하다. 두 번째 빈칸의 경우, 전후 맥락은 '수화가 음성언어의 문법 규칙에 따라 발전하지 않고, 다른 방법에 따라, 즉 그 나름의 복잡한 형태론, 음운론, 구문론, 의미론적 규칙에 따라 발전했다'는 것이므로, 빈칸에는 Instead가 적절하다.
어휘 myth n. (많은 사람들의) 근거 없는 믿음, 신화 community n. 사회, 공동체, 공동사회, markedly ad. 현저하게, 눈에 띄게, 뚜렷하게, essentially ad. 본질적으로, 본래 mutually ad. 서로, 공동으로 intelligible a. 이해할 수 있는, 명료한, 알기 쉬운, grammatical a. 문법의; 문법에 맞는 morphology n. 어형론, 형태론 phonology n. 음운론 syntax n. 구문, 구문론 semantic a. 의미론의 instead ad. 대신에 nevertheless ad. 그럼에도 불구하고 in fact 사실은
해석 수화에 관련된 근거 없는 통념 중의 하나는 수화가 보다 큰 범위의 사회에서 사용하고 있는 음성 언어와 똑같은 언어이며, 단지 그것을 손과 얼굴을 통해 하는 것일 뿐이라는 것이다. 이것은 사실이 아니다. 실제 수화에는 그것이 맞닿아 있는 음성언어와는 현저하게 다른 문법이 있다. 사실 본질적으로 같은 음성언어를 사용하는 국가들이 반드시 상호간에 이해가 가능한 수화를 갖고 있는 것은 아니다. 예를 들면, 미국, 영국, 아일랜드에서 사용하는 있는 수화는 서로 상당히 다르다. 수화는 해당 지역에서 사용하고 있는 음성언어의 문법 규칙에 따라 발전하지 않는다. 대신, 수화는 그 나름의 복잡한 형태론, 음운론, 구문론, 그리고 의미론적 규칙을 가지고 있다.

88. ①
해설 첫 번째 빈칸 앞 뒤로, 앞에서는 '6월에는 북극해의 표면을 덮고 있는 얼음이 녹는 속도가 느렸다.'는 사실을 언급하고 있고, 뒤에서는 '7월 동안에는 얼음이 녹는 속도가 빨라졌다.'는 사실을 이야기하고 있으므로, 빈칸에는 대조와 역접의 의미를 가진 However가 적절하다. 한편, 유방에 큰 구멍이 생긴 것은 얼음이 녹은 데 따른 결과이므로, 두 번째 빈칸에는 melted가 적절하다.
어휘 relatively ad. 상대적으로 rate n. 속도; 비율 transition n. 과도기, 변이, 변천, absorb v. 흡수하다, 빨아들이다 accelerate v. 가속하다, 촉진시키다 freeze v. 얼다, 얼어붙다
해석 올해, 북극해의 표면을 덮고 있는 얼음은 북극이 가장 많은 태양에너지를 받는 달인 6월에 상대적으로 녹는 속도가 느렸다. 그러나 태양이 여전히 강한 7월 동안에는 얼음이 녹는 속도가 빨라졌다. 정상보다 빨리 얼음이 녹는 것은 8월 내내 계속됐는데, 8월은 얼음이 녹는 것이 전형적으로 느려지기 시작하는 과도기에 해당하는 달이다. 8월에는 알래스카 북부의 유방에 큰 '구멍'이 생겼는데, 이는 이 시기에 더 두껍고 더 오래된 얼음으로 둘러싸여 있던, 계절적으로 나타나는 더 얇은 얼음이 녹아내렸기 때문이다. 그 거대한

구멍은 바다가 더 많은 태양에너지를 흡수하도록 하여, 그러한 과정을 가속화시켰다.

89. ②
해설 첫 번째 빈칸의 경우, 앞선 문장에서 '지난 40년 동안은 미래에 대한 밝은 기대를 가져왔음'을 이야기한 후에 But이 나왔으므로, '이제는 미래에 대한 기대가 밝지 못하다'는 흐름으로 이어질 수 있도록 less promising과 quite doubtful이 적절하다. 두 번째 빈칸에는 '소셜 미디어를 활용하고, 주변의 사회를 자신이 원하는 형태로 만들고 싶어 한다'는 것과 자연스럽게 호응하는 individualistic이 적절하다.
어휘 concentrate v. 집중하다 materially ad. 물질적으로 poverty n. 가난, 빈곤, confident a. 확신하는 confront v. 직면하다, 만나다 dazzling a. 현혹적인, 눈부신, aspiration n. 포부, 열망 empower v. ~에게 권력[권한]을 주다, ~을 할 수 있게 하다 intellectual a. 지적인 discontent n. 불평, 불만, corruption n. 부패, 타락 inequality n. 불평등 tainted a. 부패한, 더럽혀진, 썩은 certain a. 확실한 affluent a. 부유한; 풍부한 promising a. 유망한, 가망성 있는 individualistic a. 개개의; 개인적인 equitable a. 공정한, 공평한 distrustful a. 의심 많은, 회의적인 doubtful a. 의심스러운 overconfident a. 자신만만한, 자부심이 강한
해석 중국 현대 역사의 대부분의 기간 동안, 중국 사람들은 물질적으로 안락한 생활을 만드는 데에 집중해왔다. 1978년 이래로 7억 명이 넘는 사람들이 빈곤에서 벗어났다. 지난 40년간 거의 모든 사람들이 자식들의 삶이 자신의 삶보다 나을 거라고 확신할 수 있었다. 그러나 이제는 특히 중국이 만들어낸 가장 큰 성과라 할 수 있는 중산층에게 있어서, 미래는 더 어두워 보인다. 수백만에 달하는 중국 중산층 가정은 좋은 음식을 먹고, 좋은 집에서 살며, 좋은 교육을 받고 있다. 그들은 좋은 직업을 가지고 있고, 살면서 선택할 수 있는 것들이 매우 많다. 그러나 그들은 중국이 35년 동안 이뤄낸 눈부신 성장의 어두운 측면에 직면해 있다. 이 특별한 보고서는 빠른 속도로 확장하고 있는 이 중산층들의 소망과 열망을 잘 정리하여 제시할 것이다. 오늘날의 많은 중국인들은 개인주의적이고, 능력을 갖추고 있으며, 주변의 사회를 자신이 원하는 형태로 만들고 싶어한다. 소셜 미디어를 통해, 그들은 중국 지성계의 모습을 바꿔 나가고 있다. 그들은 온갖 종류의 새로운 경험에 투자하고 있다. 그러나 부패, 불평등, 오염된 음식, 불결한 환경에 대한 불만은 매우 깊이 쌓여 있다. 많은 사람들이 그들이 치열하게 싸워서 만들어 낸 이익들이 제대로 보호받지 못할까봐 걱정하고 있다.

<u>2017년도 항공대</u>
90. ③
해설 본문은 멘델이 실험에 성공할 수 있었던 이유는 그가 대립형질에 주목한 데 있었다고 말하고 있다. 그러므로 그는 다양한 변이를 보일 수 있는 형질들을 '피하였다(avoided)'고 추론하는 것이 타당하다. instead가 그 단서이다.
어휘 attribute A to B A를 B의 덕분으로 보다, A를 B의 결과로 보다 variation n. 변화, 변이, 변형, seed coat (식물) 종피, 종자씨의 겉껍질 inflate v. 부풀리다 constrict v. 수축하다 pod n. 꼬투리, 깍지
해석 멘델(Mendel)이 성공한 것의 많은 부분은 그가 연구를 위해 선택한 몇 가지 형질들 때문인 것으로 볼 수 있다. 그는 다양한 변이를 보이는 형질들은 피하였다. 그 대신에, 그는 흰색 종피와 회색 종피, 둥근 씨앗과 주름진 씨앗, 부푼 깍지와 쪼그라든 깍기 등 쉽게 구별되는 두 가지 형태로 존재하는 형질들에 주목하였다.

91. ③
해설 첫 번째 문장은 경제학자가 하지 말아야할 것을, On the contrary 다음은 경제학자가 해야 할 것을, 각각 언급하고 있다. 경제 분석을 말로 설명해서 이야기하듯이 한다면 예측가능한 과학적 이론으로 만들기 어렵다. 사실들은 통계수치로 나타내져야 공식화하고 이론화할 수 있다. 그러므로 빈칸에는 stories와 반대되는 개념인 '수량화된, 정량적인'이라는 의미의 ③이 적절하다.
어휘 unprofessional a. 전문가답지 못한 stick to ~을 고수하다, 집착하다 optimization n. 최대한의 이용; 최적화 variable n. 변수 legendary a. 전설적인 narrative n. 이야기, 이야기 서술 quantitative a. 양적인, 정량의 imaginary a. 가상의, 상상만에 존재하는,
해석 경제학자들이 자신들의 분석을 이야기에 근거를 둔다면 일반적으로 전문가답지 못하다고 여겨진다. 그

와 반대로, 그들은 정량적 사실들과 이론을 고수해야 한다. 즉, 최적화에, 특히 경제적 변수들의 최적화에 기초를 둔 이론을 고수해야 한다.

92. ③
해설 빈칸 이후로 절이 이어지므로 접속사가 필요한데, 암컷 초파리가 수컷 초파리를 받아들이는 것은 수컷 초파리의 몸짓에 자극을 받는 경우에 일어나므로, 빈칸에는 조건의 접속사 ③이 적절하다. ④도 접속사이긴 하나, 앞의 절을 뒤의 주절과 연결시킬 수 없고, 의미(~도 또한 아니다)로도 부적절하다.
어휘 fruit fly 사과즙파리, 초파리 choreograph v. 안무를 하다 tap v. 치다, 가볍게 두드리다, courtship n. 구애, 연애 vibrate v. 떨다, 진동시키다 execution n. 처형; 수행, 실행; 솜씨 arouse v. (흥미 등) 유발하다, 불러일으키다 advance n. 전진; 접근 copulation n. 교미 ensue v. (어떤 일·결과가) 뒤따르다
해석 수컷 초파리의 생각은 오로지 암컷 초파리의 마음을 얻는 것 단 하나뿐이다. 암컷을 발견하자마자, 그는 신중하게 연출된 춤을 추면서 암컷에게로 다가가 따라다니면서 다리로 암컷을 가볍게 친다. 수컷은 한쪽 날개를 떨면서 구애의 노래를 한다. 만약 그의 공연이 적절하여 암컷이 자극을 받으면, 암컷은 수컷의 접근을 받아들여 교미가 성공적으로 이루어지게 된다.

93. ①
해설 빈칸 이후로 '해양 먹이사슬의 거의 최상층부에 있는'이라고 했으므로 빈칸에는 ①이 정답이다..
어휘 tuna n. 참치, 참다랑어 mercury n. 수은 concentration n. 집중; 농도 blue-fin tuna 다랑어, 참다랑어 wind up (어떤 장소, 상황에) 처하게 되다 sushi n. 초밥 yellow-fin tuna 황다랑어 moderate a. 보통의, 중간의; 삼가는 skipjack tuna 가다랑어 predator n. 포식자, 포식 동물 accumulate v. 축적하다 apex n. 꼭대기, 정점, 첨단 intermediate a. 중간의
해석 인체에 이뤄지는 수은 축적의 40퍼센트 이상이 참치를 많이 먹는 것에 따른 것이며, 이것은 다른 어떤 수은 원천보다 더 높은 비율이다. 종종 초밥으로 나오는 참다랑어는 모든 참치 중에서도 수은 수치가 가장 높다. 황다랑어는 중간 정도이고, 가다랑어의 수치는 상대적으로 낮은 편이다. 참치는 해양 먹이사슬 꼭대기 가까이에 있는 최상위 포식자이기 때문에 그들이 잡아먹은 물고기의 수은이 그들의 체내에 축적된다.

94. ②
해설 본문은 가짜 뉴스(날조된 거짓말, hoax)가 우리 사회에서 '바이러스처럼 급속히 퍼져 나가는(go viral)' 이유를 기술하는 글이다. '우리가 가진 사회적 연결망과 제한적 주의력으로는 특정 문화 요소들이 급속히 퍼져나가게 되는 것을 피할 수 없다.'라는 흐름이 되어야 하므로, 빈칸에는 '~을 고려해 볼 때'를 의미하는 ②가 적절하다.
어휘 meme n. 비유전적 문화 요소[문화의 전달 방식](유전자가 아니라 모방 등에 의해 다음 세대로 전달됨) viral a. 바이러스성의, 바이러스처럼 급속히 번져나가는 irrespective of ~와는 관계없이 fabricated a. 날조된, 허구의 hoax n. 거짓말, 농간 given prep. ~을 고려해볼 때 besides prep. ~외에도
해석 우리의 사회적 연결망과 제한된 주의력을 고려해 볼 때, 어떤 문화 요소들이 그 질적 수준과는 상관없이 급속히 퍼져나가게 되는 것은 불가피한 일이다. 비록 개인들이 높은 질의 정보를 공유한다 할지라도 전반적인 연결망은 신뢰할 만한 정보와 날조된 정보를 구별하는 데 있어서 효과적이지 않다. 이는 우리가 야생 세계 같은 연결망에서 목격하는 그 모든 거친 가짜 뉴스들이 급속히 전파되는 것을 설명하는 데 도움이 된다.

〈정답 및 해설〉

〈4회〉

<u>2018년도 가천대 A형</u>

1. ④
해설 빈칸 이전에 테러용의자들의 특이한 행동이 수사관들에게 단서를 줄 수 있지만, 수사에 혼선을 주기 위해 일부러 특이한 행동을 테러용의자들이 하기도 한다고 언급한 후, 빈칸 이후에서 당신이 생각하는 테러리스트같이 여겨지는 사람들이 실제로는 아닐 수도 있다고 했다. 빈칸을 전후한 내용이 모두 '테러용의자들에 대한 예상이나 편견이 실제와는 다를 수 있다'는 것이므로, 빈칸에는 ④의 Likewise(마찬가지로)가 가장 적절하다. ① 대신 ② 반면 ③ 그런데
어휘 transaction n. 거래 clue in ~에게 단서를 주다 suspect n. 용의자 exception n. 예외사항 profile n. 프로필, 인물소개란, would-be a. 장차 ~이 되려고 하는 distinguished a. 유명한, 저명한
해석 특이한 유형의 금융거래는 수사관들에게 테러 용의자에 관한 단서를 줄 수 있다. 그러나 이러한 유형에는 항상 예외가 있으며, 잠재적인 테러리스트들은 단지 수상쩍어 보이는 것을 피하기 위해 특이한 행동을 할지도 모른다. 마찬가지로, 당신이 '일반적으로' 테러리스트라고 생각하는 프로필이 항상 정확한 것은 아닐지도 모른다. 가난하고 교육을 받지 못한 사람들이 테러리스트가 될 가능성이 가장 높다고 여겨지지만, (실제로) 미국에서 크리스마스에 테러를 감행하려다 미수에 그쳤던 사람은 저명한 나이지리아 가문의 아들이었다.

2. ②
해설 본문에 따르면 부모님께서 사람들이 있는 데서는 미국인들이 이야기하는 것을 이해하기 위해 바짝 긴장을 하셨던 반면, 집에 계실 때는 스페인어를 쓰셨는데, 그 스페인어를 쉽고 유창하게 구사하셨다고 한다. 따라서 이런 차이로 인하여 집에서 쓰시는 부모님의 스페인어 소리는 부모님이 집에 계시다는 것을 '상기시켜' 주었을 것이므로, 빈칸에는 ②의 reminder가 정답이다. ① 예언 ③ 기대 ④ 상상
어휘 hesitant a. 주저하는, 말을 더듬는 accented a. 외국인 악센트가 드러나는 grammatical a. 문법적으로 옳은 strain v. 최대한 긴장하다 convey v. 전달하다 pleasing a. 즐거운, 만족스러운 soothing a. 달래는, 누그러뜨리는 consoling a. 위안이 되는 reminder n. 생각나게 하는 것
해석 사람들이 있는 곳에서 나의 부모님은 더듬거리며, 외국인 악센트가 드러나고, 항상 문법적이지 않은 영어를 구사하였다. (또한) 미국인들이 빨리 말하는 말의 의미를 이해하기 위해 나의 부모님은 몸을 바짝 긴장하셔야 했다. (반면) 집에서는, 원래 쓰시던 스페인어로 돌아오셨다. 부모님이 쓰시는 스페인어는 쉽고 유창하게 나왔다. 그 말소리를 통해 즐거움과 차분함과 위안이 전해져서 집에 와 있다는 사실을 상기시켜 주었다.

3. ③
해설 빈칸이 속해 있는 문장의 But beyong that 전후로 내용이 상반되게 전개된다. 즉, But 앞에서는 스타벅스와 써브웨이가 많은 공통점을 갖고 있는 것을 설명하고 있는 반면, But 이하에서는 스타벅스와 써브웨이의 성공스토리의 차이점을 설명하고 있다. 그러므로 두 기업의 사업 성공에 이르기까지의 행로가 한 가지 핵심사항에서 '달라진다'고 해야 문맥상 적절하므로, 빈칸에는 ③ diverges가 적절하다. ① 약화시키다 ② 줄이다 ④ 퍼뜨리다
어휘 best-known a. 가장 유명한 beverage n. 음료 core product 주력제품
해석 스타벅스와 써브웨이는 많은 공통점을 공유하고 있다. 이 둘은 식품 및 음료산업에서 가장 유명하고 가장 성공한 기업들 중 두 곳이다. 그러나 두 기업은 각각 서로 다른 비즈니스 모델을 또한 보여준다. 당연히 한 기업은 커피를, 또 다른 기업은 샌드위치를 자사의 주력제품으로 판매한다. 그러나 그 외에는, 사업 성공까지의 그들의 행로는 한 가지 핵심사항에서 달라진다. 스타벅스는 현재 자사의 8천 개 이상의 체인점을 기업 소유로 유지하고 있는 반면, 써브웨이는 프랜차이즈 영업점을 통해 써브웨이 제국을 건설했다.

4. ③
해설 본문은 시인이나 예술가를 평가할 때, 그 사람만을 가지고 평가하는 것이 아니라, 이전에 죽은 시인이나 예술가와 그 사람의 관계를 통해 평가하는 것이라고 했다. 그러므로 예술작품이 탄생할 때 그 예술작품에 일어나는 일은 그 예술작품이 탄생하기 이전의 모든 작품들에게도 '동시에' 유기적으로 일어난다고 해야 문맥상 적절하므로, ③의 '동시에'가 적절하다. ① 그 대신에 ② 개인적으로 ④ 간헐적으로
어휘 poet n. 시인 appreciation n. (올바른) 평가, 판단 contrast n. 대조 comparison n. 비교 aesthetic a. 미학적인, 심미적인 not merely A but B A뿐만 아니라 또한 B인 precede v. 먼저 일어나다
해석 그 어떤 시인이나 예술가도 혼자만으로 완전한 의미를 가지지는 못한다. 그 사람의 의미, 그 사람에 대한 올바른 평가는 그 사람과 (이전에) 죽은 시인들과 예술가들과의 관계에 대한 올바른 평가이다. 당신은 그 사람을 그 사람 혼자만으로 평가할 수는 없다. 따라서 당신은 그 사람을 죽인 시인들과 대조도 해보고 비교도 해보아야 한다. 나는 이것을 단지 역사적인 비평일 뿐 아니라, 미학적인 비평의 원칙이라는 뜻으로 말하고 있다. 새로운 예술작품이 탄생할 때 일어나는 것은 그 새로운 작품이 탄생하기 이전에 있었던 모든 작품들에게 동시에 일어나는 어떤 것이다.

5. ②
해설 『풍요로운 사회』가 비판하고 있는 사회의 모습에 해당하는 표현이 빈칸에 들어가야 하는데, 첫 번째 문장을 부연 설명하는 두 번째 문장에서 people's spending in themselves(사람들이 자신에게 쓰는 비용지출)이라 했으므로 빈칸에는 이와 호응하는 ②의 consumerism(소비지상주의)이 들어가는 것이 적절하다. ① 자유주의 ③ 현대주의 ④ 산업주의
어휘 affluent a. 풍요로운 obsessed with ~에 사로잡힌 bent on ~에 열중하고 있는 adequate a. 적절한 hence ad. 따라서 moderate v. 조정하다, 절제하다; devote v. 바치다
해석 1958년에 출판된 『풍요로운 사회(The Affluent Society)』는 수익창출에 혈안이 된 기업들의 관리대상인 생산성 증가에 집착하는 사회의 소비지상주의와 낭비를 비판했다. 이 책의 저자는 미국인들이 풍요로움을 관리할 적절한 시스템을 개발해내지 못하였으므로, 정부는 보다 많은 자원을 공교육에 투입함으로써 사람들이 자신에게 쓰는 과도한 비용을 조정해야 한다고 말했다.

6. ①
해설 본문에서는 모더니스트 작가들, 음악가들, 화가들의 최대 관심사는 상류층이 자신들의 예술작품을 감상해주는 것이라고 했으므로, 그들은 내중성을 좋지 않게 여겼거나 혹은 기피했을 것이다. 따라서 빈칸에는 ① disdain(경멸하다)이 적절하다. ② 눈부시게 하다 ③ 묘사하다 ④ 고안하다
어휘 preoccupied with ~에 집착하는 concern n. 이해관계; 관심사 in that ~한 점에서, ~하므로 mass audience 일반대중 disdain v. 멸시하다, 경멸하다, popular appeal 대중성 appreciate v. 감상하다; 잘 이해하다
해석 아방가르드 영화제작자들은 다른 예술분야에서의 모더니스트들처럼 미학적이고 예술적인 관심사에 주로 집착한다. 그러나 아방가르드 영화들은 일반대중들을 대상으로 주로 제작된다는 점에서 다른 형태의 모더니스트 예술과는 다르다. 모더니스트 작가들, 음악가들, 그리고 화가들은 일반적으로 대중성을 경멸하며, 그들의 최대 관심사는 상류층이 그들의 예술작품을 감상해주는 것이다.

7. ①
해설 독도를 일본의 영토라고 교과서에 기술하라는 일본 정부의 지시가 더 이상 왜곡된 역사견해에 불과한 것이 아니라고 했다. 따라서 이것의 뒤에는 "이러한 일본의 지시가 단순히 왜곡된 견해에 그치는 것이 아니고 자국 국민들이 왜곡된 견해를 갖게 만들고 그들이 그에 따라 행동하도록 '부추기는' 것"이라는 내용이 와야한다. 따라서 빈칸에는 ①의 instigating이 정답이다. ② 탄핵하는 ③ 당황하게 하는 ④ 억압하는
어휘 on the move 활동적인; 진행되고 있는 provocative a. 도발적인, 자극적인 nationalism n. 민족주의 instruct v. 지시하다 territory n. 영토 distorted a. 왜곡된 rally around ~을 위해 모이다 wrong-headed a. (생각이나 판단이) 잘못된 cause n. 대의 so-called a. 소위, 이른바
해석 일본의 도발적인 민족주의가 다시 활개치고 있다. (일본) 정부가 새로운 교과서에 독도를 일본 고유의 영토로 기술하도록 지시했다고 일본의 언론들이 보도했다. 이것은 더 이상 왜곡된 역사 견해 문제에 불과한 것이 아니다. 이것은 일본이라는 국가가 소위 잃어버린 영토수복이라는 잘못된 대의를 위해 국민들을

불러 모으려고 선동하는 시도로 들린다.

8. ③
해설 빈칸 이후에는 퀼트를 하면서 노래도 부르고 각자의 생각들도 교환했다고 했으므로, 정기적인 퀼트 모임이 아니었다면 고립되었을 미국의 농촌 환경에서 퀼트를 하는 정기적인 모임이 '사교생활을 하는' 주요 수단이었을 것으로 생각할 수 있다. 그러므로 ③의 socializing이 정답이다. ① 경쟁하는 ② 기부하는 ④ 기념하는
어휘 post-colonial a. 식민지시대 이후의 parlor n. 거실 quilt v. (이불을) 누비다 quilting bee 누비이불 만드는 모임 needlepoint n. 바늘 끝, 캔버스천에 바늘로 수놓은 자수법, take tume ~을 교대로 하다 work on ~에 공들이다 constitute v. ~을 구성하다 isolated a. 고립된 rural a. 시골의 novice n. 초보자, 풋내기 piece together ~을 이어 맞추다 blanket n. 담요
해석 식민지시대 이후의 대형 거실이 있는 가정에서는 여성들이 누비이불을 만드는 모임을 가졌고, 이웃들과 친구들이 바느질하는 것을 끝내도록 도왔으며, 퀼트들의 네 곳의 모서리들 중 한 곳에 교대로 공들여 작업했다. 이러한 주간 또는 월간 모임은 퀼트를 하지 않았다면 고립되었을 미국의 시골 환경에서 여성들이 사교생활을 하는 주요 수단이었다. 퀼트 전문가들은 퀼트 초보자들을 가르치는 데 때때로 협동했으며, 노래를 부르고, 이야기를 들려주며, 일상생활에 관한 생각들을 서로 교환하면서 정성껏 이어 붙여 누벼서 온전한 담요를 만들곤 했다.

<u>2018년도 가천대 A형</u>

9. ④
해설 빈칸 뒤의 '화장을 계속 새로 하는 것'과 주절의 '대형 마스크를 쓰는 것'은 화장을 하는 것과 하지 않는 것으로 서로 상반된다. 그러므로 대조의 의미를 갖는 표현인 ④ Rather than이 빈칸에 적절하다.
어휘 apply makeup 화장을 하다 constantly ad. 끊임없이, 계속 with a view to ~을 위하여, ~할 목적으로 for the sake of ~을 위해서, ~ 때문에, rather than ~보다는
해석 오늘날과는 극명히 대조적으로, 고대 그리스와 로마의 배우들은 그들이 종종 같은 연극에서 몇몇 다른 배역들을 연기해야 했음에도 불구하고 화장을 전혀 하지 않았다. 배우들은 계속해서 새로운 화장을 하기보다는, 각각의 연극에서 여러 역할의 변화를 보여주기 위해서는 대형 마스크를 쓰는 것이 훨씬 더 쉽다는 것을 알았다.

10. ④
해설 문맥상 ' to do + 빈칸'은 to say they are against murdering fetuses를 나타내는 것이어야 한다. 이는 곧 they are pro-life라고 말하는 것과는 다른 방식으로(달리) 하는 것이다. 그러므로 빈칸에는 '그와 달리, 그와 다른 방식으로'라는 뜻의 부사 ④ otherwise가 적절하다. otherwise는 '그렇지 않으면'의 뜻의 접속부사로 가정법에 쓰이기도 하지만 여기서는 양태부사로 쓰였다. otherwise와 관계없이, 주어인 to부정사, 즉 to do otherwise가 if절을 대신해 가정법 문장이 된 것이다.
어휘 pro-life a. 낙태에 반대하는 pro-choice a. 낙태에 찬성하는 in reference to ~와 관련하여 abortion n. 낙태 conceal v. 감추다, 숨기다; 비밀로 하다 criminality n. 유죄, 범죄성 murder v. 살해하다 fetus n. 태아
해석 최근, 낙태에 관한 입장과 관련하여 '프로 라이프(pro-life)'와 '프로 초이스(pro-choice)'라는 용어를 사용하는 것에 대해 전 세계적으로 열띤 논쟁이 있었다. 낙태에 반대하는 사람들은 그들이 '낙태 반대'라고 말하지 않는 이유는 '낙태'란 용어 자체가 '태아 살해'의 범죄성을 은폐하는 표현이기 때문이라고 말한다. 엄밀히 말하자면, 그들은 '태아를 살해하는 것을 반대하는' 사람들이지만, 그들은 '프로 라이프(pro-life)'라고 말하기로 한다. 달리(태아 살해 반대)라고 말하는 것은 (살해라는 단어 때문에) 사람들을 불쾌하게 할 것이기 때문이다.

11. ③

해설 본문에 따르면 브라인슈림프의 알은 수년간 건조된 상태로 보존되어 있다가도 소금물에 담그면 부화될 수 있다고 했으므로, 그 알은 아주 강인하다고 할 수 있다.
어휘 brine n. 소금물 brine shrimp 브라인슈림프, 염전새우, 소금새우, adapt v. 순응시키다, 적응시키다, salty a. 소금기 있는, 짠 salinity n. 염분, 염도 algae n. 말, 조류(藻類), 해조 hatch v. 부화하다 soak v. 적시다, 담그다 fragile a. 부서지기[깨지기] 쉬운, 무른; 허약한 tough a. 강인한, 단단한
해석 길이 약 1센티미터의 작은 동물인 브라인슈림프는 염도가 매우 높은 유타주의 그레이트솔트 호수에서의 생활에 적응되어 있는데, 그 호수의 염분 함량이라면 다른 것은 거의 모두 죽고 말 것이다. 그 새우는 조류(藻類)를 먹고살며 엄청난 양의 알을 낳는데, 그 알들은 세상에서 가장 강인한 알에 속한다. 그것들은 수년간 선반에서 건조된 상태로 보존되어 있다가도 소금물에 잠깐 담그면 부화될 수 있다.

12. ④
해설 본문은 새로운 세대의 사람들이 마을을 떠나 여러 도시로 향하는 현상에 대해 이야기하고 있으므로, 빈칸에는 '흩어진다'는 의미의 단어가 들어가야 한다. 그러므로 '분산, 해산'이라는 의미의 ④ dispersal이 적절하다.
어휘 great-aunt n. 대고모, 종조모 generation n. 세대 decree n. 법령, 포고 dedication n. 전념, 헌신, disclaimer n. 부인; 권리의 포기 dispersal n. 분산, 해산; 확산
해석 우리 증조모가 돌아가시고, 그녀 세대의 모든 분들이 돌아가셨다. 그 가족의 새로운 세대들은 오래전에 마을을 떠나서 완전히 다르게 변했다. 그들은, 증조부 베이커(Baker)의 딸들이 급속도로 흩어진 것으로도 알 수 있듯이, 지난 세기 중반에 이미 여러 도시로 향했다.

13. ①
해설 자신들이 참여하는 전투가 역사적으로 중요하고 사람들이 가슴속에 소중하게 간직될 것이라는 확신을 가지고 열심히 싸웠지만, 부모님조차도 그들이 정복한 섬들의 이름을 알지 못한다면, 이는 매우 실망스러울 것이다. 따라서 빈칸에는 '의기소침하게 하는, 낙심하게 하는'이라는 의미의 ① disheartening이 적합하다.
어휘 force n. (종종 pl.) 군대, 부대 frontline n. 최전방, 최전선, conviction n. 확신, 신념; 유죄 판결 import n. 중요(성); 의미 cherish v. 소중히 하다; (마음속에) 간직하다 pronounce v. 발음하다; 표명[선언, 선고]하다 conquer v. 정복하다 disheartening a. 의기소침[낙심]하게 하는 (듯한) redundant a. 여분의, 쓸모없는, 불필요한, inevitable a. 불가피한, 필연적인 worthwhile a. 가치 있는, 보람 있는
해석 1940년대 초에, 우리로 하여금 최선방을 굳게 지키게 만든 요인들 중 하나는 이 전투가 역사적으로 매우 중요하고, 전투에서 살아남은 사람들은 미국인들의 가슴속에 영원히 소중하게 간직될 것이라는 확신이었다. 당신의 부모가 당신이 정복한 섬들의 이름조차 말하지 못한다는 것을 아는 것은 다소 실망스러운 일이었다.

14. ①
해설 본문에서 광고는 한눈에 이해할 수 있는 기호와 문자 형태를 사용해야 하며, 광고의 메시지는 빠르게 흡수되고 이해되어야 한다고 했다. 따라서 빈칸에도 '누구나 쉽게 알 수 있는 이미지'라는 의미가 되도록 하는 표현이 들어가야 한다. 그러므로 '평범한', '판에 박힌'이라는 뜻의 ① stock이 정답이다.
어휘 necessitate v. 필요로 하다 at a glance 한눈에 effective a. 효과적인 depiction n. 묘사, 서술 stock a. 평범한, 보통의, 판에 박힌, 흔히 있는, evasive a. 회피적인; 종잡을 수 없는 exquisite a. 매우 아름다운, 정교한 inscrutable a. 불가해한, 헤아릴 수 없는
해석 광고매체 그 자체의 본질은 한 눈에 이해할 수 있는 기호와 문자 형태의 사용을 필요로 한다. 만약 광고가 효과적이려면, 그것의 메시지는 빠르게 흡수되고 이해되어야만 했다. 따라서, 인종 집단들을 묘사하기 위해서, 광고주들은 종종 일반적으로 받아들여지는 판에 박힌 이미지들을 사용했다.

15. ②
해설 빈칸에는 값싼 인쇄 방식의 도입, 운송 과정의 개선 외에 스토리 페이퍼가 갑자기 널리 읽히게 된 원인이 들어가야 한다. 글을 읽고 쓸 줄 아는 사람들이 증가하면 간행물에 대한 수요도 증가할 것이므로, 정답은 ② literacy 이다.

어휘 serial a. 순차적인; 연속하는, 일련의, 정기 간행의 n. (신문·잡지의) 연재물 publication n. 출판, 발행; 간행물, 출판물; 발표 nickel n. 니켈; 5센트 contain v. 포함하다; 억누르다 informative a. 유익한, 정보를 제공하는, 지식을 주는, entertaining a. 즐거운, 재미있는, contribute v. 기여하다, 도움이 되다 obsession n. 강박관념, 망상; 집착 poverty n. 가난, 빈곤 literacy n. 읽고 쓰는 능력 migration n. 이주, 이동 birth n. 탄생, 출생

해석 19세기 중반 무렵 미국에서는 새로운 종류의 문학이 나타났다. 스토리 페이퍼라고 알려진 연속(정기) 간행물이 8면 신문의 형태로 인쇄됐다. 이 간행물의 가격이 5센트였고, 다양한 단편소설, 기사, 그리고 다른 유익하거나 재미있는 자료를 포함하고 있었다. 값싼 인쇄 방식의 도입, 운송 과정의 개선, 그리고 증가하는 식자율(글을 읽고 쓸 줄 아는 사람들의 비율)은 모두 스토리 페이퍼에 대한 갑작스런 높은 관심에 기여했다.

16. ④
해설 빈칸 이후로 오늘날 많은 회사들이 특정 업무를 인도나 중국과 같이 노동력이 값싼 국가들에서 처리한다고 했으므로 이를 뜻하는 용어가 빈칸에 필요하다. 따라서 ④ outsourcing이 적절하다.
어휘 shut down (가게·공장 등이) 휴업하다, 폐쇄하다 division n. 분할; 분배; (조직의) 분과 lat off 해고하다 labor force 노동력; 노동 인구 joint venture 합작 투자 사업, 합작 투자, partnership n. 협력, 제휴 franchise n. 독점 판매권; 체인점; 선거권 outsourcing n. 아웃소싱(자체 인력·설비·부품 등을 이용해 하던 일을 비용 절감과 효율성 증대를 목적으로 외부 용역이나 부품으로 대체하는 것)
해석 회사가 한 사업부를 폐쇄하기로 결정하면 사람들은 보통 직장을 잃는다. 그러나 오늘날 회사들은 또한 실제로 많은 돈을 벌고 있을 때에도 사람들을 해고한다. 왜 그럴까? 그 대답은 소위 '글로벌 아웃소싱(global outsourcing)'에 있다. 많은 회사들이 사업의 특정 업무를 인도나 중국과 같은 국가들에 보내고 있는데, 회사들은 이 국가들로부터 더 값싸지만 여전히 잘 교육받은 노동력을 얻을 수 있다.

17. ②
해설 본문에 따르면 정보의 불완전하고 불공평한 분배와 같은 의미가 되어야 하므로, incomplete, unfair의 의미를 내포하고 있는 단어가 빈칸에 들어가야한다. 그러므로 '불균형', '비대칭'이라는 뜻의 ② asymmetry가 적절하다.
어휘 transparent a. 속이 뻔히 들여다보이는, 투명한, 명백한, hard to solve 해결하기 어려운(하이픈으로 연결하는 것이 원칙이나 실제로는 하이픈 없이 한 단어처럼 사용하기도 함) distribution n. 분배, 배분; 분포 incomplete a. 불완전한, 불충분한 classic a. 일류의; 대표적인, 전형적인, exactness n. 정확함, 엄밀함 asymmetry n. 불균형; 비대칭 competition n. 경쟁 industry n. 산업, 공업; 근면
해석 사회가 아무리 민주적이고 투명하다고 하더라고 불공평한 상황들은 여전히 존재한다. 불공평한 상황들 가운데서도 가장 심각하고 해결하기 어려운 문제는 정보의 분배일지도 모른다. 실생활에서 정보의 불완전하고 불공평한 분배, 즉 정보의 비대칭성 때문에 많은 문제들이 있다. 대표적인 사례는 중고차를 살 때 이다.

<u>2018년도 가톨릭대</u>

18. ④
해설 '물질적인 측면의 접근만으로는 인간을 완전히 설명할 수 없다.'는 것은 이러한 접근방법이 물질적인 것과 반대되는 영역, 즉 정신적인 영역을 다루지 못한다는 것을 의미한다. 그러므로 빈칸에는 '전적으로 고려되지 않는다'는 의미의 ④가 적절하다.
어휘 in principle 원칙적으로 structure n. 구조, 구성, 체계 physical a. 육체의; 물질적인, 물리적인, perspective n. 전망, 견지, 시각, aspiration n. 열망, 포부 significance n. 의의, 의미, 취지; 중요성
해석 과학이 원칙적으로 인간의 구조와 행동을 물질적인 자연의 일부로 설명하는 것은 가능할지도 모른다, 그러나 분명한 사실은 인간은 이렇게해서는 완전하게 설명되지는 못한다는 것이다. 과학적인 관점에서는, 인간의 삶에 인간적 의미를 부여하는 생각과 포부, 감정과 느낌의 영역은 고려 대상에서 전적으로 제외된다.

① 강조되어 온 것
② 유일하게 중요한 것
③ 이론적인 토대와 함께
④ 전적으로 고려되지 않고 있다

19. ②

해설 빈칸이 포함된 문장은 앞 문장의 내용에 대한 부연설명이다. 앞에서는 "어떤 방향으로든 '집단적으로' 쉽게 움직일 준비가 되어있다"고 했으므로, "'단합된'행동에 뛰어들다"라는 의미의 ②가 앞 문장의 내용과 가장 적절하게 호응한다.

어휘 inferior a. ~보다 못한, 열등한 readiness n. 준비가 되어 있음 sway v. 흔들다; (사람·의견 따위를) 움직이다, 좌우하다 persuade v. 납득시키다, 설득하다,

해석 사회의 열등한 구성원으로 간주되는 사람들이 역사를 만들어 나가는 데 있어서 중요한 역할을 할지도 모른다. 그들의 중요성은 그들이 어떤 방향으로든 집단적으로 쉽게 움직일 준비가 되어있다는 것에 있다. 그들은 위험을 무릅쓰거나 어떤 단합된 행동에 빠져들도록 쉽게 설득될 수 있다.
① 자신들의 특권을 포기하다
② 어떤 단합된 행동에 빠져들다
③ 정계의 주류를 향해 나아가다
④ 자신들이 동원되는 것의 중요성을 무시하다

20. ③

해설 본문에 따르면 기억상실증 환자가 자신의 지난 삶에 대한 정보의 조각들을 제공받음에도 불구하고 지난 삶을 잃어버리게 되는 것은 그 정보의 조각들을 서로 연결할(make connections) 수 없기 때문이다. ① 설명 ② 구별 ④ 예상

어휘 amnesia n. 기억상실증, 건망증, significant a. 중대한, 중요한; 의미심장한 odd a. 이따금의, 임시의, 우연한; 기묘한, 이상한, isolate v. 고립시키다; 분리하다, 격리하다 recall v. 생각해내다, 소환하다, 상기하다; occasional a. 이따금씩의; 임시의, 예비의 acquaintance n. 아는 사람, 지인; 면식; 지식 fragmentary a. 파편의; 단편적인 amnesiac n. 건망증 환자, 기억상실증 환자 gradually ad. 차차, 점차 slip away 사라지다, 없어지다 hazy a. 흐릿한; 모호한 myth n. 신화, 전설; (많은 사람들의) 근거 없는 믿음 validity n. 타당성, 정당성 pronounce v. 발음하다; (공개적으로) 표명하다 solitary a. 외로운; 고독한, 유일한

해석 우리의 현대 문화는 기억상실증을 앓고 있는 사람 같다. 어떤 일이 일어나 심각한 기억상실을 초래했는데, 그 사람이 지난 삶을 살았던 것은 알고 있지만 기억의 다리가 끊어져서 이제는 지난 삶과 단절되어 있다고 상상해 보아라. 우연히 떠오르는 하나하나 분리된 이미지들은 여전히 기억해낼 수 있다. 그리고 지난 삶과 관계된 지인들로부터 받는 몇 편의 글과 이따금씩의 방문이 지난 삶이 어땠는지에 관한 정보를 단편적으로 제공한다. 그러나 그 정보들을 서로 연결할 수 없는 채, 기억상실증 환자는 새로운 삶을 만들어 가기 시작하고, 지난 삶은 차츰 사라지게 되어서 마침내 더 이상 효력이 없는 희미한 신화(허구)처럼 되고 만다. 마찬가지로, 우리의 현대 문화도 과거로부터 단절된 가운데 홀로 존재하고 있음을 표명하는 것 같다.

21. ②

해설 빈칸 앞 문장까지는 '이제껏 물리학자들이 이뤄낼 과학적 성과가 엄청난 것임'을 이야기하고 있고, 빈칸 뒤에서는 '이러한 성과가 물리학자들의 입장에서는 아직 미흡하다'는 내용이 이어지고 있다. 따라서 빈칸에는 대조나 양보의 의미를 가진 접속부사가 들어가야 할 것이므로, '그럼에도 불구하고'라는 의미의 ②가 정답이 된다.

어휘 physical a. 물질의; 물리적인; 육체의 deepen v. 깊게하다, 깊어지다 profoundly ad. 깊이, 심오하게, 크게 theoretical a. 이론의, 이론상의 quantum mechanics 양자역학 general relativity 일반 상대성 이론 subatomic a. 원자 내에서 생기는, 원자보다 작은 realm n. 범위, 영역 phenomenon n. 현상 (pl. phenomena) galaxy n. 은하수, 은하계 monumental a. 기념비적인; 불멸의; 대단한 confine v. 제한[한정]하다, 국한하다; 가두다 ascertain v. 확인하다, 알아내다 comprehend v. 이해하다, 파악하다; 포함하다 physicist n. 물리학자 fundamental a. 근본적인; 중요한 unveil v. 정체를 드러내다; (비밀 따위를) 밝히다, 털어놓다 allude v. 언급하다,

암시하다
해석 물리적인 우주에 대한 우리의 이해는 지난 세기 동안 매우 깊어졌다. 양자역학과 일반 상대성 이론이라는 이론적인 도구를 통해 우리는 원자와 아원자 영역의 물리적 현상에서부터 은하계와 그 너머에서 일어나고 있는 현상들과 우주 전체의 구조에 이르기까지 모두 이해할 수 있게 되었다. 이것은 기념비적인 성취이다. 은하계의 먼 가장자리에 위치한 작은 행성에 갇혀 있는 존재들이 물리적 우주의 가장 신비한 특징들을 확인하고 이해할 수 있게 된 것은 매우 고무적인 일이다. 그럼에도 불구하고, 물리학자들은 천성적으로 우주에 대한 가장 깊고도 가장 근본적인 이해가 드러났다고 느껴질 때까지는 만족하지 못할 것이다. 이것은 스티븐 호킹(Stephen Hawking)이 "신(神)의 마음"을 알기 위한 첫걸음이라고 암시해온 것이다.
① 같은 이유로
② 그럼에도 불구하고
③ 요컨대
④ 결과적으로

22. ①
해설 빈칸 뒤에 이어지는 문장들에서 "독서를 '과도하게 하는' 경우"에 대해 이야기하고 있으므로, 이것과 관련 있는 ① '독서에 있어서도 지나치게 될 수가 있다'가 빈칸에 들어가기에 적절하다.
어휘 indulge v. (욕망·정열 따위를) 만족시키다, 충족시키다; (쾌락 등에) 빠지다, 탐닉하다 excess n. 과다, 과잉; 잉여 vice n. 악덕, 부도덕 generally ad. 일반적으로, 널리; 대체로, 보통 recognize v. 인지하다; 인정하다 excessive a. 과도한, 지나친 deserve v. ~할 만하다, 받을 가치가 있다, ~할 가치가 있다 obvious a. 명백한, 명료한, 명확한 candidly ad. 정직하게, 솔직하게, 숨김없이 devour v. 게걸스럽게 먹다; (어둠·시간·망각 따위가) 삼켜버리다 dissipate v. (안개·구름 따위를) 흩뜨리다, (딴 데로) 돌리다
해석 다른 모든 일의 경우와 마찬가지로, 독서에 있어서도 지나치게 될 수가 있다. 지나치게 몰두하면, 독서도 일종의 악습 - 일반적으로 악습으로는 인식되지 않기 때문에 그만큼 더 위험한 악습 - 이 된다. 그러나 지나친 독서는 마땅히 받아야 할 비난을 받지 않는 유일한 형태의 자기 탐닉이다. 이러한 사실은 놀라운 일이다. 왜냐하면 솔직하게 자신과 다른 사람들을 관찰해보는 사람이면 누구에게나, 지나친 독서가 자신의 시간을 집어삼키고, 정력을 소진시키며, 사고력을 떨어뜨리고, 현실로부터 관심을 (다른 곳으로) 돌리도록 만든다는 것은 분명하기 때문이다.
① 독서에 있어서도 지나치게 될 수가 있다.
② 독서의 방향과 목적을 고려해야 한다.
③ 어떤 상황에서도 독서에 몰두할 수 있다.
④ 독서의 양보다는 질에 관심을 가져야 한다.

23. ③
해설 as 이하는 빈칸에 들어갈 표현에 대한 예시나 부연설명의 역할을 한다. as 이하에 '낡은 배를 타고 아이티를 탈출하려다 많은 사람들이 목숨을 잃은 사고'에 대한 언급이 있으므로, 이를 일반화한 ③이 빈칸에 적절하다.
어휘 dilemma n. 진퇴양난, 궁지, 딜레마 plight n. 곤경, 궁지 refugee n. 피난자, 난민; 망명자, 도피자 enforcement n. 시행, 실시; 강제 slip v. 슬그머니[가만히] 떠나다; 몰래 들어가다[나오다] arduous a. 힘 드는, 곤란한; 끈질긴 desperately ad. 필사적으로; 자포자기하여 smuggler n. 밀수업자 starve v. 굶주리다, 굶어죽다 dump v. (특히 적절치 않은 곳에 쓰레기 같은 것을) 버리다 overboard ad. 배 밖으로, (배에서) 물속으로 makeshift a. 임시변통의, 일시적인 navigation n. 운항, 항해 rickety a. 낡아빠진, 황폐한 swamp v. 물에 잠기게 하다; (물을 넣어 배를) 침몰[전복]시키다 surf n. 밀려드는 파도 claim v. 요구하다, 주장하다; (병·재해 등이 인명을) 빼앗다
해석 아마도 남부 플로리다가 직면해 있는 가장 슬픈 딜레마는 곤경에 처해 있는 아이티 난민들일 것이다. 단속 경관들이 플로리다 해변에서 매달 약 500명의 아이티인들을 붙잡고 있지만, 붙잡히지 않고 잠입하는 사람들의 수도 그 정도에 이를 것이다. 600마일에 걸친 아이티로부터의 여정은 종종 매우 힘겨운데, 이는 그들이 얼마나 필사적으로 자기 나라를 떠나고 싶어 하는지를 잘 보여준다. 많은 사람들이 전 재산을 팔아서 전문 밀입국업자들을 고용하는데, 이 업자들은 종종 그들을 굶기거나 때리며, 심지어는 배 밖으로 던져 버리기도 한다. 다른 사람들은 돈을 끌어모아 임시변통으로 만든 보트를 산 다음 자신들을 미국으로 데려

다줄 현지 어부를 고용하는데, 이들은 항해에 대해 거의 아는 것이 없을지도 모른다. 그 여행은 지난달에 63명의 아이티인들을 태운 낡아빠진 범선이 플로리다 해안에서 밀려드는 파도에 침몰하여 33명이 목숨을 잃었을 때 그랬듯이, 쉽게 비극으로 끝날 수 있다.
① 그들의 꿈은 쉽게 사라지지 않는다
② 상황은 종종 반복적이다
③ 그 여행은 쉽게 비극으로 끝날 수 있다
④ 인생은 관점의 문제일 뿐이다

24. ④
해설 콜론 이하에서 빈칸을 포함하고 있는 문장의 내용을 부연해서 설명하고 있다. 로마와 이슬람의 유리 그릇, 인도의 상아, 중국의 작물 들은 wealth of artifacts에 해당하며, 여행자들이 전해 준 불교와 이슬람교는 multicultural heritage에 해당하므로 ④가 빈칸에 적절하다.
어휘 nomad n. 유목민, 방랑자 conqueror n. 정복자 pilgrim n. 순례자, 성지참배자 traverse v. 가로지르다, 횡단하다 contribute v. 기부하다; 기여하다, 공헌하다 artifact n. (천연물에 대해) 인공물; 문화유물 introduce v. 도입하다, 소개하다 custom n. 관습, 풍습, 관행 import v. 수입하다 glassware n. 유리제품 inspire v. 고무하다, 격려하다
해석 수천 년 동안 유목민, 정복자, 상인, 그리고 순례자들은 아프가니스탄을 가로질러 지나가면서 그곳의 다문화적 유산과 풍부한 문화유물에 이바지했다. 알렉산더 대왕(Alexander the Great)에서부터 무굴 제국의 바부르(Babur)황제에 이르기까지, 침략자들은 새로운 관습들을 도입했다. 캐러밴들은 로마와 이슬람의 유리 그릇, 인도의 상아, 그리고 중국의 직물을 가져온 반면, 신앙심에 고취된 여행자들은 불교와 이슬람교를 가져왔다.
① 영원한 전진
② 개척로
③ 영토 확장
④ 다문화적 유산

25. ②
해설 빈칸의 앞에서는 뇌혈관 장애의 결과가 매우 좋지 못함을 이야기하고 있고, 빈칸의 뒤에서는 상황이 절망적이지는 않음을 이야기하고 있다. 따라서 빈칸에는 대조나 양보의 의미를 가진 표현이 들어가야 한다. 따라서 '비록 그렇다고 하더라도'라는 의미의 ②가 정답으로 적절하다.
어휘 nervous a. 신경의, 신경조직으로 된; 신경질적인 disorder n. 장애, 질환 cerebrovascular accident 뇌혈관 장애[발작](CVA) stroke n. 발작; 뇌졸중 brain attack 뇌졸중 circulation n. 순환, 유통 block v. 막다; 방해하다 survive v. ~의 후까지 생존하다[살아남다] paralyze v. 마비시키다 sensory deficit 감각장애 faculty n. 능력, 기능, 재능 neuron n. 신경단위, 뉴런 sprout v. ~에 싹이 트게[나게]하다 injure v. 상처를 입히다, 다치게 하다 function n. 기능
해석 단일 신경계 질환으로 가장 흔한 것이며 미국에서 세 번째로 큰 사망 원인인 것은 뇌졸중으로도 불리는 뇌혈관 장애(CVA)이다. 뇌혈관 장애는 뇌 영역으로의 혈액 순환이 막혀서 뇌세포가 죽는 경우에 발생한다. 뇌혈관 장애에서 목숨을 건진 사람들은 종종 마비를 겪으며 감각장애를 보인다. 발병 원인과 상관없이, 뇌혈관 장애로부터 살아남은 환자들의 3년 이상 생존율은 35%에 못 미친다. 비록 그렇다고 하더라도, 상황은 절망적이지 않다. 일부 환자들의 경우는 적어도 부분적으로는 잃어버린 기능을 회복하고 있는데, 이는 손상을 입지 않은 뉴런이 새로운 가지를 내고, 이것들이 손상된 부위로 퍼져 나가 잃어버린 기능의 일부를 이어받기 때문이다.
① 그렇지 않다면
② 비록 그렇다고 하더라도
③ 게다가
④ 결과적으로

26. ①

해설 빈칸 이하에서 '6월에서 10월까지는 몸에 저장해 놓은 지방에 의존해서 살아야 한다'고 한 것은 '그때는 사냥할 수 없다'는 뜻이고, 그것은 곧 그때는 단단한 얼음판이 없다는 뜻이므로, '(그때가 아닌) 겨울과 봄에만 얼어있다'고 한 ①이 빈칸에 적절하다.
어휘 solid a. 단단한, 견고한 platform n. 단(壇); 플랫폼; 기반 seal n. 바다표범, 물개 cub n. (곰·여우·사자 따위의) 새끼 prey n. 먹이 reserve n. 비축, 예비; 비축물 cope v. 대처하다, 대항하다 tip v. 기울이다, 뒤집어엎다 tip the balance 국면을 바꾸다, 형세를 일변시키다
해석 모든 북극곰과 마찬가지로, 허드슨 만(灣)에 사는 북극곰들도 자신들의 주된 먹잇감인 물개와 물개새끼를 사냥하기 위한 발판으로 단단한 얼음이 필요하다. 그러나 허드슨 만은 겨울과 봄에만 얼어 있기 때문에, 6월에서 10월까지는 북극곰들이 몸에 저장해 놓은 지방에 의존해서 살아야 한다. 수천 년 동안 그들은 그럭저럭 잘 버텨왔지만, 기후 변화로 인해 상황이 바뀌고 있는지도 모른다. 허드슨 만에서 얼음이 사라지기 시작했으며, 그와 같은 추세가 계속된다면 북극곰도 사라지고 말 것임은 매우 분명한 사실이다.
① 겨울과 봄에만 얼어있다
② 기껏해야 6개월 동안만 물고기로 가득 차 있다
③ 여름에는 먹잇감을 충분히 제공하지 못한다
④ 겨울에는 많은 관광객들이 방문한다

27. ②
해설 Therefore 이하에서 언급한 '수천 곳의 지상 기상관측소와 공항 및 선박으로부터 관련 정보를 받는 것'은 '광범위한 지역의 날씨를 아는 것'과 관련 있다.
어휘 accompany v. ~에 동반하다, 동행하다; (현상 따위가) ~에 수반하여 일어나다 air mass 기단(氣團) weather forecasting 일기예보 involve v. 수반하다, 포함하다 prediction n. 예언, 예보 meteorologist n. 기상학자 measurement n. 측량, 측정 aviation n. 비행, 항공; 항공기
해석 날씨는 지구의 표면을 가로지르며 다니는 기단(氣團)에 따라 일어난다. 날씨예측(일기예보)의 많은 부분은 기단의 위치를 알아내고, 그것의 특징을 판단하며, 정기적으로 그 움직임을 표시하여 미래에 그 기단이 어떻게 움직일지를 예측할 수 있게 하는 활동을 포함하고 있다. 이를 위해, 기상학자들은 넓은 지역에 걸친 날씨를 알 필요가 있다. 그리하여, 수천 개에 달하는 미국 내의 개별 지상 기상관측소는 기상청(NWS)에 측정 결과를 보고한다. 기상청은 또한 공항으로부터도 수천 건의 항공 보고를 받고, 해상의 선박으로부터도 수백 건의 보고를 받으며, 2,3천 건의 항공 관측 보고도 받는다.
① 일기도를 읽기 쉽게 만들 수 있어야 한다
② 넓은 지역에 걸친 날씨를 알 필요가 있다
③ 공항에 데이터를 전송할 수 있어야 한다
④ 해상에 있는 선박과 통신할 필요가 있다

<u>2018년도 이화여대</u>

28. ④
해설 어떤 대상에 대해 무관심한 것에서 그 대상을 거부하는 것으로 바뀐다면, 이는 그 대상에 대한 태도가 더 나빠지는 것이므로, 첫 번째 빈칸에는 '약화되다'라는 의미의 deteriorate가 적절하다. 한편, 'far from~'은 '~하기는커녕'이라는 의미이므로, 이것 뒤의 내용과 주절의 내용은 대조를 이루어야 한다. 그러므로 두 번째 빈칸에는 주절의 treasury와 상반되는 의미를 갖는 표현이 들어가야 하며, '방해물'이란 의미의 encumbrance가 적절하다.
어휘 indifference n. 무관심, 냉대 rejection n. 거절, 기각; 부결 treasury n. (지식 등의) 보고(寶庫); 기금, 자금 cope with 대처하다, 극복하다 retreat v. 물러가다, 후퇴하다, 퇴각하다 figment n. 허구(虛構); 꾸며낸 일 fraction n. 파편, 단편; 분수 escalate v. 단계적으로 확대[강화]하다, 점증(漸增)하다 conundrum n. 수수께끼, 어려운 문제 deteriorate v. (질·가치가) 떨어지다, 악화하다, 저하하다 encumbrance n. 방해물, 장애물 flow v. 흐르다; 넘치다, 풍부하다 trove n. 수집물, 발견물
해석 우리 문화가 가진 과거에 대한 무관심은 (과거에 대한) 거부로 쉽게 약화된다. 그러나 나는 과거를 쓸

175

모없는 방해물로 간주하기는커녕, 미래를 대처하는데 필요한 것을 이끌어낼 수 있는 정치적, 심리적 보고(寶庫)로 여긴다.

29. ③
해설 첫 번째 문장에서, 사람들이 찾고자 하는 것을 게임이 매우 순수한 형태로 제공한다고 했으므로, 게임이 제공하는 대상인 escape와 유사한 의미를 갖는 표현이 첫 번째 빈칸에 들어가야한다. '도피'는 무언가로부터 '해방'되려 하는 것이므로, 빈칸에는 release가 적절하다. 한편, 두 번째 문장은 첫 번째 문장의 내용에 대한 부연설명인데, 일상생활로부터 도피한다는 것은 일상생활을 잊거나 인식하지 않으려 한다는 말로 대신할 수 있을 것이므로, 두 번째 빈칸에는 erase가 적절하다.
어휘 awareness n. 인지, 각성상태 solace n. 위로, 위안, enervate v. 기력을 빼앗다, 힘을 약화시키다 quietness n. 고요, 정적 reinforce v. 강화하다, 보강하다 release n. 해방, 석방, 면제, 면방, erase v. 지우다; 말소[말살, 삭제]하다 excitement n. 흥분, 자극받음 transform v. 변형시키다, 바꾸다 vision n. 시력, 시각; 통찰력; 비전 stimulate v. 격려하다, 자극하다,
해석 사람들이 일상생활에서 해방되기 위해 하는 활동 가운데, 게임은 여러 면에서 가장 순수한 형태의 도피를 제공한다. 섹스, 마약, 음주를 할 때와 마찬가지로, 게임은 일상적인 현실에 대한 인식을 지워버린다.

30. ①
해설 첫 번째 빈칸은 언어가 다른 모든 발명품들보다 중요한 이유를 설명하는 부분이므로, 전자가 후자의 밑바탕이 된다는 의미를 만드는 depend on이 와야한다. 한편, 인간이 다른 동물이나 자연에 비해 훨씬 큰 힘을 가지게 된다는 것은 인간이 동물이나 자연보다 더 높은 반열에 올라서게 되는 것이므로, 두 번째 빈칸에는 '상승'이란 의미의 ascent가 알맞다.
어휘 manifold a. 잡다한, 다양한, pride of place 가장 눈에 잘 띄는[중요한] 자리 invention n. 발명, 발명품 agriculture n. 농업 transform v. 변모시키다, 변형시키다, material a. 물질의, 유형의; 세속적인 advent n. 도래, 출현 pale v. 창백해지다, (색·빛 등이) 엷어지다 significance n. 의의, 의미; 중요성 originate v. 시작하다, 근원이 되다 embark on 종사하다, 착수하다, unparalleled a. 비할[견줄] 데 없는; 전대미문의, 미증유의 depend on ~에 의지하다 ascent n. 상승, 오름; 향상, 증진 aim at 목표로 삼다, ~을 겨누다, testimony n. 증언, 언명; (신앙·경험 등의) 고백, 선언 zero in on ~에 겨냥을 정하다; ~에 주의를[화제가] 집중하다 adventure n. 모험, 투기 dwindle to 쇠하여 ~이 되다 nexus n. 연계(連繫), 관련; 관계 dispense with ~없이 지내다 caution n. 신중, 조심.
해석 인류의 모든 다양한 창조물들 가운데, 언어가 가장 중요한 자리를 차지해야만 한다. 바퀴, 농사, 식빵과 같은 다른 발명품들이 우리의 물질적인 생활을 변모시켰을지 모르지만, 언어의 출현은 우리를 인간으로 만들었다. 언어와 비교하면, 다른 모든 발명품들은 그 중요성이 무색해지게 되는데, 왜냐하면 우리가 지금까지 성취한 모든 것들이 언어에 달려 있고 또한 언어로부터 생겨났기 때문이다. 언어가 없었다면, 우리는 모든 다른 동물에 대한, 심지어 자연 자체에 대한, 비할 데 없는 지배력을 가진 위치에 오르는 일을 시작도 할 수 없었을 것이다.

31. ④
해설 본문에 따르면 질병의 위협이 거의 없는 지역은 그 지역에 이주해온 유럽인들에게 긍정적인 결과를 가져왔을 것이므로, 첫 번째 빈칸에는 '번성했다'라는 의미의 flourished와 '승리했다'라는 의미의 triumphed가 적합하다. 한편, 사망률이 높았다면 인구의 증가로 이어지지 않았을 것이므로, 두 번째 빈칸에는 '낮추었다'라는 의미의 depressed가 적합하다.
어휘 temperate a. (기후·계절 등이) 온화한; (지역 따위) 온대성의; 알맞은, 삼가는, 중용의 climate n. 기후 threat n. 위협, 협박; 징조 tropical a. 열대성의, 열대지방의; mortality n. 죽어야 할 운명; (전쟁·병으로 인한) 대량 사망; 사망자 수, 사망률 sojourn v. 살다, 머무르다, control v. 지배하다, 통제하다; 억제하다 triumph v. 승리를 거두다, 이기다 quicken v. 빠르게 하다, ~의 속력을 더하다 linger v. 오래 머무르다, 떠나지 못하다; (겨울·의심 따위가) 좀처럼 사라지지 않다; (습관이) 남다 redouble v. 배가(倍加)하다; 세게 하다 flourish v. 번영하다, 번성하다 depress v. 우울하게 하다; (힘·기능 따위를) 약화시키다; 낮추다 transact v. (사무 등을) 집행하다, (안건 등을) 처리하다 deprecate v. ~에 불찬성을 주장하다, 비난하다, (전쟁 따위에) 반대하다

해석 대부분의 미국과 캐나다 그리고 많은 남미 지역의 온화한 기후는 유럽인들에게 질병의 위협을 거의 발생시키지 않았기 때문에 그들은 그 지역에서 번성했다. 이와는 대조적으로, 열대성 질병은 카리브 해역과 아마존 강 유역에서 유럽인들의 사망률을 높였고 유럽인들의 인구 증가를 낮췄다.

32. ④
해설 두 번째 문장은 첫 번째 문장의 내용에 관한 부연설명이다. 두 번째 문장도 첫 번째 문장처럼 '선입관의 개입이나 편향성'에 대한 내용이 되어야 하므로, 과학이 '유럽 중상류 계급의 이성애적 가치관'에 물들어 있거나 그것과 결합돼 있다는 의미가 되도록 하는 imbued with와 combined with가 빈칸에 적합하다. 한편, 과학에 남성 편향적이거나 특정 계층의 가치관이 반영되어 있다면, 그것은 전체가 아닌 부분의 세계관을 나타낼 것이므로, 현실을 잘못 나타낸 것이다. 그러므로 두 번째 빈칸에는 '왜곡된'이란 의미의 distorted가 적합하다.

어휘 scholar n. 학자; 장학생 predispose v. 미리 경향을 주다; ~에 기울게 하다; ~을 좋아하도록 하다 bias n. 편견, 선입관 maintain v. 주장하다, 유지하다; discipline n. 훈련; 규율; 학과 exclusively ad. 배타적으로; 독점적으로 heterosexual a. 이성애(異性愛)의 present v. 보여 주다; 나타내다 exclude v. 제외하다, 배제하다, contribute to 기부하다, 공헌하다, 기여하다, detectable a. 간파할 수 있는, 찾아낼[탐지할] 수 있는 receptive of ~을 잘 받아들이는, 이해력이 빠른 omnipresent a. 편재하는, 동시에 어디에든 있는 impart v. 주다, 나누어주다 engaging a. 매력적인, 마음을 끄는, imbue v. ~에게 감염[감화]시키다, 불어넣다 distorted a. 일그러진, 비틀어진; 왜곡된 combined with ~와 결합된 undivided a. 나뉘지 않은, 연속된, 분할되지 않은; 끊임없는,

해석 일부 학자들은 과학 지식이 개인적 편견에 빠질 가능성이 매우 높다고 주장한다. 그들은 현재의 과학 분야가 오로지 남성들에 의해 형성되었기 때문에 과학이 남성 지향적이거나 남성 편향적이며, 또한 현재의 과학 분야가 유럽 중상류 계급의 이성애적(異性愛的) 가치관들에 물들어 있다고 주장한다. 그리하여 과학 분야가 왜곡된 세계관을 보여주고 배타적인 지식을 나타낸다는 것이다.

33. ②
해설 언론이 현실을 늘 특정한 방식으로 서술하는 경향을 띤다면 사람들은 현실을 늘 그런 방식으로 인식하게 되어 현상(現狀)은 더욱 고착될 것이다. 그러므로 첫 번째 빈칸에는 현상에 대한 집착을 '강화시키거나 공고하게 했다'는 의미를 만드는 reinforced와 solidified가 들어갈 수 있다. 한편, 뉴스를 하나하나 단절된 개별 사건의 관점에서 보도하면 사람들은 전체 사회의 구조적 문제를 발견할 수 없어 현재의 사회 구조를 자연스러운(당연한) 것으로 받아들이게 될 것이므로 두 번째 빈칸에는 encouraged가 적절하다.

어휘 indirect a. 간접적인, 부차적인 attachment n. 애착, 집착 status quo n. 현상(現狀) depict v. (그림·조각으로) 그리다; (말로) 묘사[서술]하다 decenter v. (중심에서) 분산시키다 influence n. 영향, 세력 financial a. 재정의, 재무의, 금융의 discrete a. 분리된, 별개의 disconnected a. 연락[접속]이 끊긴, 따로따로 떨어진, 끊어진 recreate v. 기분 전환을 시키다, 즐겁게 하다 dissuade v. 단념시키다 reinforce v. 보강하다, 강화하다, encourage v. 격려하다, 고무하다 solidify v. 단결시키다, 응고시키다 displace v. 바꾸어 놓다, 옮기다; ~에 대신 들어서다; 제거하다 extenuate v. (범죄·결점을) 경감하다, (정상을) 참작하다 acknowledge v. 인정하다, 고백하다 predetermine v. 미리 결정하다, ~의 방향[경향]을 예정하다 associate v. 관련시키다, 연합시키다,

해석 간접적으로, 언론은 현실을 서술하는 경향을 통해 현상(現狀)에 대한 집착을 강화시켰다. 언론은 정치적, 국가적 공직을 권력의 자리로 보고 그것에 초점을 맞춤으로써, 자본을 중심이 아닌 주변으로 향하게 했고 기업과 금융 엘리트들의 중심된 영향력을 은폐시켰다. 언론은 뉴스를 하나하나 단절된 개별 사건의 관점에서 보도함으로써, 사회 구조를 자연스러운 것으로 ─ 있는 그대로 받아들이도록 조장했다.

2018년도 중앙대

34. ②
해설 약초를 불 위에 올려놓고 태워서 거기에서 나오는 증기를 '들이 마시는 방법'을 지칭하는 명사를 고른다.

어휘 abrasion n. 찰과상, 긁힌 부분 vapour n. 증기 incorporate v. 섞다, 혼합하다, ingravescence n. 악화

inhalation n. 흡입(법) gastrology n. 위학(胃學); 요리학 debilitation n. 쇠약
해석 원시인들은 몸속의 다양한 질병 증상의 완화를 위하여 단일한 약초들의 잎, 줄기, 뿌리, 껍질 및 열매들을 채취한 것이 거의 분명했다. 상처와 찰과상을 치유하기 위해, 뿌리와 껍질은 씹고 잎은 동물성 지방과 함께 몸 바깥의 환부에 발랐을 것이다. 약초는 또한 흡입을 위해서도 사용되었을 것인데, 환자들은 약초를 불 위에 올려놓고는 거기서 나오는 증기를 마셨다. 나중에는 약초들을 혼합해서 사용하기도 했는데, 약초들은 지방, 기름, 꿀 등과 혼합되었을 것이다.

35. ④
해설 '많은 소수민족들이 이중국적을 유지하거나 획득했다', '고국과의 유대를 유지하거나 재형성할 수 있게 되었다'는 진술로 유추해볼 때, 소수민족들은 자신들이 떠나온 고국의 국적, 고국에서의 삶, 고국과의 유대 등 자신들의 과거를 '포기하지(abandon)'않는다는 것을 알 수 있다.
어휘 diaspora n. 디아스포라(다른 나라에서 살며 일하기 위한 유대인들의 이동); 고국을 떠나는 사람 혹은 집단의 이동 renewed a. 새로워진; 갱신된 proclamation n. 선언, 선언문 assimilate v. 동화시키다 integrate v. 통합시키다 redress v. 바로잡다, 시정하다 extol v. 극찬하다
해석 고전 세계에서 처음 사용된 '디아스포라'라는 개념은 20세기 후반 들어 새로운 중요성을 띄게 되었다. 과거 그 용어는 주로 유대인들에게 사용되었고, 그보다는 덜하지만 그리스인, 아르메니아인 및 아프리카인들에게도 적용되었다. 이제는 적어도 30여 개에 달하는 민족들이 자신들을 디아스포라라고 선언하거나, 혹은 타인들에 의해 디아스포라로 간주되고 있다. 이렇듯 갑자기 선언하는 이유는 무엇일까? 국제적 이주의 규모에 그리고 그들이 안정적인 사회 질서를 건설할 수 없다는 사실에 겁을 먹은 많은 국가들은 자국 내의 소수민족들을 동화시키거나 통합하려는 생각들을 외면하기 시작했다. 소수민족들로서도, 자신들의 과거를 포기할 생각은 더 이상 하지 않는다. 많은 소수민족들이 이중국적을 유지하거나 획득했으며, 게다가 세계화의 결과로 고국과의 유대를 유지하거나 심지어 재형성할 수 있게 됐다.

36. ①
해설 학생이 쓴 글에서 문법적으로 터무니없이 잘못된 부분을 발견한다면, 학생의 작문을 검토하는 선생님은 당연히 그 점에 대해 '화를 낼(indignant)' 것으로 볼 수 있다.
어휘 heedful a. 세심한 주의를 기울이는 schoolmaster n. 교사 formulate v. 공식화하다 indignant a. 분개한, 화가 난 placable a. 달래기 쉬운, 온화한 convivial a. 명랑한, 유쾌한
해석 영문법은 매우 어려워서 문법적 실수를 범하지 않는 작가가 거의 없을 정도이다, 예를 들면, 헨리 제임스(Henry James)처럼 주의 깊은 작가도 학교 선생님이 학생의 작문에서 그런 잘못을 발견했으면 마땅히 화를 냈을 정도의 너무나 문법적으로 틀린 글을 이따금씩 썼다. 문법을 아는 것은 필요하며 문법적으로 옳은 글을 쓰는 것이 좋기는 하지만, 문법이란 보통 쓰는 말을 공식화한 것이라는 점을 명심하는 것이 좋다.

37. ②
해설 '인간은 본성적으로 꾸준히 일하기(work steadily)를 좋아하지 않는다.'고 하였으므로, 그것과 의미가 상응하는 말이 빈칸에 들어가는 것이 적절하다.
어휘 adversity n. 역경 wrench v. 확 비틀다; 삐다 loaf v. 빈둥거리다 capitulate v. 항복하다, 굴복하다 excruciate v. 몹시 괴롭히다; 고문하다
해석 문명은 역경의 산물이다. 모든 시대의 위대한 문명은 자연적 조건으로 인해 연중 한 시기에만 생산이 가능하고, 따라서 생산할 수 없는 때를 대비하여 노동해 비축할 필요가 있었던 곳으로 생겨났다. 인간은 본성적으로 꾸준히 일하기를 좋아하지 않는다. 그러므로 만약 자연이 인간에게 노동을 피할 수 있도록 해준다면, 인간은 노동과 진보보다는 빈둥거리며 지내는 데에 만족해버릴 것이다.

38. ④
해설 본문을 보면 '천성적인 일이다(natural)', '~하는 경향이 있다(apt to~)' 등, 필자는 인간은 '~한 성향이 있다(disposed)'는 점을 강조하고 있다.
어휘 indulge v. ~에 탐닉하다, ~에 빠지다 Siren n. 사이렌(아름다운 노래 소리로 선원들을 유혹하여 위험에 빠뜨렸다는 고대 그리스 신화 속 존재) arduous a. 고생스러운, 몹시 힘든 be of(among) the number of

~의 수에 들다, ~ 중 하나다 temporal a. 현세의 salvation n. 구조, 구원 inculcate v. (생각, 사상 등을) 가르치다, 주입하다 tentative a. 머뭇거리는, 잠정적인, disposed a. ~의 성향이 있는
해석 인간이 희망의 환상에 빠지는 것은 천성적인 일이다. 우리는 고통스러운 진실에는 눈을 감아버리고 사이렌(Siren)의 노래에 귀 기울이다가 마침내 그녀에 의해 야수로 변해버리는 경향이 있다. 이것이 과연 자유를 위한 위대하고 수고로운 투쟁에 뛰어든 이른바 지혜로운 인간의 한 모습일까? 또, 우리는 자신들의 현세적 구원과 그토록 밀접하게 관련된 것들을 눈이 있으되 보지 못하고, 귀가 있으되 듣지 못하는 그런 사람들의 수에 드는 성향이 있는 것일까?

39. ②
해설 필자는 자유형 레슬링에 대해 '과잉의 쇼(spectacle of excess)', '고대의 극장에서 펼쳐졌을 법한', '옥외에서 벌어지는 쇼', '서커스(circus)', '레슬러의 역할은 승리가 아니라 기대되는 것을 보여주는 것' 등이라고 말함으로써, 자유형 레슬링이 하나의 '과장된 쇼'의 속성을 가지고 있다고 말한다.
어휘 virtue n. 미덕; 장점 all-in wrestling n. 자유형 레슬링 spectacle n. 쇼, 구경거리, open-air a. 옥외의 arena n. 경기장, 무대 drenching a. 흠뻑 적시는, 억수로 쏟아지는 vertical a. 수직의 brawniness n. 근육질; 건장함 grandiloquence n. 큰소리, 호언장담, 과장된 말투 burlesque n. 풍자시, 해학극 benison n. 축복
해석 자유형 레슬링의 장점은 그것이 과장의 쇼라는 것이다. 여기서 우리는 고대 극장에서 펼쳐졌을 법한 과장된 말투를 발견한다. 그리고 사실상 레슬링은 옥외에서 벌어지는 쇼이다. 왜냐하면 서커스나 경기장을 서커스답게, 경기장답게 만드는 것은 하늘이 아니라 수직적으로 쏟아져 흠뻑 적시는 속성의 빛의 홍수이기 때문이다. 레슬러의 역할은 승리하는 것이 아니라 그에게 기대되는 동작들을 정확히 보여주는 것이다.

<u>2018년도 한양대</u>

40. ②
해설 빈칸 이후의 '가수분해 요소'는 균류가 몸 안에 가진 것이고 into 다음의 '주변 환경'은 몸 밖이므로, 빈칸에는 안에서 밖으로 내보내는 ②(분비함)가 알맞다. ① 섭취하다 ③ 빗나가게 하다 ④ 침투하다
TIP ④ permeate가 타동사로 쓰이면 목적어 안으로 침투하여 스며든다는 뜻이므로, 목적어로 '가수분해'가 오는 것은 부적절하다. by letting hydrolytic enzymes permeate into their surroundings로 나타내면 적절해진다.
어휘 fungi n. fungus(균류, 곰팡이류)의 복수형 heterotroph n. 종속영양 생물 algae n. 조류 hydrolytic a. 가수분해의 enzyme n. 효소 penetrate v. 뚫고 들어가다 collectively ad. 총괄적으로 secrete v. 분비하다
해석 동물들과 마찬가지로 균류는 종속영양 생물이라서 식물이나 조류처럼 스스로 먹이를 만들지는 못한다. 그러나 동물들과 달리, 균류는 먹이를 섭취(소화흡수)하지 않는다. 그 대신, 균류는 체외의 환경으로부터 영양분을 흡수한다. 많은 균류들은 가수분해 효소들을 주변 환경으로 분비함으로써 그렇게 한다. 이 효소들이 복잡한 분자들을 더 단순한 유기 화합물들로 분해하면 균류는 그곳들을 체내로 흡수하여 사용할 수 있다. 또 다른 균류들은 효소를 사용해 세포벽을 뚫고 들어가서 그 세포들의 영양소를 흡수하기도 한다. 전체적으로 말해, 다양한 균류들에서 발견되는 서로 다른 효소들은 살아있거나 죽은 다양한 원천의 화합물들을 소화시킬 수 있다.

41. ④
해설 빈칸의 속해 있는 문장 속 a large share of the pie는 경제활동의 성과 중에서 노동자 계층에게 돌아가는 더 큰 몫을 말하고, 이것이 노동자들 사이에 내부적으로 나누어지는 비율이란 곧 '보수 지급 비율'을 말하므로, 빈칸에는 ④(보수)가 알맞다. ① 장애 ② 경쟁 ③ 착취
어휘 homogeneous a. 동종의, 동질의 undifferentiated a. 분화되지 않은, 획일적인, 차별받지 않는, exploit v. 착취하다 remuneration n. 보수
해석 "계층적 요구들"을 마치 노동자 계층이 통일되고 동질적인 물질적 이해관계를 한 덩어리로 갖고 있기라도 한 것처럼 추구한다는 것은 상상할 수 없고 또 실제로도 불가능하다. 차별이 없는(분화되지 않은) 하나의 노동자 계층이 전체 파이 중에 더 큰 몫을 달라고 요구하고는 그것을 오늘날 인종차별주의와 성차별

주의에 기초해 존재하는 것과 같은 보수 비율에 따라 노동자들 사이에 나눈다는 것은 정치적으로도 이론적으로도 상상할 수 없는 일이다. 흑인 노동자들이 노동자 전체를 대신할 수 없듯이, 숙련된 백인 노동자들도 마찬가지이다. 각 집단은 특정한 방식으로, 또 서로 다른 정도로, 착취당한다.

42. ②
해설 본문에 따르면 '대출금에 대해 이자를 징수함으로써 돈으로 돈을 버는 일'을 지칭하는 명사는 ②(고리대금)이다. ① 탐욕 ③ 폭식 ④ 나태
어휘 commerce n. 상업 avarice n. 탐욕 loan n. 융자금, 대출금, retail price n. 소매가격 canon law n. 교회법 dictum n. 격언, 금언
해석 상업에 대한 그리스도교의 태도가 주장하는 바는 돈은 사악하다는 것이고, 성 아우구스티누스(St. Augustine)의 말에 따르면, "상업 행위는 그 자체로 악"이라는 것이고, 상인의 생계에 필요한 최소한의 금액을 넘어서는 이윤은 탐욕이라는 것이며, 대출금에 대해 이자를 징수함으로써 돈으로 돈을 버는 일은 고리대금의 죄악이고, 도매로 물건을 사서 아무런 변화도 더하지 않은 채 더 높은 소매가격에 파는 행위는 부도덕한 행위로 교회법의 비난을 받는다는 것이며, 간단히 말해, "상인인 자가 하느님을 기쁘게 해드리는 일은 혹 있다 해도 거의 있을 수 없다."는 성 제로니모(St. Jerome)의 금언이 최종적인 금언이라는 것이었다.

43. ②
해설 '민족 또는 대중을 대표하는 상징적 존재'로서 존재하는 것이 중요함을 알고 있었다면, 만델라는 대중 앞에 나설 때 일정의 대중적 '가면'을 썼다고 말할 수 있을 것이다. 여기에서 대중적 가면이란 대중들에게 보여주기 위해 꾸며낸 모습을 의미한다.
어휘 iconic a. 상징이 되는, 우상의 cunningly ad. 교묘하게 politic a. 신중한, 현명한, embattled a. 궁지에 몰린, 공세에 시달리는 compelling a. 시선을 뗄 수 없는, 흥미진진한 interlock v. 서로 맞물리다 anti-apartheid n. 반 인종격리 정책 embody v. 구현하다, 상징하다, come across (특정한) 인상을 주다 bound up in ~에 몰두한, ~에 열중한
해석 만델라(Mandela)가 자신의 우상적 지위를 자각하고 있었다는 것은 냉소적으로 비칠만한 일로써, 심지어 교활할 정도로 포스트모던하게 비칠 수도 있지만, 가장 정확하게 말하자면 그것은 현명한 것이었다고 말할 수 있다. 그는 "자기 민족의 혼란스러운 열망들에 대한 상징적인 표현"으로서 존재하는 것이 중요하다는 것을 이해했고, 곤경에 처한 반식민지 민족주의 운동을 위해 강렬한 통합적 이미지가 필요하다는 것을 알고 있었다. 만델라는 자신의 자서전에서 민족 지도자의 이야기는 그 민족의 이야기와, 특히 그에게 있어서는 인종격리 정책에 맞선 저항의 이야기와, 맞물려 있다는 가정 위에서 자신의 이야기를 전개하고 있다. 그의 견해에 따르면, 최초의 민주적 대통령이 되고자 하는 지도자는 그 민족을 상징해야 한다. 의미심장하게도, 대통령 재임 후반기에 만델라는 여러 면에서 대중적 가면에 몰두해있는 사람이라는 인상을 풍겼다.
① 자수성가한 사람의 이야기
② 대중적 가면에 몰두해있는 자아
③ 포스트모더니즘과 관련된 상징적 이미지
④ 자신을 국제적으로 드러내는 위풍당당한 방식

44. ②
해설 빈칸의 앞 문장에서 '우리는 대개의 경우 몸이 무엇을 하고 있는지 알지 못한다.'고 했는데, 이것은 어떤 상황에서 의식하지 않고 늘 하는 '관례적, 습관적' 행동을 말하며, 이와 반대로 무엇을 하는지 알고 하는 행동은 '계획적, 의도적'으로 하는 행동일 것이므로, 빈칸에는 ②가 정답이다.
어휘 repertoire n. 레퍼토리 blunt v. 둔화[약화]시키다 twitch n. 씰룩거림, 까딱 함
해석 원시인들은 바디랭귀지를 읽는 것을 비롯한 온갖 생존기술을 가지고 있었다. 에티켓과 문화가 등장하여 이 선천적인 인간의 능력을 둔화시켰다. 여기에 언어의 복잡성, 그리고 바디랭귀지와 관련된 현대적 관습이 더해진 결과, 오늘날 바디랭귀지를 잘 읽을 줄 아는 사람은 거의 없다. 대부분의 경우, 우리는 우리 자신의 몸이 무엇을 하고 있는지 알지도 못한다. 인간의 바디랭귀지는 계획된 행동보다 (늘 하는) 관례적 행동과 더 긴밀히 관련되어 있다. 나는 물을 마실 때 잔을 드는 방법이나 차에 시동을 거는 법에 대해서는

생각하지 않는다. 우리의 뇌는 항상 여러 가지 하위 프로그램들이 작동하여 너무나 복잡하기 때문에 씰룩거리거나 까딱하는 모든 움직임들을 완벽히 통제하기는 어렵다. 행동이 습관화되어버리면, 무엇을 했는지 기억조차 하기 어려워진다.
① 타고난 재능과 습관
② 계획된 행동보다는 관례적 행동
③ 사회적 통제보다는 훈육
④ 시각적 기억보다는 직관

45. ③
해설 첫 번째 빈칸과 관련하여, not A much less B는 'A는 아니고, B는 더더욱 아니다' 라는 의미이다. 빈칸 바로 앞 문장에서 간디가 '자발적인 가난'을 실천한 것은 비자발적인 가난에 대한 '영적 저항'이었다고 하였으므로, 그는 그러한 가난을 인정(승인)하지 않는 것은 물론, '미화'하거나 '찬양'하지는 더더욱 않았을 것이므로 exaltation과 glorification이 들어갈 수 있다. 두 번째 빈칸과 관련하여 A no more ~ than B … 는 'B가 … 아니듯이 A도 ~ 아니다'의 의미이다. 빈칸 이후의 문장에서 가난은 '사회적 불의의 산물로서 제거할 수 있다'고 하였으므로 가난은 '자연적인' 혹은 '당연한' 것이 아니라는 의미가 들어가는 것이 적절하다. 따라서 natural이 들어가야 한다.
어휘 obstacle n. 장애(물) be given to 곧잘 ~하다, ~에 몰두하다 voluntary a. 자발적인 apparent a. ~처럼 보이는 inconsistency n. 불일치, 모순 penance n. 속죄, 참회 mass n. 대중, 민중 perceptive a. 통찰력[지각]있는 solidarity n. 결속, 연대, glorification n. 찬미, 예찬
해석 자유에 대한 장애물로서의 가난에 대한 간디(Gandhi)의 공격에 주목할 필요가 있는 것은 특히 그가 개인적인 삶에서 자발적인 가난을 실천하는 데 몰두했기 때문이다. 어떻게 자발적인 가난을 실천하면서 그와 동시에 가난을 공격할 수 있을까? 겉으로 보기에 모순처럼 보이는 이 질문에 대한 대답은 그의 종교적 심리에서 발견될 수 있다. 그의 자발적인 가난은 참회의 행위이자 심지어 인도 민중들의 비자발적인 가난에 대한 영적 저항의 행위였다고 할 수 있다. 그것은 비자발적인 가난에 대한 인정이 아니었으며, 그것에 대한 미화는 더더욱 아니었다. 그러나 오해는 존재한다. 지각 있는 한 인도 전문가조차도 간디가 가난을 "불의와 과도함에 대한 해결책"으로 생각했다고 말했다. 간디는 가난을 그런 식으로 생각하지 않았다. 그가 자발적으로 가난한 이들의 생활양식을 받아들인 것은 그들과의 연대를 표현하기 위함이었다. 가난이 가난한 사람들에게 당연한 것이 아니듯이, 그에게도 당연한 것은 아니었다. 가난은 불의한 사회 질서의 산물로서 인간의 노력으로 없앨 수 있는 것이었다.
① 찬미 — 의미 없는
② 근절 — 참을 수 없는
③ 미화 — 당연한
④ 고행 — 영적인

46. ③
해설 첫 번째 문장에서 언급된 문제는 원조가 경제 성장에 기여하는가의 문제인데, 무엇이 무엇에 기여한다는 것은 그것을 가능하게 하는 원인이 된다는 '인과적 상관관계'이지 충돌/조화, 균형/불균형, 차이/일치의 문제가 아니므로, 첫 번째 빈칸에는 correlation이 적절하다. 한편, 끝에서 두 번째 문장에서 '경제성장이 경제발전의 동력이고, 원조가 경제 발전에 기여하지 못하면 원조가 장기적으로는 무익한 것으로 드러날 수 있다'고 한 것에서 경제 성장과 발전은 장기적인 개념이라는 것을 알 수 있다. 따라서 원조가 경제 성장에 기여하지 않으면 원조의 이득이 장기적으로까지 지속될 수 없다고 할 수 있으므로, 두 번째 빈칸에는 sustainability가 적절하다.
어휘 statistically ad. 통계적으로 recipient n. 수용자, 받는 사람 benefits n. 이익, 이득 substantial a. 상당한; 실질적인 localized a. 국부[국소]적인 intervention n. 간섭, 개입, questionable a. 의심스러운, 미심쩍은
해석 개발경제학에서, 원조가 경제 성장에 기여했는가에 대한 문제는 모즐리(Mosley)가 이 문제를 "미시-거시" 역설이라고 밝힌 후에 뜨거운 논란이 되었다. 그는 개발 원조와 원조 받는 국가의 경제성장률 사이에 유의미한 통계적 상관관계를 찾을 수 없었고, 그래서 경제 성장을 초래하는 다른 요인들에 주의를 기울였다. 그럼에도 불구하고 모즐리는 원조를 옹호했는데, 미시적 수준에서 원조가 가져다주는 이득은 상당하고

필수적인 것으로 종종 밝혀졌기 때문이었다. 그럼에도 불구하고 경제 성장이야말로 원조를 불필요한 것으로 만들 미래 발전의 동력으로 생각되었고, 그래서 원조가 경제 발전에 기여하지 않는다면 원조는 장기적으로 무익하고 단지 특정한 국부적 프로젝트 혹은 개입에 따른 이득의 의미만 갖는 것으로 드러날 수 있었다. 이는 어떤 프로젝트가 단기적으로 유의미한 결과를 낳더라도 그것이 경제 성장에 기여하지 못한다면, 그 이득의 지속가능성은 의심스러운 것이라는 주장이 나올 수 있었다.
① 갈등 — 효과
② 균형 — 의도
③ 상관관계 — 지속가능성
④ 차이 — 실재성

47. ③
해설 the term은 admiration을 가리켜서 connotes의 주어도 admiration인데, admiration은 '감탄, 찬탄, 경탄'의 의미이다. 여기에는 놀라움의 의미가 포함된다. 그러므로 빈칸에는 ③(경이)이 알맞다. ① 동정 ② 금지 ④ 치욕
어휘 liability n. 책임, 부담; 골칫거리 anachronism n. 시대착오적인 존재 in the hands of ~의 수중[관리]에 있는 resolute a. 확고한 rigorous a. 엄격한 indomitable a. 꿋꿋한, 불굴의 command v. (응당 받아야할 것을) 받다 connote v. 함축하다 exemplary a. 본보기가 되는, 모범적인 glamorous a. 매력이 넘치는, 화려한, not least 특히
해석 영웅들은 현대 세계에 속하는 것일까? 아님 그들은 부담스러운 존재, 시대착오적인 존재, 심지어 당황스러운 존재들일까? 그리스인들과 셰익스피어는 이 질문들을 복잡한 문제로 다루고 다양한 답들을 내놓는다. 소포클레스의 작품(희곡)에 등장하는 주인공들은 몇 가지 공통점이 있다. 안티고네, 오이디푸스, 엘렉트라는 모두 높은 자기 존중 의식을 고수한다. 그들은 열정적이며, 목적의식이 분명하고, 결의가 확고하며, 엄격하고, 불굴의 의지를 지녔고, 까다로운 인물들이다. 그들은 구시대적 의미에서 '찬탄'을 불러일으키는데, 이 찬탄에는 경이(驚異)라는 의미는 포함되어 있지만, 도덕적인 찬성이든 또 다른 찬성이든 찬성의 의미는 반드시 포함되어 있지는 않다. 또는 셰익스피어와 그의 동시대 사람들에게 친숙한 이와 연관된 어휘를 사용해서 말하자면, 그들은 우리가 숙고할 수 있는 "거울"을 제공한다. 그들은 매력적이고, 카리스마가 넘치며, 화려하다. 하지만 비극 속에서 그들은 특히 그들 주변의 사람들, 즉 『안티고네』에 나오는 이스메네 같은 여자형제들과 『콜로누스의 오이디푸스』에 나오는 테세우스 같은 통치자들에게 골칫거리가 된다.

48. ②
해설 본문에 따르면 공동체에는 공통된 목적이 있고 이 목적이 공동체의 구조를 요구한다고 했으므로, 공동체의 구조는 목적에 따라 명확하게 확정될 것이다. 그렇다면, 공동체의 어떤 구성원이 이 구조와 관계 맺어진 대로 행동하면 그 행동은 목적에 부합한 행동이 되어 공동체를 발전시킬 것이고, 그 반대의 행동은 공동체를 해치게 될 것이다. 따라서 빈칸에는 ②가 정답이다.
어휘 ethical a. 윤리적인 implication n. 함의, 함축 generic a. 포괄적인, 일반적인 paternity n. 아버지임 pupil n. 학생, 제자
해석 공동체는 자연의 종, 즉 인간의 개입과 상관없이 존재하는 그런 것이 아니라 다양한 방식으로 협력하기 위해 인간이 하는 선택들에 의해 형성된다. 그럼에도 불구하고, 공동체는 공통된 목적을 추구함에 의해 형성되기에, 두 공동체가 서로 다른 목적을 추구하거나 같은 목적을 추구하더라도 서로 다른 방식으로 추구하게 된다면 그 두 공동체는 본질적으로 구별된다. 그러므로 우리는 공동체의 사례들을 골라 그것들의 정체가 무엇인지 물어볼 수 있다. 그리고 어떠한 답에 도달한다면 그러한 차이가 지닌 윤리적, 정치적 함의에 관해 물어볼 수 있다. 공동체의 형성은 인간이 (도덕적으로) 완성되는 방식이기에 우리의 선택이 공동체와, 그리고 그 목적에 의해 필수적으로 요구되는 구조와, 관련되는 방식은 도덕적으로 중요한 의미를 지닌다. 예를 들어 일반적 우정 — 배우자들 간의 관계가 아닌 우정이나 친자 관계, 스승과 제자의 관계와 같이 매우 특수한 관계에 토대를 둔 것이 아닌 우정 — 조차도 어떤 행동은 그것을 발전시키고 다른 행동은 그것을 해칠 만큼 명확한 구조를 지닌다.
① 개인의 선택에 의해 규정되는 것이 아닌
② 어떤 행동은 그것을 발전시키고 다른 행동은 그것을 해칠 만큼 명확한

③ 너무나 다양하여 공통의 목적으로는 특수한 종류의 공동체를 규정할 수 없는
④ 여타 인간관계와 그것을 근본적으로 구별시켜주는 것에 의해 확립되는

49. ④
해설 첫번째 문장이 주제문으로서, 주제에 해당하는 내용을 빈칸에 넣는 유형이다. 사공의 노젓기나 오리의 발길질과 달리 하늘을 나는 새들은 날개를 아래위로 움직이는데도 앞으로 나아가는 것이 이해가 안 되는 수수께끼라는 것이므로, 빈칸에는 ④가 정답이다.
어휘 oarsman n. 노 젓는 사람 propel v. 추진하다, 나아가게 하다, paddle steamer n. 외륜선 rook n. 떼까마귀 peewit n. 댕기물떼새
해석 새의 움직임에서 자주 설명되지 않고 있는 수수께끼는 새가 어떻게 공기 중에서 날갯짓을 뒤로 하지 않고서도 (앞으로 나아가는) 움직임을 만들어내는가 하는 점이다. 뱃사공이 자신의 배를 앞으로 나아가게 할 때 그는 자신의 노를 뒤로 젓고, 그 반작용으로 배는 앞으로 나가게 된다. 외륜선 역시 노를 같은 방식으로 젓고, 오리나 백조 역시 발을 뒤로 젓는다. 그러나 떼까마귀, 댕기물떼새나 갈매기 같은 새를 잘 관찰해보면 이들의 날개는 매우 천천히 움직여 그 날개들의 운동 특성이 잘 관찰되는데, 날개가 앞뒤로 움직이는 것은 전혀 볼 수 없다. 순전하게 상하로만 움직이는 것처럼 보인다. 가만히 떠 있기만 해도 된다면 그런 날개의 움직임은 가만히 떠 있기에는 충분해 보인다. 그러나 (새에게는) 앞으로 빠르게 나아가는 것도 적어도 똑같이 중요하다.
① 다양한 종류의 새들이 재빨리 앞으로 나아가기 위해 어떤 수단을 사용하는가
② 새의 움직임은 외륜선의 움직임과 어떻게 다른가
③ 앞으로 나아가는 속도를 높일 때 새들의 날개는 어떤 역할을 하는가
④ 새는 어떻게 공기 중에서 날갯짓을 뒤로 하지 않고서도 움직임을 만들어내는가

50. ①
해설 본문에 따르면 '우리의 사고를 혼란시키기 위해(to confuse our thinking)' 만들어진 것이라면, 그것은 우리의 '주의와 집중을 흩뜨려 중요한 것에 집중하지 못하게 만드는' 어떤 것이라고 볼 수 있다. 따라서 ①(주의 산만)이 적절하다. ② 분개 ③ 면죄 ④ 계몽
어휘 antithesis n. 정반대; 대립, 대조, no more than 단지 ~에 지나지 않다 distraction n. 주의 산만, 방심; 심란, 착란 reciprocal a. 상호적인
해석 역사는 하나의 사회적 과정으로 그 과정에 개인들은 사회적 존재로서 참여하게 된다. 사회와 개인 간의 허구적 대립은 앞길에 주의 산만을 초래하여 우리의 사고를 혼란시킬 뿐이다. 역사학자와 그의 사실들 간의 소통의 상호적 과정을 나는 일찍이 현재와 과거의 대화라고 불렀는데, 이는 추상적이고 고립된 개인들 간의 대화가 아니라 오늘의 사회와 어제의 사회 간의 대화이다.

51. ③
해설 빈칸의 앞 문장에 'impeccable(결점이 없는)'이라는 표현이 있으므로, 빈칸에는 ③(완벽함)이 적절하다. ① 명료함 ② 간결함 ④ 자연스러움
해석 예전에도 그랬듯이 나는 구절들을 베끼고 난 다음 그것들을 기억해내서 다시 써내려가면서, 원래의 어휘나 어휘 순서를 바꾸어 보려 하였다. 나는 스위프트(Swift)가 원래 썼던 어휘들이 유일하게 가능한 어휘들이었음을, 그가 배치했던 순서가 가능한 유일한 순서임을 알게 되었다. 그것은 결점이 없는 산문이었다. 그러나 완벽함에는 한 가지 심각한 결점이 있다. 그것은 지루해지기 쉽다는 점이다. 스위프트의 산문은 포플러 나무들이 줄지어 경계를 이루고 있고 우아하면서도 완만하게 경사진 시골을 지나가는 프랑스의 운하와도 같다. 그 고요한 매력은 당신을 만족감으로 가득 채우지만 감정을 흥분시키지도, 상상력을 자극하지도 않는다. 계속해서 읽다보면 이내 조금 지루해져버린다.

52. ④
해설 본문에 따르면 기술과 함께 '달린다(run)', '뒤처지지 않다(keep up)', '미래학자들을 모방하다(emulate the Futurists)' 등의 표현은 건축가가 기술 시대의 '빠르게 움직이는 사람들, 빠른 무리(fast company)'에 적응하기 위해 기울여야 할 노력들을 기술하고 있다. 따라서 빈칸에는 ④(빠른 무리 속에)가 적절하다. 관

사가 없는 company는 집합적 의미로, '함께 있는 사람들, 무리(group of people)'을 의미한다. ① 쓸모없는 ② 끽소리 못하는 ③ 구식의
어휘 keep up (진도, 속도 등을 유지하며) 따라가다 emulate v. 모방하다; 경쟁하다 discard v. 버리다, 폐기하다 garment n. 의복, 옷
해석 기술과 더불어 달릴 작정을 하는 건축가는 자신이 빠른 무리 속에 있게 될 것을 안다. 그래서 뒤처지지 않기 위해 그는 미래학자들을 모방하고, 자신을 건축가로 인정받게 해주는 직업적 의복들을 포함해 일체의 문화적인 짐들을 버려야 함을 깨닫게 될 것이다. 반면, 만약 그가 그러지 않기로 결정한다면 그는 기술적 문화가 그를 버려두고 나아가기로 한 것을 알게 될 것이다.

53. ③
해설 빈칸 이후로 오는 '우리의 도덕적 혐오감(our feelings of moral repugnance)'과 의미가 동일하면서, 그것을 달리 표현한 ③의 '몹시 불쾌한'이 정답이다. ① 모호한 ② 매력적인 ④ 설득력 있는
해석 오랫동안 느껴져 온 공리주의의 기본적 문제는 소수의 사람들을 억압하여 종합적인 일반적 복지를 극대화하는 데 기여할 수 있는 상황들을 누구나 손쉽게 생각할 수 있다는 점이다. 예를 들면, 소수의 사람들을 노예로 삼거나 심지어 죽임으로써 종합적 복지를 극대화할 수 있는 상황들을 생각해보기는 비교적 쉽다. 우리는 그러한 이유로 해서 공리주의를 몹시 불쾌하게 여길 수 있지만, 아직 우리의 도덕적 혐오감이 그것을 반대하는 논거가 될 정도는 아니다.

54. ④
해설 본문에 따르면 시인이 자신의 지역적 색깔을 벗어나 '세계의 시'를 표방하더라도 결국 그 근저에는 유럽식 식민주의의 영향을 벗어날 수 없다고 말한다. 식민지 안의 제국의 문화 사조(wave of colonial culture)가 식민지 지식인들에게 밀려들어와(washed over) 그들을 지배하는 상황이므로, 빈칸에는 ④(패권)가 정답이다. '패권(hegemony)'은 어떤 국가, 문화, 집단 등이 다른 국가, 문화, 집단들을 더 많은 영향력, 중요성으로 지배하는 상황을 지칭하는 말이다. ① 지혜 ② 배움 ③ 변형
어휘 populous a. 인구가 많은 peculiar a. 특유의; 기묘한 wash over 엄습하다, 몰려오다, quintessence n. 진수, 전형
해석 이른바 (중국어처럼 엄청나게 많은 사람들이 쓰는 언어까지 포함하여) "잘못 된 언어"로 시를 쓰는 시인들은 세계의 시(보편적 시)가 있다고 상상하고 스스로를 그 시 안에 두는(그 시 세계에 봄담고 시를 쓰는) 기묘한 행동을 해야 한다. 설상 모든 지역석 역사로부터 자유롭다고 생각된다 해도, 이 "세계의 시"는 어느 식민지 문화 사조가 해당 국가의 지식인들에게 처음으로 밀려왔느냐에 따라 영미(英美) 모더니즘 혹은 프랑스 모더니즘의 변형인 것으로 밝혀지는 것은 그렇게 놀라운 일이 아니다. 이런 상황은 본질적으로 (영국-유럽이라는) 지역적인 한 전통이 보편적인 것으로 널리 당연시될 때 문화적 패권의 전형을 보여준다.

55. ①
해설 본문에 따르면 '주목받는다(be noticed)'는 것은 '알려지지 않음'으로부터 벗어난다'는 것을 말하므로, 빈칸에는 ① '무명(無名)'이 정답이다. ② 어리석음 ③ 타락 ④ 오판
어휘 distressing a. 고통스러운 idiotic a. 바보 같은 out of obscurity 무명에서 벗어나, 잊혀진 상태에서 벗어나 notoriety n. 악명
해석 가장 흔한 광기의 형태들 중 하나는 주목받고자 하는 욕구로서, 그것은 주목받는 데서 파생되는 쾌감이다. 아마도 그것은 단지 흔한 정도가 아니라 보편적인 것 같다. 가장 가벼운 형태일 때의 그것은 의심할 여지없이 보편적이다. 모든 아이들은 주목받을 때 기뻐한다. 참을성 없는 많은 아이들은 방문객들의 관심을 끌고 싶어서 고통스럽고 바보 같은 노력을 하며 자신의 온 시간을 보낸다. 소년들은 걸핏하면 "자랑하고" 나선다. 어른들도 분명히, 잠깐이라도 그들을 무명으로부터 벗어나 돋보이도록 해준 어떤 일을 자신들이 행하여 사람들이 이구동성으로 경탄하게 했음을 알게 될 때 기뻐하고 감사한다. 이런 흔한 광기는 양육에 의해 어떤 사람의 경우에는 악명에 대한 갈망으로, 또 다른 사람의 경우에는 명성에 대한 갈망으로 발전할 수 있다.

56. ①

해설 본문에 따르면 '철학이 과학에게 도움을 요청하여' 함께 작업한다면 그들의 작업을 '공동 작업', 또는 '조화'라고 부를 수 있을 것이므로, 빈칸에는 ①(공동 작업)이 정답이다. ② 관찰 ③ 인간화 ④ 재건

어휘 summon v. 소환하다, 호출하다 coherent a. 일관성 있는 alluring a. 매혹적인 stupendous a. 엄청나게 큰 battlefront n. 최전방, 전선, recondite a. 난해한 timidly ad. 소극적으로, 쭈뼛거리며 secure from ~로부터 안전한 coordination n. 조화; 공동 작업

해석 한때 모든 과학에게 도움을 청하여 일관된 세상의 모습과 매혹적인 선의 모습을 그려내려고 했던 철학은 그 공동 작업의 과업이 자신의 용기에 비해 너무 엄청난 것임을 깨닫고, 진리의 최전방에서 도망쳐 난해하고 좁은 길에 몸을 숨긴 채, 비겁하게 삶의 문제들과 책임들을 외면해버렸다.

57. ②
해설 본문에 따르면 우리의 뇌가 한 번 만들어진 형태로 계속 지속되는 것이 아니라 '변화하고, 성장'한다면, 그것은 '가소성이 뛰어나다(soft enough to be changed into a new shape)'고 할 수 있을 것이다. 그러므로 빈칸에는 ②(가소성이 높은)가 적절하다. ① 융통성이 없는 ③ 쉽게 잡히지 않는 ④ 컴퓨터를 사용하는

어휘 metaphor n. 비유 plastic a. 가소성이 뛰어난

해석 그러나 어떻게 뇌가 문화적 경험에 의해 형성될 수 있을까? 바로 여기(이 문제)에서 뇌를 컴퓨터에 비유하는 것의 유용성은 실제로 붕괴되기 시작한다. 컴퓨터와 달리 뇌는 경험에 반응하여 계속 변화하고, 성장하며 스스로를 다시 작성(형성)한다. 우리의 뇌는 평생 동안 대단히 가소성이 높은데, 특히 젊었을 때 더욱 그렇다. 우리의 하드웨어는 우리가 하는 일(경험)에 반응하여 변한다.

<정답 및 해설>
<5회>
2019학년도 가천대 인문계 C형

1. ②
해설 본문은 '다른 전문 분야들은 역사가 설정한 맥락 안에서 연구해야 한다'라고 하였다. 그러므로 역사는 다른 모든 분야들이 '활용하는' 혹은 다른 모든 분야들이 '의지하는' 분야라고 할 수 있다. draw upon은 '~을 이용하다, ~에 의지하다'는 의미를 가진다.
어휘 humanities n. 인문학 discipline n. 학문 분야 put aside 제쳐놓다, ~을 무시하다, draw upon ~을 이용하다, ~에 의지하다 pass over ~을 피하다, 무시하다, set forth ~을 제시하다, 발표하다
해석 대부분의 사회과학과 인문학이 인간사를 신중하게 연구하지만, 각 학문 분야의 사람들은 자신들 나름의 관점에서 연구한다. 그러나 역사는 반드시 다른 모든분야들에 의해 활용되어야 한다. 역사는 무슨 일이 일어났는지 날 것 그대로 기록하고, 시간의 흐름에 따라 고유한 상황들의 맥락을 설정해주며, 다른 전문 분야들은 반드시 그러한 맥락 안에서 연구해야 한다.

2. ④
해설 본문은 '이 기간 동안 해당 직원의 직속상관이 그 직원의 직장 출근 및 실적을 감독한다'라고 하였다. 그러므로 그 기간을 '수습 기간'으로 추정할 수 있다.
어휘 subject to ~을 조건으로 reference n. 추천서 stipulation n. 조건,조항, credential n. 자격증 migratory a. 이주의 compensatory a. 보상의 renewal n. 갱신 probationary a. 수습의, 견습의
해석 이러한 고용 제안은 만족스러운 의료기록, 전문직 조직에의 등록. 자격증들에 대한 증명을 포함한 다른 모든 규정 이외에도 무난한 추천서를 받아야 한다. 모든 신규 직원들은 3개월간의 수습 기간을 갖는데. 이 기간 동안은 해당 직원의 직속상관이 그 직원의 직장 출근 및 실적을 감독하게 된다.

3. ③
해설 본문에 따르면 이름이란 그 실체와 내용을 적절히 표현해야 하는데, '정보 혁명'이라는 명칭이 생명공학이나 신생물질산업 등, 정보와 무관한 산업을 지칭한다면, 그것은 '잘못 붙여진 이름'일 것이다.
어휘 false alarm 허위 경보 malapropism n. (동음어 혼동에 의한) 말의 익살스러운 오용; 오용된 말 misnomer n. 부적절한 명칭 red herring 관심을 딴 데로 돌리는 것
해석 3차 산업혁명은 때로는 정보 혁명이라고 불리는데. 이는 잘못 붙여진 이름이다. 왜냐면 생명기술이나 맞춤형 신소재와 같은 이 혁명에 포함된 많은 산업들이 정보 산업이 아니기 때문이다.

4. ①
해설 본문에 따르면 레오나르도 다빈치와 미켈란젤로는 '회화 재능을 다른 능력들에 비해서 부차적인 것으로 여겼다'고 하였다. 그러므로 화가보다는 다른 분야들의 거장으로 인정받는 것을 더 '우선시하고', '으뜸으로' 삼았음을 알 수 있다. give primacy to A before B는 'B보다 A를 우선시하다', 'B보다 A를 으뜸으로 삼다'는 의미를 갖는다.
어휘 subordinate a. 종속된, 부차적인 duke n. 공작 hydraulic a. 수력학의 primacy n. (중요성·지위 등의) 으뜸, 수위 subsidy n. 보조금, 장려금 relevancy n. 관련성, 적합성 novelty n. 참신함, 새로움
해석 비록 레오나르도 다빈치(Leonardo Da Vinci)와 미켈란젤로(Michelangelo)가 거장 화가들로 알려졌지만, 두 예술가 모두 자신들의 회화 재능을 다른 능력들에 비해서 부차적인 것으로 여겼다. 레오나르도 다빈치는 밀라노(Milan)의 공작을 위해 일하면서 화가보다는 군사 및 수력학 분야의 공학자, 건축가, 조각가로서의 자신의 능력을 제일로 삼았다.

5. ④
해설 본문은 낯선 사람과도 공유해야할 필요가 있는 자료를 그럴 필요를 느끼지 못하고 빠뜨려버리면 의사소통을 제대로 하지 못하게 된다고 말한다. 따라서 빈칸에는 ④ '의사소통 실패'가 적절하다.
어휘 overestimate v. 과대평가하다 privy a. 비밀을 공유하는 것이 허용된 [(허락받아) 알고 있는] skip v.

거르다, 빼먹다 acquaintance n. 지인, 아는 사이, 아는 사람, compromise n. 타협, 양보 interaction n. 상호작용, 교류 miscommunication n. 의사소통의 오류, 의사 불통
해석 당신은 누구와 더 효과적으로 의사소통하는가? 배우자나 친한 친구인가 아님 완전 낯선 사람인가? 기본적으로 우리는 친한 친구들이 우리가 이야기하고 있는 것의 모든 본질적인 배경적 세부사항들을 잘 알고 있다고 가정하고 그들과 공유하고 있는 맥락적인 유대를 과대평가하는 경향이 있다. 그래서 우리는 그렇지 않다면 낯선 사람들과도 공유해야 한다고 느낄 자료를 빠뜨려 버림으로써 종종 의사소통의 실패를 초래한다.

6. ①
해설 분문 속 필자는 예술 작품에 대한 '해석'을 반대하고 있다. 예술 작품을 있는 그대로 두기를 '거부하면서' 굳이 그 작품을 '길들이는' 것이다. 그렇게 길들이는 방법은 작품을 작품의 내용으로 환원하고 (작품의 내용과 같다고 보고), 그것에 대해 '운운(해석)'하는 것이다. 작품은 감상의 대상이지만 작품내용은 분석/해석의 대상이다.
어휘 amount to ~에 이르다, ~가 되다. ~와 마찬가지이다 philistine a. 교양 없는, 속물적인, tame v. 길들이다 refusal n. 거절, 거부 heresy n. 이교, 이단
해석 대부분의 현대 사례에서, 해석은 예술 작품을 있는 그대로 두기를 속물적으로 거부하는 것과 다름없다. 진정한 예술은 우리를 불안하게 만드는 능력이 있다. 예술 작품을 그 내용으로 환원한 뒤 그것을 해석함으로써 사람들은 예술 작품을 길들인다. 해석은 예술을 관리가능하고 편안한 것으로 만든다.

7. ④
해설 분문의 문맥상 전통 시장 (바자) 은 '우리가 필요하거나 원하는 모든 물건들을 발견할 수 있는' 곳임을 나타내야 한다. 그러므로 빈칸에는 '과잉, 과다'를 의미하는 plethora가 들어가는 것이 적절하다.
어휘 sprawling a. 마구 퍼져나간 bazaar n. 시장, 저잣거리 dearth n. 부족, 결핍 paucity n. 소수, 소량 homogeneity n. 동질성 plethora n. 과다, 과잉
해석 우리가 필요하거나 원하는 모든 물건들을 발견할 수 있는 대형 쇼핑몰들이 여기저기 퍼져 나오기 오래 전에는 전통 시장이 있었다. 바자 (bazaar) 라는 단어는 고대 페르시아에서 유래한 것으로. 물건들을 파는 영구적인 지역을 의미했다. 활기찬 분위기와 넘쳐나는 물건들이 특징인 오늘날의 현대적인 시장들은 고대의 그것과 크게 다르지 않으며 전 세계적으로 번성하고 있다.

<u>2019학년도 건국대</u>

8. ①
해설 분문은 '한 개인의 삶은 시간의 흐름에 따라 현재에 얽매여 있을 수밖에 없지만, 과거는 선명하고 강력한 역할을 할 수 있다'고 했으며, 마지막 문장은 이에 대한 예시에 해당된다. 에밀리의 삶은 현재에 묶여 있지만, 과거가 그녀의 삶에 큰 영향을 미칠 것이므로 빈칸에는 ① committed가 정답이다.
어휘 unhindered a. 방해 [제약] 받지 않는 be bound to ~에 매이다; ~을 따르다 vibrant a. 활기찬; 선명한, 강렬한, subjective a. 주관적인, 마음속에 존재하는 realm n. 범위, 영역 committed a. 전념하는, 헌신적인 aloof a. 냉담한 abandoned a. 버림받은; 자포자기한 changed a. 달라진, (이전과는 다른 disinterested a. 사심 없는, 공평한
해석 시간은 앞으로 흐르지만, 사건들은 먼 기억 속에 머물러 있지 않다. 오히려 기억은 시간이 아무리 지나도 혹은 아무리 많은 것이 바뀌어도 전혀 방해받지 않고 살아서 활발하게 존재할 수 있다. 한 사람이 물리적으로 현재에 묶여 있음에도 불구하고, 과거는 선명하고 강력한 역할을 할 수 있다. 에밀리 (Emily) 는 그녀가 삶 속에 뛰어들어 계속 살아가는 주관적인 시간의 영역에 확실하게 자리 잡고 있지만, 이에 개의치 않고 여전히 과거에 몰두해 있다.

9. ①
해설 분문은 intelligence(지성)와 ignorance(무지), belief(믿음)와 disbelief(불신), good(선)과 evil(악)은

'대조적인 극단'을 이루고 있다. 그러므로 빈칸에는 ① contrasting extremes가 알맞다.
해석 위대한 지성과 무자 믿음과 불신. 선과 악 희망과 절망의 시기가 있었다. 우리는 모든 것을 삶의 목적으로 가지고 있기도 했고. 살아가야 할 아무 목적이 없기도 했다. 기본적으로, 그 시기의 전문가들은 대조적인 극단의 관점을 통해서만 사건을 바라볼 것을 주장했는데, 이는 마치 현재와 같았다.
① 대조적인 극단
② 놀라운 유추
③ 유사점과 차이점
④ 기본 작용
⑤ 논리적인 개념

10. ①
해설 분문 속 두 번째 문장의 because 이하는 순접의 등위접속사인 and에 의해서 연결되었다. 인재의 자질을 양성하고, 가장 재능 있는 지식 근로자를 보유하고 있는 것과 같이 다른 지역의 인재를 유치하는 것 또한 해안 도시 성장에 도움이 될 것이다. 그러므로 정답은 ① attracting이다.
어휘 innovativeness n. 혁신성 quick off the mark (상황 대처가) 빠른 retain v. 유지 [보유] 하다 cream n. (특정 무리에서) 최고의 인물들 [것들] attract v. 끌어모으다, 마음을 끌다, scatter v. 흩어지게 만들다 dismiss v. 묵살 [일축] 하다 isolate v. 격리하다, 고립시키다 release v. 풀어 주다, 석방 [해방] 하다
해석 도시의 혁신성은 인간 재능의 자질과 직접 연관되어 있다. 중국의 해안 도시들은 자질을 육성하고, 가장 재능 있는 지식 근로자를 보유하며, 국내의 다른 지역 출신의 지식 근로자 중 최고 인재를 유치하는 데 더 성공적이었기 때문에 상황에 대한 대처가 더 빨랐다.

11. ②
해설 빈칸 뒤에서 or similar damage to the brain이라고 했으므로 빈칸에는 뇌 손상과 관련된 어휘가 필요하다. 따라서 '뇌졸중'이라는 의미의 ② stroke가 적절하다.
어휘 boost v. 신장시키다, 북돋우다 process v. 처리하다 protrusion n. 돌출, 융기, 내밀기 stroke n. 뇌졸중 percussion n. 타격, 충돌, 충격, detachment n. 초연; 무관심 convergence n. 집중성; 수렴
해석 많은 연구원들은 중국어를 말하는 사람들이 그 언어를 이해하기 위해서 양쪽 뇌를 모두 사용한다는 것을 발견했다. 이것은 한쪽 뇌만 사용하면 되는 영어 사용자들과 비교된다. 연구원들은 그 조사결과가 뇌가 언어를 처리하는 방식의 이해를 증신시킬 수 있다고 말했다. 또한 이것은 뇌졸중이나 이와 유사한 뇌 손상을 입은 후에 사람들이 언어를 배우는 것을 돕는 더 나은 방법을 개발하는 것을 언젠가는 가능하게 할 수 있을 것이다.

12. ③
해설 본문에 따르면 사람들이 누군가와 이야기를 할 때 모방하는 행동이 웃음에도 똑같이 적용된다고 했으므로, 웃음에 관한 새로운 연구도 다른 사람에게 '영향을 미치는' 행동과 관련되어 있을 것이다. 그러므로 다른 사람의 기분에 영향을 받는다는 의미의 ③ contagious가 정답이다.
어휘 mimic v. 흉내를 내다 sustainable a. (환경 파괴 없이) 지속 가능한 superfluous a. (더 이상) 필요치 않은, 불필요한 contagbus a. 전염되는; 옮기 쉬운; 영향을 미치는 trifle n. 사소한 일 delusive a. 현혹시키는, 미혹케 하는
해석 새로운 연구에 따르면 웃음은 정말로 전염되기 쉽다. 우리는 누군가와 이야기를 할 때 종종 그들의 행동을 거울삼아 모방하며, 그들이 사용하는 말을 따라하고 그들의 몸동작을 흉내 낸다는 것을 얼마 전에 알게 됐다. 이제 우리는 이것이 웃음에도 똑같이 적용된다는 것을 보여주었다. "웃어라. 그러면 온 세상이 너와 함께 웃는다."는 것이 확실히 맞는 것처럼 보인다.

13. ①
해설 인지신경과학자들이 언어를 습득할 수 있는 신경망을 만들었다고 했는데, 빈칸 뒤의 문장에서 언어의 많은 예시들에 노출되게 했다고 설명하고 있다. 이는 신경망에 어떤 규칙을 미리 프로그램으로 넣어 그 규칙에 따라 언어를 습득하는 것이 아닌, 언어의 많은 예시에 노출시킴으로써 그 많은 예를 통계적으로 처리

하여 언어 구조를 파악하고 습득하는 것이므로 ① preprogrammed가 정답이다.
어휘 cognitive a. 인식 [인지] 의, 인식력 있는 neuroscientist n. 신경과학자 statistical a. 통계학상의, 통계적인, 통계에 근거한 past tense (동사의) 과거형 preprogram v. 사전에 ~의 프로그램을 만들다 trouble v. 괴롭히다, 애 먹이다 rearrange v. 재배열 [배치] 하다 neutralize v. 중립화하다; 무효화 하다 recognize v. 인식하다, 알아보다,
해석 일부 인지신경과학자들은 언어의 어떤 면들을 습득할 수 있는 신경망, 즉 컴퓨터 모델을 만들었다. 이런 신경망들은 어떠한 규칙도 미리 프로그램화 되어있지 않다. 그 대신 신경망들은 언어의 많은 예시들에 노출되어 있다. 이러한 예시들을 사용하여 신경망은 언어의 통계적 구조를 배우고 동사의 과거시제 형태를 정확하게 만들 수 있었다.

14. ④
해설 본문에 따르면 감정과 감정적 세심함은 우리가 문제 해결을 효율적으로 하는 데 중요하다고 했는데, 다른 사람의 견해와 관심사에 공감하지 못한다면 이에 대한 이해가 불충분할 것이므로 빈칸에는 ④ inadequate가 정답이다.
어휘 effectiveness n. 유효(성), 효과적임 input n. 조언; 투입 empathetic a. 감정 이입의 optimal a. 최선의, 최상의 acceptable a. 용인되는, 받아들여지는 unique a. 독특한, 유일무이한, inadequate a. 불충분한, 부적당한 beneficial a. 유익한, 이로운
해석 감정과 감정적 세심함은 우리가 문제 해결을 효율적으로 하는 데 중요하다. 우리는 우리의 행동이 이치에 맞고 사리에 맞기를 바라지만, 좋은 업무 관계의 각 요소는 감정적 투입 (자극) 에 달려 있다. 다른 사람의 견해와 관심사에 대한 우리의 이해는, 그것이 공감하는 것이 아니라면, 즉 우리가 그 상황에 처한다는 것이 어떤 느낌인가를 적어도 어느 정도까지 알고 있지 않는다면, 불충분할 것이다.

15. ②
해설 빈칸 앞의 단어 this language는 과학과 추론에서 사용되는 언어인데, 이 분야에서 사용되는 언어는 언어 장벽이 없으며, 그 자체가 언어라고 했다. 또한 영어를 모국어로 사용하지 않는다고 하더라도 영어를 사용하는 사람에 비해 불리하지 않다고 했다. 즉 특정 언어에 구애되지 않고 모든 사람이 똑같이 잘 할 수 있으므로, 과학과 추론에서 사용되는 언어는 '보편적'이라고 볼 수 있다.
어휘 barrier n. 장애물, 장벽 express oneself 의견을 나타내다 influential a. 영향력 있는 universal a. 보편적인, 전반적인 valuable a. 소중한, 귀중한 flawless a. 흠 없는; 완전한 distinctive a. 특이한, 특유의,
해석 과학과 추론은 언어 장벽을 알지 못한다. 그것들이 그 자체의 언어이다. 그리고 이 언어는 당신이 일반적으로 자신을 표현하는 언어와 관계없이 보편적이다. 당신이 영어가 모국어인 사람이 아니어도, 영어가 모국어인 사람에 비해 불리한 입장에 있지 않다. 그러므로 먼저 그 구조를 명확하게 해라. 그러면 나중에 그 구조의 배열이나 일부 단어를 수정하기 위해 도움이 필요하다고 할지라도 그것은 단지 사소한 일에 불과할 것이다.

16. ①
해설 본문에 따르면 서덜랜드는 일탈행동이 학습된 행동이라고 밝혔는데, 빈칸에는 그의 이론과 반대되는 주장이 적절하므로 학습과 반대되는 인간의 본성, 즉 '생물학적인' 특성이 적절하다. 그러므로 ① biological이 정답이다.
어휘 deviance n. 일탈, 일탈한 행동 tenet n. 주의 (主義), 교리 (敎理), 신조 associate v. 교제하다, 어울리다, counter v. 반박 [논박] 하다 biological a. 생물학의 psychological a. 정신[심리]의 cultural a. 문화적인; 교양의 structural a. 구조적인 physiological a. 생리적인
해석 사회학자 에드윈 서덜랜드 (Edwin Sutherland) 는 상징적 상호작용주의의 관점에서 일탈행동을 연구했다. 그의 이론의 기본 주의는 일탈행동이 학습된 행동이라는 것인데, 사람들은 그들이 어울리는 다른 집단의 사람들부터 그 행동을 배운다는 것이다. 그의 이론은 일탈행동이 생물학적(유전적)이거나 또는 성격 때문이라는 주장을 반박한다. 서덜랜드에 따르면 사람들은 일탈적인 방식으로 행동하는 개인들과 어울리기 때문에 일탈적인 행동을 한다고 한다.

17. ①
해설 본문은 은행이 이익을 올리는 방식에 대해 설명하고 있는데, 두 번째 문장에서 저축하는 사람들에게 지급되는 이자율과 대출에 부과되는 이자율 사이의 차이로 수익을 얻는다고 했다. 세 번째 문장에서는 이에 대해 부연 설명하고 있는데, 비록 이자율에 차이는 있지만 예금자도 대출자도 모두 원금에 대해 이자를 받거나 이자를 지불하는 것이므로 '마찬가지로'라는 의미의 ① Similarly가 정답이다.
어휘 financial intermediary 〈경제〉금융 중개기관 intermediary n. 중재자, 중개인 make a deposit 예금하다 principal n. 원금 take out loans 빚을 내다, 대출하다 depositor n. 예금자
해석 은행은 어떻게 이익을 올리는가? 금융 중개기관으로서 은행은 저축하는 사람들에게 지급되는 이자율과 대출에 부과되는 이자율 사이의 차이로 그들이 영업하는 데 충분한 돈을 번다. 고객들이 저축 계좌에 예금을 하면, 고객들은 원금에 대한 이자를 번다. 마찬가지로 고객들이 대출을 받으면 고객들은 원금에 대한 이자를 지불한다. 은행은 예금자에게 주어지는 이자율보다 대출자에게 조금 더 높은 이자율을 부과함으로써 그 비용을 충당할 수 있다.

2019학년도 광운대

18. ③
해설 빈칸 전후로 예년과 올해의 서로 다른 경제 상황에 대한 내용이 주어져 있다. 그러므로 빈칸에는 역접의 접속부사 however가 들어가야 한다. ① 따라서 ② 마찬가지로 ④ 결과적으로 ⑤ 그럼에도 불구하고
rally n. (경기·주가 등의) 회복, 반등 Santa Rally 산타 랠리 (크리스마스 전후 연말연초에 주가가 강세를 보이는 현상) stock price 주가 witness v. 목격하다 outlook n. 전망
해석 전 세계 주식 시장은 연말연초가 소비가 증가하고 투자 심리가 살아나는 시기이므로 연말연초에 주가가 상승하는 '산타 랠리'를 계속해서 이어가곤 했다. 그러나 올해는 '블랙 크리스마스'를 목격했다. 부정적인 경제 전망으로 투자자의 심리가 위축됐다.

19. ②
해설 본문에 따르면 비유가 제대로 작동하려면 어떤 요소가 필요한지 묻고 있다. 빈칸 다음에 '복잡한 것에 비유하는 것은 그것에 대해 잘 알지 못하는 사람들을 혼란에 빠뜨릴 수 있다'는 내용이 있으므로, 빈칸에는 '복잡하지 않음'을 의미하는 표현이 들어가야 한다. 그러므로 ②의 simplicity (단순성) 가 정답이다. ① 환상 ③ 애매모호함 ④ 혼란 ⑤ 복잡함
어휘 metaphor n. 은유, 비유의 하나 compare v. 비유하다 Brexit n. 브렉시트(영국의 유럽연합 탈퇴) break clause 해약 조항(임대계약을 도중 해약하는 권리, 세입자는 1년경과 후 사전 통지를 실시함으로써 해약할 수 있다는 내용이 일반적) correspond to ~에 부합하다, ~와 일치하다;
해석 은유가 제대로 작용하려면 여러 가지 요소들이 필요하다. 그 중 하나가 단순성이다. 만일 당신이 브렉시트를 현재의 복잡한 상황에 해당하는 '해약 조항'이 들어있는 복잡한 계약에 비유한다면, 당신은 더 정확한 은유를 갖게 되겠지만, 이것은 그런 서류(계약서)를 잘 모르는 많은 사람들을 혼란에 빠뜨릴 것이다.

20. ②
해설 본문은 무질서한 모습이 범죄 행위나 나쁜 행동을 사람들이 하도록 만들 수 있다는 증거를 발견했다고 했으므로, 이와 관련하여 연구 보고서의 제목은 ②이 정답이다.
어휘 graffiti n. (공공장소에 하는) 낙서, 그래피티 property damage 재산 피해 disorder n. 엉망; 무질서 carry out 실행하다
해석 깨진 유리창 조각, 건물에 칠해진 낙서, 땅에 버려진 쓰레기가 있는 도로에 당신이 산다고 생각해 보자. 이러한 환경이 또 다른 재산 손괴나 범죄 행위를 초래할 것인가? 유럽의 연구원들은 이 질문에 대한 대답으로 '그렇다'고 말한다. 연구원들은 무질서한 모습이 개인으로 하여금 범죄 행위나 나쁜 행동을 저지르게 할 수 있다는 강력한 증거를 발견했다고 말한다. 그들은 그들의 연구결과를 「사이언스 (Science) 」지에 최근 발표했다. 그들의 연구 보고서 제목은 "무질서의 확산"이다.
① 「사이언스 (Science) 」지의 영향

② 무질서의 확산
③ 건물에 칠해진 낙서
④ 환경과 과학
⑤ 범죄 행위의 패턴

21. ③
해설 빈칸 이후로 "어느 국가든 인공지능 기술을 선도하는 국가가 세상을 지배한다고 두 강대국이 믿고 있다"고 한 다음, "선진공업국들이 개발도상국들을 착취했던 19세기의 모습이 인공지능 기술의 등장으로 21세기에 그대로 재현될 수 있다"는 내용이 나왔다. 그러므로 빈칸에는 두 강대국 (미국과 중국) 에 대한 언급과 19세기의 '무역 경쟁'과 비교될 수 있는 '인공지능 경쟁'에 초점이 맞추어진 내용이 와야 적절하다. 따라서 ③이 정답이다.
어휘 AI n. 인공지능 (Artificial Intelligence의 약칭) exploit v. 착취하다 lag behind (발달이) 뒤처지다 emergence n. 등장 nationalism n. 민족주의 revamp v. ~을 개조 [수정, 쇄신] 하다 era n. 시대 mutual a. 상호의
해석 "미중 간의 인공지능 경쟁은 미중 간의 무역 경쟁이 낳는 우려보다 훨씬 더 큰 우려를 낳고 있습니다. 두 강대국은 어느 국가든 인공지능 기술을 선도하는 국가가 세상을 지배한다고 믿고 있습니다. 선진공업들이 개발도상국들을 착취했던 19세기가 인공지능 기술의 등장으로 21세기에 그대로 재현될 수 있습니다."라고 예루살렘 히브리대학교 (Hebrew University of Jerusalem) 의 어떤 강사가 말했다. 또한 그는 민족주의의 등장이 인류에 위협을 가할 수 있다고 우려를 표명했다.
① 미중 간의 경쟁은 인류의 갈등을 결국 해결할 것이다.
② 미중 간의 무역 전쟁은 인공지능 경쟁보다 훨씬 더 위험해지고 있다.
③ 미중 간의 인공지능 경쟁은 미중 간의 무역 경쟁이 낳는 우려보다 훨씬 더 큰 우려를 낳고 있다.
④ 각 개인은 미중 시대에서 그들의 삶을 변화시키기 위해 스스로 단련해야 한다.
⑤ 미국과 중국 모두 상호 협력 없이는 자국민을 보호할 수 없다.

22. ④
해설 본문에 따르면 빈칸 앞에서 저자는 금지된 선물 목록을 독자에게 제시한다고 했는데, 선물은 누구에게 물건을 '주는' 행위이므로, 금지된 선물은 누구에게 물건을 '주지 않는' 행위임을 알 수 있다. 따라서 빈칸에는 '선물을 주지 않는' 것과 관련된 ④가 정답이다.
어휘 when it comes to ~에 관한 한, ~라면 be more trouble than 주어 be worth 생각 밖으로 쓸모없다, 기대와 달리 골칫거리이다 be on the receiving end (of something) (특히 불쾌한 것을) 당하는 입장이 되다 unsolicited a. 필요치 않은, 부탁받지 않은, puppy n. 강아지 reverse gift 역 (逆) 선물, 금지된 선물 beloved n. 아주 사랑하는 사람, 연인 be better off (처지가) 더 좋은 [나은] take ~ for granted ~을 당연시하다
해석 선물을 주는 것에 관하여, 우리는 종종 선물을 주고 난 다음에 어떤 일이 일어날지를 깜빡 잊고 생각하지 않는다. 그러나 일부 선물은 기대와 달리 골칫거리이다. 필요치 않은 강아지를 선물로 받아본 사람에게 물어보면 알 것이다. 그러므로 사생활에 관해 의도치 않은 결과로 당신의 사랑하는 사람들에게 부담을 주지 않으려는 마음으로 나는 당신에게 이제껏 있지 않았던 '금지된 선물 목록'을 제시하고 싶은데, 이 목록에는 상업용 DNA 키트, 스마트 스피커, 그리고 카메라 드론이 해당된다. 당신의 친구와 가족에게 이런 제품은 선물로 주지 마라. 사랑하는 사람들이 지금 당장은 당신에게 고마워하지 않을지도 모르지만, 사생활 면에서는 그들의 형편이 더 나을 것이다.
① 선물에 돈을 쓰도록 당신의 가족에게 강요하지 마라.
② 강아지는 스마트 스피커보다 훨씬 더 좋은 선물이 될 수 있다.
③ 이것들은 당신의 친구와 가족에게 언제나 훌륭한 선물이 될 것이다.
④ 당신의 친구와 가족에게 이런 제품은 선물로 주지 마라.
⑤ 당신이 사랑하는 사람들은 의도치 않은 결과를 당연시 할 것이다.

2019학년도 국민대 오후 A형

23. ②
해설 link A with B(A가 B와 관련이 있다고 주장하다) 라는 표현이 쓰여 진료의 지속성이 어떤 것과 관련이 있는지를 빈칸에서 묻고 있다. 빈칸 다음 문장에서 의사와 환자의 튼튼한 유대관계가 환자의 상태를 보다 잘 관찰할 수 있게 하여 맞춤형 치료를 가능하게 한다고 했으므로, 지속적인 진료의 결과인 사망위험의 '감소'가 빈칸에 들어가야 문맥상 적절할 것이다. 따라서 ②의 reduction (감소) 이 정답이다.
① 관심 ③ 자신감 ④ 진전
어휘 continuity of care 진료의 지속성 modest a. (그다지) 많지 [크지] 않은 tailored a. 맞춤형의 adherence to ~에의 집착 [고수]
해석 22건의 과거 연구에서 얻은 증거에 기초한 영국의 한 보고서는 진료의 지속성 (동일한 의사의 지속적인 환자진료)이 사망위험의 감소(수치가 그리 크지는 않지만, 그래도 중대한 의미를 지님) 와 관련이 있다고 주장했다. 의사와 환자 사이에 튼튼한 유대관계가 형성될 경우, 환자가 의사를 신뢰할 가능성이 더 커지기 때문에, 의사는 환자의 상태를 보다 잘 관찰할 수 있고, 맞춤형 치료를 실시할 수 있으며, 치료방법에 대해 보다 더 일관되게 접근할 수 있게 된다.

24. ④
해설 사람들이 만년필의 고전적인 아름다움을 재발견하고, 매출이 증가했다고 했으므로, 이에 대한 결과로는 ④의 resurgence (재기, 부활) 가 적절하다. ① 정직 ② 보복 ③ 폭로
어휘 fountain pen 만년필 mass-produce v. 대량생산하다 replaceable a. 교체 가능한 refillable a. 리필할 수 있, 다시 채울 수 있는, classic a. (스타일이) 고전적인; 유행을 안 타는 prestige a. (중요해 보이고 값비싸서) 고급의
해석 만년필은 19세기 전반기 이래로 대량 생산되어 왔다. 20세기를 통틀어 만년필의 디자인은 교체용 잉크카트리지 및 리필용 잉크카트리지의 사용 등 많은 혁신과정을 거쳤으며, 만년필에 사용되는 소재도 플라스틱 금속, 목재로 다양해졌다. 오늘날, 사람들이 만년필의 고전적인 아름다움을 재발견함에 따라, 특히 럭셔리 만년필 라인에서 매출이 증가하여 만년필은 부활하게 되었다.

25. ②
해설 성공적인 의사소통을 위해서는 언어의 '어떤 상황'을 이해하고 있어야 하는지를 묻고 있는데, 빈칸 다음 문장에서 언급된 '대화할 때 서로의 위치, 말하는 순서, 표정 등 비언어적 수단 활용'은 서로의 관계에 따라 달라질 수 있는 '사회적 상황'에 해당한다. 그러므로 빈칸에는 ②의 social context가 적절하다. ① 법률적인 상황 ③ 지역적인 상황 ④ 역사적인 상황
어휘 have a sense of ~를 이해하다 intricate a. 복잡한 take turns 번갈아 하다 nonverbal a. 비언어적인 channel n. 경로, 접근수단
해석 의사소통이 성공적으로 이뤄지기 위해, 우리는 언어의 사회적 맥락과 그 사회적 맥락을 사용하는 법을 이해해야 한다. 복잡한 규칙들이 화자와 청자가 어떻게 물리적으로 위치를 정하고, 번갈아 말을 하고, 표정, 목소리, 신체와 기타 비언어적인 수단을 통해 의사소통해야 하는지 그 방법을 안내해 준다.

2019학년도 덕성여대 오전

26. ①
해설 첫 빈칸의 경우, talent (재능, 솜씨) 에 해당하는 구체적인 행위가 들어가야 하므로 irony가 아닌 understatement가 적절하다. 한편, 양보절을 이끄는 while의 앞에 '분위기를 가볍게 하는 것'이 제시됐으므로 while 이하는 '태도는 가벼워지지 않는 것'이란 의미가 되어야 한다. 그것은 곧 진지한 태도를 유지하는 것이므로, 두 번째 빈칸에는 maintaining이 알맞다.
어휘 talent n. 재능, 재주 subtle a. 미묘한; 포착하기 힘든; 솜씨 있는, 교묘한 lighten v. 밝게 하다, 비추다; 가볍게 하다 mood n. 기분; 분위기 attitude n. (사람들의) 태도, 몸가짐, 마음가짐; 자세, understatement n. 절제된 표현; 삼가서 하는 말 maintain v. 지속하다, 주장하다, 유지하다; provoke v.

화나게 하다; 도발하다, 선동하다 **exaggerate** v. 과장하다 **aggravate** v. 악화시키다; 화나게 하다
해석 삼가 줄여서 말하는 우리 교수님의 솜씨는 진지한 태도를 여전히 유지하면서도 분위기를 밝게 하는 미묘한 방법이다.

27. ②
해설 본문에 따르면 '공부방의 크기에 대한 개인적인 선호도 (individual preference)'와 관련하여, '한 사람에게 편한 것이 다른 사람에게는 그렇지 않을 수도 있다'는 의미가 되어야 한다. 첫 번째 빈칸에는 comfortable과 상반되는 의미를 가진 단어가 들어가야 하므로 '불편하다'는 의미의 inconvenient와 '갇혀 있는 것처럼 답답한 느낌을 주는'이라는 의미의 confining이 모두 가능하다. 두 번째 빈칸에는 명시된 한 사람 (one) 외의 또 다른 사람 (a different one)을 나타내는 대명사가 들어가야 하므로, another가 적절하다. 따라서 ②가 적절하다.
어휘 **preference** n. 선호, 애호; 편애 **comfortable** a. 기분 좋은, 쾌적한, 편한, **confine** v. 가두다, 감금하다; 한정하다, 제한하다 **inconvenient** a. 불편한; 폐가 되는
해석 공부방은 거의 모든 크기가 될 수 있다. 개인적으로 선호하는 것이 다를 수 있어서, 한 사람에게 편안한 것이 다른 사람에게는 답답하게 느껴질 수도 있다.

28. ③
해설 첫 번째 빈칸의 경우, 주절의 내용이 '우리는 광고의 영향으로 인해 우리가 원하는 것을 마음대로 선택하지 못한다는 것'인데 우리가 원하는 것이란 상식이나 판단력보다는 개인적인 취향의 문제이므로 첫번째 빈칸에는 good taste가 적절하고, 마지막 문장에서 FREE (공짜) 라는 단어로 시작하는 광고는 효과가 있다고 했는데 이는 우리의 본성이 공짜를 좋아하기 때문이다. 그러므로 두 번째 빈칸에는 for nothing이 적절하다.
어휘 **influence** v. ~에게 영향을 미치다 n. 영향, 영향력 **advertisement** n. 광고, 선전 **exert** v. (힘 따위를) 발휘하다, 쓰다; (영향력·압력 등을) 장기에 걸쳐 지속적으로 가하다. 행사하다, **subtle** a. 미묘한, 교묘한 ,포착하기 힘든; **persuade** v. 설득하다, 권유하여 ~시키다 **classify** v. 구분하다, 분류하다 **common sense** 상식 **extraordinary** a. 대단한, 보통이 아닌, 비상한; in vain 헛되이 **taste** n. 기호, 취향 **for nothing** 무료로 **judgment** n. 심판; 판결 **luxurious** a. 호사스러운, 사치스러운,
해석 광고의 영향을 피할 수 있는 사람은 아무도 없다. 우리는 우리 자신의 훌륭한 취향을 자랑스럽게 여길지도 모르지만, 광고가 우리에게 미묘한 영향을 미치기 때문에 우리는 더 이상 우리가 원하는 것들을 마음대로 선택하지 못한다. 광고주들은 우리에게 이런저런 제품을 사도록 설득하는 과정에서 인간의 본성에 대해 면밀하게 연구했고 우리의 사소한 약점들을 모두 분류했다. 광고주들은 우리 모두가 무언가를 무료로 얻는 것을 좋아한다는 사실을 오래전에 깨달았다. '공짜!'라는 마법의 단어로 시작하는 광고는 잘 안되는 법이 거의 없다.

<u>2019학년도 가톨릭대</u>

29. ②
해설 본문은 맨해튼 프로젝트 (핵무기 개발 프로젝트)에 참여하기 위해 필요한 비밀정보 사용인가를 아인슈타인이 받지 못했다고 했으므로, 그는 핵무기 기술 개발에 '큰 역할을 하지 못했을' 것이다. 따라서 '간접적인 [부차적인] 역할'이란 의미의 ②가 빈칸에 들어가기에 적절하다.
어휘 **split** v. 쪼개다, 찢다; (원자나 분자를) 분열시키다 **urge** v. 재촉하다, 열심히 권하다, 설득하다, **committed** a. (주의·주장에) 전념하는, 헌신적인; 명확한 정치의식을 가진 **pacifist** n. 평화주의자 **prospect** n. 전망; 예상, 기대 **terrifying** a. 두렵게 하는, 예사롭지 않은 **way out** (곤란한 문제의) 해결책, 해결의 수단, 타개책 **deny** v. 부정하다, (권리·요구 등을) 인정하지 않다, 거부하다; 주지 않다 **security clearance** 기밀 정보의 취급 허가, 비밀 정보의 사용 허가, **deadly** a. 치명적인, 죽음의
해석 1939년, 베를린의 과학자들이 우라늄 원자를 분열시키는 방법을 알아냈다는 사실을 아인슈타인 (Einstein)이 알게 되었을 때, 아인슈타인은 무슨 수를 쓰더라도 미국 과학자들이 원자폭탄을 가장 먼저

만들도록 해야 한다는 내용의 편지를 루스벨트 (Roosevelt) 대통령에게 써 보냈다. 사실 아인슈타인은 열렬한 평화주의자였지만, 핵무기가 나치의 손에 들어가게 되는 것은 너무나도 무서운 일이었기 때문에 그는 나중에 "제가 보기에 다른 해결책은 전혀 없었습니다."라고 쓴 바가 있다. 하지만, 그의 좌파적인 정치 신념 때문에, 미 육군은 맨해튼 프로젝트의 일원이 되기 위해 필요했던 비밀정보 사용인가를 아인슈타인에게 내주지 않았고, 그로 인해 이 치명적인 기술의 개발에 있어서 그는 간접적인 역할을 했다.
① 대단히 중추적인
② 간접적인 역할
③ 크게 확장된
④ 엄격히 비밀에 부쳐진

30. ①
해설 본문에 따르면 의회의 결정으로 아이 이름을 자유롭게 지을 수 있게 되었지만 이름 석 자가 똑같은 특이한 이름까지도 허용해야 할까 하는 의문이 드는데, 허용 여부에 따라서 이 자유가 무한정 보호되느냐 일부 제한되느냐로 운명이 갈리게 되므로 빈칸에는 '곧 시험대에 올랐다'가 적절하다.
어휘 suspend v. 중지하다, 일시 정지하다; 보류하다 severely ad. 호되게, 심각하게 limit v. 제한하다, 한정하다 disallow v. 허가하지 않다, 금하다 approve v. 시인하다, 찬성하다, 허가하다, appeal n. 호소; 상소, 항소
해석 1992년, 프랑스 의회는 아이의 이름을 짓는 방법에 심각한 제한을 가하고 있던 1803년의 법을 일시적으로 중지시켰다. 새로운 자유는 라로셀 (La Rochelle)에 사는 한 소녀의 부모가 딸의 이름을 마리 마리 마리 (Marie Marie Marie) 라고 지었을 때 곧 시험대에 오르게 되었다. 하급법원은 그 이름을 허가하지 않았으나, 항소 끝에 승인 받았다. 그 부모는 아이가 태어났을 때 몸무게가 3.33kg, 머리와 가슴은 33cm, 산모는 33세였기 때문에 이름 석 자가 똑같은 그 이름을 선택했다.
① 곧 시험대에 올랐다
② 시행할 수 없는 것으로 드러났다
③ 즉각적인 제지에 직면했다
④ 무자비한 조롱을 수반했다

31. ④
해설 첫 번째 문장의 내용에 대해 세 번째 문장과 네 번째 문장에서 부연설명을 하고 있고, 빈칸을 포함한 문장의 내용에 대해 다섯 번째 문장 이하에서 부연설명을 하고 있는 구조의 글이다. 다섯 번째 문장 이하에서는 '삶에 대한 관점에 변화가 생겼음'을 이야기하고 있는데, 이는 '마음 상태의 변화를 말하고 있는 것'이므로, 빈칸에는 ④가 들어가야 한다.
어휘 obedient a. 순종하는, 고분고분한 subject n. 신하, 백성 emperor n. 황제 duke n. 공작(公爵) outlook n. 전망, 경치; 견해, 관점 alter v. (모양·성질 등을) 바꾸다, 변경하다 establish v. 설립하다, 확립하다; 제정하다 truth to tell 사실대로 말하면 remarkable a. 현저한, 주목할 만한, 훌륭한 degree n. 정도,단계,등급,
해석 르네상스는 정치적인 운동이나 종교적인 운동이 아니었다. 그것은 마음 상태의 변화였다. 르네상스 시대의 사람들은 계속해서 어머니와 같은 교회에 대해 아들처럼 순종했다. 그들은 왕과 황제와 공작의 백성들이었다. 그러나 그들이 삶을 바라보는 관점에는 변화가 생겼다. 그들은 천국에서 자신들을 기다리고 있는 축복받은 삶에 자신들의 모든 생각과 노력을 더 이상 집중하지 않았다. 그들은 이 세상에 낙원을 세우려 노력했으며, 사실대로 말하면 그들은 (이 일에)놀라울 정도로 성공했다.
① 문화적 퇴보
② 낡고 오래된 것에 대한 비난
③ 고전주의에 대한 향수(鄕愁)
④ 마음 상태의 변화

32. ①
해설 빈칸 전후로 '나이가 들면서, 숙면을 취하는 것이 더 어려워진다.'는 내용과 '충분한 숙면이 건강한 생활을 위해 필수적이다'는 내용이 주어져 있으므로, 빈칸을 포함한 문장은 '나이가 들면서 잠들기 어렵고 도중에 잘 깨는 등, 수면 패턴에 변화가 있지만, 여전히 건강을 위해서는 수면이 필요하다'는 의미가 되어야

한다. 따라서 ①이 정답이다.
어휘 pillow n. 베개 go off (경보·알람 등이) 울리다 alert a. 기민한; 정신이 초롱초롱한 energetic a. 정력적인, 활동적인 infection n. 전염, 감염; 전염병 chronic illness 만성질환
해석 자리에 눕자마자 잠들어서 알람이 울릴 때까지 일어나지 못하던 때를 기억하는가? 나이가 들면서, 잠드는 것과 숙면을 취하는 것이 좀 더 어려워진다. 그러나 수면 패턴이 바뀌더라도, 수면의 필요성은 바뀌지 않는다. 식이요법이나 운동과 마찬가지로, 밤에 숙면을 취하는 것은 건강을 위해, 초롱초롱한 정신으로 활기찬 상태를 유지하기 위해, 그리고 감염, 만성질환, 심장병으로부터 몸을 방어하기 위해서 필수적이다.
① 수면의 필요성은 그렇지 않다
② 수면의 질은 그렇지 않다
③ 수면 사이클이 계속 반복된다
④ 수면의 양은 여전히 같다

33. ③
해설 빈칸에 들어갈 표현을 뒷 문장에서 재진술하고 있는데, "해야 할 일은 변하지 않지만, 목록에 있는 가장 중요한 일을 실제로 시작하는데 '겁을 좀 덜 먹도록' 만드는 방법"이라고 했다. 이는 곧 '일을 덜 힘들게 보이도록' 하는 것이라 할 수 있다.
어휘 structured a. 구조 [구성] 가 있는, 체계화된 procrastination n. 지연; 미루는 버릇 priority n. (시간·순서가) 앞[먼저임] 보다 중요함 reorganize v. 재편성하다, 개조하다 tackle v. (일·문제 따위에) 달라붙다, 달려들다, counterintuitive a. 직관에 어긋나는 intimidating a. (자신감이 없어지도록) 겁을 주는 embrace v. 포옹하다; (기꺼이) 맞이하다; (기회를) 붙잡다
해석 "체계화된 지연"이란 최우선 순위의 일에 착수하는 대신, 해야 할 일의 목록을 재편성하여 더 쉽지만 덜 중요한 과제에 먼저 달려든다는 개념이다. 직관에 어긋나는 이러한 접근법은 작업 목록을 덜 벅차게 보이도록 함으로써 스스로를 속이는 것과 관련되어 있다. 이 전략은 해야 할 일을 전혀 바꾸지 않지만, 목록에 있는 가장 중요한 일을 실제로 시작하는 데 겁을 덜 먹도록 만드는 한 가지 방법이다. 다른 말로 하자면, 당신은 일을 미루고 싶은 마음을 받아들이면서도 생산성을 여전히 유지하고 있는 것이다. 이것은 일을 완수하는 흥미로운 접근 방법 가운데 하나이다.
① 계속해서 생산성을 유지함
② 지연된 만족에서 이익을 얻음
③ 작업 목록을 덜 벅차게 보이도록 함
④ 결과에 대해 스스로에게 미리 보상함

34. ①
해설 본문에 따르면 연설의 내용이 듣는 사람 자신과 관련이 있으면 그 주장에 귀를 기울이고, 그렇지 않으면 연설 외적인 것들, 즉 주변적인 것에 관심을 갖는다는 내용이다. 두 번째 문장에서 연설을 하는 사람의 신뢰성이나 매력과 같은 것을 '주변적인' 요소로 언급하고 있으므로, 저명한 연사와 신뢰도를 서로 연결시키고 있는 내용인 ①이 정답이다.
어휘 attitude n. (사람·물건 등에 대한) 태도, 마음가짐; 몸가짐 factor n. 요소, 요인, peripheral a. 주위의, 주변의; 그다지 중요하지 않은 attractiveness n. 매력적임 deliver v. 배달하다, 전하다; (의견을) 말하다; (연설을)하다 illustrate v. 예증하다, 설명하다 relevant a. (당면한 문제에) 관련된; 적절한, 타당한 shortcut n. 지름길; 최단노선; 손쉬운 방법
해석 태도에 관해 연구하는 일부 저명한 학자들이 다음과 같은 질문을 던졌다. "의사소통에 매우 중요한 요소들은 – 주장하는 내용의 요점과 같은 것들은 – 언제 강조하는 것이 가장 좋은가? 그리고 연설을 하는 사람의 신뢰성이나 매력처럼, 주장하고 있는 바의 논리에 비해 주변적인 요소들은 언제 강조하는 것이 가장 좋은가? 많은 연구로부터 얻은 결과들은 보편적인 규칙을 보여준다. 어떠한 문제가 개인적으로 관련이 있는 경우, 사람들은 연설에서 하는 주장에 주의를 기울이고 그 주장이 타당한 만큼 설득을 당할 것이다. 어떠한 문제가 개인적으로 관련이 없는 경우, 사람들은 그 주장에 주의를 덜 기울인다. 대신에, 그들은 심리적 지름길을 택하여, "유명한 연사는 신뢰할 수 있다."와 같은 주변적인 규칙을 따른다.
① 유명한 연사는 신뢰할 수 있다

② 보고 듣는 것만 믿어라
③ 전혀 주의를 기울이지 않는 것보다는 소극적으로라도 주의를 기울이는 것이 더 낫다
④ 마음을 사보잡지 않는 일에 시간을 낭비하지 마라

35. ③
해설 본문에 따르면 자신을 암살할 것을 명령한 사람이 죽었음에도 불구하고 상황이 더 악화되었다면, 그것은 그 명령이 철회되지 못하기 때문일 것이다. ③이 그와 같은 경우에 해당한다.
어휘 command v. 명령하다, 요구하다 assassinate v. 암살하다 fatwa n. 파트와 (이슬람법에 따른 결정이나 명령) decree n. 법령, 명령, 포고, improve v. 개량하다, 개선하다, 향상시키다 hide v. 숨기다, 숨다, 감추다, 잠복하다 complicate v. 복잡하게 하다 pronouncement n. 선언, 발표
해석 1989년 2월 14일 아야톨라 호메이내Ayatollah Khomeini) 가『악마의 시 (The Satanic Verses)』를 쓴 살만 루시디(Salman Rushdie)를 이슬람의 적으로 규정했을 때, 그는 루시디를 암살할 것을 파트와(fatwa), 즉 종교적인 포고령을 통해 공개적으로 명령했다. 호메이니는 그 후 4개월 만에 세상을 떠났지만, 파트와는 오직 그것을 공표한 사람만이 철회할 수 있는 신성한 선언이라 믿음으로 인하여, 그의 죽음은 영국 정부의 보호 히에 숨어 있던 루시디의 상황을 개선하기는커녕, 상황을 오히려 더 복잡하게 만들었다.
① 공표한 사람에 의해 발표되어야 한다
② 죄인이 저지른 잘못에도 불구하고 그 사람을 포용한다
③ 그것을 공표한 사람에 의해서만 철회될 수 있다
④ 그것을 공표한 사람이 죽으면 자동적으로 무효가 된다

36. ①
해설 국민들이 너무나도 술을 많이 마셔서 도덕적으로 무도해지고 정부가 개입해야 했던 상황은 '진의 확산이 사회에 가져온 나쁜 결과물'이라 할 수 있다.
어휘 promote v. 진전시키다, 조장하다 gin n. 진(보통 토닉 워터나 과일 주스를 섞어 마시는 독한 술) surplus a. 나머지의, 잔여의 grain n. 낟알; 곡물, 곡류 revenue n. 수입, 소득, proliferation n. 증식; 확산 abundance n. 풍부, 많음; 부유 consumption n. 소비, 소모, 소진 stigma n. 치욕, 오명, 오점, 불명예 epidemic n. 유행병; (나쁜 것의) 급속한 확산 refer to A as B A를 B라고 부르다 provoke v. (감정 따위를) 일으키다; 유발시키다 moral a. 도덕적인 outrage n. 폭력 행위, 무도한 행위; 무도한 격분, 격노 intervention n. 개재; 중재; 간섭, 조정,
해석 18세기 무렵 영국정부는 잉여 곡물을 활용하여 국고수익을 증대시키기 위해 진의 생산을 적극적으로 장려하고 있었다. 1727년 (신고와 과세가 이루어진) 공식적인 진 생산량은 500만 갤런에 달하였고, 6년 후에는 런던 지역에서만도 1,100만 갤런을 생산했다. 진의 확산은 영국 사회에 불행한 결과를 가져왔다. 넘쳐날 정도로 많은 진은 술에 취하는 것에 오명을 씌우지 않았고 가난한 사람들이 빠른 속도로 확산되고 있던 시기에 진의 소비를 장려하는 공공 정책과 결합하여, 진 유행병(Gin Epidemic)이라 불리는 것이 생겨나게 했다. 이것은 국민들이 걷잡을 수 없이 진에 취해 있어서 도덕적 무도함과 정부의 개입을 불러왔던 시기를 일컫는다.
① 영국 사회에 불행한 결과를 가져왔다
② 정부의 국고수익을 전례 없는 수준으로 창출했다
③ 아이러니하게도 국내 진 소비의 감소를 촉발했다
④ 늘어나고 있던 도시 빈민들을 가혹한 현실로부터 벗어나게 해주었다

37. ④
해설 빈칸을 포함하고 있는 문장 중 앞부분에서 '우리가 접촉하게 될 외계 문명이 악의적인 의도를 가지고 있지 않을 것임'을 언급했다. 그러므로 빈칸에는 '그들이 선한 의도를 갖고 있다' 혹은 '우리에게 적대적이지 않다'는 내용이 들어가야 할 것이다. 따라서 ④가 정답이다.
어휘 motif n. (미술·문학·음악의) 주제, 테마 assume v. 추측하다, 추정하다, extraterrestrial n. 우주인, 외계인 ray gun 광선총 portray v. 그리다, 묘사하다 galactic a. 거대한, 은하의, confrontation n. 직면, 조우; 대면 utterly ad. 완전히, 아주, 전혀, dominate v. 지배하다, 통치하다 malevolent a. 악의 있는, 심술궂은

intention n. 의도, 목적 contact n. 접촉, 접근; 교제 survive v. ~후까지 생존하다, 살아남다
해석 공상과학 소설과 UFO 문학의 일반적인 테마에서는 대체로 외계인들이 우리와 비슷한 능력을 갖고 있다고 가정한다. 아마도 그들은 다른 종류의 우주선이나 광선총을 가지고 있을지도 모른다. 하지만 전투에서는 — 그리고 공상과학 소설에서는 문명 사이에 벌어지는 전투를 묘사하길 좋아한다. — 그들과 우리는 다소 호각세를 보인다. 사실 두 은하계의 문명이 같은 수준에서 상호작용 할 가능성은 거의 없다. 그 어떤 조우(遭遇)에서든, 항상 한 문명이 다른 문명을 완전히 압도할 것이다. 만약 발달된 어떤 문명이 태양계에 도착한다면, 그 문명에 대해 우리가 할 수 있는 것은 전혀 없을 것이다. 그들의 과학기술은 우리보다 훨씬 앞서 있을 것이다. 우리가 접촉할지도 모를 발달된 문명이 행여나 악의적인 의도를 갖고 있지는 않은지를 걱정하는 것은 무의미하다. 왜냐면 그들이 그렇게 오래 살아남았다는 사실만으로도 그들은 자신과 다른 문명들과 함께 사는 법을 배워서 알고 있다는 것을 의미하기 때문이다.
① 그들은 행성 간의 탐사에 진지하게 임해 왔다
② 우리가 그들을 물리칠 가능성은 희박할 것이다
③ 그들은 이미 과학에서 엄청난 발전을 이뤄냈다
④ 그들은 자신과 다른 이들과 함께 사는 법을 배웠다

38. ②
해설 전후 문장은 모두 '고래는 매우 멀리 떨어져 있더라도 서로 간의 의사소통이 가능하다'는 것이므로, 같은 맥락에서 이러한 점을 비유적으로 말하고 있는 ②가 정답이다.
어휘 evolve v. 서서히 발전시키다 extraordinary a. 대단한, 보통이 아닌, 비범한 finback n. 긴수염고래 extremely ad. 극도로; 몹시, 대단히 frequency n. (맥박 등의) 횟수, 빈도수; 주파수 octave n. 옥타브, 8도 음정 absorb v. 흡수하다, 빨아들이다 calculate v. 산정하다, 계산하다 separate v. 분리하다, 떼어놓다 vocalization n. 발성, 발성법 vastness n. 광대함, 거대함
해석 오랜 역사를 거치면서 고래는 특별한 음파 통신 체계를 발전시켰다. 예를 들어, 긴수염고래는 극도로 큰 소리를 20헤르츠의 주파수로 내는데, 이는 피아노 건반의 가장 낮은 음정에 가까울 만큼의 낮은 음이다. 이런 낮은 주파수의 소리는 바다에 거의 흡수되지 않는다. 미국의 생물학자 로저 페인(Roger Payne)은 두 마리의 고래가 심해의 음파 통로를 이용해 본질적으로 세계 어느 곳에서든 20헤르츠에서 서로 의사소통할 수 있을 것으로 추정했다. 남극의 로스(Ross) 빙붕(氷棚) 앞바다에 있는 고래가 알루산열도(알래스카 남서부의 군도) 있는 다른 고래와 의사소통할지도 모른다. 살아온 역사의 대부분의 기간 동안, 고래는 전 세계적인 통신망을 구축했을지도 모른다. 아마 15,000킬로미터를 떨어져 있더라도, 그들이 내는 소리는 깊은 바다 속으로 희망을 품고 내던진 사랑 노래와 같을 것이다.
① 매우 뛰어난 지능을 가진 종(種)으로 진화했다
② 전 세계적인 통신망을 구축했을지도 모른다
③ 효과적인 의사소통을 통해 포식자로부터 스스로를 보호해왔다
④ 매우 자세한 정보를 전달하는 능력을 개발했을지도 모른다

<u>2019학년도 숙명여대</u>

39. ①
해설 처음 두 문장에서 '한국이 성 불평등이 높은 국가에 속하지만, 경제 도약 이후로 성 불평등 문제가 향상되었다'고 했다. 그 뒤에 역접의 접속부사인 However가 왔으므로, 빈칸을 포함한 문장은 '성 불평등 문제가 향상되었음에도, 여전히 여성들의 성 불평등이 문제가 되고 있다'는 의미가 되야 한다. 따라서 ①이 빈칸에 적절하다.
어휘 derive v. ~을 얻다, 끌어내다 deep-rooted a. (감정·편견 따위가) 뿌리 깊은 patriarchal a. 가부장제의, 가부장적인 gender inequality 성 불평등 perspective n. 관점, 시각 takeoff n. 이륙, 도약
해석 뿌리 깊은 가부장적인 사상과 관행에서 비롯된 한국의 성 불평등은 항상 세계에서 가장 높은 순위에 올라 있다. 역사적인 관점에서 볼 때, 성 불평등 문제는 1970년대 한국의 경제가 도약한 이후로 크게 향상되어 왔다. 그러나 한국의 여성들은 다양한 사회 부문에서 평등한 대우를 받기 위하여 아직도 넘어야 할

많은 장애물이 있다.
① 평등한 대우를 받기 위해서 아직도 넘어야 할 많은 장애물이 있다.
② 평등한 대우를 받기 위한 기회가 여전히 많이 있다.
③ 평등한 대우를 받기 위한 어떤 문제가 있다는 것을 모른다.
④ 여전히 그들은 평등한 대우를 보여줄 수 있는 충분히 긍정적인 지표를 확인할 수 있다고 생각한다.
⑤ 그들은 이미 평등한 대우를 받았다고 생각한다.

40. ③
해설 빈칸 뒤에 '삶의 과정에서 다른 사람들과의 상호작용을 통해 구성 되고 재구성된다'고 했으므로, 이 개념은 고정되어 있는 것이 아니라 변화하는 성격, 즉 '역동적인' 성격을 지니고 있다고 볼 수 있다. 그러므로 빈칸에는 ③ dynamic attributes가 적절하다. ②의 variable(변수)은 '여러 다른 값으로 변할 수 있는 것'이라는 의미로, 실제의 변화가 아니라 변화의 가능성이나 변화의 요인을 나타낸다.
어휘 intercultural a. 이(종) 문화간의 interaction with ~와의 상호작용
해석 다문화 교육의 목표는 국제 사회에서 사람들 사이의 관계 상호작용, 교류를 촉진하는 것이다. 국제 사회에서 정체성과 문화의 개념은 이미 정해진 설명으로 간주되지 않고 삶의 과정에서 다른 사람들과의 상호작용을 통하여 구성되고 재구성되는 역동적인 속성으로 간주된다.
① 공통 특성
② 특정한 변수
③ 역동적인 속성
④ 공유된 결정요인
⑤ 흥미진진한 의사소통

41. ②
해설 빈칸은 a concept 이하와 동격을 이루는데, 이 개념은 외국어를 배우는 것이 학습자가 자신의 사회에 집중하는 것을 넘어설 수 있는 방법을 강조하기 위해 고안된 개념이라고 했다. 그러므로 학습자가 자신의 사회가 아닌 다른 세계를 경험할 수 있도록 해준다는 의미가 되도록 빈칸에는 ② tertiary socialization이 와야한다. 참고로, 1차(primary) 사회화는 가족과 친구에 적응하는 아동기의 사회화를, 2차(secondary) 사회화는 일반 사회에 적응하는 청년기의 사회화를, 3차(tertiary) 사회화는 자신의 사회를 넘어 다른 사회와 문화에까지 적응하는 노년기의 성숙한 사회화를 말한다.
어휘 potential n. 가능성, 잠재(능)력 contribution n. 공헌, 기여, emphasize v. 강조하다, 역설하다 otherness n. 다름; 딴 사람, 별개의 것
해석 외국어 교육이 학습자에게 3차 사회화의 경험을 제공한다면 외국어 교육은 큰 기여를 할 가능성이 있다. 이 3차 사회화라는 개념은 외국어를 배우는 것이 학습자가 자신의 사회에 집중하는 것을 넘어설 수 있는 방법을 강조하기 위해 고안된 개념이다. 이에 따라서, 학습자들은 타인의 경험, 또는 다른 문화적 신념, 가치 및 행동으로 나아갈 수 있다.
① (서로 다른 문화 간의 접촉으로 인한) 문화 변용
② 3차 사회화
③ 언어 습득
④ 사회적 부적응자
⑤ 언어적 의사소통

42. ⑤
해설 본문에 따르면 인간은 사랑하는 사람에게, 심지어 낯선 사람들에게도 이타적인 행동을 한다고 했지만, 강한 자기 보호 의식도 가지고 있다고 했다. 이에 따라 어떤 개인이 특정한 상황에서 어떻게 행동할지 예측하는 것이 어렵다고 했으므로, 인간은 '선택적으로 이타적 행동 또는 자기 보호적 행동을 한다.'고 볼 수 있다. 따라서 ⑤가 정답이다.
어휘 under circumstances ~의 상황에서 heroically ad. 영웅답게, 용맹스럽게 on behalf of ~을 대신[대표]하여 Justice n. 정당성, 공정성, self-preservation n. 자기 보호 altruistic a. 이타적인

해석 예를 들면, 우리 모두는 어떤 상황에서 우리가 사랑하는 사람들과 심지어 낯선 사람들을 구하거나 보호하기 위해서 목숨을 걸 것이다. 우리 중에 다수는 우리의 국가나 종교를 위해, 심지어 진리나 정의 같은 추상적인 원칙을 위해 영웅적으로 행동한다. 그러나 우리는 또한 강한 자기 보호 의식을 가지고 있는데, 그렇지 않다면 우리는 그렇게 오래 생존할 수 없을 것이다. 실제로 어떤 개인이 특정한 상황에서 실제로 어떻게 행동할지 예측하는 것은 불가능하며, 우리가 좋아하든 싫어하든 우리는 선택적으로 이타적이다.
① 우리가 좋아하든 싫어하든 우리는 자신을 희생하는 것을 배웠다.
② 우리가 좋아하든 싫어하든 우리는 매우 이타적이다.
③ 우리가 좋아하든 싫어하든 우리는 항상 이기적이다.
④ 우리가 좋아하든 싫어하든 우리는 자신을 희생할 수밖에 없다.
⑤ 우리가 좋아하든 싫어하든 우리는 선택적으로 이타적이다.

2019학년도 항공대

43. ①
해설 본문에 따르면 처음에는 유대적 사고를 거부하다가(reject), 나중에는 유대인 공동체와 자신을 동일시하여(identify) 유대 민족주의를 공개적으로 지지하였다면(support), 전술한 내용과 후술한 내용은 역접의 연결어로 이어져야 할 것이다.
어휘 cause n. 대의, 운동 Zionism n. 유대 민족주의 descent n. 혈통 anti-Semitism n. 반유대주의 outspoken a. 솔직한
해석 아인슈타인(Einstein)이 두 번째로 벌인 큰 운동은 시오니즘 운동이었다. 혈통으로는 유대인이었지만 아인슈타인은 성경에 나오는 하나님 사상을 거부하였다. 그러나 제1차 세계대전 전과 전쟁 중에 반(反)유대주의에 대한 의식이 커지면서 그는 점점 더 자신을 유대인 공동체와 동일시하게 되었고, 나중에는 시오니즘의 공개적인 지지자가 되었다.

44. ②
해설 본문을 보면 부사절에서는 청교도들과 퀘이커교도들의 뿌리가 같다는 내용이 나오고, 주절에는 청교도들이 이교도들을 경멸했다는 내용이 나온다. 따라서 빈칸에는 양보의 부사절을 이끄는 접속사가 적절하다.
어휘 outgrowth n. 결과물 redemption n. 구속(救贖), 대속(代贖) election n. 신(神)의 선택, 선별 predestination n. 예정 willful a. 고집이 센, 제멋대로인
해석 1681년 이후, 다수의 이교도들과 침례교도들, 그리고 메노나이트교도들이 이 지역에 정착했다. 퀘이커교의 신앙은 영국 국교회를 개혁하기 위한 청교도 운동의 논리적 결과물이라고 주장될 수 있음에도 불구하고, 퀘이커교도들이 그리스도의 희생을 모든 인류를 위한 대속(代贖)행위로 보았기 때문에 청교도들은 퀘이커교도들을 경멸했다. 공식적으로는 종교친우회라고 더 많이 알려져 있는 퀘이커교도들은 칼빈(Calvin)의 선택과 예정의 교리를 거부하였고 내면의 빛을 신뢰하였는데, 청교도들은 이러한 점을 자의적이고 반(反)권위주의적(교회의 권위를 부인하는 이단적)이라고 여겼다.

45. ②
해설 본문은 혼합물을 구성하고 있는 본래의 구성 성분들은 물리적 수단을 통해 분리, 재생, 복원할 수 있다는 글이다. 빈칸 다음의 문장에 나오는 표현 '되돌려주다(give back)'와 동일한 의미를 갖는 표현을 고르면 된다.
어휘 homogeneous a. 균질의 heterogeneous a. 이질의 solution n. 용해; 용액 recover v. 재생시키다, 복원하다, 회수하다, 되찾다, condense v. 응축시키다 iron fillings 쇠의 줄밥, (자석에 끌려오는) 쇳가루 property n. (pl) 속성, 특성 arrange v. 배열하다. 마련하다; decompose v. 분해하다 dissipate v. 소멸시키다; 흩뜨리다
해석 균질적인 것이든 이질적인 것이든, 모든 혼합물은 만들어진 다음에 물리적 방법에 의해 성분의 동일성을 변화시키지 않고 순수한 성분으로 분리될 수 있다. 따라서 설탕은 설탕물 용액을 가열하여 수분을 증발시킴으로써 그 용액에서 회수할 수 있다. 그 수증기를 응축시키면 우리는 물 성분을 되돌려 받을 수 있다. 쇠와 모래가 섞인 혼합물을 분리하려면, 모래는 자석에 끌려오지 않으므로, 우리는 자석을 사용하여 쇳가루를 모래로부터 제거할 수 있다. 분리 후에 혼합물의 성분들은 처음과 똑같은 구성 및 특성들을 지닐 것이다.

46. ③
해설 본문을 보면 which 이하의 문장에서 앞 문장의 내용이 재진술되고 있다. 개체군이 필요로 하는 중요 자원들이 시간이 흐르면서 '재생된다(regenerated)' 고 하였다. 그러므로 그러한 생태계는 '지속 가능하다' 고 말할 수 있을 것 이다.
어휘 forage v. 먹이를 찾다 regenerate v. 재생하다 endemic a. 풍토성의 ephemeral a. 단명한; 덧없는 inexorable a. 멈출 수 없는, 냉혹한
해석 외부의 영향을 받지 않고 충분한 토지를 이용할 수 있다면, 먹이를 찾는 시스템은 지속 가능한데, 이는 중요 (먹이) 자원들이 시간이 흐르면서 그 지역의 개체구들이 필요로 하는 수요에 맞게 재생된다는 것을 의미한다. 안다만 제도의 한 섬인 노스 센티넬 섬은 그곳의 서식 동물들이 폐쇄된 시스템 안에서 오랫동안 살아왔으므로 이에 대한 명백한 사례를 제공한다.

47. ③
해설 본문은 화학적 변화를 설명하고 있는 글이다. 글 전체의 핵심 개념어인 '변하다 (change)'와 의미가 통하는 어휘가 들어가는 것이 적절하다.
어휘 hard-boil v. (계란을) 단단하게 삶다 yolk n. (계란의) 노른자 enzyme n. 효소 deter v. 단념시키다; 방지하다 expedite v. 촉진하다 alter v. 변경하다, 바꾸다, emit v. 방출하다
해석 달걀을 삶을 때마다 화학적 변화가 발생한다. 섭씨 100도의 온도에 놓일 때, 계란의 노른자와 흰자는 물리적 외형뿐 아니라 화학적 구성도 변화시키는 반응을 겪는다. 달걀을 먹을 때, 달걀은 효소라 불리는 체내 물질에 의해 또 다시 변화된다. 이 소화 작용은 화학적 변화의 또 다른 예시이다. 그러한 과정 중에 무슨 일이 일어나느냐는 특정 효소와 관련 음식의 화학적 특성들에 달려 있다.

<u>2019학년도 홍익대</u>

48. ②
해설 본문에 따르면 프랑스 근로자들이 추가 수당 없이 연장 근무하기로 '합의'하려는 것 같았다고 한 후, but이 왔으므로, 합의와는 거리가 먼 '부정적인' 내용이 와야 한다. 그러므로 ②의 backlash(반발)가 빈칸에 적절하다. ① 동의 ③ 개정, 수정 ④ 보상
어휘 at first 처음에는 union activist 노조 운동가 CEO n. 최고경영자
해석 처음에는, 프랑스 근로자들이 그들의 일자리가 해외로 빠져나갈까봐 두려워서 추가 수당 없이 연장 근무하기로 합의하려는 것 같았다. 그러나 뜻밖에도, 빠르게 반발이 찾아왔다. 노조 운동가에서부터 중소기업인, 그리고 심지어 정치인에 이르기까지 모두가 대기업의 최고경영자들이 하는 일에 비해 너무 많은 돈을 받고 있는 것이 아닌가 하고 문제 삼기 시작했다.